基础教育教师学

于漪 主编

华东师范大学出版社
·上海·

图书在版编目（CIP）数据

基础教育教师学 / 于漪主编. -- 上海：华东师范大学出版社, 2024. -- ISBN 978-7-5760-5006-6

Ⅰ. G635.12

中国国家版本馆CIP数据核字第2024SZ1958号

基础教育教师学

主　　编　于　漪
责任编辑　刘　佳
审读编辑　林青荻
责任校对　刘伟敏
装帧设计　奇文云海

出版发行　华东师范大学出版社
社　　址　上海市中山北路3663号　邮编 200062
网　　址　www.ecnupress.com.cn
电　　话　021-60821666　行政传真 021-62572105
客服电话　021-62865537　门市（邮购）电话 021-62869887
地　　址　上海市中山北路3663号华东师范大学校内先锋路口
网　　店　http://hdsdcbs.tmall.com

印 刷 者　苏州工业园区美柯乐制版印务有限责任公司
开　　本　787毫米×1092毫米　16开
印　　张　24.75
字　　数　410千字
版　　次　2024年8月第1版
印　　次　2024年9月第2次
书　　号　ISBN 978-7-5760-5006-6
定　　价　88.00元

出 版 人　王　焰

（如发现本版图书有印订质量问题，请寄回本社客服中心调换或电话021-62865537联系）

顾 问

王荣华

编写人员

（按姓氏笔画）

王意如　兰保民　孙宗良　李　栋
李　重　李政涛　吴国平　张　翔
陈　军　胡根林　秦　岭　黄　音
黄荣华　董少校　景洪春　谭轶斌

组织编写

于漪教育教学思想研究中心

上海市教师学研究会

目 录

前言　001

第一篇　基础教育教师的使命

第一章　职业信仰　002
第 一 节　基础教育的战略意义　003
第 二 节　深刻理解中国特色社会主义基础教育　007
第 三 节　基础教育教师的职业特征　012
第 四 节　基础教育教师的职业信仰　018

第二章　责任担当　030
第 一 节　教师需要有怎样的责任担当　030
第 二 节　在"三全育人"中落实教师的责任担当　038
第 三 节　践行和传递社会主义核心价值观　048

第 三 章	精神传统　054
第 一 节	中国教师职业及师道精神的演进轨迹　055
第 二 节	中国教师观的历史特征与文化意蕴　061
第 三 节	中国师道的优良传统与当代转化　070

第二篇　基础教育教师的核心素养

第 四 章	德行修炼　084
第 一 节	德行修养与教师职业　084
第 二 节	文化传承与师德建构　090
第 三 节	抵制诱惑的时代要求　096
第 四 节	德行修炼的基本方略　106

第 五 章	学识砥砺　114
第 一 节	学识砥砺的文化内涵　114
第 二 节	学识砥砺的教育意蕴　123
第 三 节	崇尚智识、砥砺学识的实践修炼　132

第六章　仁爱情怀　149

第 一 节　中国传统"仁爱"思想沿波讨源　149

第 二 节　仁爱基因的教育意蕴　153

第 三 节　厚植仁爱情怀的实践修炼　161

第七章　和谐共处　173

第 一 节　以和为贵，以诚待人　173

第 二 节　价值自觉，协同育人　186

第 三 节　培训修炼，止于至善　193

第三篇　基础教育教师的专业能力

第八章　教育教学能力　206

第 一 节　全面理解并落实"学生为本"教育理念　206

第 二 节　精准把握教学内容，彰显育人价值　212

第 三 节　选择恰当教学方式，启发学生慧根　216

第 四 节　构建和谐班级，成就卓越学习共同体　224

第九章　教研提升能力　229

第一节　专业反思是教师必做的功课　230

第二节　教学研究打开专业发展新天地　236

第三节　教育写作凝练"自己的句子"　245

第十章　现代技术运用能力　252

第一节　跨越现代技术的鸿沟　252

第二节　整合现代技术与课程　258

第三节　用现代技术解决教学问题　278

第十一章　自我成长能力　294

第一节　教师的职业生涯是一棵有生命的树　295

第二节　修炼内功：为自己储存养料　302

第三节　借助外力：让自己拔节成长　311

第四节　自我成长：永远在路上　314

第四篇　基础教育教师成长现状与追求

第十二章　当代教师群体的现状与期盼　320
第 一 节　中国教师的群像特征　321
第 二 节　教师成长的经验与内外因素　325
第 三 节　在职业追求中觉醒　334

第十三章　创建精彩教育人生　339
第 一 节　在榜样引领下自塑卓越教师　339
第 二 节　为教师发展营造良好环境　346
第 三 节　在中国大地坚定教育自信　352

附　　录　"基础教育对劳动模范青少年成长时期的影响"调研报告　358
参考文献　375
后　　记　381

前 言

一批长期从事基础教育的教师在大量教育教学实践中深切体悟到，基础教育是为学生的终身发展奠基，为国民素质的提升奠基。这个基石扎得正、筑得深，就会造就素质良好的建设者，就会人才辈出，为社会主义建设的蒸蒸日上做贡献。教育是以人育人的工作，以生命唤醒生命，以生命塑造生命，生命是教育的真正尺度。俗话说，打铁要靠本身硬，要培养出优质的学生，教师就要质优。从国情来看，我国基础教育面广量大，学生人数以亿计算，数量之多在世界上首屈一指。适应教育之需，基础教育教师队伍也就十分庞大，人数以千万计。基于此，这批对基础教育满怀挚爱深情的教师立志要把教师队伍优质建设当作学问来研究，以教育教学实践为支撑，研究中国基础教育教师的历史、现状、素质、能力，探寻教师从成长成熟走向优秀卓越的规律，于是成立了上海市教师学研究会，在教育实践与理性思考两方面做准备。

上海市教师学研究会基于当年要在学理上探索基础教育教师成长规律的初心，深感改革开放以来教师队伍建设积累了丰富的经验，一线教师又有实现优质发展的期盼，于是编撰这本《基础教育教师学》，论述当代基础教育教师的理想追求、使命意识、必备素质、关键能力、未来憧憬，以引发思考、坚定信心，增强为党育人、为国育才的不懈动力。

这本《基础教育教师学》是生长在中国特色社会主义教育土地上的，没有套用教育学术研究中种种现成的理论框架——形式上的套用必然会脱离实际，无益于解决问题。西方研究教师个体及群体的权威性著作比较少见，由于地域、历史、现状、社会、家庭、职业追求、职业评价等种种差异，在学理阐释、学术研究上，无直接模板可搬用，只能独立思考，探索向前。当然，对国外好的理念、做法也认真借鉴，拿来为我所用。

这本《基础教育教师学》的构建以中国化时代化的马克思主义为指导思想，遵循党和国家对中国特色教师队伍建设的总体目标和具体要求，以"四有"好老师、"四个引路人"、做精于"传道、受业、解惑"的"经师"和"人师"的统一者、"四个相统一""大先生"、教育家精神、思政课教师的"六要"等一系列目标为指导标准，从数以千万计的广大基础教育教师实践与成长的丰富经验和现实关切出发，在学理上探究基础教育教师成长的关键要素与规律。

本书在内容结构上，纵向贯通古今，回顾历史，把握现在，着眼未来；横向面向世界，比照、借鉴。以广大一线教师本土教育教学实践的经验与理性思考为主体，追本溯源，从中国教师的崇德施教、立己达人的优秀教育文化传统中发掘历久弥新的"根"和"魂"，坚定教育自信；放眼世界，学习、借鉴人类教育后代的一切优秀文化成果，以充实自我、壮大自我。一体两翼，有主有次，有详有略。

本书在内容论述上把握四个特性。一是人民性，全面贯彻党和国家教育方针。学前教育、特殊教育要"普惠发展"，义务教育要"优质均衡"，高中学段要"多样化"发展，现代职业教育要加快建设融通融合融汇的体系，将培养学生成为德智体美劳全面发展的中国特色社会主义建设者和接班人的要求落实到位。坚守人民立场，扎实提高学生的综合素质，为学生的终身发展奠基，为高等教育发展和人才强国建设提供支撑。二是人文性。坚守正确的价值观，教书育人，立德树人，引领学生树立社会主义核心价值观。坚守教育教学以学生为本，着力传播知识、传播思想、传播真理，塑造灵魂、塑造生命、塑造新人，帮助学生扣好人生第一粒扣子。激发教师的教育主体意识，着力"精神觉醒"，把"小我"融入"大我"之中，为建设教育强国做奉献。三是实践性。实事求是地彰显广大基础教育教师在本土教育教学实践中努力探索并反复验证的真知灼见，以取得共识、共鸣，促进教师队伍高素质专业化发展。四是科学性。遵循教育法律法规，遵循社会科学研究的原则与方法，探究并努力揭示基础教育教师成长与发展的内在规律。

教师学的研究内涵十分丰富，远不止上述内容。2022年，教育部等八部门印发了《新时代基础教育强师计划》，推动新时代基础教育教师队伍"强"起来，重点要做到"五强"。一是强精神，强化精神引领，用习近平新时代中国特色社会主义思想凝心铸魂。二是强师德，坚持师德师风第一标准，强化警示教育，对师德违规行为"零容忍"。三是强素质，健全中国特色教师教育体系，进一步提升教师人才培养质量。四是强治理，推进教师管理综合改革，推动教师队伍规模结构素质满足基础教育高质量发展需要。五是强保障，高度重视教师工资发放和待遇保障问题。[1] 显然，强教必先强师，这五个"强"内容非常丰富。职前培养、职后培训，队伍内部的精神凝聚、素质提升、结构调配，外部环境的改进与支持，保障体系的落实到位等，均在基础教育教师学可研究的范围之内。我们当前的研究与论述着力于基础教育教师本身为事、为学、为人的自我修为。教师是立教之本、兴教之源，是落实立德树人根本任务的主体，是建设教育强国的第一资源，教师个体素质的优秀与教师群体力量的凝聚，相当程度靠教师自身的精神觉醒、内驱动力与自我修为，为此，作为重中之重，对其先从学理上进行探索；至于管理、评价、保障等自然不可或缺，需另行研究。

贴近基础教育教师生活的教师学，植根中国特色社会主义的教育沃土，突显新时代基础教育教师的理想形象，激励教师以教育家精神为高标，在理论和实践结合的高度增强主体性、自觉性，自尊、自律、自强，积极进取，自我超越，创造教书育人新业绩，赢得学生敬爱、人民满意、社会尊重。

躬耕教坛，强国有我，共同奋斗，创造基础教育更加美好的未来。

---

[1] 王嘉毅.立足基点战略定位　系统推进基础教育高质量发展［J］.人民教育，2023（17）：11.

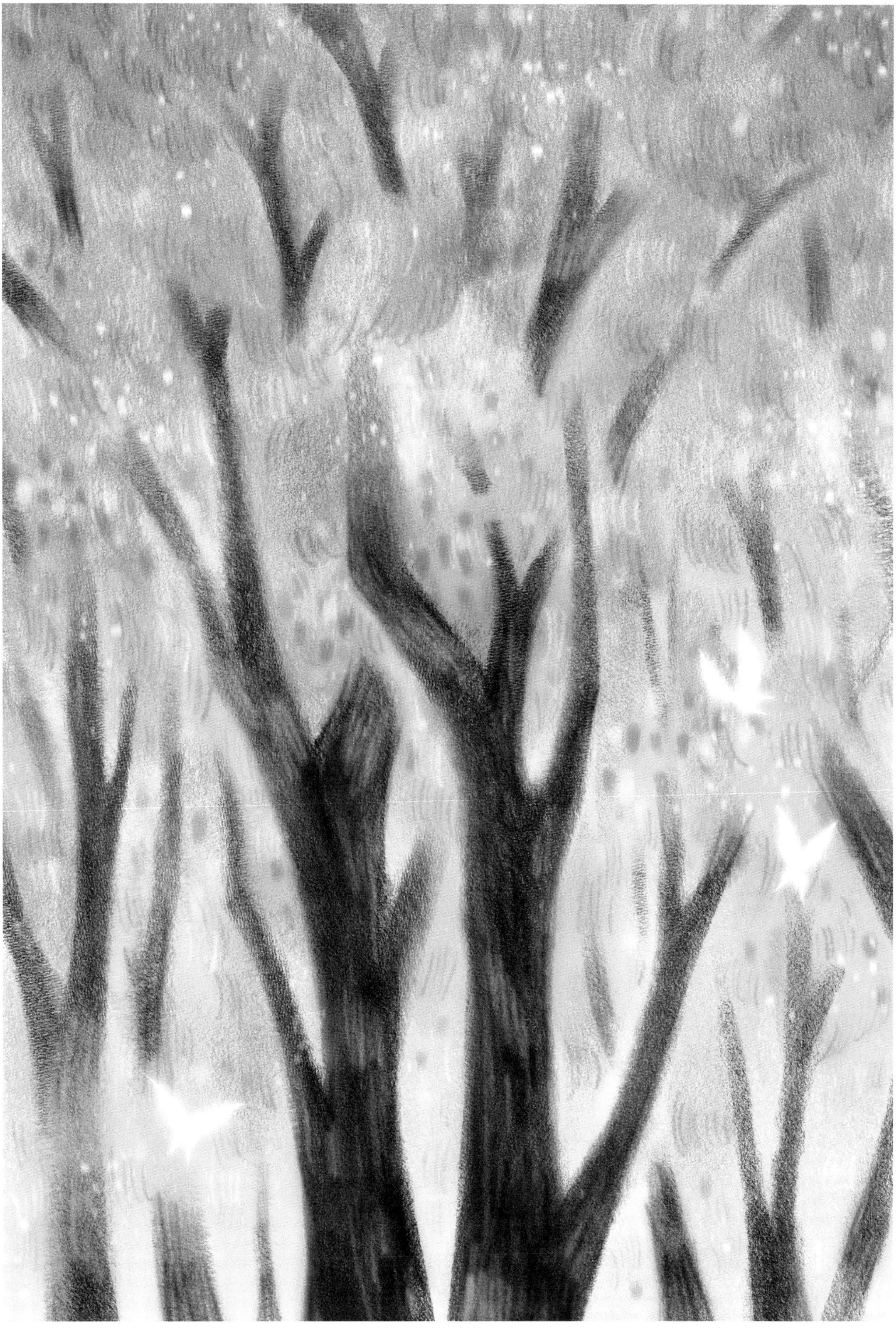

第一篇　基础教育教师的使命

第一章　职业信仰

> 基础教育教师是知识分子，对肩负的使命应有价值期许，对人生的意义应有终极追求。

2021年4月，人力资源和社会保障部、国家市场监督管理总局、国家统计局联合启动了《中华人民共和国职业分类大典》第二次全面修订工作，并于2022年7月由人力资源和社会保障部向社会公示。据统计，当前我国职业类型达到1 639个，我们基础教育教师属八大类中的第二大类"专业技术人员"中的第八类"教学人员"，具体包括中小学教师（含高级中学教师、中等职业学校教师、初级中学教师、小学教师）、幼儿园教师、特殊教育教师三个小类，以及部分"其他教学人员"。[1]

从国家职业分类可以看出，基础教育教师是知识分子。既然是知识分子，那么对自己肩负的使命便是有价值期许的，对自己人生的意义便是有终极追求的。其实，一个人不管从事哪种类型的职业，其背后都隐含着一个动力性的问题，这个问题就是："我为什么要从事这个职业？"对这个问题，不同人的回答不尽相同，而不管做出怎样的回答，都一定折射着他所秉持的职业信仰，而这职业信仰的高低和成色，则从根本上决定了一个人所能达到的职业境界。人生有四境界——自然境界、功利境界、道德境界、天地境界，关键在于你对自己所做事情的意义觉解到什么程度。[2]这一理论，完全可以迁移用来说明职业信仰和职业境界之间的关系。一般来说，从事一份职业，为稻粱谋者止于饱腹，为虚名计者止于意满；但是，如果将工作视作人生价值实现的途径，将自己的人生意义与价值的实现，同促进他人幸福、社会发展、国家民族振兴乃至人类文明进步的大业紧紧联系在一起，那么他就一定

---

[1] 国家职业分类大典修订工作委员会.中华人民共和国职业分类大典（2022年版）[M].北京：中国劳动社会保障出版社，中国人事出版社，2022：142—144.
[2] 冯友兰.新原人[M].北京：生活·读书·新知三联书店，2007：43—61.

能够获得源源不断的内生动力，在工作中竭尽所能地去进取、去奉献、去创造。选择做教师，做一名从事基础教育工作的教师，也一定是这样。

> 基础教育是为学生的生命发展、为国家的富强、为民族的振兴而奠基的事业。

第一节　基础教育的战略意义

所谓基础教育，一般来说指的是没有专业或职业指向性的基本教育。1974年，联合国教科文组织在肯尼亚首都内罗毕召开高级教育计划官员讨论会，对东非的基础教育进行了广泛而深入的讨论，会议达成的共识是，基础教育"是向每个人提供的并为一切人所共有的最低限度的知识、观点、社会准则和经验"的教育，"它的目的是使每个人能够发挥自己的潜力、创造性和批判精神，以实现自己的抱负和幸福，并成为一个有益的公民和生产者，对所属的社会发展贡献力量"。[1]1990年发布的《世界全民教育宣言》又说："基础教育本身不仅仅是目的。它是终身学习和人类发展的基础，而各国可以在这一基础上系统地建立其他层次、其他类型的教育和培训。"[2]

"中华人民共和国的基础教育包括普通中小学教育、幼儿教育和特殊教育"[3]，它是面向全体学生的国民素质教育，其根本宗旨是为提高全民族的素质打下扎实的基础，为全体适龄儿童和少年的终身学习和参与社会生活打下良好的基础。它是为学生的生命发展、为国家的富强、为民族的振兴而奠基的事业，具有十分重要的战略意义。

---

1 （瑞士）查尔斯·赫梅尔.今日的教育为了明日的世界——为国际教育局写的研究报告［M］.王静，赵穗生，译.北京：中国对外翻译出版公司，1983：130.
2 王晓辉.全球教育治理——国际教育改革文献汇编［M］.北京：教育科学出版社，2008：31.
3 中华人民共和国国家教育委员会基础教育司.中国基础教育［M］.北京：人民教育出版社，1990：1.

一、为学生生命的终身发展奠基

基础教育有特定的任务，那就是为学生的终身发展奠基。要在基础教育阶段，把人类文明发展过程中积累下来的最基本、最核心的知识、经验、价值、准则，在孩子心智发展最活跃的阶段提供给他们，目的是激发他们自身的发展潜力和创造力，使他们在自我不断得到建设与完善的基础上，成为一个对他人、对社会、对国家、对人类有所贡献的人。

百年大计，教育为本，而基础教育则是本中之本，在整个教育体系中具有极为重要的战略地位和战略意义。人在基础教育阶段所接受的教育，是基于生理的、心理的、思想的、道德的、科学的、文化的教育，没有良好的基础教育，学生人生的根系就扎得不深，发育得不够粗壮，其后续的发展就会受到严重影响。同时，基础教育又承担着塑造未来民族性格和提升整体国民素质的重任，它是面向大众、面向全体学生的教育，在国家发展和民族振兴的历史征程上具有重要的战略意义。

从事基础教育的教师，要牢牢秉持基础教育的价值观：面向大众，面向全体，为人的终身发展奠基，为国家发展、民族未来奠基。要自觉警惕片面质量观，贯彻落实平等教育；防止教育教学的泛技术化倾向，超越"唯技能论"，思考"文化育人"，要研究人、研究学生；尊重学生的成长规律，将"一切为了学生发展"的教育目标真正落到实处。我们要站在人的整体建设的人文高度和国家民族未来发展的战略高度，审视基础教育的价值和责任，充分认识基础教育在整个国家发展战略中的重要性，体会到自己肩头担子的重量。

二、为国民素质的整体提升奠基

今天的基础教育质量，就是明天的国民素质。生命如花，青少年的生命更是一朵朵鲜艳的、生机饱满的花朵。怎样让学生茁壮成长，让生命的花朵迎着朝阳灿然绽放，教育，尤其是基础教育，有许许多多的工作要做。关键是要聚焦于学生精神生命的培育和发展这一核心，从教育本质的探寻、文化语境的审视和教学现状的剖析等维度，牢固树立"全面育人观"，站在人性的高度和文化的视角来看待每一个学生。

从人性的角度来看，每个学生的心灵世界都意蕴丰盈，精彩无限。这就要求我们在教育教学中正视不同学生个体的差异性，关注学生在成长过程中的烦恼和失意，坚持将学生的心灵发育作为一个完整的连续体来看待，反对机械割裂，反对重"智"轻"德"、重"术"轻"人"，绝不能将学生的宝贵生命放在分数至上的"祭坛"上，以满足学校、教师和家长自身的功利需求，而是要从心底里敬畏孩子的生命。

要切实落实"一切为了学生发展"，提升未来的国民素质，既不能靠生硬灌输来完成，也不能靠空洞说教来达致，更不能靠机械操练来实现。教育教学如果重"术"而轻"人"，忽视心灵世界的滋养与提升，学生就会缺少精神支柱的支撑，落入"技术主义"的桎梏。心灵的发育和成长是一个隐性的、连续的过程，是一个由情而理、由直觉反映而本质探究、由低级而高级的连续体，因此，只有注重熏陶感染和潜移默化，方能收春风化雨、润物无声的效果。要真正"走进学生的世界"，用教育教学的吸引力和感染力，拨动学生的心弦，引发他们心灵的共鸣，用文化的甘露和智慧的琼浆，滴灌学生德性与智性的生命成长。

在教学中常常会有一种不良的倾向，就是无论数理学科还是人文学科，有些教师过于强调知识、技能和方法的传授，而不太重视学生情感的激发和价值观的引导。有的教师把训练当作制胜的唯一法宝，机械训练、强化训练、标准化训练在不少课堂上仍然司空见惯，这说到底还是对"教书"与"育人"的关系问题存在模糊认识。那么究竟应该怎样认识二者的关系呢？

"教书"与"育人"是一体之两端，相辅相成。"教书"如果脱离了"育人"的价值引领和目标导向，就会为功利所绑架，为技术所俘虏；而"育人"如果不能够贯彻在"教书"的扎扎实实的实践行动中，不能落实到课堂教学和学校教育的每一个具体环节中，那么就不能够收获滴灌心灵、培养智性与德性之效。

三、为实现中华民族伟大复兴的中国梦奠基

我们的基础教育，究竟该培养什么样的人？这是一个值得思考的大问题。在改

革开放不断深化的时代里，人们的视野日益开阔，教育的现代化、国际化程度不断提升，在学生的培养方向上，越来越注重培养学生要具有现代意识、国际视野。这本来是没有问题的，但是，如果我们培养出来的学生，只有西方思想，而没有民族情怀，没有国家认同感；只有现代意识，而没有传统文化的底蕴，那么我们的基础教育，还是中国的基础教育吗？我们培养出来的学生，能够担负起实现中华民族伟大复兴的中国梦的历史重任吗？

随着社会的发展和国际竞争的加剧，所有的挑战都聚焦在人的培养上，教育现代化成为历史发展的必然，只有现代化的教育才能培养现代化的人，而教育现代化的核心和灵魂，是教育价值、教育思想、教育观念的现代化。因此要牢牢把握当代文明社会的价值与品质，坚定不移地弘扬科学精神和人文精神，以德育为核心，以实践能力、创新精神为重点，教在今天，想到明天，以明日建设者的要求来指导今日的教育教学工作，使学生具有高尚的人格，宽厚的自然科学与人文科学的知识基础，自主求索、运用知识发展创新、服务社会的观念与能力。[1]

创新能力是一个人能力的最高表现形式，是能力的最高境界，教育的最终目的就是要把人的创造力量诱导出来，为此，必须让学生发挥学习主体的作用，在学习生活中有思考、探究、发展的空间。教育强，则国家强，在我们由"穷国办大教育"向"大国办强教育"的转变过程中，创生智慧，释放活力，培养有中国立场、有世界视野、有文化认同、有创新精神的一代代新人，创办我们泱泱大国的"强教育"，那么实现中华民族伟大复兴的中国梦便指日可待。

作为受教育的对象，学生的成长从来不是抽象的，而是处在价值标准纷乱驳杂的价值世界里，在多元文化交融碰撞的文化语境中。这些青春的生命，是作为中华文化的继承者和发扬者来培养的，因此，就必须通过教育让他们的生命具有鲜明的中华民族的文化属性。这绝对不是教育上的狭隘民族主义。具有开阔的国际视野本来就是题中应有之义，因为"教育的重要任务是向受教育者传承本国的优秀文化和人类的精神文明"。

1　王荣华，王平.于漪教育教学思想概要［M］.上海：上海教育出版社，2021：9.

> 中国特色社会主义基础教育必须牢固坚持党对教育的全面领导，必须坚决落实立德树人根本任务，必须突出"以人民为中心"，必须树立中国基础教育自信。

第二节 深刻理解中国特色社会主义基础教育

作为国民教育和人才培养乃至国家竞争力的基础，基础教育在整个教育体系中起着承上启下的重要作用。中国地域辽阔，经济、文化等发展不平衡，作为一个有14亿多人口的发展中大国，发展基础教育事业所面临的困难是巨大的。据教育部2023年7月5日发布的《2022年全国教育事业发展统计公报》统计，2022年全国共有各级各类学校51.85万所，在校生2.93亿人，专任教师1880.36万人。[1]因此我们说，中国特色社会主义基础教育首先是人口规模特别巨大的基础教育。

这样的基础教育是中国共产党领导全国人民，通过广大基础教育工作者教书育人的辛勤劳动而做出的独特创造，是全域、全民、全类型的基础教育，有鲜明的中国特色和时代特色。

2023年7月28日，在四川成都举办的第31届世界大学生夏季运动会开幕式上，来自四川省凉山彝族自治州昭觉县的六个身着彝族服饰的小孩子领唱《国旗国旗真美丽》。大凉山曾经是我国最贫困的地区之一，在中国特色社会主义建设过程中，该地区脱贫攻坚取得了全面胜利，孩子们受教育的条件得到了极大改善，除了学习文化知识，还拥有展现各种才华的更大舞台。成都大运会上的这一幕，像阳光下的一滴水一样，生动地折射出中国特色社会主义基础教育发展的万丈阳光。

---

[1] 中华人民共和国教育部. 2022年全国教育事业发展统计公报［EB/OL］.（2023-07-05）［2024-02-04］.http://www.moe.gov.cn/jyb_sjzl/sjzl_fztjgb/202307/t20230705_1067278.html.

一、坚持党对教育的全面领导

教育是国之大计、党之大计，基础教育更是党和国家发展大计的重要基石。建党一百多年以来，尤其是从改革开放至今的四十多年中，中国基础教育发生了翻天覆地的变化，我们的基础教育门类更加齐全了，基础教育体系更加完善了，我们在提升基础教育整体水平、推进教育现代化、促进教育发展成果更多更公平地普惠全体人民、办好人民满意的教育等方面取得了举世瞩目的光辉成就。我们从"穷国办大教育"发展到"大国办强教育"，在世界百年未有之大变局的复杂环境下，孜孜矻矻，踏实进取，以坚定的文化自信和教育自信创办自信的中国基础教育，这些成绩的取得，离不开中国共产党对基础教育的坚强领导。

2018年9月10日，在全国教育大会上，习近平总书记旗帜鲜明地把"坚持党对教育事业的全面领导"放在教育"九个坚持"的首位予以强调，因为"加强党对教育工作的全面领导，是办好教育的根本保证"。[1]

建党一百多年来，党的教育方针的发展历史和我国基础教育所取得的成就证明，在中国大地上办教育，必须坚持党的领导。因为中国共产党的宗旨是全心全意为人民服务，所以我们的教育永远是贴着百姓的心、为人民谋福祉的教育；因为中国共产党的指导思想是马克思主义，所以我们的教育"不仅是提高社会生产的一种方法，而且是造就全面发展的人的唯一方法"[2]，是"目中有人"的教育，是回归教育本质的教育；因为中国共产党始终坚持实事求是，把实践作为检验真理的唯一标准，所以我们的教育不仅能够始终遵循教育的本质规律而不断发展、与时俱进，而且能够始终贴近我国特有的教育文化，立足我国的具体国情，满足广大人民对教育的现实需要。

---

[1] 习近平.坚持中国特色社会主义教育发展道路　培养德智体美劳全面发展的社会主义建设者和接班人［N］.人民日报，2018-09-11（1）.
[2] 马克思恩格斯全集第四十四卷［M］.中共中央马克思恩格斯列宁斯大林著作编译局，编译.北京：人民出版社，2001：557.

二、坚决落实立德树人根本任务

2012年，党的十八大报告首次提出，"把立德树人作为教育的根本任务，培养德智体美全面发展的社会主义建设者和接班人"[1]。党的十九大进一步明确要求要"落实立德树人根本任务"[2]。那么为什么"立德树人"是中国特色社会主义教育的根本任务呢？对此，党的二十大报告予以响亮的回答，因为"教育是国之大计、党之大计。培养什么人、怎样培养人、为谁培养人是教育的根本问题。育人的根本在于立德"[3]。

立德树人是中国教育文化的人文传统与新时代中国基础教育发展的现实需要相结合，孕育而生并粲然绽放的教育思想之花。

中国教育传统文化一直重视"立德"与"树人"。早在先秦时期，典籍中就有了"立德"一词。《左传·襄公二十四年》记载了鲁国大夫叔孙豹的一句话："'大上有立德，其次有立功，其次有立言。'虽久不废，此之谓不朽。"而目前可见文献中对"树人"的最早表述是在《管子·权修》："一年之计，莫如树谷；十年之计，莫如树木；终身之计，莫如树人。"此后的两千多年以来，中国教育传统文化一直以德行修养的"立德"、君子养成的"树人"作为教育的终极目标和根本追求。

当前，中国新时代基础教育在培养什么人、怎样培养人、为谁培养人的问题上面临诸多挑战。一方面，多元文化背景下的价值分歧、经济社会的功利选择冲击着教育的基本底线，数智时代的海量冗杂信息消解着教育的育人功能，百年未有的变局、困局和危局也不断挑战着我们所培养的下一代人身份认同的定力。另一方面，随着经济社会的不断发展和市场经济的日益繁荣，急功近利的思想也潜滋暗长；与功利化的教育观相对应的，就是对技术、工具和量化评价的不恰当的强调和重视；

---

[1] 胡锦涛.坚定不移沿着中国特色社会主义道路前进为全面建成小康社会而奋斗——在中国共产党第十八次全国代表大会上的报告［N］.人民日报，2012-11-18（1）.
[2] 习近平.决胜全面建成小康社会 夺取新时代中国特色社会主义伟大胜利——在中国共产党第十九次全国代表大会上的报告［M］.北京：人民出版社，2017：45.
[3] 习近平.高举中国特色社会主义伟大旗帜 为全面建设社会主义现代化国家而团结奋斗——在中国共产党第二十次全国代表大会上的报告［M］.北京：人民出版社，2022：34.

而个别对基础教育了解不深的高校教师,又会对基础教育的专业性、重要性提出这样那样的质疑。所有这些,给基础教育的基本价值带来了巨大冲击。

为此,党的十八大以来的教育方针,创造性地继承了中国传统教育文化中"立德"和"树人"的人文传统,"以树人为核心,以立德为根本"[1],把"立德树人"作为教育的根本任务来统整并引领"德、智、体、美、劳全面发展"。

立德树人教育思想的提出,要求我们必须结合日常教育教学的具体实践准确理解"立德"与"树人"的辩证关系,更新教育教学理念,提升教育教学效率,真正扭转唯分数、唯升学的质量观,切实发挥立德树人的学校教育主渠道和学科教学主阵地的作用,把我们的学生培养成为"有一颗中国心的现代文明人"[2]。

三、必须突出"以人民为中心"

努力办好人民满意的教育,坚持普惠教育。十几年来,国家聚焦脱贫攻坚,持续加大贫困地区的教育经费投入,通过教育既扶"智"又扶"志",阻断贫困的代际传递,乡村受教育人口实现质的飞跃,受教育年限显著提升,乡村教师队伍质量明显提高。我们基本形成了公益普惠性的学前教育体系,基本实现了义务教育的均衡发展,基础教育学校办学条件显著提升,高中教育呈现出多样化发展的良好样态,通过"双减"政策的实施,形塑基础教育的良好教育生态。[3]这一切充分彰显了中国特色社会主义基础教育发展的人民立场。

那么,基础教育教师在日常教育教学工作中如何坚持并贯彻落实"以人民为中心"的核心理念呢?需要教师创造性地继承"有教无类"的中国优秀教育传统,并进行现代转化,把这一传统思想的精髓投射到每一个学生活泼泼的生命之上,切实推进教育公平。最重要的是不断充盈我们内心深处的师者大爱情怀,对每一个学生都满腔热情满腔爱,用师爱之光照亮老百姓交到我们手上的每一个学生的发展之

---

1 习近平.在北京大学师生座谈会上的讲话[N].人民日报,2018-05-13(2).
2 于漪.培养有一颗中国心的现代文明人[J].上海课程教学研究,2017(6):8.
3 范国睿,范勇.坚持以人民为中心发展教育:实践探索与经验启示[J].人民教育,2022(12):23—28.

路。当然，师德固然重要，师能也必须提升，只有不断地砥砺学识，修炼教育教学的内功和外功，让自己有教育教学真功夫、真本领，才能让学生学有所得，才能无愧于人民的托付。

其实，教育本来就具有公益性，它是一项爱的事业。钟情于教育教学工作，用爱心、智慧和热情浇灌每一个学生茁壮成长，无愧于每一个孩子身后的家长的嘱托和他们家庭的期待，就是我们坚守人民立场的最好体现。

四、树立中国基础教育自信

在当前的时代背景下，中国的基础教育该何去何从？教师又该如何自处？这确实是值得人们深思的大问题。

新中国成立以来，尤其是在中国特色社会主义建设新时代，我们的基础教育从规模到质量都取得了举世瞩目的成就；然而，不容否认的是，从新中国成立以来，我们的教育深受外国教育思想的影响。长期以来，很多人对我们所取得的成就有意无意地忽略了，对我们具有中国特色的基础教育实践经验也不够重视，而对西方教育话语盲从盲信，从某种程度上人们忽视了中国基础教育的基础性、实践性和民族化的特点。随着教育国际化交流程度的不断深化，许多国外的，尤其是西方的教育思想被介绍进来。这些思想，作为一种参照和借鉴的资源，对于丰富我们自身的教育文化，改进我们自身的教育实践，是很有价值的。但是，受长期以来形成的"言必称希腊"的影响，再加上某些西方强势话语有强大的经济实力作为后盾，不少专家学者过高地估计了西方教育话语的功能和价值，而对我们自己鲜活的、富有教育成效的大量的教育实践缺乏足够的研究，对我们自身的教育文化传统缺乏足够的重视，以至于让我们的基础教育成为西方教育话语的试验田，长此以往，中国基础教育在世界范围内的教育交流中不仅不会获得话语权，甚至会逐渐失声。

当然，教育要发展，就一定要有海纳百川的胸怀和气度，一切人类教育史上的宝贵思想，都可以拿来为我所用，但总归还是要以"我"为主。我们要重视中国悠久的教育历史和传统，重视中国文化自身的特色，建设具有中国特色的社会主义基础教育，要拥有我们中国自己的教育话语权，要树立我们自己的文化自信和教育自信，要建立属于我们自己的教育理论体系。一方面要对我们自己的教育心怀敬畏与自信，认真回顾、梳理、反思我们的教育走过的路；一方面要拥有两个视野，一个是中国历史发展的视野，另一个是世界文明发展的视野；同时，还要在教育专业领域走自己的路，树自己的旗，在"化"上下功夫。为此，在教育实践过程中，我们要坚定信心，立足国情，放眼世界。一是要贯通古今，梳理我国几千年来的教育史，特别是新中国成立以来成功的教育经验。二是要拓宽视野，"左顾右盼"，结合中国国情学习国外的先进经验，在教育软实力的建设中攻坚克难，提炼出自己的理论，拥有中国教育泥土的芳香，在世界上发出声音。办教育眼睛要向外，开阔视野，但更要朝内，树立自信，走中国特色的基础教育发展道路。

以教育自信建设自信的教育，创建本土化的、有中国特色的基础教育学，说到底是一个文化自觉、文化认同和文化自信的问题。从这个意义上来说，在教育中如何培养我们的学生对中华优秀文明具有深度的认同感，则关乎教育话语的未来发展，因为教育的薪火是代代相传的，只有我们所培养的学生真正具有一颗闪亮的中国心，中国特色社会主义基础教育学的大厦才能够越来越宏伟，越来越牢固。

■ 第三节 ■ 基础教育教师的职业特征

千百年来，人们都十分重视教师工作的价值。荀子说："天地者，生之本也；先祖者，类之本也；君师者，治之本也。"把教师与天、地、君、亲相提并论。《礼记·学记》则说"建国君民，教学为先"，又说"能为师然后能为长，能为长然后能为君"，把是否能做好老师作为衡量一个人仕途前景的基础条件。唐代韩愈《师说》中的名言"师者，所以传道、受业、解惑也"，把"师"的功能与"道"的传承紧紧联系在一起。这些论述揭示了教师职业无可替代的社会功能。

我们认为，现代教师的职能和职业特征，与传统教师有一脉相承的一面。传承人类文明发展的优秀成果，传播科学文化知识，指导学生掌握适应社会、创造价值的技术，培养能够参与现代社会生活、推动社会发展进步的现代公民等，是现代教师的基本职能，这与古代教师所承担的传承儒家道统、培养能够认同并维护儒家政治和社会伦理秩序的臣民等的职能，都属于教师这一职业的社会性工具职能。这当

> 基础教育教师从事的是"莫问收获，但问耕耘"的春天的事业，这样的事业需要红烛的精神。

然非常重要。然而，时代毕竟不同了，新时代赋予教师职业以时代的内涵，对此一定要有清醒认识。

除此之外，教师作为独立的生命个体，在为师从教的过程中获得的生命体验所具有的内在价值，同样也是非常重要的。作为基础教育教师，我们从事的是为学生终身发展、为国家繁荣富强、为民族振兴而奠基的教育工作，这是"莫问收获，但问耕耘"的春天的事业，这样的事业需要红烛的精神。

因此，我们应该从基础性、时代性、主体性和历史性所构成的立体多维的角度，来认识现代基础教育教师的职业特征。

一、责任重大，使命光荣：基础教育教师职业的任务特征

基础教育教师的工作，是为国家与民族的蓬勃发展奠定人力资源基础，是为学生的终身发展奠定德性与智性基础。

当前，我们国家正处在百年未有之大变局的历史紧要关头，我们从来没有像今天这样遇到这么好的发展机遇，同样也从来没有像今天这样面临错综复杂的国际问题。在这样的背景下，中华民族伟大复兴的中国梦不仅一定要实现，还要一代一代接力传承下去，让中华民族永葆青春，永续辉煌。这不仅要靠我们这一代人踏踏实实地苦干、巧干、创造性地干，关键还在于我们能否培养出有理想信念、有真才实学、有创造精神，能够满怀信心迎接未来国际竞争与世界挑战的下一代人。

体会到这一点，就会感到我们肩上真的是有一副沉甸甸的担子，于是在日常教育教学工作中，虽然经常面对的是一些很具体、很琐碎的小事，但是认识到它事关学生的未来，事关国家的希望，就会自觉地调动起全部的生命热情去拥抱它，激发起全部的智慧和力量去把每一件事情处理得恰到好处，哪怕遇到挫折和困难，也会

积极地自我调整身心，调动各方面的有利条件去克服。

与此同时，我们内心还会有一种崇高的使命感，就会觉得，将自己的才学、年华与成百上千的生命联系在一起，与国家的繁荣昌盛联系在一起，与中华民族伟大复兴的千秋大业联系在一起，用自己的生命去唤醒那么多年轻生命的灵性，用自己的生命去推动那么多年轻生命的成长和进步，将自己微薄的力量汇入国家民族发展进步的滚滚洪流之中，是一件多么富有意义的事！

我们说基础教育教师职业的任务特征是"责任重大，使命光荣"，还有一层意思是从中国文化传统中体认而来的。《论语·泰伯》中记载了曾参的一句话，他说："士不可以不弘毅，任重而道远。仁以为己任，不亦重乎？死而后已，不亦远乎？"推及教师，负重前行是教师与生俱来的使命和责任，你肩上挑着弘扬仁道的担子，你是有理想信念和追求的，那就是要让普天之下礼乐兴盛、大道流行，因此你就是向光而行的追梦人。北宋张载说得更庄严，他要"为天地立心，为生民立命，为往圣继绝学，为万世开太平"。他认识到，作为一个士人，活着不能只是为自己，还要为别人、为大众、为天下，为千秋万代做出应有的贡献。

像曾参、张载这些历史上的志士仁人，他们所阐述的使命精神就是中国教师传统的文化血脉，一脉流传而至今天。

二、爱育生命，传承文明：基础教育教师职业的内涵特征

基础教育教师面对的是活生生的、成长中的人，需要以人类文明的核心、文化成果的精华培育学生。这就决定了这一职业的工作内涵具有无与伦比的文化性、主体性和精神性。

1972年，以埃德加·富尔为首的国际教育发展委员会向联合国教科文组织提交了一份报告，报告认为，"人永远不会变成一个成人，他的生存是一个无止境的完善过程和学习过程。人和其他生物的不同点主要就是由于他的未完成性"[1]。接受基

---

1 联合国教科文组织国际教育发展委员会.学会生存——教育世界的今天和明天[M].北京：教育科学出版社，1996：196.

础教育的儿童和青少年，是具有思想感情和独特个性的、受着社会各方面影响的、作为社会整体中的一员的人。因为具有未完成性，所以在基础教育阶段，教师的主要任务就是帮助他们获得自我完成与自我实现的能力，为其作为整全的生命个体的全面发展和终身发展奠定坚实的基础。关于这一点，联合国教科文组织发布的报告有明确表述："教育的首要作用之一是使人类有能力掌握自身的发展"，"发展的目的是使人作为人而不是作为生产手段得到充分的发展"。[1] 当前正在不断走向深入的课程改革为什么要以核心素养的培育作为基本导向？目的就是要助推儿童、青少年的全面发展。学科教学的成效主要不是看让孩子们掌握某一学科的知识体系的程度，而是要看它为学生的全人发展贡献了怎样的育人价值。

> 特殊教育教师刘玲琍，30年坚守特殊教育一线，自创"舌操""个别化教学"，以无限爱心、耐心与恒心，为听障孩子撑起一片天，帮助80多名听障孩子回归主流社会，被人称为"舌尖上的教育行走者"。[2]

刘玲琍的事迹充分说明，教育是儿童和青少年生命解放和展开的过程，全面发展既是教育的价值诉求，也是儿童和青少年生命的基本权利，而我们每一位教师就是生命的育花人和守护神。

基础教育的主要内容，不在于让学生掌握尽可能多的学科知识和专业技能，而是要培育他们获得知识的能力，感悟文明、理解文化的能力，以及与这些能力密切相关的批判思维和创造精神。陶行知说：千教万教，教人求真；千学万学，学做真人。求真、向善、寻美，既是人之为人的必备品格，也是人类文明传承的精神血脉，更是中华传统文化的优秀基因；在基础教育阶段，教师的工作重点就是引领孩子们润泽真纯美好的心灵，寻绎人类文明发展的脉络，感悟民族文化精神的要义，涵养开放包容的胸襟，点燃创新创造的火种。

由此可见，就内涵而言，基础教育教师这一职业，主要是一项事关学生精神培

---

1 联合国教科文组织总部中文科.教育——财富蕴藏其中［M］.北京：教育科学出版社，1996：68.
2 高影.刘玲琍：舌尖上的教育行走［N］.中国教育报，2021-06-30（11）.

育的事业，正如雅斯贝尔斯所说的那样："教育不能独立，它要服务于精神生活的传承，这种生活在人们的行为举止中直接表现出来，然后成为他对存在的关注和国家的现实态度，并在掌握创造性的精神作品中得到高扬。在我们的时代里，精神命运必然决定教育的内涵。"[1] 教师当然是从事教育教学活动的专业人员，然而，对这一专业的理解，必须站在精神的高度、生命成长的高度、文化传承和文明进步的高度，才能准确把握它的内涵，这是基础教育教师职业与其他职业的本质区别。

三、实践为基，创新转化：基础教育教师职业的工作特征

基础教育教师在教书育人的过程中，需要方针路线指引，需要课程顶层设计，需要教育理论指导。而就其工作本身而言，则更重在如何在科学的理论指导下，通过贴地前行的教育实践，创造性地将党和国家的教育方针和育人蓝图转化为教育的现实。新中国基础教育之所以取得举世瞩目的成就，离不开广大基础教育教师任劳任怨地奉献、实践和创造。实践、创造，正是中国基础教育教师职业的工作特征。

一名优秀的中小学、幼儿园、特殊教育教师，应该是学识丰富并且具有较高的理论修养的，然而要说最打动人的力量，应是行动的力量；他们身上最耀眼的光芒，是实践的光芒。因此我们说，基础教育教师的工作特点，是在实践的土壤中创新教育教学方式。从2010年开始，教育部联合中央主要媒体和教育媒体开展了"全国教书育人楷模"评选活动，每年10到12人，至今已延续14年，其中一多半楷模教师来自基础教育领域。这些优秀教师数不清的感人故事所蕴含的引人深思、激人奋进的精神力量，就像他们的人生经历一样，各不相同。但是作为教书育人楷模，他们又具有一种共同的精神，那就是在实践中的创造精神。他们一方面用自己的一言一行、一颦一笑在一堂堂课中一步步坚实地行走，讲述了一个个朴实无华而又恢宏壮丽的现代教师教书育人的动人故事；一方面直面现实问题，直面教育的"现场"，用心、用情、用力、用智去探索解决现实中存在的教育问题的方法和路径，书写了一部鲜活而又隽永的由现代教师教育创造的诗篇。他们就像希腊神话

---

[1] （德）雅斯贝尔斯.什么是教育[M].邹进，译.北京：生活·读书·新知三联书店，1991：42.

里的安泰俄斯，因为保持着与大地的接触，所以获取了无穷的力量。

因此我们说，作为一名基础教育教师，一定要有"扎根意识"。"扎根"，是指教师自身的实践定位。只有把根牢牢地扎在教育教学实践的沃土中，才能不断培育自己的德性和智性，提升学术水平，感受时代"潮音"；这实践的成果，向内则会转化为教师自身的职业素养、教育气质、精神境界和生命底色，向外则会转化为对学生的吸引力、影响力和教育力。

四、师德为先，德智双修：基础教育教师职业的修为特征

教师是以人育人的工作者，要用自己高尚的人格去引领学生形成健全的人格，以自己的真才实学启发学生旺盛的求知欲。只有自己不断修炼，成为师德高尚、业务精湛的人，才能成为指导学生选择正确人生道路的引路人。

作为一名基础教育教师，首先要成为一个师德高尚的人。人是要有灵魂的，作为一名中国基础教育教师，便要有一颗当代中国的教师魂。教育部等七部门联合发布的《关于加强和改进新时代师德师风建设的意见》[1]，为教师的师德师风建设工作牢牢确立了"定盘星"和"教师魂"。

教育事业是爱的事业，没有爱就没有教育，对基础教育领域的普通教师来说尤其如此。因此在教书育人的工作中，教师应该对学生满腔热情满腔爱，自觉地恢宏自己的胸襟，树立理想信念，培育道德情操，夯筑扎实学识，奉献仁爱之心，让生命与使命结伴同行，不负时代，不负韶华，不负党和国家的嘱托，不负每一个青春的生命和亿万家庭的幸福，倾情尽力，孜孜矻矻，为实现中华民族伟大复兴的中国梦而培育英才。

德性与智性是生命之魂。思想道德素质是人的理想信念、价值观念、道德观念、法治观念等方面的综合体现，它决定并影响着智力的发展与发挥；科学文化素质方面，学生通过知识传授、能力培养，开发潜能，使智力获得发展，形成良好的

---

[1] 教育部等七部门印发《关于加强和改进新时代师德师风建设的意见》的通知［EB/OL］.（2019-12-06）［2023-12-18］.http://www.moe.gov.cn/srcsite/A10/s7002/201912/t20191213_411946.html.

认知结构。而要培养学生的德性和智性，教师就必须切实提升自身的综合素质。为此，师德高尚、业务精湛永远是每一位教师执着追求的目标。

教师生涯中最大的事就是一个心眼为学生，这不只是说说，而是要身体力行，倾注心血地把课上好，把所教学科的育人功能在课堂上充分彰显出来，让学生的德性与智性得到最大程度的启迪、润泽和提升，深刻领悟报效国家和民族、爱己爱人的道理。这就是真善，就是仁爱，就是大爱，是教师最根本同时也是最重要的师德。认识到这一点，我们就会感到，哪怕是一名普通教师，也要坚守教育的神圣，执着追求业务水平的提升，不断追求课堂教学的高境界，在教育教学中创造育人的业绩。从这个意义上来说，师德与师能是一而二、二而一的关系，追求专业水平的高境界本身就是师德修炼的过程，反过来说也是一样，一个师德高尚的教师，一定会用心钻研业务，矢志追求专业能力的高质量发展。

当前，全国约有一千七百万基础教育教师默默耕耘在培养学生成长成人的第一线，播撒青春、备尝艰苦、无怨无悔。而在高速发展的社会现实中，在高标准教育要求面前，虽然经常背负着不能承受之重，甚至难免还要承受莫名的误解、指责、怪罪，但绝大多数教师并未把责任推向客观，而是认真学习，努力改进，力争与学生共同成长，志在教育实践中不断修炼，成为高素质、专业化的教师。因此，我们有足够的理由坚定地认为，在社会转型、价值取向多元的当今社会，选择教师职业，选择把向青少年传承人类精神文明作为自身的追求，本身就是一种志气、一种境界，更何况还有那么多"师德楷模""最美教师"等模范人物，他们自觉追求，德智双修，身上绽放的师性光辉，引领着教师队伍不断追求师德师能的高境界。

■ 第四节 ■ 基础教育教师的职业信仰

卢梭曾经说过："有些职业是这样的高尚，以致一个人如果是为了金钱而从事这些职业的话，就不能不说他是不配这些职业的：军人所从事的，就是这样的职业；教师所从事的，就是这样的职业。"[1] 是的，教师是心中有爱的职业，仁而爱人，成

---

1 （法）卢梭.卢梭全集第6卷爱弥儿（上）[M].李平沤，译.北京：商务印书馆，2012：43—44.

> 教师是心中有爱的职业，仁而爱人，成就学生的全面发展是这份职业的追求；教师是心中有光的事业，向光而行，引导学生摆脱暗昧，进入光明之境是这份职业的天职。

就学生的全面发展是这份职业的追求；教师是心中有光的事业，向光而行，引导学生摆脱暗昧，进入光明之境是这份职业的天职。而这样的职业，必须有信仰的支撑才行。

从客观上来说，个别对基础教育理解浅薄、认识狭隘的人会鄙薄我们基础教育教师，认为我们缺乏足够的学术内涵，很难称为专业，其实并非如此。严格说来，基础教育教师是专业技术人员，是知识分子，也应该是自己所从事的学科领域教学方面的专家学者。这样的身份定位，决定了我们应该是对世界有终极关怀的一类人，因为学者"应当成为他的时代道德最好的人，他应该代表他的时代可能达到的道德发展的最高水平"[1]。因此，基础教育教师决不能甘心让自己沦为"教书匠""知识的搬运工"，这同样需要我们挺立起职业信仰的支柱，要知道，"教育须有信仰，没有信仰就不成其为教育，而只是教学的技术而已"[2]。

什么是信仰？"信"包含两层意思，一是相信，二是信念；"仰"也有两层意思，一是仰望，二是仰仗、依靠。合在一起的意思就是，一个人怀着热情坚定地相信一种信念，并把它作为指引自己前行的明灯，不仅坚信它能引领自己向上攀升、发展，而且把它作为自己心灵的皈依。可见信仰是一种心灵状态，它是一种超越现实的终极性价值追求。从教育哲学的角度来看，教师的职业信仰"是一种前提性条件，是一种超越性、凝聚性和教育性的力量"[3]。根据马克斯·韦伯的"合理性"概念，教师的职业信仰更多遵循的是价值理性的引导，而较少有工具理性的考量。基础教育教师的职业信仰，就是教师对基础教育工作，对教书育人的使命与责任，在深度觉醒的基础上所形成的一种不计得失、无怨无悔的精神追求和价值

---

1 （德）费希特.论学者的使命 人的使命［M］.梁志学，沈真，译.北京：商务印书馆，2005：45.
2 （德）雅斯贝尔斯.什么是教育［M］.邹进，译.北京：生活·读书·新知三联书店，1991：44.
3 石中英.教育信仰与教育生活［J］.清华大学教育研究，2022（2）：28.

选择。

教师有了职业信仰，就有了精神支柱，心里有明灯一盏，就有了前进的方向、奋斗的目标。而忠诚于党和人民教育事业，坚定不移地走中国特色社会主义教育发展道路，践行并传播社会主义核心价值观，则是基础教育教师职业信仰的核心。有坚定的职业信仰，教师就会甘作绿叶、化育桃李，就会不断进取、负重前行，就能体会到教育职业的尊严和乐趣，培养出生动鲜活、全面发展的人来。

一、基础教育教师职业信仰的基本内涵

在新中国建设和发展的历程中，基础教育领域的不同学段、各个学科涌现出了许多出色的一线教师，他们以高尚的师德师风、深厚的学术底蕴、炽热的教育情怀，孜孜矻矻，探索不懈，取得了卓越的教育教学成就。为加大基础教育人才队伍建设，"在中小学、职业院校、高等学校培养造就一批教育家、教学名师和学科领军人才。"[1]教育部还组织各级教育管理部门评选表彰教学名师。

为了探索新中国基础教育教师的成长规律，揭示名师成长的生命密码，彰显新中国基础教育教师群体的实践自觉与理论自信，我们开展了当代基础教育名师成长案例研究。从这些丰富的案例所呈现的名师成长轨迹中，我们认识到作为一名中国基础教育领域的教师至少应有这样的职业信仰。

（一）化育生命的夙愿初心

让我们看看这些名师的成长信念吧："让梦想永不褪色"，"用教育初心，走教育长路"，"红烛在我心　无悔育桃李"，"一条路·一颗心·一片天"，"不忘初心　与时俱进"，"与学生同步成长"，"深耕职教：我的教育初心"，"用心根植教育梦，培育桃李沐春风"，"践行理想初心，打造一间'没有门'的教室"，"让每一片绿叶都

---

[1] 中华人民共和国教育部.教育部办公厅关于印发《教育部人才工作协调小组2010年工作要点》的通知［EB/OL］.（2010-03-23）［2024-02-04］.http://www.moe.gov.cn/srcsite/A04/s8132/201005/t20100510_180663.html.

享受阳光","初心不改,逐梦前行","与生命对话"……不难发现,在这些饱含深情的话语中,出现频率最高的词语就是这两个:初心(或"心""梦")和学生(或"桃李""绿叶""生命")。[1]

什么是"初心"?初心就是从踏上工作岗位那一刻起,一名教师对自己职业生命的终极期许,它所回答的是"我为什么要做教师"这一根本问题。我们发现,75%以上的案例中,名师们都谈到了自己参加工作时的"初心":陪伴、呵护、助力学生生命的成长。这种对化育生命之初心的追随,不仅体现在他们整个教学生涯中与学生交往的诸多细节中,也体现在学科教学和研究中对"学生立场"的关注和坚守中。

> 万平在入职之初,面对笑眯眯的林校长所提出的"来,说说吧,为什么要当教师呢?"这一问题,随手写下了一句话:"以自己的努力,使我的每一个学生都获得益处,以至于对他的一生产生积极的影响……"从此这句话便成为他终身从教的座右铭,从语文教师到音乐教师,再做回到语文教师,无论任教的学科、角色发生怎样的变化,他始终四十年如一日做好"孩子王"。[2]

他深刻地认识到,"教育"是教师与学生"零距离、多角度、全方位"的一种生命互动:我们唤醒心灵,我们期待成长,我们引导生活,我们创造可能,我们弥补缺失,我们给予力量,我们成全孩子……当我们用无比温暖的心怀拥抱一颗颗通向未来的童心的时候,我们便可以收获属于我们的幸福——因为我们最终成就了自己的职业初衷与愿景。

我们认为,使命意识的深度觉醒,是基础教育教师职业信仰最核心的要素,也是教师专业生命成长过程中取之不竭的原动力。教师从内心深处实现了这种生命精神的深度觉醒,在教育教学生涯中便不仅能够遵循正确的方向,还能够汲取攻坚克难、勇毅前行的源源不断的力量。

---

1 翠微深处——新中国优秀教师成长之路(小幼特、初中卷)[M].上海:上海教育出版社,2024.
2 万平.静静聆听童心的呼唤[M]//翠微深处——新中国优秀教师成长之路(小幼特、初中卷).上海:上海教育出版社,2024.

（二）浓郁炽热的家国情怀

通过案例研究我们发现，众多名师那一个个鲜活的故事，充分证明了为党育人、为国育才的担当精神和教书育人的使命意识的深度觉醒，对于教师走向卓越是多么的重要！几乎所有名师都谈及对教育教学工作的炽热情怀，名师们那种深度觉醒的使命意识，除了表现为他们对党和国家、对人民所赋予的责任具有理性的深刻认识和情感的深度认同，以及对每一个学生生命成长的尊重与敬畏外，同样表现在教育教学工作的具体行动中。

从案例中我们看到，这些名师有四分之三以上来自并不富裕甚至贫苦的人家，然而他们没有叫一声苦，更多地是在讲述党领导的改革开放事业对个人命运的改变，艰难困苦中家人的支持、老师的帮助、自己的努力，这就是教师职业信仰达到"体验幸福境界"后的自然表现，因为"幸福道德，它不是付出而是收获，不仅不居功而且心存感激，其自我已经以忘我为表征"[1]。

> 张安义出生于一个贫苦农家，两岁时父亲病逝，此后与母亲相依为命。他说："80年代初家庭联产承包的改革政策在我们乡村全面推行，这一政策最大利好是我不再为挣工分而面临辍学，在兼顾种地劳作的同时终能如愿读完中学和大学。"[2]

同行和家长都说他工作起来是"拼命三郎"，其中的因果不是很清楚吗？他对教育教学那种忘我与痴情，不正饱含着对国家发展的浓浓的感恩与切盼之情吗？他从个人的切身经历深刻体会到，国家的繁荣昌盛与每个人的命运息息相关，因此他要推己及人，用自己在教育工作中的辛苦努力与无私忘我，为这个国家、这个时代奉献自己的汗水和才华。

---

1 杨启亮.教师专业发展的几个基础性问题［J］.教育发展研究，2008（12）：4.
2 张安义.让奋斗之风吹旺生命之火［M］//翠微深处——新中国优秀教师成长之路（高中、中职校卷）.上海：上海教育出版社，2024.

在高淑印入职初期，单位领导与她谈心时说道"教师是人类灵魂的工程师，是塑造心灵的职业"，这句话她印象深刻。[1]

毛艳丽以"行知共进"为职教理念，密切关注职业教育改革发展的最新动态，吸收国内职教发达地区先进的职教理念，积极投身于专业建设和教学模式改革实践，努力让自己的物流专业教学始终站在职业教育发展的国际最前沿，适应国家经济结构调整的需要而不断推进物流专业建设。[2]

这样的例子很多，在娓娓道来的教育叙事之中无不饱含着当事人对使命意识和责任担当的觉醒与领悟，其背后所赖以支撑的，不就是一颗爱国心、一片报国情、一袭强国梦吗？

（三）教育教学的思想自觉

教师的成长往往要经历从"立得住"，到"立得牢"，再到"立得高"的过程。要"立得住"，就要努力锤炼教学基本功；要"立得牢"，就须具备比较丰富的教学经验。一般来说，教师在讲台上"立得牢"之后，往往会面临一个发展上的"高原期"，到了这个层次，教师的专业发展便会出现分化，有的教师不能实现有效突破，便很容易简单重复，依赖一成不变的既有经验教学，甚至走向职业倦怠；而有的教师则能够破茧成蝶，从而立到高处，进入一片教育教学的崭新境界。二者的区别，关键在于当教学经验日渐丰富之后，是否能够形成学科教学的思想自觉。

教育教学的思想自觉，指的是教师在准确把握教育教学本质和规律的基础上，形成对学科教学的准确理解和独立主张，并在自己的教育教学中自觉地践行这种思想和主张。

我们发现，大多数名师都不同程度地提到了自己的学科思想自觉和教学主张形

---

[1] 高淑印.教师专业成长的路径［M］//翠微深处——新中国优秀教师成长之路（小幼特、初中卷）.上海：上海教育出版社，2024.
[2] 毛艳丽.守望职校课堂，成就教育梦想［M］//翠微深处——新中国优秀教师成长之路（高中、中职校卷）.上海：上海教育出版社，2024.

成的过程。

黄荣华在一堂成功的公开课之后，因为一名老教师的质疑而当晚几乎一夜未眠，从此便开始了追问"语文是什么"的漫长探究之旅。[1]

杨卫国的教学深受学生欢迎，他结合自己的教学实践积极反思，探索课堂教学的规律，让自己在学科教学之路上不断超越。他不仅能够从教学规律层面来思考自己的教学，而且能够从化学学科"规律美""变化美"和"和谐美"的哲学层面引导学生审视学习内容，理解学科思想方法。[2]对于学生来说，哪怕今后不从事化学相关行业的工作，这种思想方法对他们的发展也将是终生有用的。

在这些案例中，最具有代表性的是吴加澍的事例。他用几个生动的故事告诉我们，作为一个物理教师，对"我为什么教物理？"更深层次的追问就是，从学生的角度来说，物理教学作为一门学科的教学，对于他们人生成长与发展的终极意义是什么？正是这种深层思考所达成的自觉，让他在物理教学中能够拨开知识本位的迷障，摆脱学科本位的羁绊，最终回归学生本位的取向，让学科教学服务于学生一生的发展。在这种终极性思考的基础上，他形成了自己个性鲜明而又准确、独特的教学主张："为谁教"——把属于学生的东西还给学生；"教什么"——从学术形态深入教育形态；"怎么教"——让学生重演知识的发生过程。[3]从他的案例中我们看到，对于自己从事的教育教学工作，为什么教，教什么，怎么教，一定要从哲学层面将本原问题想清楚，这是非常重要的，从这个意义上来说，对于物理学科教学，吴老师不仅形成了学科思想的自觉、教学思想的自觉，而且具有教育哲学的自觉，这是非常难能可贵的。

教育教学的思想自觉在教师职业信仰的基本结构中占有举足轻重的地位。如果

---

[1] 黄荣华.一个"骨灰级青年"的语文生命历程［M］//翠微深处——新中国优秀教师成长之路（高中、中职校卷）.上海：上海教育出版社，2024.
[2] 杨卫国.脚踏实地　仰望星空［M］//翠微深处——新中国优秀教师成长之路（高中、中职校卷）.上海：上海教育出版社，2024.
[3] 吴加澍.做一个有教学主张的老师［M］//翠微深处——新中国优秀教师成长之路（高中、中职校卷）.上海：上海教育出版社，2024.

一个教师具有对教育、对学科教学的思想自觉，能够从学科本体和教育哲学的层面深刻把握任教学科的育人价值、核心要义、思想方法，他就不仅会努力把学科的核心知识教给学生，而且还能够站在"育人"而不是"育分"的高度开展教育教学工作；具有教育自觉、学科自觉的教师，也一定是有着扎实的学科知识功底的教师，他会游刃有余地驰骋于课堂，深入浅出地把学生引领到学科的海洋，促进学生德性与智性双提升，让学生沉醉其中，欲罢不能。

二、基础教育教师职业信仰的养成

就绝大多数教师而言，职业信仰并不是与他的教师职业生命一起"与生俱来"的，它有一个循序渐进、不断养成的过程，这个过程的心理机制是"觉醒"。

按照马斯洛的人类动机理论，教师这一职业，就其对从业者所具有的功能来说，既有满足基本生存需要的一面，也有满足其实现社会归属与获得尊严需要的一面，更高层次就是满足自我实现的需要。这应该是一种比较现实的理解。教师当然需要谋生，也需要获得他人（包括学生、家长、同行以及社会上其他人员）的尊重，但是如果仅仅止步于此，显然是不够的，教师还应该有更高的精神追求。有学者借鉴冯友兰先生"人生四境界"的说法和马斯洛的需要层次论，把教师的职业道德境界分为三个层次：一是遵守规范道德的境界，把教育看成是社会对教师角色的规范、要求；二是拷问良心道德的境界，把教育看作出于职业责任的活动，用良心拷问来支持自己的职业行为；三是体验幸福道德的境界，忠诚于事业、有奉献精神、热爱学生也热爱自己的教师，应当就是拥有幸福道德的教师，在这个过程中，他们实现着自我精神追求，达到了马斯洛论自我实现境界时所说的"忘我"的境界。[1]我们可以认为第一种境界呈现为"他律"的取向，而后两者则是"自律"取向，并建议教师实现从"他律"到"自律"的转变。而要完成这种转变，在很大程度上就需要教师职业信仰的深度觉醒。

怎样才能实现职业信仰的觉醒呢？应当说，教师的职业信仰"具有'前实践'

---

[1] 杨启亮.教师道德发展的几个境界[J].教育发展研究，2009，29（6）：40—43.

的特性，它在实践的基础上产生，也在实践的过程中得到不断的升华"[1]。它受制于多重因素，包括教师自身的人生追求、价值观念、心理状态等主观因素，也包括教师从教过程中的工作际遇、外部环境，以及教师培训、管理制度、政策支持等客观因素，更与教师的职业经历、工作体验密切相关。

理论上讲，为了促成教师职业信仰实现觉醒的理想状态，以上三方面因素都要呈现正向发展。而在现实中我们却能发现，也有教师虽然在从教过程中屡遭挫折、备尝艰苦，却依然能够葆有对教育教学的满腔热情满腔爱。

> 丁有宽曾经的处境、承受的压力，可能是现在的新教师难以想象的。他曾经经历风波，身体劳累，累得多次吐血。在半个世纪的风风雨雨中，他吃过很多苦，受到过诸多不公待遇，甚至身陷险境。尽管挫折不断，坎坷不断，他却始终以惊人的毅力和坚定的信念，耕耘不辍，追求不懈，坚持调查研究、分析交流、思索总结，努力探求教育教学的方法与途径，攀登教育教学的高峰。他说："我的幸福，就是一辈子当好一名农村小学教师。"[2]

这是为什么呢？如前所述，信仰遵从价值理性，是一种不计得失的信念。

从这个意义上来说，要想把如何养成职业信仰这一问题阐述清楚，确实是比较困难的。不过，作为一种价值观的自我教育，借鉴"价值体验—价值澄清—价值内化—价值引领"的基本理路，总还是有一些基本的规律可循。在此，我们仅从教师作为专业工作者的角度，提供一些建议。

（一）省身明向，确立人生坐标

人是要有精神追求的，绝对不止于口腹之欲。因此，作为一名教师，就不能

---

[1] 张晓娟.教师的教育信仰及其养成［J］.现代教育管理，2013（2）：98.
[2] 罗峰.丁有宽——大苦大乐的教育行者［J］.广东教育（综合版），2013（12）：23—26.

仅仅把教书育人视为谋生的手段；如果这样的话，无疑是对教师职业的一种降格。《论语·卫灵公》说："君子谋道不谋食。耕也，馁在其中矣；学也，禄在其中矣。"作为知识分子的教师，应该是有精神追求、有形上关怀的一类人，因此对于自己的人生价值，要有一个准确的、清晰的定位。应该明白，在当前国家繁荣昌盛、经济条件日益充足的时代里，当教师绝对能够满足生存的各种基本需要；但是也应该明白，当教师是绝对发不了财的。我们成千上万的基础教育教师，很少有人会抱着发财致富的念头加入教师队伍。这就是"君子不谋食"。

既然如此，我们的人生坐标应该定位在哪里呢？应该定位在"谋道"之上。在当前社会主义现代化建设的新时代，这个"道"，就是立德树人之道，是报效国家之道，是滋兰树蕙之道。因此，一方面我们要深刻认识从事的基础教育工作非同寻常的战略意义，一方面要体会我们与国家民族的紧密联系，从作为一个普通公民的生活体验出发，理解国家富强、民族振兴与每一个人实实在在的联系，理解在党的领导下从穷到富、从富到强的国家发展、民族进步的过程给我们个人生活和命运所带来的翻天覆地的变化。当我们认识到自己从事的这份教书育人的工作，与莘莘学子的生命质量血脉相连，我们的每一堂课都是在为国家的发展和民族的振兴培养人才，是在播撒文化知识的良种，为未来国民素质的整体提升奠基，就会感到这份看似平凡的工作，那些每天看似繁复琐碎的教学小事，都具有无与伦比的重要意义。确立了人生的坐标，把"我为什么要做教师"这一个问题想明白、想清楚了，就会觉得心里是明亮的、胸怀是宽广的，身上就有使不完的劲。

（二）专业精进，提升育人本领

教师，尤其是学科教师，专业性很强，不仅要有丰厚的学科知识储备，还要有丰富的教育心理学的知识与实践技能。只有在专业上不断精进，切实提升教书育人的本领，夯实立德树人的大基本功，成为教育教学的行家里手，才不仅能够体验到职业的尊严与为人师表的快乐，而且这种尊严与快乐体验会形成一种潜在的反哺效应，进一步巩固我们对教师职业的坚定信仰。

因此我们说，一个具有职业信仰的教师，一定有真学问、真本领。这里所说的学问，并不是简单的知识，教育教学知识和学科专业知识还远远不够，真学问应该是才、学、识的统一。因为有才华，才能有感染力；有学识，才能在教学工作中得心应手；有见识，才能帮助学生廓清迷雾、提升认识，在纷繁芜杂的知识丛林和社会现象面前，形成认知力和判断力。在新时代教育背景下，一名教师仅仅满足于"经师"的水平，是远远不够的，他必须要成为"人师"才行，因为我们的教育对象是活生生的人，我们的教育目的是帮助学生完成由自然人向文化人和社会文明人的转化。因此，教师所要做的一切工作，应该是用自身所具有的文化力量，帮助学生完成这种自我生命的文化转换。

通过学习、培训，结合日常教学实践不断砥砺，让自己成为一个有真学问、真本领的专业精湛的良师，就能帮助学生站在更高的点位上去揣摩领会学习的内容，进而实现这样的生命转化。这样的教师，是有文化厚度的文化人，是有专业高度的能人，能够让学生打心眼儿里敬佩和信服，因此对学生就具有引导力和教育力，教师也因此会感到为人师表的无比幸福。这种幸福体验的反复强化，从某种意义上来说是教师职业信仰赖以形成的心理机制中一个重要因素。

（三）知行合一，践行立德树人

雅斯贝尔斯曾经说过："教育过程首先是一个精神成长过程，然后才成为科学获知过程的一部分。"[1]这种精神成长的过程，不仅表现为学生的生命成长，也表现在教师自身的生命发展过程中。教师结合自身的教育教学工作开展科学研究的过程，同时也是自身精神生命不断成长的过程。王阳明的"知行合一"学说影响深远，其实不仅"致良知"是一个知行合一的过程，教师的教育教学实践和职业信仰之间，同样也是知行合一的关系。

什么是"知行合一"呢？就哲学而言，这是一个十分复杂的命题。就教师职业信仰和教育教学实践之间的关系而言，我们不妨把它理解成是一个"知"与"行"彼此促进、互相补益、共同提高的过程。在这里，"知"就是对职业信仰的理解和

---

1 （德）雅斯贝尔斯.什么是教育［M］.邹进，译.北京：生活·读书·新知三联书店，1991：30.

认识,"行"就是在工作中将教育的理想愿景转变为学生生命发展现实的切实行动。从这个意义上来说,通过科学研究去探索学科本质和教学规律,解决教学实践中遇到的现实问题,这就是一个"知行合一"的过程。在教育教学的实践行动中探索真知、探求规律,在探求真知规律的过程中不断改进、完善教育教学实践,知行融合,互相促进,就能使自己逐渐从"必然王国"进入"自由王国",成为在教育教学中贯彻落实立德树人根本任务的行家里手,乃至名家巨擘。

> 曹正礼从事的是特殊教育工作,他所在的学校曾经发生过一次盲生跌落事件,虽然学生只是有轻微的皮外伤,但曹正礼却在9年之后被家长告上了法庭。面对这一情况,他并没有埋怨家长,而是启动了对盲生特殊心理、特殊行为的专题研究,从而发现盲生跌落是先天失明者缺乏空间意识和方位概念的病理因素造成的行为失控,从此他更深入地研究盲生特殊的生理和心理现象,撰写并发表了《失明与身心健康》等一系列学术研究文章。[1]

诸多名师教书育人的实践充分说明,教育教学既是一门艺术,也是一门科学。作为一门艺术,就需要不断打磨才能日臻完善;作为一门科学,就需要不断研究才能求得真知。教学不可能是十全十美的,总会有这样那样的问题存在。今天我们做教师,尤其是想做好教师、优秀教师,跟上时代的步伐,满足学生发展的需要,践行立德树人,让教育教学工作实现高质量、高效率,就要在教育教学实践中不断地研究问题,不断地克服自身不足,不断地探索前行,认识规律,提高自己的教学实践与理论水平,自觉地掌握和处理教育教学工作中的各种关系。在这个过程中,我们的教育职业信仰便会愈加坚定,从而真正肩负起立德树人根本任务,从学生的成长历程中收获育人的幸福体验。

---

1 曹正礼.追寻人生坐标的足迹[M]//翠微深处——新中国优秀教师成长之路(小幼特、初中卷).上海:上海教育出版社,2024.

第二章　责任担当

中国素有尊师重教的传统，社会各界尊重教师群体，同时对教师的职业操守抱有很高的期待。无数士子学者敢于担当，以天下为己任，他们的功绩和品行为后世所传颂。正如曾参所言："士不可以不弘毅，任重而道远。"士人君子应当性情沉毅，因为责任重大而路途遥远。唐代韩愈《师说》认为"师者，所以传道、受业、解惑也"，表明教师担负着传播智慧、讲授学业、解答疑惑的职责，千百年来激励着从教者砥砺品行、勇担大任。

新中国成立以来，教育事业全面发展，发生了翻天覆地的变化。党和国家重视教师队伍建设，对教师寄予厚望，提出高标准严要求。一代代教师追求学高身正，融入社会改革发展进程。特别是进入新时代以来，教师队伍建设取得新成就、形成新经验，大国良师不断涌现。当代教师需要有怎样的责任担当，如何履行担当？中国教育工作者正在用行动做出回答。教师肩负着为党育人、为国育才的神圣使命，在路径方法上，需围绕立德树人根本任务，实现全员育人、全程育人、全方位育人，并将培养学生树立社会主义核心价值观作为主线，贯穿在教育教学各环节。面对党和国家的期望、时代的召唤，教师责任重大、使命光荣。

■　第一节　■　教师需要有怎样的责任担当

教育就是要教天地人事、育生命自觉，这项神圣的事业中包含着教育工作者的道义责任。随着教育事业的发展进步，党和国家持续推进教师队伍建设，在思想引领、增进权益、抬高底线等方面开展了大量工作，对教师的责任担当提出了深切期望。新中国成立后，党和国家在不同阶段对教师的责任担当的要求各有侧重，有差

> 为党育人、为国育才，践履基础教育教师的责任担当。

异也有共性。概言之，广大教师肩负着为党育人、为国育才的责任担当。结合不同时期的工作重点和教育发展状况进行总结，教师需要有培育全面发展的劳动者的担当、"三个面向"的担当和成为"四有"好老师的担当。

一、培养全面发展的劳动者的担当

1949年10月1日，中华人民共和国成立，中国人民从此站起来了。党和国家接手旧社会留下的烂摊子，发展包括教育在内的各项事业。当时的教育非常落后，基础教育薄弱，文盲、半文盲的人数超过总人口的八成。1949年12月，新中国第一次全国教育工作会议召开，确立了以老解放区新教育经验为基础、吸收旧教育某些有用经验、借助苏联经验、建设新民主主义教育的政策基点，提出"教育必须为国家建设服务，学校必须为工农开门"。

党和国家重视教育，对教师寄予厚望。1950年，毛泽东应时任教育部部长马叙伦约请，为《人民教育》杂志创刊号题词："恢复和发展人民教育是当前重要任务之一"。随后不久，毛泽东还为人民教育出版社的成立题写了社名，饱含着老一辈领导人对教育的深情关心和殷切期望。1957年，毛泽东作《关于正确处理人民内部矛盾的问题》的报告，系统论述社会主义社会的矛盾。他指出："我们的教育方针，应该使受教育者在德育、智育、体育几方面都得到发展，成为有社会主义觉悟的有文化的劳动者。"[1] 他鲜明地提出了培养德智体全面发展的劳动者的命题，为广大教师的工作明确了目标任务。

随着时代发展进步，党的育人方针和目标发生变化，从德智体全面发展逐步演

---

1 毛泽东.关于正确处理人民内部矛盾的问题[M].北京：人民出版社，1964：23.

进为德智体美劳全面发展。1999年，中共中央、国务院《关于深化教育改革全面推进素质教育的决定》指出："实施素质教育，就是全面贯彻党的教育方针，以提高国民素质为根本宗旨，以培养学生的创新精神和实践能力为重点，造就'有理想、有道德、有文化、有纪律'的、德智体美等全面发展的社会主义事业建设者和接班人。"世纪之交，美育被纳入人才培养的重要目标。2019年6月23日，中共中央、国务院《关于深化教育教学改革全面提高义务教育质量的意见》指出：坚持"五育"并举，全面发展素质教育。劳动教育受到高度重视，融入人才培养目标。"五育"并举深化和拓展了人才培养全面发展的内涵，进一步明确了教师的职责担当。

新中国成立后，社会上对教师有一个独特的称谓——"人民教师"。"人民"二字重千钧，意味着教师来自人民、服务人民，担负着国家和人民的重托。人剥削人、人压迫人的旧社会成为过去，社会主义制度在中国确立起来，"人民教师"包含着党和国家对教师职业的政治性质与专业价值取向的要求与期望，塑造着尊师重教的社会风气。这个称谓既庄重又令人尊敬，启迪着一代又一代教师不断增强政治意识、责任意识和担当意识，投身教育发展与改革事业。

培养全面发展的劳动者要求教师对学生开展德育、智育、体育、美育和劳动教育，引导学生成为人格完善、素质能力健全的未来建设者。五个教育领域既有各自的内容特点和规律，又彼此融合、相互渗透，共同瞄准让学生全面发展的教育目标。

德育着眼于塑造学生的思想道德品质和政治观念，使其树立正确的世界观、人生观、价值观，从而为健康成长提供保证，未来能够顺利参与到社会建设进程中。教育之本在于育人，育人之要在于育德。教师贯彻教育方针培养学生，需要以德育为核心，使教书为育人服务。教师在教育教学的各种活动中，对学生进行民族精神与传统文化的教育，进行遵守纪律、艰苦创业的教育，培养其高尚的道德情操，使其形成牢固的唯物主义、爱国主义、集体主义的观念。学生在教师的感染和培养下，成为有中国心的现代文明人。

智育着眼于向学生传授科学文化知识与技能，激发其求知欲，培养其思维能力和创造能力，提高其综合素质。智育不仅需要传授知识发展学生的智力，也需要培养学生的非智力素质，包括浓厚的学习兴趣、丰富的情感、坚定的意志、积极的个性品质等。分科目课堂教学是教师开展智育的基本形式。新中国成立初期的教育深受苏联教育模式影响，特别是凯洛夫主编的《教育学》，强调教学过程中教师的主导作用和教材的权威性。随着对教育规律的认识不断深入，学生在学习中的主体性受到重视，教师的教最终落实到学生的学。教师有必要探索改进教育教学的方法，更好地达成传递知识和增强学生能力素质的目标，提高智育成效。

体育着眼于引导学生强身健体，使学生在运动锻炼中增强体质、提高运动能力、改善生活方式，培育遵守规则、追求卓越、团结协作、坚韧不拔等精神品质。1950年，马叙伦向毛泽东反映学生健康水准下降的情况，毛泽东指出：要各校注意健康第一，学习第二。这句话道出了体育在教育教学各环节中的重要地位。一个人要采取行动、推进事业，离不开良好的体魄。开展体育不仅是体育教师的事，需要采取合适的方法让学生养成良好的运动习惯，拥有健康体魄；也是教育管理者和各科目教师的事，需要认识到体育对学生的重要意义，为学生的运动锻炼提供保障和便利条件，而不能随意挤压占用学生的体育时间。体育测评贵在真实，弄虚作假是对体育的亵渎。

美育着眼于养成学生的审美眼光，增强他们鉴赏美和创造美的能力，以美化人，使学生增进心灵美与行为美，涵养高尚的情操和健全的人格。美术和音乐是开展美育的基本手段，通过设置课程、举办比赛、展览演出等，学生受到美的熏陶，增进创造美的技能。课堂教学作为教育的主阵地，也是美育的重要渠道，教师通过美的语言、美的仪表展示美的形象，激发学生美的情感，打造审美化课堂，美育跟德育、智育交汇融合，实现立体效应。此外，校园环境、规章制度、管理方式中也包含美育的因子，教师应善于化用，发挥各种教育教学活动的美育功能。

劳动教育着眼于提高学生的劳动技能本领，使学生端正劳动态度，增加对职业的认知，养成热爱劳动、尊重劳动、善于劳动的行为习惯。开展劳动教育不仅要向学生传授劳动知识和技巧，而且要引导学生进入真实的劳动实践，在切身体验中感悟劳动真谛。随着时代变迁，劳动的内容对象、工具手段等发生变化，脑力劳动与体力劳动的差别趋于消减，劳动教育的重要性却未曾削弱，始终扮演着不可或缺的角色，因此需要不断培养学生的劳动素养与劳动情怀。

五育是一个融合的整体，相互依存、相互促进，不能割裂。智育、体育、美育、劳动教育中都应贯穿德育的主线，德育、智育、体育、劳动教育需要与美育紧密结合，德育、体育、美育、劳动教育中都包含智育的因素。面对培养全面发展的劳动者的目标，教师在各项教育教学活动中需要把握育人主线，追求综合效应，培育学生成为丰富完善的人，成为合格的社会主义建设者。

二、"三个面向"的担当

1978年，党的十一届三中全会召开，做出实行改革开放的重大决策，把全党的工作重点转移到社会主义现代化建设上来，开启了党和国家历史的新篇章。

教育事业稳步发展，既取得新成绩，也面临新形势、新问题。1983年，邓小平为北京景山学校题词："教育要面向现代化，面向世界，面向未来。"[1] 简短的话语凝结着对教育事业的要求和期望。这不仅是给一所学校的题词，更是中国教育乃至科技、文化等事业改革和发展的战略方针，也成为教师在新的历史时期肩负的责任担当。

教育要面向现代化，意味着教育事业要为社会主义现代化事业服务。

中国特色社会主义进入新时代，对现代化的规律认识在不断加深。中国式现代化立足中国实际，代表了人类文明进步的新方向，具有重大的理论和实践意义。教师有责任瞄准现代化目标开展教育教学活动，培养全面发展的建设者。一方面要聚焦人的培养，使学生发展各种能力素质，适应现代化的建设需求；另一方面要关注人本身的现代化，使学生形成正确的价值观念和行为习惯，实现自由全面的发展。

教育要面向世界，意味着教育工作者应敞开胸怀，学习和吸收当今世界的优秀科学文化成果，为我所用，推进中国的教育事业。"面向世界"指出了发展教育的空间维度，旨在通过加强国际的交流与合作，吸收消化国外先进的教育思想、管理方法、技术手段，建设世界先进水平的中国教育。邓小平指出："对外开放具有重

1　邓小平.邓小平文选（第三卷）[M].北京：人民出版社，1993：35.

要意义，任何一个国家要发展，孤立起来，闭关自守是不可能的，不加强国际交往，不引进发达国家的先进经验、先进科学技术和资金，是不可能的。"[1]教育面向世界顺应改革开放的大潮，呼唤教育工作者敢于解放思想，打破封闭僵化的思维。不仅在校园环境、课程设置等方面借鉴世界先进做法，更着眼于培养国际化人才，引领学生形成世界眼光。

教育要面向未来，意味着教育工作者应着眼长远，培养适应未来社会发展需求的人才。"面向未来"标记了发展教育的时间维度。当今世界日新月异，经济社会发展对人才的要求越来越高。教师需具备前瞻意识，主动拥抱变革，敢于创新，努力破解教育教学中面临的难题与挑战。今日的教育质量就是明日的人才质量，教师应教在今天、想在明天，克服短视弊病，以明日建设者的要求来指导今日的教育教学工作。

面向未来的教育需要把握好立德树人根本任务，培植学生的理想信念，使其树立共产主义的远大理想，敢于同错误思想行为做斗争。中国要建设的现代化是社会主义现代化，而不是别的现代化。

如果说面向现代化是教育改革发展的本体，那么面向世界和面向未来则如同两翼，拓展着教育的广度和深度，确保教育沿着正确的方向前行。"三个面向"构成一个有机的整体，既是对教育发展的要求，也是教师应担负的历史责任。每位教师都应主动提高个人站位，主动面向现代化、面向世界、面向未来，融入时代发展潮流，在教育岗位上留下属于自己的担当与贡献。

三、成为"四有"好老师的担当

截至2022年底，中国专任教师超过1 880万人，有专家称教师队伍是单一从业人群中最大的一支队伍。一方面，教师的政治地位、经济地位、社会地位不断提升；另一方面，党和国家对教师的责任担当提出了越来越高的要求。2018年，《中共中央国务院关于全面深化新时代教师队伍建设改革的意见》提出，教师"是教育

---

[1] 邓小平.邓小平文选（第三卷）[M].北京：人民出版社，1993：117.

发展的第一资源,是国家富强、民族振兴、人民幸福的重要基石",对教师队伍赋予重任。2022年,教育部等八部门印发《新时代基础教育强师计划》,开启了新时代高素质专业化创新型教师队伍建设的新征程。

"四有"好老师是指有理想信念、有道德情操、有扎实知识、有仁爱之心的好老师,这一要求贯穿教师队伍建设全过程,是新时代教师应当履践的责任担当。

有理想信念,意味着教师应志存高远,坚守共产主义远大理想和中国特色社会主义共同理想,牢牢守护为党育人、为国育才的信念。理想信念是求索途中的明灯,是张扬在生命历程中的精神价值。心有所信,方能行远,有理想信念本身就是一种担当。教师心中有牢不可破的信念,才能够把理想的种子撒播到学生心田,把学生培养为德智体美劳全面发展的建设者和接班人。以其昏昏注定难以使人昭昭,教师缺乏担当意识则可信度不高,心中惶惑则容易把学生引入歧途。

教师应不断加强自我修炼,坚定理想信念。要追求高尚的教育境界,心有大我,至诚报国,以天下为己任,把个人才华和智慧献给教书育人的事业。努力追求"经师"和"人师"的统一,既精于"受业""解惑",更以"传道"为责任和使命。注重加强中国特色社会主义理论体系的学习,加深对中国特色社会主义的思想认同、理论认同、情感认同,不断增强道路自信、理论自信、制度自信、文化自信,积极引导学生热爱祖国、热爱人民、热爱中国共产党。注重用自己的行动倡导社会主义核心价值观,浸润感染学生,引领学生向上向善、健康成长。

有道德情操,意味着教师应具备高尚的德行品质,言为士则、行为世范的道德情操,成为学生和社会各界学习的榜样。汉代韩婴说:"智如泉源,行可以为表仪者,人师也。"[1]强调教师应成为模范。教师与学生密切交流,以其人格力量对学生产生引导和熏染,而不仅仅靠学识或地位。教师所倡导者与所力行者出现背离,难以做到身教,学生看到的将是言行不一的人,教育的功能也就被消解了。教师应成为时代"大先生",牢牢树立以德施教的自律意识;面对社会上各种利益的诱惑,坚持正确的义利观,有所为、有所不为,为教师职业增辉。

教师应自觉陶冶道德情操,修炼端正品行,养成健全人格,做学生为学、为

---

[1] [汉]韩婴.韩诗外传集释[M].许维遹,校释.北京:中华书局,1980:185—186.

事、为人的示范。教师所追求成为的"大先生",大在智识,大在德性,大在情怀,大在格局。教师拥有良好的学识修养,以谦谦君子的品性得到学生的尊敬和爱戴。师德是深厚的知识修养和文化品位的体现,因为自律严而彰显坚定的力量。一个老师如果在是非、曲直、善恶、得失等方面老出问题,注定难以担起立德树人的责任。如果身在学校却心在商场或心在官场,在金钱、物欲、名利同人格的较量中把握不住自己,那也无法把学生培养成正直向上的人。

有扎实学识,意味着教师应具有深厚的知识储备和过硬的教学本领,以博学的头脑为学生传授知识和智慧。学高为师,扎实的学识、精湛的业务能力是教师"传道、受业、解惑"的前提,是"大先生"的安身立命之本。知识储备不足,视野不够,教学中必然捉襟见肘。信息时代,获取知识似乎更容易了,这对做好老师却提出了更高的要求。教师应致力于成为智慧型教师,自己所知道的必须大大超过要教给学生的范围,不仅有胜任教学的专业知识,还有广博的通识知识和宽阔的胸怀视野。既授人以鱼,又授人以渔,在各个方面给学生以帮助和指导,如此感染打动学生。

教师担负着涵养扎实学识的重任,应不断提高自己的知识技能。要有谦虚的态度,博采众长,保持学习。大学毕业开始教师工作,不是学习的终结,而是进入学习的新阶段,教师的字典里没有"够"字。时代在变化,学生在变化,教师应勤学不倦,时常更新自己的知识储备,与时俱进;应具备钻研的品质,把教学的道理学懂弄通,而不是迷信网上的课件或教学参考资料;不断提升革新教育教学方法,更好地做到因材施教。教师应树立终身学习意识,建立自己的文化坐标。

有仁爱之心,意味着教师应对学生心怀大爱,尊重他们的人格,在爱的氛围里实现学生的心灵成长。爱心是学生打开知识之门、启迪心智的开始,爱心能够滋润学生美丽的心灵之花。教育是仁而爱人的事业,没有爱就没有教育。每个学生都是国家的宝贝、家庭的宝贝,都值得认真对待。有的教师根据学生的智力水平、行为习惯、家庭背景等把他们分三六九等,看碟下菜,这是非常不可取的。面对学生一时的后进,教师应努力包容、启发,而不是责骂挖苦学生,那显示教师对学生爱得不够彻底、不够真诚,甚至是无能的表现。

教师应勤修仁爱之心,履践责任担当。身上要有时代的年轮,不断去了解和研究当下学生的特点，努力走进学生的生活世界、知识世界和心灵世界。要善于用爱培育爱、激发爱、传播爱，通过真情、真心、真诚拉近与学生的距离，成为学生的好朋友和知心人。理解、宽容可以产生雄厚的教育力量，满足学生深层的心理需要，帮助他们树立自信。教师要毫无保留地把自己的所知所得传授给学生，努力培养出能够超越自己的学生，用爱的教育创造学生成长的奇迹。

一个时代的教师有一个时代的责任和担当。新时代教师要努力成为"四有"好老师，严于律己，勤于修炼，做党和人民靠得住、学生信得过的"大先生"，投身民族复兴伟业，为教育强国建设做出应有的贡献。

第二节 在"三全育人"中落实教师的责任担当

如果说信念操守、学识品格上的自我修炼是教师践行担当的基础做法，"三全育人"则是落实责任担当的重要路径。2017年，中共中央、国务院印发《关于加强和改进新形势下高校思想政治工作的意见》，其中明确，加强和改进高校思想政治工作的基本原则之一是，坚持全员全过程全方位育人，把思想价值引领贯穿教育教学全过程和各环节，形成教书育人、科研育人、实践育人、管理育人、服务育人、文化育人、组织育人长效机制。尽管"三全育人"是在面向高校工作的文件中提出的，然而，全员育人、全过程育人、全方位育人的实践在基础教育领域已推行多年，"三全育人"实际是各类型各阶段教育的教师共同承担的责任。

一、落实立德树人根本任务的内在要求

培养什么人、怎样培养人、为谁培养人的问题是教育的根本问题。我国是中国共产党领导的社会主义国家，这就决定了中国的教育要培养德智体美劳全面发展的社会主义建设者和接班人，培养一代又一代拥护中国共产党领导和社会主义制度、立志为中国特色社会主义奋斗终身的有用人才。立德树人是教育的根本任务，也是教师的根本任务，一切教育教学活动都要围绕育人目标去进行。育人的质量关乎社

> 三全育人是落实立德树人根本任务的内在要求，也是教师担负时代责任的有效路径。

会主义事业能否长治久安，我们要培养的是社会主义建设者和接班人，而不是旁观者和反对派，更不是破坏者。"三全育人"是落实立德树人根本任务的内在要求，也是教师担负时代责任的有效路径。

全员育人，意味着每位教育工作者不分岗位、职级、分工，都担负着育人的职责。对专职教师来说，不管从事语数外学科还是政史地物化生学科，以及体育、音乐、美术、信息技术、劳动技术等各门学科，都有育人之责。传授知识只是教学的手段，最终的目标是要实现育人。班主任、学科组长、年级组长、校长、教育管理单位等各级从事教育管理的人亦须以育人为本，不管直接面对学生还是间接面对学生，都应将工作着眼点放在培养社会主义建设者和接班人的立足点之上。校园里的后勤工作者、医疗卫生工作者、财务工作者、信息工作者等各类专门人员为教育教学提供保障服务，也都是育人体系的有机组成部分。对专职教师来说，有必要对各岗位人员保持尊重，并开展充分密切的合作，形成育人合力，提升育人成效。

全过程育人是从时间流程维度对育人提出的要求，要求在教育教学活动的每个流程、步骤都关注育人目标的达成情况。就最基本的课堂教学过程而言，预习、讲解、练习、复习、考试、讲评等环节构成一个整体，共同服务于学生的学习成长。每个环节、步骤都不是出于功利的目的，或出于技术的、所谓"流程规则"的目的，而必须着眼于育人。曾经有一段时间，课堂上流行模块化教学法，自学必须占多少时间，讲解不能超过多少时间，练习必须用多少时间，为了达到某种所谓的教学模式，人为地把教学过程变得僵化，走向了教育的反面。教育活动的各个流程与环节，同样都是育人的机缘与资源，如学生入校的守时，午餐时的爱惜粮食，课外活动中的合作精神、创造精神，放学离校时的守秩序、懂礼仪，等等。假如只重视课堂教学而忽略了日常生活中的育人追求，就容易陷入跛足的境地，难以达成培养全面发展的人的目标。教师应努力增强使命意识，做到全过程育人。

全方位育人是从空间维度对育人提出的要求，要求充分调动教育教学的各种要素，释放育人功效。课堂是教书育人的主阵地，教室环境布置、教学技术手段都是育人的有机组成部分，适宜的布置和使用可对育人起到辅助支撑作用。随着时代发展进步，高科技手段越来越多地融入教学过程，传统的黑板、粉笔在很大程度上为多媒体显示屏所取代，部分学校可以实现电子终端进课堂，教学资源更丰富，互动更加便捷直接，教学过程因为新技术的介入而实现重构。需要注意的是，使用多媒体的着眼点不在于教学过程"好看"，而在于培养学生，教师有必要在教学中把牢方向，对新的技术手段妥善处理好用不用、如何用、用多长时间等问题，做教学的主导者，不为技术所绑架。操场、道路、花园、楼道等校园环境构成育人的载体，需要保持干净整洁，并通过合适的设计布置提高文化含量。此外，教师需要与家长合适地互动，营造良好的家校关系，学校与家庭同向同行，共同培育全面发展的人。

做到"三全育人"需要教师研究学生、了解学生。教师要培养的人是明日的建设者，应该在特定的历史条件和社会环境中，以明日建设者所需的素质、能力的要求去推动当今的教育实践和改革。"三全育人"需要"三个面向"，立足现代化建设需求，打开全球视野，着眼长远，在教育各领域各环节落实育人的目标。

在推进落实"三全育人"的过程中，需要破解一些认识误区。第一种错误观点是认为育人仅仅是思想政治理论课教师的事，与其他课程无关、与其他工作岗位无关。这种认识误区的出现源于部分地区陷入教育功利主义，片面地以升学率、学生升入学校的所谓"档次"与数量作为最高追求目标，仅仅把思政课当作升学需要应对的一门课去对待。思政课是落实立德树人根本任务的关键课程，发挥着不可替代的作用，与此同时，各门课程都具备思政功能，都应切实发挥育人的功效。

第二种错误观点是以智育代替育人。只重智育而忽略其他教育是急功近利的，重术轻人要不得。教师应站在为党育人、为国育才的高度，重视在各类教育教学活动中发挥德育功能。不同科目的学习规律不一样，考核方式有终结性考核与过程性考核之分，但不能以此对科目做出主次之分，过于关注所谓的"主科"而忽视所谓的"副科"。在考试结果的运用方面，学生表现存在差别是正常现象，考试是为了督促学生更深入、更有效地学习，切忌简单地以分数论英雄。在"唯升学率"的错误导向下，学生花费大量时间、精力进行机械训练，进行超纲学习、超前学习，不得已陷入内卷，这就是教育失去了对整体的人的关注，偏离了育人的正确航向。

第三种错误认识是把德育仅仅当作教育的一个模块去孤立认识。事实上，德育更应当是一条主线，贯穿在各类教育教学活动之中。智育、体育、美育、劳动教育各有其侧重的功能内涵，同时也都应围绕德育中心任务，着力增强学生的理想信念。在育人的大框架下，每一门课都应得到合理的关注与对待，让育人的目标真正符合科学规律地落到实处。

二、德智融合，把牢学科教学的主阵地作用

"三全育人"要求所有教育工作者在所有流程、环节都担负起育人的责任。从学生在校园参加教育活动的时间长短来说，育人的主力是任课教师，育人的基本渠道是课堂教学。因此，教师有必要牢牢把握课堂教学这个主阵地，注重德智融合，在学科教学过程中强化育人功效，让知识传授的过程与价值引领和塑造的过程融为一体。各门学科都蕴含着教学生做人的丰富资源，德育跟智育不可分割。假如教学失去育人理念的灌注，也就失去了灵魂。德智融合是落实"三全育人"目标的基础手段，也是教师基本的责任担当。

20世纪90年代《中国教育改革和发展纲要》即提出，加强德育工作是全体教师的共同职责，教师应当把德育贯穿和渗透到教育教学的全过程中。《中共中央国务院关于深化教育改革全面推进素质教育的决定》对如何实施素质教育明确了方法路径。决定提出，实施素质教育，必须把德育、智育、体育、美育等有机地统一在教育活动的各个环节中。学校教育不仅要抓好智育，更要重视德育，还要加强体育、美育、劳动技术教育和社会实践，使诸方面教育相互渗透、协调发展，促进学生的全面发展和健康成长。决定还提出，进一步改进德育工作的方式方法，寓德育于各学科教学之中，加强学校德育与学生生活和社会实践的联系，讲究实际效果，克服形式主义倾向。这些论述明确了德智融合、依托学科教学开展德育的工作推进思路，不仅在当时倡导了先进的教育教学理念，而且散发着跨世纪的光芒，在今天依然具有指导意义。

在中小学校的各门科目教学中，语文教学承担着传授语言知识、锻炼思维能力的重要作用，也担负着对学生进行思想政治熏陶的重任。语言具有工具属性，是人们进行交际的基本手段；同时语言不是单纯的信息载体、符号系统，而具有强烈的人文属性，是意识、思维、心灵、情感的载体，语言里记载着一个民族的物质和精神的历史，具有深厚的文化历史积淀和文化心理特征。教育部制定的语文课程标准明确："工具性与人文性的统一，是语文课程的基本特点。"[1]语文教师在对学生进行听、说、读、写训练的同时，要着力发展他们的思维力、想象力、观察力、记忆力，培养他们未来参与国家建设发展所需的各种能力。语文学科进行德智融合有三个基本维度，即知识与能力、过程与方法、情感态度与价值观。在教学中因文解道，唤醒和塑造学生的美好心灵、高尚情操，把教材的说服力和感染力充分释放出来。

民族语言是民族的生命。语文教学的目标从属于教育的终极目标，也就是培养德智体美劳全面发展的建设者和接班人；采用合适的路径方法，在这门学科中渗透民族精神教育、生命教育等，既是可能的，又是有必要的。需要注意的是，在语文教学中进行德智融合，需要融合得法。教学时不是把字、词、句、篇的讲解与思想精神熏陶截然区分开来，不是穿靴戴帽、油水分离，而要注重有机融合。教师要选取典型课文，深挖教材内涵，发掘文章包含的哲学、历史、文学、艺术等资源，努力感受作品中深邃的思想、精辟的见解和浓烈的感情，去传递给学生，进行人文传统的熏陶，努力引起他们的心灵共鸣。教师感动了自己，然后充分运用语言文字的生命力、表现力、辐射力，彰显民族教育、生命教育的内蕴。教师尤其要注重启发，而不是"硬塞"给学生，所以大量板书要不得，点到为止即可，贵精不贵多。语文教学认准了育人的目标，就要从机械训练、题海战术中跳出来，避免消磨学生的创造力、偏离育人功能。

除了语文，其他各门科目都蕴含着德育功能，都有必要认真开掘。一批学校、基础教育工作者探索在各科目进行德智融合的方法，取得诸多实践与理论成果，若

---

[1] 中华人民共和国教育部.义务教育语文课程标准（2022年版）[S].北京：北京师范大学出版社，2022：1.

干高校也在推行课程思政的育人理念。对于历史学科，需要抓住重要的历史事件、历史观点，由史及今，增强学生的历史意识，弘扬爱国主义。比如在讲述唐代如何处理少数民族关系时，凸显民族团结、平等相处的历史传统，加深学生对当今建设和谐社会的认识。在数学教学中，适当引入中国古代解决数学问题的智慧方法，激发学生的民族自尊心、自豪感和对中华优秀传统文化的认同。对于物理学科，可以把新中国科学家研制"两弹一星"的案例等引入教学，展现他们无私奉献、敢于创新的精神，在传授物理知识、培养理解能力的同时，融合情感教育和价值观教育。又如在讲授电路知识时，可以让学生领会分析事物的方法与思想。还有音乐教学，是美育的重要组成部分，不仅向学生传授声乐器乐的技法，更让他们在表演与欣赏的过程中养成团队精神，增进对生命的热爱，加深对民族文化的热爱与认同。各门学科中都蕴藏着丰富的德育资源，需要教师善于发现、巧妙运用，提高育人成效。

德智融合贵在相融。情感的激荡、精神的熏陶自然融化于学科教学之中，水乳交融，使课堂成为有机的整体。需要避免的现象是"两张皮"，讲学科知识归学科知识，专门拿出一块时间进行思想政治教育，水归水、油归油，穿靴戴帽，装点门面，随意拔高。这样的德育容易沦为空洞的理论说教，难以达到润心之效。尽管学科教学的成效常以学生的成绩这种显性指标呈现出来，甚至成为对学生、教师、学校进行评价的重要依据。然而，成绩并非教育教学追求的唯一目标，甚至不是第一位的目标，教育的根本乃是育人。有的人在说到学科德育的时候，条件反射般认为那是没有专业的人说的话、干的活，这种认识是非常荒唐的。育人是所有老师的专业，优质的教学一定是知性与德性的高度统一。教师有必要树立正确的教育观，向"人师"的目标努力，把教书育人的责任装到心里，热情拥抱立德树人的事业，不断提高育德意识，增强育人水平。

增强育德能力是教师应当面临的重要责任。在预习、讲解、练习的每一个环节，在学期初、学期中、学期末的每一个阶段，在教学计划、教学实施、教学反思的每一个流程，针对教学中的每一个知识点，面向基础各异的每一名学生，教师都要去探究琢磨如何开展德育，为学生提供成长的营养，化解他们的思想之困。教师只有自己心里有感动，满怀激情，才能把这份感动传递给学生。为此，教师需要有意识地研究教材、研究学生、研究教学过程，去锻炼教育教学的技能技巧，发现知识传授与思想教育的最佳结合点，寻觅提高德智融合有效性的路径方法。这是为师者必须承担的职责，也是一份光荣的使命。

三、在教育教学各环节强化育人追求

育人的追求贯穿于学校和教师一切教育教学活动的始终。如果说德智融合是课堂教学的价值主线，那么在教学之外的广阔空间和各种教育环节中，同样应当落实育人的目标追求。教师应牢固树立育人理念，自觉摒弃和抵制功利化、短视化、任性化等走偏的教学行为，在细微的工作中落实立德树人目标，践行树根铸魂使命。在课堂教学之外，全面开掘各种教育教学活动的育人功能，特别要注重活动育人、管理育人、家校合作育人和校内外协同育人，实现教育成效的最大化。

一是活动育人。课外活动是课堂教学的延伸，蕴含着育人的资源与机会，值得教师去抓取和用好。课外活动包括音乐节、体育节、科技节、春游秋游、外出考察、比赛、劳动等，发生在校园内或校园外，呈现出有别于一般学科教学的特点。这些活动人数不拘，形式自由，能够引起学生浓厚的参与兴趣，需要教师适当引导，促进学生向上向善。比如在准备和参加文体比赛或演出过程中，有意识地培养学生的团队合作精神、攻坚克难精神和纪律意识，增强学生的集体荣誉感；引导学生形成尊重规则与"友谊第一，比赛第二"的自觉，规避名次至上、奖牌至上的锦标主义误区。一次音乐演出，其意义更多在于展现美、传递美，得怎样的名次只是副产品，成绩高些或低些，可以用平常心去对待。在外出参观、考察、研学等活动中，保护学生的好奇心，使其亲近传统文化、探究科学奥秘，又教导他们养成遵守纪律、守时诚信、爱护公物、保持清洁卫生等良好行为习惯。一方面相信学生本性是善良的，是能负责任、正直可靠的人，充分尊重他们、信任他们，另一方面随时留意他们在特定年龄阶段心智不成熟的言行，用合适的方式加以纠正或扶助。

发挥活动的育人功能，需要教师提前谋划，在确保活动安全有序的基础上，体现德育的针对性，带给学生真实的触动。校园艺术节、体育运动会、研学旅行等活动往往规模庞大，尤其需要周密组织，让学生在比赛、演出、外出参观中体验与课堂学习不一样的经历，唤起对创造的热情、对卓越的追求、对历史文化传统的心灵激荡。另外，教师有必要走出对于课外活动的认识误区。部分教师认为学习成绩、升学率是最重要的事，把课外活动视为可有可无，挤压、限制甚至占用原本属于活动的时间用于学科学习，这就走向了教育的反面。考试分数只是教学的辅助手段，用于发现学生知识或能力的欠缺，可以在后续教学中有针对性地加以补足。分数绝非教育的最终目标。在育人的大目标前，课堂教学与课外活动都是教育手段，相互补充，各有意义，不可偏废。

二是管理育人。校园是育人的场所，小至班级管理，大到学校管理，各种管理行为是确保教学秩序顺利进行的重要保障，同时也是实现良好育人成效的必要条件。这些管理涵盖班主任工作、教研工作、年级组工作、信息工作、后勤工作、财务工作、法治工作等各个模块和条线。围绕立德树人的目标，校园里各种管理行为都应渗透思想政治教育的目标。从校长到中层干部，从班主任到普通任课教师，所有教师在办学过程中不断强化育人理念，树立坚定的理想，就有望形成良好的学校小气候，不断提升教育教学质量。学校管理固然要面对一些评估检查等临时性、偶发性任务，如果全体教师确立了育人的方向，办符合规律的教育，那就可以坦然面对评估检查，不必因临时性任务而做急功近利的事，去临时抱佛脚制造材料，乱了阵脚。落实管理育人，首先要校长坚持正气，具有定力，敢于抵制弄虚作假、金钱拜物等不良社会风气，让学校成为创建和撒播精神文明种子的场所，提升教师和学生的精神境界。校领导带领老师们着眼育人去开展环境建设、制度建设、文化建设等，让正气在校园不断生长，法治与德治相融合，促使办学水平不断迈上新台阶。

班主任工作在校园管理中举足轻重，跟育人目标的实现紧密关联，直接关系到学生成长发展的质量。班主任与学生接触时间更长，需要面对学校内外各种事务，对事件的处理方式可能对学生价值观的养成产生长久影响。教师需要在班主任岗位上牢牢树立育人追求，摸索和采用合适有效的工作方法与技巧，塑造健康向上的班级风气，让班级成员在大事小事中感受到善良、尊重、自信、感恩、道义等品质，滋养学生的健全精神。班主任工作具有头绪繁多、耗时费力的特点，作为班主任需要大爱满胸，以强烈的责任感坦然面对，有意识地抵制抱怨或牢骚。穿越烦冗工作可能带来的疲累、平庸、消沉的迷雾，达到澄明光亮的理想之境，正是育人事业的尊严所在。

做好班主任工作，需要全面了解每一名学生，关注和知晓他们的个性、兴趣、学习、家庭等状况，进而因材施教，调动他们的积极性，给予适合个人特点的指导和关心。面对一个班级的同学，要公平对待，尊重每一名学生，切不可凭成绩或家庭背景给学生分出三六九等，而应秉守育人初心，一碗水端平。班主任工作的一个重要目标指向是引导学生砥砺品行、学会做人。这就需要教师循循善诱，及时发现和纠正学生的不良思想行为，对具体的成绩和进步给予鼓励。在学生与任课教师或其他同学出现矛盾的时候，秉持公心加以化解，解除心病。班主任工作既是确保教育教学活动正常开展的重要依靠，也是开展德育的重要平台，教师在这个岗位可以有所作为，也理当有所作为。

三是家校合作育人。学校担负着教书育人的光荣使命，然而，育人的使命不是学校教育独立完成的，家庭教育、社会教育各自发挥着独特的作用。学生在校园学习之外，一大部分时间处于家庭环境中，得到家庭成员的物质生活支持和精神文化熏染，因此在树立价值观、养成生活习惯等方面，家庭对学生的影响会来得更直接、更深入。育人目标的达成需要学校教育跟家庭教育形成合力。教师要善于在日常沟通、家长会、家访等场合采取正确的工作策略，既对家庭教育给予必要支持，也吸引和借用家庭的力量，去实现更加优质的育人成效。家校合作育人是教师的常规工作思路，也是应当妥善履行的使命。

教师与家长的日常沟通往往借助家委会、班级群或单独联系等渠道实现。在交流中教师需要认清一个基本定位，即家长和家委会与学校有着同样的促进孩子成长的愿望，然而他们是外在于学校的教育主体，不能把家长当作学生，给他们布置作业，让他们完成本来应当由学生完成的学习任务。如果打破了尊重的边界，向家长直接提要求，就容易给家长带去不必要的负担，造成家校关系紧张，甚至出现争议和纠纷。家委会是学校教育的重要辅助力量，在交流中需要有效引导，守住规则底线，避免出现集资给老师送礼物、为学校购买大金额教学设施等行为，导致乱摊派、转移责任等负面舆情。

教师在与家长和家委会交往中，力求多一些共识和尊重，少一些使唤与利用，携手凝聚育人的合力。如果说教师与家长的日常沟通常常借助通信工具完成，有两种活动则应当面交流，即家长会与家访，分别对应教师的"迎进来"与"走出去"。在家长会中，教师与家长坦诚交流，通报学校和班级近况，介绍学生的成绩与不足，唤起家长与学校共同育人的热情。在家访时，教师与家长小范围面对面聊天，了解家庭状况、学生在家表现等，并告知学校与教师的教育理念、规划与安排。教师在家访中切忌"一言堂"，成为入户宣讲者，过于注重叙述对家长的要求，而对学生状况疏于调查，这样容易给家长带去过大的压力，错失达成一致育人目标的良机。用真诚、尊重的态度面向家长，将心比心，是教师在处理家校关系、促进家校合作过程中应有的姿态。

四是校内外协同育人。学生在学校接受教育，同时生活在真实的社会中，受到不同场景和环境的熏染，校内外教育难以截然分开。随着经济、科技的快速发展和社会的不断进步，开展校外教育已成为世界各国教育的潮流。学校教育和校外教育理当结合起来，实现校内外资源协同，达成育人目标。校外教育并非学校教育可有可无的补充，而是教育的有机组成部分，承担着培养核心素养、满足教育多样化等重要功能。各种红色纪念地、文化科技场馆、山河田园、企事业单位等以独特的情境和资源为学生带来新奇的学习体验，有利于帮助他们增进国情认知、培养兴趣爱好、树立职业目标，与学校教育形成联动，取得更加显著的育人效果。要把专家"请进来"，让学生"走出去"，构建起开放包容的课程体系，为跨学科学习提供更多可能。如此一来，学生就能够更好地完成知识与经验的积累，将被动学习转变为主动探究，更多地参与社会生活，养成正确的世界观、人生观和价值观。

教师既是进行学校教育的教学主体，也是开展校外教育、实现校内外协同育人的重要力量，需要积极参与内外联动的过程，在开拓校外资源、深化课程建设等方面有所作为。当今社会很多纪念馆、美术馆、博物馆、图书馆、农场、企业等具备接待中小学生开展校外教育的条件，教师应加强了解，结合本校学生条件，有选择地去对接，开辟适切的实践线路，带领学生走出去。在确定考察地点时，需要参照学生不同的年龄加以分层和衔接，有针对性地提高学生的思想道德素养、劳动技能和审美鉴赏能力等。学生走向社会不能停留在浅层次的走马观花，教师要适当设计项目化学习任务，引导学生主动探究。尽管开展校外教育时会有讲解员、专家等与学生互动，教师仍需注意在教学的不同阶段对学生加以引导，既发挥校外教学力量的优势，又寻求校外见闻与课堂教学的结合点，实现校内外资源的密切联动。不断探究校外资源增进学校教育成效的规律，重构课程，促进不同学科的融合，塑造教学新样态，让校内外协同育人发挥"1+1>2"的综合效应。

"三全育人"体现了以育人为本的教育教学立场，在学科教学中需要贯彻德智融合，在教育教学各环节中同样需要把德育摆在优先位置，实施方向包括活动育人、管理育人、家校合作育人和校内外协同育人等。当然，信息化、后勤服务等环节同样包含育人功能。运用之妙，存乎一心，只要教师牢固树立了育人的理念，就可以在教育教学的整个过程中合理应对，收获良好的教育成效。

■ 第三节 ■ 践行和传递社会主义核心价值观

教师的责任担当具有丰厚的内涵，从担当的对象来说，大而言之是育人的家国大任，具体而言有个重要方面是践行和传递社会主义核心价值观。核心价值观是一个民族赖以维系的民族纽带，是一个国家共同的思想道德基础。

2013年，中共中央办公厅印发《关于培育和践行社会主义核心价值观的意见》，其中指出，培育和践行社会主义核心价值观，是推进中国特色社会主义伟大事业、实现中华民族伟大复兴中国梦的战略任务，要把培育和践行社会主义核心价值观融入国民教育全过程，落实到经济发展实践和社会治理中。在新时代，教师担负着践行并传递社会主义核心价值观的重任，不仅要自律力行，而且要让社会主义核心价值观成为年轻一代的共识，内化为精神追求，外化为自觉行动。在传递社会主义核心价值观的过程中，教师需注重将其与中华优秀传统文化相结合，并不断探索适合当下学生特点和需求的培育方式。

一、打铁还需自身硬，做社会主义核心价值观的坚定践行者

人们常说，教师是人类灵魂的工程师。这句话既包含着教师对职业崇高性的自我定位与认知，也包含着社会公众对教师群体的尊重与期待。教师要履行教书育

> 德智体美劳"五育"并举，德育为先，价值观的塑造是第一位的。

人、启智润心的神圣使命，应先建立对社会主义核心价值观的准确认识，打铁还需自身硬，做社会主义核心价值观的坚定信奉者与践行者，挺直脊梁骨，在此基础上去引导和培育学生，让责任担当落到实处。

教师需要充分认识培育和践行社会主义核心价值观的深刻内涵和重要意义。社会主义核心价值观是社会主义核心价值体系的内核，集中体现着全体人民共同的价值追求，是当代中国精神的集中体现，也是凝聚人心、汇聚民力的强大力量。社会主义核心价值观的十二项基本内容，可以分为三个层面。富强、民主、文明、和谐是国家层面的价值目标，明确了我国社会主义现代化国家的建设目标，对其他层次的价值理念具有统领作用；自由、平等、公正、法治是社会层面的价值取向，生动描述了美好社会的图景，凝结着社会集体共同遵守的法则与追求的目标；爱国、敬业、诚信、友善是公民个人层面的价值准则，是个人应当恪守的基本道德规范，也是评价公民道德行为选择的基本价值标准。社会主义核心价值观回答了要建设什么样的国家、建设什么样的社会、培育什么样的公民的重大问题。

价值观教育是德育的重要组成部分。德智体美劳"五育"并举，德育为先，价值观的塑造是第一位的。古今中外，价值观塑造都在教育功能中占据举足轻重的位置，世界各国在教育中普遍设有价值观方面的内容，比如要热爱自己的国家，勤劳守纪，向上向善。中国走的是中国特色社会主义道路，这是一百多年来无数志士仁人经过艰难探索而走出的适合中国国情的路径，既有自身特殊性，也是历史和人民的选择，每个中国人都应树立坚定的道路自信。离开了价值观教育，中国特色社会主义就难以稳步前行。改革开放之初，国内曾经出现价值观教育力度不够的状况，年轻人的思想出现一定程度的混乱，端起碗来吃饭、放下筷子骂娘，乃至社会上发生一些波折，其中也存在教师立场站不稳、行动有偏差的状况。

教师践行社会主义核心价值观，需要坚定理想信念和锤炼自己的道德基本功，以高标准严格要求自己。爱国需要把握党在社会主义初级阶段的基本路线，坚持四项基本原则。面对社会上一些有争议的现象、不同领域暂时的困难或曲折，要思考：有没有在坚持党的领导方面产生思想的松动？是不是在坚持马克思列宁主义、毛泽东思想方面存在偏差或不够彻底？坚定理想信念非一朝一夕之功，需要不断学习修炼，不断强化认知，内化于心，外化于行。平时在工作生活中用历史唯物主义、辩证唯物主义的观点去回望历史、观察社会，不断学习马克思主义、学习当代中国马克思主义，把心贴在中国特色社会主义的事业上，加深对社会主义核心价值观的理解认知。在处理师生关系、家校关系以及个人与社会关系的种种实践中，时时把握社会主义核心价值观的主线，寻求妥善解决问题的方法。

教师在践行社会主义核心价值观的过程中，要提高政治警觉性，树立国家安全意识，明辨大是大非，同违背社会主义核心价值观的不良现象与思潮作斗争，增强维护国家安全的责任感和使命感。

二、从中华优秀传统文化中汲取资源，弘扬社会主义核心价值观

自身践行社会主义核心价值观是教师作为中国公民的道德要求，弘扬和传递社会主义核心价值观则为教师的职业要求。学校是育人的场所，教师需要通过课堂教学和各种活动，把社会主义核心价值观的种子撒播到学生心里。弘扬社会主义核心价值观有多种路径与方法，与中华优秀传统文化相结合是重要的实现载体。中华优秀传统文化是中华文明的智慧结晶和精华所在，是中华民族的根和魂，是中国人民在世界文化激荡中站稳脚跟的根基。中华优秀传统文化中的丰富哲学思想、人文精神、道德理念、精美形式等，为弘扬社会主义核心价值观带来滋养和启发。

中国古代浩如烟海的典籍以及跌宕起伏的历史故事中，蕴含着丰厚的教育资源，是开展社会主义核心价值观教育的生动教材。古人探索思考天地、人生、社会的基本问题，对人生意义、物质与精神、个人与集体、荣耀与耻辱等都留下深刻丰富的论述。在某种程度上也可以说，中华优秀传统文化是源泉、是命脉，社会主义核心价值观植根于中华优秀传统文化，回溯既往，面向未来。古人追求修齐治平，修身大致对应于社会主义核心价值观个人层面的要求，齐家对应社会层面，治国平

天下对应国家层面。孔子主张"成仁",孟子倡导"取义",要尊重他人、爱他人,追求家国大义,为社会做贡献。儒家伦理思想将仁、义、礼、智、信奉为五常,当作古代君子的道德准则,很长时间里成为社会伦理内核之一,包含着诚信、友善等为人立世的追求。

《管子》中说"故国富兵强,则诸侯服其政,邻敌畏其威",论述了富强的目的与意义。文天祥作《正气歌》,顾炎武提出"天下兴亡,匹夫有责",林则徐用"苟利国家生死以,岂因祸福避趋之"明志,仁人志士在不同历史时期发出了爱国的强音。"和而不同"中的和谐图景,"民惟邦本"里的民主理念,"不患寡而患不均"里的公平愿望,"人而无信,不知其可也"里的诚信坚守,"老吾老,以及人之老;幼吾幼,以及人之幼"里的博爱情怀……千百年前的观点和倡导贯穿了古今,在当今依然鲜活,包蕴着感染人、鼓舞人的力量,引导人们向上向善。当然,传统文化中也有很多不适合时代发展要求的内容,如现代社会生活中更加尊重个人权利和自由,以人身依附为特征的愚忠、愚孝等做法是应当摒弃的。

在五千年发展历史中,中国人民创造了悠久灿烂的文明,一些物质生活习俗、文化艺术样式延绵至今、生生不息,是传承社会主义核心价值观的可靠依托。教师可以在教学和各种活动中借用多样性的传统文化,旧瓶装新酒,引领学生感受古人的智慧,体验文化艺术的内涵魅力。截至2022年,中国有43个遗产项目列入联合国教科文组织非物质文化遗产名录(名册),包括昆曲、古琴艺术、京剧、中国书法、中国篆刻、二十四节气等,总数位居世界第一,此外还有超过十万项代表性项目得到国家、省、市、县四级非物质文化遗产名录认定。

这些表演艺术、传统手工艺、节庆仪式等是全人类共同的文化珍宝,用不同的方式影响着当代人的生活,也是一座教育资源宝库。教师在引导学生体验、传承、创作的过程中,不仅能以其新颖性引起他们的参与兴趣,而且能培养他们的耐心、谨严、宽容、坚韧、团结等优秀品质。在内容层面,昆曲、京剧等表演艺术中包含热爱祖国、追求自由、坚持诚信的要素,学生在耳濡目染中得到感化,使传统文化技艺成为通向社会主义核心价值观的一座桥梁。又如在中国书法、中国篆刻的创作中,可以选用古典诗文作为表现题材,学生在写与刻的过程中承续传统文化样式,受到感情激荡与心灵浸染,加深对社会主义核心价值观的认同与理解。

面对种类繁多、博大精深的中华优秀传统文化，教师需要用虔诚谦虚的态度，不断去走近、探究，不仅从书本和报告中学习，更在近距离的考察、亲身的体验与操作中增进对传统文化的认识，古为今用，守正出新，取其精华，弃其糟粕。对于浩瀚博大的古代文史著作，教师应有计划地阅读学习，让自己的知识储备变得越来越丰富，从而在教育教学活动中做到得心应手。手机的碎片化信息对严肃的学习造成冲击，在这种形势下，教师需要有意识地走出浅阅读的迷雾，去读一些传统经典，比如《论语》《孟子》、唐诗、宋词、《古文观止》等，读一些磨脑子的书，领悟古代典籍中的崇高深邃之美、哲理思辨之美，实现自我升华。

纸上得来终觉浅，绝知此事要躬行。教师同样需打开视野，走向中华优秀传统文化的传承现场，感受各种表演艺术和手工操作的发展历史、内在精神理念、技法技巧要领，感受传统文化的内在意蕴。主动建立"走出去"意识，探究近处和远方的文化遗存，让自己的头脑变得丰富起来，让灵魂变得有趣起来。不管是什么学科岗位的教师，最好能结合家乡环境、自身禀赋和兴趣等情况，建立对某一两种传统文化的深入了解，乃至成为专门的研究者或创作者，比如掌握讲解《红楼梦》、表演昆曲、写书法的本领等，进而带学生体察中华优秀传统文化的纹理脉络，滋养其精神成长，使其成为社会主义核心价值观的坚定践行者。

三、拓展培育社会主义核心价值观教育的资源和路径

教师需要充分发挥校内外各种设施和平台的作用，适时适地开展社会主义核心价值观教育。校园里的升旗仪式、板报、广播、网站等载体贴近学生，可以发挥课堂教学所不及的润心效能。比如在升旗仪式中，列队集合需快速整齐，守时守纪是敬业的基础。国旗下的讲话把科学的理论、生动的故事、热情的号召送到学生心中，激起他们参与强国建设的信心；还可以让学生轮流发言，这是尤其宝贵的锻炼机会。室内的黑板报，不仅可以通过适当的内容弘扬社会主义核心价值观，而且学生在小组筹备、制作板报过程中，也能增进对友爱、和谐的理解。教师结合个人对社会主义核心价值观的深入理解，可以在工作中充分挖掘校园文化设施与平台的育人功能，把社会主义核心价值观的种子撒播到学生心里。

课堂小社会，社会大课堂。学校应常引导学生走出教室和校园，走向广阔社会，通过春游秋游、考察研学、志愿服务、勤工俭学、生产劳动等各种类型的实践活动，让学生开阔眼界，在亲身参与中得到浸润，入目、入耳、入心，收获成长。在信息技术日渐发达、获取知识越来越便捷的当下，实践活动在教育中发挥着越来越重要的作用。一方面，教师要支持并融入学生的活动，给他们必要的扶助，而不是以"耽误上课"为由消极对待；另一方面，教师需善于化用实践活动，让学生在参与中得到社会主义核心价值观的熏染。在参观红色遗迹或场馆时，引导学生严肃虔诚地观看和听讲，不嬉戏打闹，激发他们对革命前辈的敬仰，唤起爱国之情。在学生参加勤工俭学、生产劳动后，及时评估绩效分配果实，对肯干活、技巧高、善于合作的同学给予奖励，多劳多得，从而让学生加深对平等、公正的理解。各种志愿服务中饱含着参与者的爱心，学生参加植树造林、清理公共场所卫生、为社区孤老演出等活动，可以强化集体主义精神，培养友善待人的习惯。

各种校园文化设施平台和实践活动在不同层面与社会主义核心价值观存在关联，富有育人价值。教师需要去不断探索把握，拓展平台路径，站在时代高度研究学生的情况，不断深化对育人规律的认知，不断增强用活动涵养社会主义核心价值观的本领，形成育人合力，真正肩负起培育和践行社会主义核心价值观的责任担当。

第三章　精神传统

> 研究中国教师职业的历史演变、文化特征以及精神传统，目的是更好地实现当代转化。

中国教育源远流长。教育活动的重要实践者——"师"，是一个含义相当丰富的概念。在中国古代，其职能主要有两方面。一是职兼"政教""教化"。《尚书·尧典》记载舜命契"作司徒，敬敷五教"。《礼记·经解》："入其国，其教可知也。"二是指"教育，训诲"。《孟子·滕文公上》："饱食、煖衣、逸居而无教，则近于禽兽。"无论是职兼"政教"以资治，还是负责"教授"以传技、"训诲"以育人，"师"的实践活动往往兼而有之，形成了深厚的师道传统。近现代教育转型之后，特别是新中国成立后，传统意义上的"师"成为"人民教师"，其地位与作用都被赋予了新的内涵。

"师"的职业演变，历史漫长。由初期的巫师、乐师到师、傅、夫子、先生。由"官师合一"到职业明确分工以后的"经师""塾师"，继而"教习""教员""教授"，再到当代所称的"教师""人民教师"等，有一个演变过程，其称谓与职业功能都多种多样。为了论述的方便，本章一律以"教师"作为历代讨论对象的名称，目的不在于辨明职业区分，而是在其作用与价值上求得贯通认识。

研究中国教师职业的历史演变、文化特征以及精神传统，目的是更好地实现当代转化。中国已经发生了翻天覆地的巨变。身处全球化的今天，我们如何坚持"人类命运共同体"基本理念，既保持文化自信，又坚持改革开放，开辟中国式现代化的教育之路，总结中国现代新型人民教师的思想与经验，是摆在我们面前的重大课题。中国悠久的教育传统和独特的师道精神，正是今日取用不竭的文化资源。

第一节　中国教师职业及师道精神的演进轨迹

一、巫师、乐师与"官师"

（一）早期社会生活经验的传授者

在人类的早期生产活动中，存在于社会生活中的教育逐渐分化出来，一部分人脱离生产转为从事指导和教化工作。例如，仰韶文化时期的细泥彩陶、龙山文化遗址出土的黑陶器，都制作考究、艺术精美，说明在制陶过程中，制作者经过了严格训练，熟练掌握各道工序的复杂技能。这里应有像教师一样的人在进行传授与训练活动，后世或称此类人物为"工师"，如《孟子·梁惠王下》："为巨室，则必使工师求大木"。此外，为了预占吉凶、驱灾避邪而开展的宗教式自然崇拜活动，常常包含着自然常识的教育内容，其中的巫术需要借助知识、工具和技能而产生显灵效果，增强说服力。在宗教实践与巫术传授过程中，示范者会用经验和教训来指导、训练后学者。这个"示范者"就是"巫师"。

（二）先秦时期的"官师一体"及其变革

学在官府、官师合一，曾是商周政教的重要特征。此种情况，在春秋战国之际发生了重要变革。孔子创立私学，倡导"有教无类"，直接促进文化下移；实行"因材施教"，大力培养了"士"阶层的模范——君子；践行"启发式"思想，更是提出了为"师"的职业高标。孔子本人就是一位让学生无比敬重的"师"，《论语》中的"夫子"用了近40次，多数是孔子学生对老师的敬称，如《学而》谓"夫子温、良、恭、俭、让以得之"等。

值得一提的是，战国时期的墨子也大力创设"私学"，比孔子重视科学知识的教育。由于他在教学内容与方法上特别注重"师生"在实用知识和技能上相互切磋与传授，因此，墨子的"师"更具平等意识，他们都不脱离生产，都在生产实践中直接发现问题，解决问题，并善于总结创新。

二、吏师、博士、经师与"山长"

（一）秦汉重"吏师"

"吏师"制度总体上否定"私学"，思想上定一尊于"法"。在《韩非子·五蠹》中，韩非认为，应该"无书简之文，以法为教；无先王之语，以吏为师"。"史书记载，秦朝博士官多至七十多人，包括儒家在内诸子百家，都可以为博士。当时博士的职责：是掌通古今、史事，待问咨询，议礼议政，充任吏师教授弟子。"[1] 汉代尊经崇儒，太学严于择师。马端临《文献通考·学校一》指出：

> 西京博士但以名流为之，无选试之法。中兴以来，始试而后用，盖既欲其为人之师范，则不容不先试其能否也。[2]

汉代尊崇儒学，设立经学博士，"经师"地位崇高，治学规范严明。学者严于择师，在于学到更高的"师法"，从而形成优良传统的"家法"。

（二）唐朝教师制度的发展与完备

唐朝崇文重教，高祖"颇好儒臣"，"儒教聿兴"；而且雕版"行于唐世"，书籍普遍印行，中外文化交流更加广泛。从中央到地方，各级各类官学得到新的体系化发展；以研习儒家经典为主的教育机构，如国子学、太学、四门学、弘文馆、郡县学也类型多样；还有各类科技专门学校，如医学、算学、天文、历法等。有博士（算学博士、医博士、历博士等）、祭酒、助教、学士、经师、塾师等，各有职守。

---

1 毛礼锐，沈灌群.中国教育通史 第二卷［M］.济南：山东教育出版社，1986：15.
2 ［元］马端临.文献通考［M］.北京：中华书局，2011：1184.

专门学校教育内容的多样化,实质上也呈现了更为广阔的教师专业平台。特别是科举考试制度的进一步确立,对学校教育、师生学风都产生深刻影响。韩愈担任过四门博士、国子博士、国子祭酒等教职,其《师说》是中国古代集中论述教师问题的名作,继承了我国古代尊师重道的优良传统,总结和发展了历代教育家关于师道的思想,并结合自己的教育实践经验,蕴含着超越其时代的重要启示。

(三)宋代书院与教师的职业之乐

政府官学之外,书院作为重要的传统教育机构,同样寄寓着独特的为师之道与为师之乐。宋代书院"师乐"形象鲜明突出,主掌书院者常被称作"山长"。著名大儒经师充分表达了得天下英才而教之的无比幸福的"师乐"。张载认为教师有"四益":"绊己不出入,一益也;授人数次,己亦了此文义,二益也;对之必正衣冠,尊瞻视,三益也;常以因己而坏人之才为之忧,则不敢惰,四益也。"[1]"春风化雨"通常形容师生和乐之境。"师"如时雨,自有其乐;"生"得时雨,必有其乐;师生共乐,乐境更高更浓。师生是教学关系,也是学友关系,如此才能实现教学相长。

三、教授、教谕、训导与塾师

(一)明清时期对"师道"的省察与发展

明清时期,官学得到进一步发展。府州县学分设教授、教谕、训导等官,各司其职。此外又有家塾、村塾、族塾、义塾这样一类的初级教育机构,高一级的书院教育也延续宋代之盛并得到发展。尤其值得关注的是,书院之"师"大力倡导独立思考的学风,积极关注并参与社会现实事务。

东林书院是志同道合者交流思想的"讲会场所",呈现出学人社团特色。每年

---

1 [宋]张载.张载集[M].北京:中华书局,1978:276.

大会十日，每月小会三日。大会、小会皆推会主一人主持讲会，"每会推一人为主说四书一章"。[1] 顾宪成的《东林会约》是东林书院讲学之旨，提出了"知本""立志""尊经""审几"四要，其中"审几"即反省、自疑之义，体现了对讲、学、行的质疑态度。这个"新传统"的精神正如书院楹联所示："风声雨声读书声，声声入耳；家事国事天下事，事事关心。"

（二）晚清对传统师道的继承及其转型

晚清西学东渐，思想革新，师道内涵又有新的变化。光绪十七年（1891年），康有为应弟子陈千秋、梁启超等人之请，租用长兴里"邱氏书室"开设"长兴里学舍"讲学，不久又将书院相继迁至卫边街和广府学宫，正式定名为"万木草堂"。作为草堂导师，康有为与学生一起研讨中国数千年来学术源流和历代政治得失，学习西方近代学说，"每论一学、论一事，必上下古今，以究其沿革得失，又引欧美以比较证明之"。尤其值得关注的是，康有为为弟子编订了四类课程：义理之学，包括孔学、佛学、周秦诸子学、宋明学、泰西哲学；考据之学，包括中国经学、史学、万国史学、地理学、数学、格致学；经世之学，包括政治原理学、中国政治沿革得失、万国政治沿革得失、政治应用学、群学；文字之学，包括中国词章学、外国语言文字学。康有为要求学生自己读书、做阅读笔记和记"功课簿"。[2]

四、人民教师

20世纪中华民族最深刻的巨变，就是中华人民共和国的成立。"人民"是中心词汇，意味着全体中国人民在中国共产党领导下当家作主。共产党领导的新中国的成立，是中国教育史上一个重大转折。

1　邓洪波.中国书院史（增订版）[M].武汉：武汉大学出版社，2013：431.
2　王涵.中国历代书院学记[M].北京：首都师范大学出版社，2010：235.

（一）新中国成立初期广大教师的学习与"改造"

1949年6月30日，毛泽东发表《论人民民主专政》，指出"事变是发展得这样快，以至使许多人感到突然，感到要重新学习。人们的这种心情是可以理解的，我们欢迎这种善良的要求重新学习的态度"。[1]1951年9月，北京大学校长马寅初发起该校教授的学习计划，呈毛泽东同意，继而全国推广。同年，周恩来在京津高等学校教师学习报告会上作《关于知识分子的改造问题》的报告，号召教师认真开展批评和自我批评，努力使自己成为文化战线上的革命战士，主要涉及如何取得革命的立场、观点、方法的问题。[2]1951年11月30日，中共中央发出《关于在学校进行思想改造和组织清理工作的指示》，要求立即开始准备有计划、有领导、有步骤地于一至二年内，在所有大中小学教职员中和高中以上的学生中普遍开展学习运动，进行初步的思想改造，培养干部积极分子。到1952年秋，全国参加这次学习的高等学校教职员工占91%，大学生占80%，中等学校教职员工占75%。[3]

（二）政府主导的教师教育培训

1980年8月，教育部在《关于进一步加强中小学在职教师培训工作的意见》中明确指出，教育学院和教师进修院校是培养中小学在职教师的重要基地，承担着中小学在职教师的终身教育的责任。

地方教育学院、教师进修学校主要是服务于区域中小幼教师的专业发展。一方面是学历培训，一方面是教学研究，主持区域学科教学质量评估。还有就是根据工作需要，进行相关专业技术的培训与指导以及教育教学课题的研究和教学经验的推广。地方教育学院和教师进修学校的业务管理体制，保障了区域教育教学质量的均

---

1 毛泽东.毛泽东选集 第四卷［M］.北京：人民出版社，2003：1472.
2 郭笙.新中国教育四十年［M］.福州：福建教育出版社，1989：156.
3 毛礼锐，沈灌群.中国教育通史 第六卷［M］.济南：山东教育出版社，1989：47.

衡、高效发展，对于教师的专业需求也起到了针对性服务的作用。这是中国教师管理的一大特色。

> 《中华人民共和国教师法》既体现了尊师重教的国家意志，也体现了社会主义制度下"人民教师"的基本属性。

（三）《中华人民共和国教师法》与人民教师的地位保障

1993年10月31日，第八届全国人民代表大会常务委员会第四次会议通过了《中华人民共和国教师法》。其总则有如下六条：

第一条 为了保障教师的合法权益，建设具有良好思想品德修养和业务素质的教师队伍，促进社会主义教育事业的发展，制定本法。

第二条 本法适用于在各级各类学校和其他教育机构中专门从事教育教学工作的教师。

第三条 教师是履行教育教学职责的专业人员，承担教书育人，培养社会主义事业建设者和接班人、提高民族素质的使命。教师应当忠诚于人民的教育事业。

第四条 各级人民政府应当采取措施，加强教师的思想政治教育和业务培训，改善教师的工作条件和生活条件，保障教师的合法权益，提高教师的社会地位。

全社会都应当尊重教师。

第五条 国务院教育行政部门主管全国的教师工作。

国务院有关部门在各自职权范围内负责有关的教师工作。

学校和其他教育机构根据国家规定，自主进行教师管理工作。

第六条 每年九月十日为教师节。

这六条，既体现了国家对教师的重视和要求，也体现了社会主义制度下"人民教师"的重要任务："承担教书育人，培养社会主义事业建设者和接班人、提高民族素质的使命"，"教师应当忠诚于人民的教育事业"。同时，强调了全社会都要尊师重教，把九月十日定为"教师节"。

第二节　中国教师观的历史特征与文化意蕴

教育发展了文化，文化丰富了教育。中华文化源远流长，对于教师职业的形成以及对于教师思想的影响直接而深远。因此，对于中国教师的实践活动与基本观念，特别是其在不同历史阶段的基本特点加以文化观照与分析，必将有利于现代教师观的时代创造。

从中华文化内涵演变的角度看，中国教育大致可勾勒为：（1）中华固有文化独立成长发达时期，也是文化信仰奠基时代（先秦）；（2）中华文化与周边文化接触而混合的时期（魏晋与唐）；（3）中华文化与西方文化对撞下的中国教育思想冲突时代（宋元明清）；（4）中国教育变革的转型时代（清末至新中国成立）；（5）中国共产党领导下的新中国教育的革新发展时代。在这样的时代发展与文化演变的大背景下，中国教师观的变革体现了鲜明的时代特征及文化意蕴。

一、先秦时期

（一）先秦时期的教师形象

先秦，特别是"百家争鸣"时期，中国形成了较为系统的教师观论述。从"师"的文化修养上讲，孔子强调"志于道，据于德，依于仁，游于艺"，提倡"谋道不谋食"，"见贤思齐焉，见不贤而内自省也"等；从"师"的文化责任上讲，孔子创办私学，有教无类，目的在于"学而优则仕"，承担实现社会理想的责任。他的政治主张和教育理想都是期望用"仁"这一价值观来"修身，齐家，治国，平天下"。从"师"的教学专业上讲，孔子强调启发式教学，强调学思结合、教学相长、学以致用、循序渐进，充分体现尊重人的学习规律；从"师"的道德教育讲，孔子强调育德为本，重视诗教乐教、长善救失、知行一致等。

孔子本人更是树立了"师"的文化信仰的卓越形象。例如他被匡人拘禁，丝毫也不害怕，说"文不在兹乎?"，意即"继承文化遗产的责任不就在我这里吗?"。"天之未丧斯文也，匡人其如予何?"天不灭文化，也就不会灭我。面对绝境，这是何等的文化自信！孔子的言行为后世之师树立了傲然卓立的精神形象。

（二）荀子系统地论述了"师"的崇高地位

荀子说："国将兴，必贵师而重傅"；"人无师无法而知则必为盗"；"有师法者，人之大宝也"。也系统地论述了"师"的能力和标准："严""信""不陵不犯""知微"。还论述了"师"与"礼"的关系："礼者，所以正身也；师者，所以正礼也。""礼"是文化制度治国的根本，因此荀子说："天地者，生之本也；先祖者，类之本也；君师者，治之本也。"荀子的这些思想，都把"师"放在国家礼治、社会文化的最高层面。荀子将教师视为治国之本，把国家兴亡与教师的关系联系起来，他的尊师思想对"师道尊严"的形成有很大影响。[1]

二、汉唐时期

（一）教育制度影响"师道"的文化内涵

汉代推行"独尊儒术"的文化政策，强有力的举措就是推动经学教育的制度化，并允许"问难论辩"，从而实现统一思想的根本目的。例如西汉甘露三年（公元前51年），汉宣帝主持石渠阁会议，指令各派经学人物讲论五经异同，对于疑难问题开展激烈辩论，最后由汉宣帝做结论；又如，东汉建初四年（公元79年），汉章帝主持白虎观会议，进一步讲论五经，统一儒学，由班固主持编成一部贯通五

---

[1] 孙培青，杜成宪.中国教育史（第四版）[M].上海：华东师范大学出版社，2019：79.

经大义的著作《白虎通》。虽然汉代统治者的主要目的不在繁荣学术，但客观上对于如何研习"五经"，特别是在教学方法上的创新也产生了一定的积极影响。因此，"汉代儒师中始终存在着思想批判的传统"[1]。

（二）文教政策赋予"经师"文化尊严

郑玄说："师，教人以道者之称也。"扬雄发展了先秦孔孟的"师"的思想，他说："师者，人之模范也。""师之贵也，知大知也。"这里讲的"道""模范""大知"就是"人"的典型，知识的"知识"，学问的"学问"。

（三）唐代的儒学与科举

唐朝时，科举极大地调动了学习者的积极性，《登科记考》言当时"五尺童子，耻不言文墨焉"。科举丰富并扩大了教学内容，如学习律学、书学、算学等，科举用"考"的方式选拔人才，比过去依靠荐举录用更加合理公正。这些，都显示了科举制所激发的全民性的文化需求。但是，科举也带来了很严重的教育弊端，"功名"和"树人"形成冲突，导致了"师道观"的分裂；也正因如此，隋唐时期的大儒硕师都特别强调"师道"的"育人"价值观。

（四）科举制度下的为师"正道"

一是强化"德"。隋时王通认为"度德而师"，把"德"放在第一位，同时也强调凡有德者便可择其为师；一个人意识到自己不如别人时，要赶紧拜其为师，不可放过。

二是强化"道"。唐代韩愈《师说》的主旨就在于针砭时弊，复兴"师道"，力求全面地弘扬古之先贤之师道观：

---

1 毛礼锐，沈灌群.中国教育通史 第二卷［M］.济南：山东教育出版社，1986：60.

> 古之学者必有师。师者，所以传道受业解惑也。人非生而知之者，孰能无惑？惑而不从师，其为惑也终不解矣。

这是中国教育史上，较为系统地阐述"师道"问题的专门名篇，至今犹有重要启示。韩愈本人敢于为"师"，当仁不让，表现出强烈的文化担责的师者形象。

韩愈进一步指出：

> 巫医乐师百工之人不耻相师。

> 圣人无常师，……是故弟子不必不如师，师不必贤于弟子。闻道有先后，术业有专攻，如是而已。

"相"字，揭示了师道的境界——谦逊的学习态度和广阔的文化视野。"相"，互相，这里表示动作偏指一方，指"百工"中某一人主动向旁边的同事请教、学习。《师说》所言"师道"，从师而问，主要是指这样的主动向对方请教。如果人人都有这样的"从师而问"的主动性，那么整个学习环境又是怎样的呢？必然是相互请教，蔚成风气，而这正是"师道"的生动活泼的开放局面！

韩愈还举圣人为例，特别点出"无常师"的特点。无常师，即没有固定的老师。不固定，主要有三种情况：一是向不同的人学习不同的知识，求学有极大的灵活性；二是以知识为尺度，为了研究知识，师可以转化为弟子，弟子可以转化为师，求学有极大的平等性；三是坚定"三人行，必有我师焉"的观念，求学之时，人人可师。这三条充分突出了为师者开放的文化视野。

三、宋元明清时期

北宋真宗朝以后的科举由诗赋、策论转变为集中于儒学；仁宗以后更强化了官方思想对读书人精神生活的控制。明以后，教育组织虽大部分依照唐宋旧文，但学规严密。明清统治者的文化专制加剧，而西方文化不断强势进入，在这样的"天崩地解"的文化背景下，教育价值观日益裂变。对于师道观的深度批判，对于时代"师"风的引领令人瞩目。张载、朱熹、李贽、龚自珍等教育家的"师道"贡献，为中国教师学写下了光辉的篇章。

（一）张载的读书"质疑"，倡导教师要形成系统方法

读书须会"质疑"，孔孟即有此思想，汉唐以来也有很丰富的教育实践。张载提出的四个步骤，则构建了一个类似今日所谓的"学习心理思想系统"，可以看作是教师指导学习的"导师之法"。

一是博学。博是专的前提，是学习与认知的基本要求。张载认为："惟博学然后有可得以参较琢磨，学博则转密察，钻之弥坚，于实处转笃实，转诚转信。"

二是劄记。张载认为："学者潜心略有所得，即且志之纸笔，以其易忘，失其良心。""心中苟有所开，即便劄记，不思则还塞之矣。"

三是质疑。张载认为"学则须疑"："譬之行道者，将之南山，须问道路之自出，若安坐则何尝有疑。"这个"思考"不仅仅是想一想而已，还要作为正式的问题提出来以引导更加深入持续的"思考"。

四是交友。张载认为："学不长者无他术，惟是与朋友讲治"，"一日间朋友论着，则一日间意思差别，须日日如此讲论，久则自觉进也"。与"友"讨论是认识长进的极其重要的途径。

这四者环环相扣，反映了张载关于"师教"作用的系统思维；只有如此系统化，其中的某一环节才能真正取得最大成效。张载为"师道"之"导"做了深刻的系统概括。

（二）朱熹的"会讲"，倡导教师要做一个文化开放者

朱熹作为理学的集大成者，在为师之道上有生动的实践和创造。朱熹通过"会讲"，展示了理学致力于探索创造的新的师生形象；既弘扬了教学相长的师道传统，又探索了思想创新的论辩形式。"会讲"作为一种讨论方式，反映了朱熹作为一个

师者的文化视野和思想胸襟。

一是"朱张潭州会讲"。

1167年秋，在潭州（今长沙）岳麓书院和城南书院，朱熹从福建赶来，与张栻讨论"未发之中"的问题。

《宋史·道学传》指出："（张栻）既见朱熹，相与博约又大进焉。"朱熹则在信中对朋友说张栻的见解"卓然不可及"。

二是"朱陆鹅湖会讲"。

1175年春夏之交，朱熹与另一理学家吕祖谦共编《近思录》，之后约著名理学家陆九渊、陆九龄兄弟相会于铅山鹅湖寺，辩论的问题"论及教人"。

在这里，朱陆两人讨论了他们认识论之间的分歧，朱熹主张即物穷理，强调向外求。陆九渊主张"发明本心""切己自反"，强调向内求，了解事物的真面目。这次朱陆会面便是著名的"鹅湖之会"。虽然朱陆两人思想观点相异，且各自坚持自己的学术观点，但两人书信联系不断，相互尊重。

三是"朱陆白鹿会讲"。

朱熹主持白鹿洞书院，邀请陆九渊前来讲学，一起讨论孔子"君子喻于义，小人喻于利"的思想。陆九渊借此深入批判了科举应试之学，他说："科举取士久矣，名儒钜公皆由此出。今为士者固不能免此。然场屋之得失，顾其技与有司好恶如何耳，非所以为君子小人之辨也。而今世以此相尚，使汩没于此而不能自拔，则终日从事者，虽曰圣贤之书，而要其志之所乡，则有与圣贤背而驰者矣！"对于这一番讲话，朱熹深为叹服，对学子们说："熹当与诸生共守，以无忘陆先生之训。""熹在此不曾说到这里，负愧何言。"朱陆之教，在学子中产生强烈反响，有人情不自禁，涕泪纵横。朱陆此次交流，共同批判了科举误人，形成了教育共识。

（三）李贽的"嘲孔"，倡导教师要注重"童心"发现

李贽有言："天下之至文，未有不出于童心焉者也。"而教育的育人出发点，也未尝不是"人"之"童心"。

余何人也，敢谓有目？亦从众耳。既从众而圣之，亦从众而事之，是故吾从众事孔子于芝佛之院。

芝佛院在湖北麻城龙潭湖畔，李贽晚年在此著书讲学。他在佛堂里挂上孔子的画像，并作题辞讽刺腐儒的人云亦云。李贽还有《赞刘谐》一文，讽刺了"长袖阔带"道学之师的可笑形象。这些对于"师"者的反讽，无疑是为了期待具有新气象的师者出现。

（四）龚自珍的新"我"，倡导教师要尊重"人"的独立意义

晚清积弊深重，民族前途迷茫。龚自珍提出新"我"之思想，对于教书育"人"的"人"有了新的诠释。他在《壬癸之际胎观第一》中说：

众人之宰，非道非极，自名曰我。我光造日月，我力造山川，我变造毛羽肖翘，我理造文字言语，我气造天地，我天地又造人，我分别造伦纪。

"我"是自造的，非圣人所选，也非天地所造；"我"是独立的主体，文字我所造，生活我所造，文化我所造，"我"造新"我"。"我"，作为一个伟大的人格形象，是新的变革时代即将来临的"人"的自觉。

四、民国时期

（一）杨贤江分析教师政治身份

教师究竟是拥有知识特权而立于统治阶级？还是教师依靠出卖其教育技术的劳动力而和工人阶级一样，都是受雇于他人，都是"工银劳动者"？杨贤江认为是后者。"这是中国现代教育史上，第一次对教师的阶级地位所作的马克思主义的科学结论。它不仅在当时为人们正确认识教师的阶级属性指明了方向，而且在今天，也

有助于我们全面、深刻地理解知识分子的绝大多数已经是工人阶级的一部分的正确论断。"杨贤江提出了一个教师的身份逻辑，由于教师"与工银劳动者在同一个范畴内"，其生活条件与一般民众实际上是一致的，所以，"教育者帮助受苦难的民众，谋苦难之解决，实际也就是为自己谋解除苦难"。杨贤江认为，教师不能"专讲教育，不问政治"，而应努力成为革命的教育工作者。[1]

（二）陶行知倡导教师的奉献与创造

陶行知出身于农村，对农村的教育与平民的贫苦生活极为了解；他最为了不起的是在先后获得留洋学位以及教授等优越地位、完全可以得到高官厚禄的情况下，却走了一条放弃优越生活，从事平民、乡村教育的甘于献身的教育创新之路。"捧着一颗心来，不带半根草去"，这是他激励乡村教师的光辉题词，同时也是他一生奉献教育的精神写照。

陶行知对于中国传统的"师道观"有极大的创造，他首先继承了中国教育的师道传统，他说："先生的责任不在教，而在教学，而在教学生学。""如果让教的法子自然根据学的法子，那时先生就费力少而成功多，学生一方面也就能够乐学了。"好的先生"必定是一方面指导学生，一方面研究学问"，"因为必定要学而不厌，然后才能诲人不倦"。强调"指导"，强调学生主体性，强调教师的学习与研究，都体现了中国教师所坚守的"启发""好学"的基本精神。

同时，陶行知注重"活的教育""创造教育"，对教师的期望是："拿活的东西去教活的学生。……不但能引起他活泼的精神，并且还可以引起他的快乐。……我们讲活的教育，就要随时随地的拿些活的东西去教那活的学生，养成活的人材。"这里的"活"，含义极为丰富，"活"的思想，"新"的精神，"生动"的事实，"趣"的情景等都是"活"的东西，要求教师在教学内容上寻求"活"，创造"活"，这是陶行知在"师道"上的创新，超越了前贤。"活的东西"，说到底就是贴近生命成长的东西，是新一代中华少年的生命蓬勃走向未来的

---

[1] 毛礼锐，沈灌群.中国教育通史 第五卷［M］.济南：山东教育出版社，1988：611.

动能。

陶行知对教师之"师教"有严肃的告诫,他说:"学生是学习人生之道的人。学以厚生则可;学以伤生是断断乎不可的。天才是做学问的根据。……但是天才有时很不容易看出来。时机未到,天才隐在里面,专靠主观、武断,以致差之毫厘,失之千里的,是常有的事。""主观""武断"甚至自以为是的误断等,是教师之常见病,不可不防。

因此,他格外强调"师生共同生活",说:"教职员和学生共甘苦,共生活,共造校风,共守校规。我认为,这是改进中学教育和一切学校教育的大关键。"在师生交往中,教师如何定位角色?陶行知立足于"平等"观念,又有新的创见,他说:"您若变成小孩子,便有惊人的奇迹出现:师生立刻成为朋友,学校立刻成为乐园;……谁也不觉得您是先生,您便成了真正的先生。……我们必得会变小孩子,才配做小孩子的先生。""变成小孩子"的"第二变",才是真正的"师"的完成;教师的整个生命体的再创造,才是"先生"价值实现的必要前提。这个为"师"思想基于人格平等,又超越"平等",还深刻包含了奉献精神和教学艺术、情感融洽、生活鲜活甜美等综合素养与教育条件。

总之,陶行知用自己的教育实践宣示了他的教育目的,这就是"千教万教教人求真,千学万学学做真人","真人",是青少年成长的最为美好和高尚的人格境界。

五、新中国成立至今

(一)加强了对"人民教师"的政治思想引领

1949年10月1日,中华人民共和国成立。这一划时代事件,深刻改变了中国历史发展的方向,开启了中华民族伟大复兴的新纪元。

强化马克思主义的指导地位,用马克思主义、毛泽东思想教育和武装人民,成为新中国思想文化领域的重要任务。1951—1953年,《毛泽东选集》第一至第三卷出版,对提高中国人民的思想水平和政治觉悟产生深远影响。党和政府还有计划地组织翻译和出版了一批马克思主义经典著作,在全国范围内开展马克思主义唯物史观和辩证唯物主义宣传普及工作。对于有"旧社会"经历的知识分子，党和国家组织他们参加各种形式的政治学习，推动了知识分子的自我教育和自我改造。

党和政府有准备、有计划、有步骤地改革旧的教育制度、教育内容和教学方法，贯彻教育必须为工农服务、必须为国家生产建设服务的方针，强调学校必须向工农开门，逐步建立起新型文化教育制度。国家大力发展小学和中学，并从1951年下半年开始有计划地全面调整高等学校院系。1952年，新中国开始大规模的扫盲运动，普通劳动者的识字率大幅度提高。在此背景之下，教师的职业要求、标准和形象也相应更新。

（二）设立"人民教育家"国家荣誉称号——切实提高广大教师的社会声望

2019年3月，人大代表为增强教师获得感建言，呼吁尽快设立"人民教育家"国家荣誉称号、建立国家级教师表彰奖励制度、设立"国家教师奖"，加大教师表彰力度，切实提高广大教师的社会声望。[1]

2019年9月17日，于漪、卫兴华、高铭暄获"人民教育家"国家荣誉称号。

"人民教育家"国家荣誉称号的设置，让教师的地位、待遇更加受尊重、受关注。

▪ 第三节 ▪ 中国师道的优良传统与当代转化

中国教育发展与中华文明进步相伴随。中华优秀文化滋养了一代又一代优秀教师。中国教师在不同的历史发展阶段都做出了不可磨灭的实践创新和思想贡献，形成了深厚的精神传统和优良的师道文化。从教师自身的主体性人格而言，尤其是在

---

[1] 中华人民共和国教育部."礼遇"教师提升职业幸福感［EB/OL］.(2019-03-11)［2024-02-23］.www.moe.gov.cn/jyb_xwfb/s5147/201903/t20190311_372962.html.

以下四个方面，值得我们进一步学习、弘扬和转化。

一、文化自信的传统：担责奉献，追求理想

（一）学习先贤，传承"基因"

文化自信、担责奉献的精神支撑着教师的社会理想。孔子之所以在文化上"从周"，弘扬"仁"的社会价值观，追求"礼"的社会秩序，目的就是希望实现"大同"社会。社会理想与文化自信有机统一起来，就会化作担责奉献的坚强力量。汉代的郑玄，毕生致力于经籍的研究和传授，用研究来揭示经籍之义，用传授来弘扬文化精神。他说，如果教师"自不晓经之义，但吟诵其所视简之文"，那么，就应对不了学生"多其难问"。因此，他反复强调："师，教人以道者之称也。"这个"道"就是文化原理与规律。唐代韩愈一生致力于维护和发展儒家文化道统；反对佛老，旗帜鲜明。对于传"道"，韩愈说："斯道也，何道也？曰：斯吾所谓道也，非向所谓老与佛之道也。尧以是传之舜，舜以是传之禹，禹以是传之汤，汤以是传之文、武、周公，文、武、周公传之孔子，孔子传之孟轲。轲之死，不得其传焉。"接下来谁来传呢？虽然韩愈认为自己不量其力，但依然坚定地表示："使其道由愈而粗传，虽灭死万万无恨！"韩愈文化担当的责任意识正与孔子的相同。

至于晚清，严复看到中国当时最大的忧患在于"愚""贪""弱"，而三者之中，以"愚"为最重，因此，他认为教育的根本大计，在于教人以自强，"惟急从教育上着手"而救国家。严复致力于引进西方思想，翻译《天演论》，引起极大反响。他希望中国的教育"在在宜着意科学，使学者之心虑沉潜，浸渍于因果实证之间。庶他日学成，有疗病起弱之实力，能破旧学之拘挛，而其于图新也审，则真中国之幸福矣"[1]。严复引进西方思想的目的，在于强化中华优秀文化之"体"，使中华文化图新进步，从而滋养国人谋求"中国之幸福"。

---

[1] 马勇，徐超.严复书信集［M］.福州：福建教育出版社，2022：133.

（二）铸就师魂，明确方向

1949年9月29日，《中国人民政治协商会议共同纲领》明确了新中国文化教育政策和任务，其中指出：

> 中华人民共和国的文化教育为新民主主义的，即民族的、科学的、大众的文化教育。人民政府的文化教育工作，应以提高人民文化水平，培养国家建设人才，肃清封建的、买办的、法西斯主义的思想，发展为人民服务的思想为主要任务。

"民族的，科学的、大众的"三个主题词，揭示了新中国所发展的中华优秀文化的基本内涵、特点和途径，这也是广大教师在各级各类学校中实施新教育的文化担当之责。

进入21世纪之后，新中国当代"人民教师"必须铸就社会主义文化之魂。教师在教育过程中的文化担当更加重要，也更加明确。

坚持"马克思主义在意识形态领域指导地位"；坚持"社会主义核心价值体系"；"坚定文化自信，推动中华优秀传统文化创造性转化、创新性发展，继承革命文化，发展社会主义先进文化，不断铸就中华文化新辉煌，建设社会主义文化强国"，这些就是新时代教师通过教育教学工作实现文化担当的重要任务，也是每一位教师自身文化建设的人生战略。

（三）文化自信，教书育人

中国教师应当对中华优秀文化存有温情与敬意，树立文化自信。要把握传承和创新的关系，学古不泥古，让中华优秀文化成为教育创新的思想源泉。

教师的文化担当主要体现在课堂教学中的内容价值判断和教学方式选择上，要以正确的立场和科学的方法，发现真善美，辨别假丑恶，因材施教，循循善诱，让中华文化的精神元素在青少年心灵中扎根生长，开花结果。

二、因材施教的传统：学而不厌，启发诱导

自古以来，中国教师不断弘扬好学上进的传统，自强不息，形成了"学而不厌，诲人不倦"的人格共性；同时倡导启发诱导，用卓越的实践，创造了有教无类、因材施教的教学原则，这是中国教师致力于当代教育改革不竭的智慧源泉。

（一）进一步认识"学""教""知"的辩证关系，明确因材施教的前提

孔子说"学而时习之，不亦说乎"，"知之为知之，不知为不知，是知也"，这些都强调了"学"与"习"的关系，"理论"与"实践"的关系，以及在知识面前实事求是的态度。对于教师而言，孔子说："默而识之，学而不厌，诲人不倦，何有于我哉？""默记"，"不满足"，教人而"不倦"，是教师应有的态度，孔子用"何有于我"来表示自己做得还不够，进一步说明了这三者相当重要。《礼记·学记》论教师之"好学"与"上进"，也是与"教"结合在一起的，体现了教师之"学"的辩证思想：

> 是故学然后知不足，教然后知困。知不足然后能自反也，知困然后能自强也。故曰："教学相长也。"

"学"是"知不足"的条件，这是非常深刻的：一则反映在"教"上，便"知不足"，一则又反映在"学"上，能自反。如果不"教"不"学"，则既"困"又不能"自反"。这里有多重因果关系，都强调了"教"与"学""相长"的特点。

（二）进一步认识"学""思""行"的有机统一，明确因材施教的关键过程

中国教师特别强调，"好学"的主要标志是"思考"，只有学思结合，知行合一，才能达到真学真知的目的。

明代大儒王阳明极为重视"知行合一"的"学"。他说：

> 凡谓之行者，只是著实去做这件事。若著实做学问思辩的工夫，则学问思辩亦便是行矣。学是学做这件事，问是问做这件事，思辩是思辩做这件事，则行亦便是学问思辩矣。……元来只是一个工夫。……吾契但著实就身心上体履，当下便自知得。今却只从言语文义上窥测，所以牵制支离，转说转糊涂，正是不能知行合一之弊耳。

王阳明强调的是"行"，故而将"学问思辩的工夫"全都纳入"行"；王阳明强调"知"的"真"与"实"，故而与"行"之明觉精察相联系；因此，王阳明认为，行与知"元来只是一个工夫"。告诫真正的学者，千万不能只从言语文义上"窥测"，以致"支离"而"糊涂"。

明末清初的王夫之，在强调"学"与"思"的关系上更具有辩证的思想。他说：

> 致知之途有二：曰学，曰思。学则不恃己之聪明，而一唯先觉之是效；思则不徇古人之陈迹，而任吾警悟之灵。乃二者不可偏废，而必相资以为功。

"学"，看起来完成了，但"其理果尽于言中乎"，只有"思"能帮助自己再进一步"深求"，从而才不至于"述"或"轻"；"思"，看起来完成了，但"其道果可据为典常乎"，只有再广泛地"学"，才能有"乍见为是，而旋疑其非"的感受与新知。因此，王夫之强调"学非有碍于思，而学愈博则思愈远；思正有功于学，而思之困则学必勤"。总之，"学与思"是一个循环往复的辩证过程。这一思想是对孔子以来学思思想的深化总结。

（三）进一步遵循儿童身心发展规律，因"势"启发，相"机"诱导，明确因材施教的根本原则

一是"不违学时"。这个"学时"，既指学生身心发展规律，又指"知识"及

"能力"的内在逻辑。二是"为时设境"。时，虽然是学生及认识对象的多因素发展规律的反映，是客观的，但我们要发挥教学的主观能动作用，促成"时"的到来。学习个体进入了学习过程中的某一阶段，未必会产生与此阶段相应的心理追求与意识。这就需要教师充分发挥因时而教、因材施教的科学性、艺术性相统一的教学功能。所谓"为时设境"，一方面指营造良好的学习气氛，另一方面也是指教师自身具有良好的情感状态。三是"因时定教"。这个"时"，从学生本体而言，是指其身心发展现实；这种身心发展现实是怎样形成的呢？关涉因素很多，其中，时代变迁以及因变迁而提出的时代要求是不可忽视的，因为这是定教的"大时"。石器时代、铁器时代、内燃机时代以及互联网时代，对教育的要求，对人才的期待，无论是内涵还是外延都发生了巨大变化。工业化的标准形态直接影响教学，接受性与划一性是学与教的统一性的具体表现。后工业化时代人的个性觉醒与张扬也同样直接影响教学，研究性与个性化必然是学与教的新的时代呼唤。倡导有利于开掘学生思考潜能与智力资质的个性化课程，就是应运而生的适时之举。[1]

当代教师不仅要扎实学习所教学科的知识，而且要广泛拓宽各类科学知识视野，增强跨学科修养，增强立体化思维。遵循儿童身心发展规律，确立"转化"的科学依据，增强学生成长的教育指导性。当代科学进一步揭示了人类大脑发展过程的基本环节，由此能更科学地思考儿童身心发展所必需的课程内容与教学设计，从而不违"学"时，不违"教"时，使因材施教更有针对性。

（四）要进一步认识人工智能时代的复杂性，注重"人"的意识发展，明确因材施教的时代挑战

在人工智能时代，机器人获得知识的能力应该成为"人"的思维发展的技能条件；而"人"的以"思维"为核心的"意识"系统的开发和提升，则是"人"在人工智能时代获得卓越地位的可靠保障。

---

[1] 陈军.《论语》教育思想今绎［M］.上海：上海教育出版社，2015：94—95.

科学家分析，正因为我们对意识所知太少，短时间内似乎并不可能设计出有意识的计算机。"因此，虽然人工智能具有巨大的力量，但在可预见的未来，人工智能的运用在一定程度上还是以人类的意识为准。"[1]

如果"人"在人工智能时代变成了经过驯化的家畜，那么，"人"的消亡是不可避免的。"人"的蓬勃多样的生命力将会失去其富有创造性的本色。最终的结果，科学家一个保守的预判："如果再不注意，最后的局面就会是退化的人类滥用进化的计算机，伤害自己，也伤害世界。"[2]

人的"意识"的核心就是人文精神。人类面临的新挑战告诉我们，培养"人"的"意识"，增强"人"的文化性，在语言、思维、审美、科技、计算、试验等学习领域不断增强"人"的文化精神力量，使"人"的生命"意识"始终拥有超前性，是人类自身发展的需要，也是当前教师的重要责任。

三、师德立身的传统：一身正气，为人师表

教师本身就具有人格示范的特点，尤其需要树立"一身正气，为人师表"的师德形象。事实证明，教师不仅以自己的知识与技能在教学活动中直接影响学生，更以其道德品质、作风仪表、劳动习惯与态度、审美意趣给学生以潜移默化的影响。教师言行的表率作用是任何其他的教育手段与方式都无法代替的。古人讲"身教重于言教"；在我国社会主义教育体制与环境中，"一身正气，为人师表"，更是当代教师的道德品质与价值追求。

（一）进一步学习古代教育家的"浩然正气"

孔子十分注重用"一身正气"来教育学生。他说："三军可夺帅也，匹夫不可

---

1 （以色列）尤瓦尔·赫拉利.今日简史——人类命运大议题［M］.北京：中信出版集团，2018：66.
2 （以色列）尤瓦尔·赫拉利.今日简史——人类命运大议题［M］.北京：中信出版集团，2018：67.

夺志也。""志"是"正气"之本;"正气"的具体表现是怎样的呢?孔子说:"笃信好学,守死善道。危邦不入,乱邦不居。天下有道则见,无道则隐。邦有道,贫且贱焉,耻也;邦无道,富且贵焉,耻也。"誓死坚信"道",是"师表"的根本原则。

孟子有著名的"正气观",孟子认为"教者必以正"。何谓"正"?他说:"居天下之广居,立天下之正位,行天下之大道,得志与民由之,不得志独行其道,富贵不能淫,贫贱不能移,威武不能屈,此之谓大丈夫。""正"的根本动能在哪里?孟子提出了养"浩然之气"的观点:"其为气也,至大至刚,以直养而无害,则塞于天地之间。其为气也,配义与道。无是,馁也。""浩然之气"即天地自然之正气,要培养其本源,如此便刚勇不屈。

(二)进一步认识教师"一身正气,为人师表",是自我立身的基石

"一身正气,为人师表"是自我人生理想的标志。朱自清在春晖中学执教时,针对教育弊端,批评指出:"我总觉得'为学'与'做人',应当并重,如人的两足应当一样长一般。"怎样培养学生"做人"呢?教师责任很大,他说,"所谓'不言之教''无声之诲',便是说的这种培养的工夫。要从事于此,教育者先须有健全的人格,而且对于教育,须有坚贞的信仰,如宗教信徒一般。……有了这样的人格,自然便能够潜移默化,'如时雨化之'了"[1]。

"超乎功利"是师道精神的一方面;"时雨化之"是师德取得成效的另一方面。教师的人格示范对于学生的成长有着深远的影响,对于自我生命的价值实现也是绵绵不竭的动能。

(三)进一步认识社会主义教育赋予当代师德的新内涵

随着社会政治、经济与文化的不断进步,教师道德的内涵也在发展。古代教育

---

[1] 李兴渊.大师铸就的春晖——1920年代的春晖中学[M].北京:人民出版社,2008:140—141.

所倡导的师德，一方面固然有良好的人格表率作用，另一方面也有历史局限。我们要汲取精华，舍弃糟粕，通过转化与创造，树立社会主义新型"师德"。

一是当代教师要牢固树立对于社会主义教育事业的道德规范，敬业爱岗。每一个应聘上岗的教师都肩负党和国家以及社会所赋予的教育使命，遵循教育法开展教育活动。当代"道"之所存，师之所存的"道"是教育法所赋予的教育之"道"。只有忠诚于这个"道"，才能当好一名合格的人民教师。"忠诚党的教育事业"这一崇高师德直接反映于专业意识——强烈的敬业、乐业动机；表现于专业态度——积极的奉献行动和严于律己的言行；作用于专业质量——高超的教学艺术和丰硕的育人成果。

二是当代教师要积极参与集体道德文化建设。由于现代教育的体制、内容、方式以及环境的创新与发展，教师的劳动体现了鲜明的合作性特点。"教师集体"体现了现代教育的师资意义。一所学校的所有教师都是学校师资的合成元素，要在学校统一组织管理下有效地开展教育活动；一个班级所有学生的成长，要依靠这个班级任教的所有教师的合作与奉献；即使是一个学科的教学，教师也要相互协同，共同研究，确立最佳教学方案，着力于本学科教学质量的提升。就上课以及个别辅导而言，个别性确实是教师劳动的一般特点；但是就学生成长而言，同学科教师之间，同班级教师之间以及同一所学校不同学科教师之间，在丰富多样的教育教学活动中都要相互尊重，通力协作，共同建设"教师集体"中良好的同事关系和工作环境，形成积极向上、和谐共进的"集体文化"——校风、学风和教风。

三是注重教师个人师德与课堂育德双锤炼。教师培育一身正气，为人师表的个人师德精神，归根结底还是为了教育工作的需要，尤其是为了学生健康成长的需要。因此，检验一个教师的师德如何，主要是看教师在课堂上是怎样进行立德树人的具体教学活动的。和蔼可亲、平等公正、言行一致固然是教学过程中的良好师德表现，但更重要的是深入进行德智融合的学科教学。教师要认真备课，深入钻研，认识和挖掘学科内容的德育价值，还要精心设计，循循善诱，引导学生在充分体认与学习的过程中，真正受到社会主义道德价值的直接影响和深度感染，并牢固树立社会主义核心价值观。

四、尊师爱生的传统：师生平等，情感融洽

师生关系的平等，是师生情感融洽的前提。师生为友，情感达到融洽的程度，则是师生人格平等关系的进一步超越。中国教师在这方面有独特的创造与贡献。

（一）坦诚相见，是师生情感融洽的保障

平等对话，亲切交流，是师生情感融洽的基石。《论语·先进》之"侍坐章"所描绘的孔子与弟子的理想对话场景，是中国古代师生融洽关系的生动写照。

幽默感、亲切、无微不至的关怀等，都有利于师生之间的情感交流。而达到融洽的程度，则非坦诚相见不可。唯有坦诚，嬉笑怒骂皆成友情。

（二）探求新知，是通向情感融洽的桥梁

师生关系是以知识学习为主线的教育关系，教师带来探求新知的无限乐趣，是凝聚师生情感的前提条件。

马卡连柯说过："学生可以原谅老师的严厉、刻板甚至吹毛求疵，但是不能原谅他的不学无术，如果不能完善地掌握自己的专业，就不能成为一个好老师。"夸美纽斯说："不学无术的教师，消极地指导别人的人是没有躯体的人影，是无雨之云，无水之源，无光之灯，因而是空洞无物的。"[1] 从中我们也可以看出，教师没有学识，态度再亲切，作风再民主，关心再细致，也没有办法建立起亲师爱师敬师的情感基石。

（三）人格平等，共同创造民主型的学习生活

我们要充分认识到教育活动是教师和学生在一定条件下，围绕同一个目标而共

---

[1] 林崇德.师魂——教师大计 师德为本[M].北京：高等教育出版社，2014：116—117.

> 新型的民主型的师生关系不仅是教育关系,也是社会关系和法律关系。

同开展的相互作用的活动。"教师"和"学生"是教育活动中两个具有平等地位与人格的基本要素。只有两个主体的积极性都得到充分发挥,才能真正做到教学相长,实现教育目标。因此,建立民主型的师生关系,对于提高教育质量具有极为重要的意义。

师生关系的内涵甚为丰富,一般体现在三个维度。一是在教学内容上,师生共同学习时体现的是授受关系,教师是主导者,要充分发挥主导作用,重在传授;学生是被指导者,重在接受和理解。二是在教学交流上,学生虽然知之不多,思想认识也未必成熟,但是他们是独立的生命个体,在人格上与教师是完全平等的,因此,理应得到教师的尊重和维护;教师不能压制学生的独立思考。三是在师生道德上,教与学的双方需要形成砥砺共进的关系。教师不单是传授知识,更要注重育人,对学生的不足与过失应当明确指正,甚至施以必要的惩戒,使其改过迁善。这是教育的应有之义,也是教育法规赋予教师的权利。同样,学生为了成长的需要,对于教师的知识水平、人格特点以及道德表现都可以做出有理有据的反应和评价,尤其是对于教师严重妨碍了教育过程与质量的不当言行,学生要敢于批评,并通过合法途径寻求自我保护与问题解决。总之,新型的民主型的师生关系不仅是教育关系,也是社会关系和法律关系。

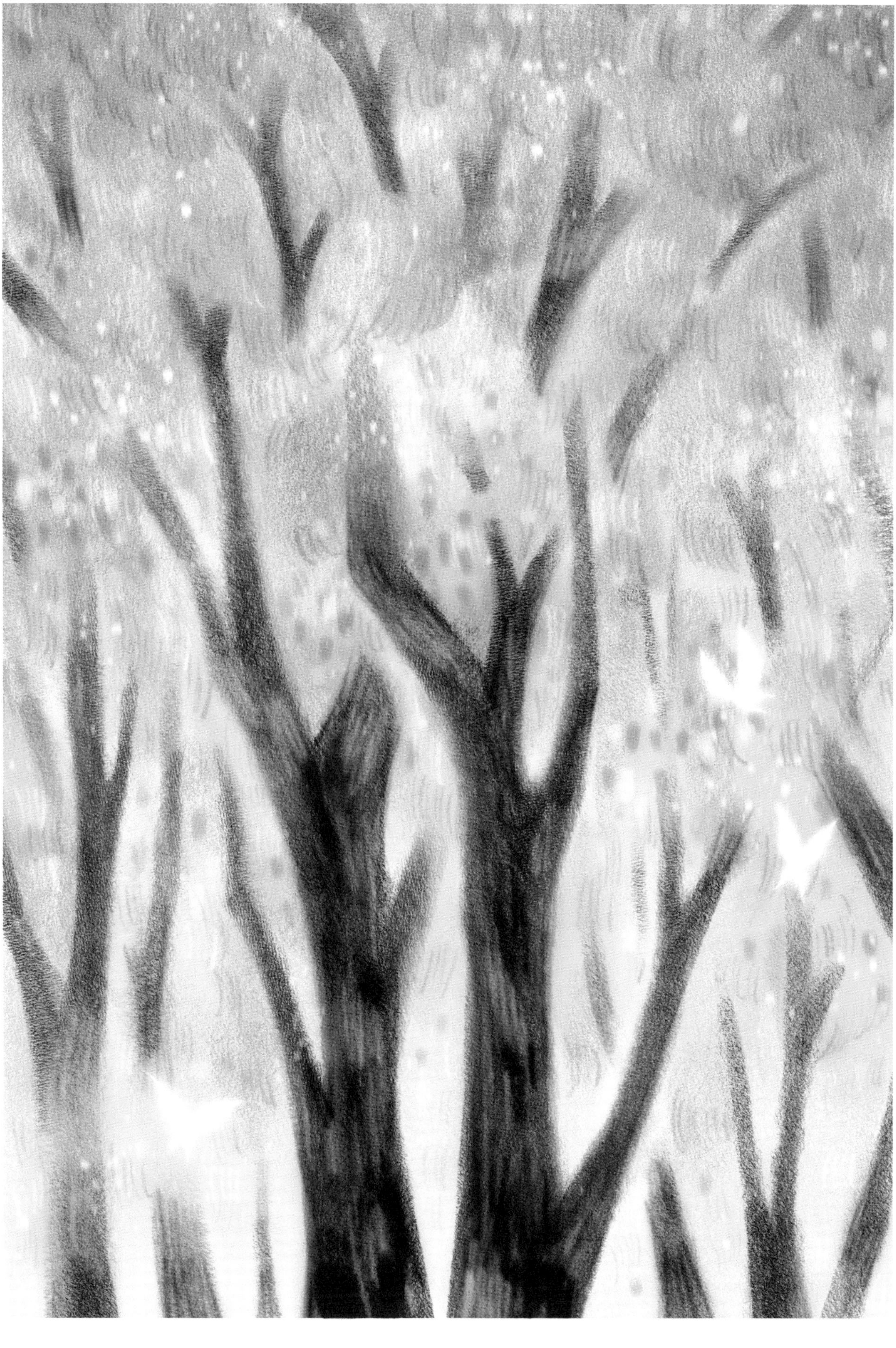

第二篇　基础教育教师的核心素养

第四章　德行修炼

教师这一职业，天然就具有崇高性与神圣性。因为，教师的工作对象是一个个活生生的人，教师要开拓人的认知，引导人的行为，丰富人的精神，提升人的生命境界，对人的整个生命负责，对整个民族和国家负责。这是教师职业赋予每一位教师不可推卸的责任，也是所有教师应该自觉承担起来的庄严使命，教师的天职就是成就人。同时，教师的职业特点，决定了他既是言传者，更是身教者，他要以自己所有的职业表现显性地或潜移默化地影响、规范、引领并提升每一位学生，因此，做教师首先是做人，做好人，做崇高的人，教师要拥有良好的德行修养。作为中国教师，特别是基础教育教师，在国家"立德树人"这一教育根本任务的引领下，更要充分发掘中华优秀传统文化中的人格修养精华，充分发掘中华民族源远流长的教育长河中对"教者"要求的丰富内涵，结合时代要求和当下文化多元的特征，面对错综复杂的国内外环境，建构起今日中国基础教育教师应该有的德行修养系统内涵和行为准则，探索教师提升与完善自我的基本路径和策略，牢固树立"修炼"之心，坚持不懈，始终如一，为整个基础教育教师队伍的健康与健全发展，打下良好的德行基石。

■ 第一节 ■ 德行修养与教师职业

一、做教师首先是做人

做教师首先是做人，而其重要基石，就是作为人应有的德行修养。

对于什么样的人可以成为教师，中华传统文化中有很多经典的表达。早在

2 000多年前，思想家、教育家荀子就对此提出了近乎严酷的要求："师术有四，而博习不与焉。尊严而惮，可以为师；耆艾而信，可以为师；诵说而不陵不犯，可以为师；知微而论，可以为师。"他认为，为师的要求主要有四个方面，而广博学习不在其内；有尊严并能使人敬畏，可以为师；到了一定年龄并有威信，可以为师；诵经解说不逾越、不违反，可以为师；知精微之理并能阐述，可以为师。尽管荀子关于"师"的概念与我们今天的教师是有一定差异的，但他排除了"博习"的要求，而高度强调尊严、信誉、准则等品质，这是值得我们深思的。可见，在教师的诸多必备素养中，人的素养和德行修养处于非常重要的地位，而且它不能仅仅停留在合格这个层面上，而是必须进入优秀的境界，这样才能真正承担起成就生命的责任与使命。

"回忆母校自蔡先生执掌校务以来，力图改革，五四运动，打倒卖国贼，作人民思想之先导。此种虽斧钺加身毫无顾忌之精神，国家可灭亡，而此精神当永久不死。然既有精神，必有主义，所谓北大主义者，即牺牲主义也。服务于国家社会，不顾一己之私利，勇敢直前，以达其至高之鹄的……"[1]马寅初总结的"北大之精神"，实际上也是作为人的卓越精神。这么多年来，北大作为中国学府的典范之一，之所以能够成绩卓著，培育了一代又一代中华英才，正是因为无数北大人的无私奉献与牺牲，造就了"虽斧钺加身毫无顾忌"的坚定情怀，造就了那种"服务于国家社会，不顾一己之私利，勇敢直前，以达其至高之鹄的"的"北大之牺牲精神"。可见，正是千百年来中华民族对师者的这种高定位、高要求，以及这种宏大精神的引导和激励，使得我国教师队伍能够从整体上建设成为一个要求甚高、自律甚严、为人们所尊重的优秀群体。

我们还可以从另外一个角度去观照人的德行修养对于教师职业的重要意义。老子曾倡导"圣人处无为之事，行不言之教"，虽然他的话语并不指向现代教育的范畴，其原本意义与我们今天对于教育的理解也并不相同，但从教育本身而言，"行不言之教"确实是任何时代教育的一种极高境界。教育固然有显性的、规范性的一面，但对学生影响更大的是隐性的、潜移默化状态下持续进行的养成性教育，而且后者有着更为持久的教育成效。

1　马寅初.马寅初选集［M］.天津：天津人民出版社，1988：93.

这种在成长过程中学生自己从教师身上获取的东西，是不会被轻易遗忘的且能影响学生终身。《孟子》说得很好："以德服人者，中心悦而诚服也。如七十子之服孔子也。"这里的"德"可以理解为教师的德行力量与人格精神，只有在这种力量与精神的感召下，学生才会"中心悦而诚服"，才能达到"行不言之教"的效果。这由教师职业的特殊性所决定，教师必须具有更高的人格精神，必须具有更好的道德修养。教师良好的人格修养，一定会对学生产生正面影响，相反，教师如果缺乏良好的人格修养，也必将对学生产生巨大的负面影响。

因此，教师应该是个有着较高准入门槛的特殊职业，其准入要求不只是教学能力、专业基础、文化积淀等，还有对教师的职业认识以及作为人的思想品行、教育态度、人格精神等。我国近几十年来始终不懈地推进并完善的教师职业资格准入制度，就是基于上述考虑，并取得了良好的成效。

二、教师的天职是成就人

教师从事的是成就人的事业，关系着的是学生的生命成长以及国家与民族的未来。因此，教师的责任重大，教师的使命崇高，教师的事业无比神圣。这既体现了教师职业的崇高感和使命感，也对教师提出了极高的要求。

管仲用形象的说法阐述育人的重要意义："一树一获者，谷也；一树十获者，木也；一树百获者，人也。"他之所以认为"树人"是"一树百获"之事，是因为他认识到，对于一个社会、一个民族、一个国家的发展而言，起决定作用的是人的综合素养。他认为，一旦受到了良好的教育，国家的进步就会获得一种推动的力量，能够实现巨大的社会价值，这无疑是正确的。特别是在当今中国，当整个社会正在以一种重力加速度的方式飞速发展，当这个发展促使我们必须在更高的层次以更快的效率培养大批时代需要的人才，当我们迫切地需要持续提高整个国民的素质，也当我们充分认识到当今民族、国家的竞争实际上就是人才的竞争之时，我们更能够感受到先哲的睿智与高瞻远瞩。

并且，管仲强调教育的核心内涵是提升人的德行修养："凡牧民者，使士无邪行，女无淫事。士无邪行，教也；女无淫事，训也。教训成俗而刑罚省，数也。"

管仲提出"树人"是整个社会都无可推卸的责任，只有高度重视"教"和"训"才能从根本上完成任务。他把"禁微邪"提高到"治之本"的高度来看，这同样是十分深刻的。尽管管仲的时代与今天的时代特征不一样，两个时代的教育对象、教育内涵与教育追求也不尽相同，但在任何时代，教育的核心追求都应该是立德树人。今天的中国基础教育，承担着数以亿计的学生生命成长的重任，需要提升数以千万计的教师的德行修养水准，这是一个宏大任务。所以，如果在这方面没有更加明确的认识，没有教师德行培养系统的建构，没有大量扎实有效的理性的和实践的探索，是难以完成这一使命的。

其实，教师对于自身德行修养的提升，既有职业外在规范的要求，也有着作为师者出于职业需求内在的动力。中国古代对教师职业体会最深刻的恐怕还是先贤孟子："君子有三乐，而王天下不与存焉。父母俱存，兄弟无故，一乐也。仰不愧于天，俯不怍于人，二乐也。得天下英才而教育之，三乐也。"孟子认为"君子有三乐"，可以和"得天下英才而教育之"相提并论的，是"父母俱存，兄弟无故"这阖家健康安乐的欣慰，是"仰不愧于天，俯不怍于人"这品格完善的坦荡和自得，这三者才是人生真正的快乐。作为教育大家，孟子确实体悟得真切和深刻，"得天下英才"已足以让一个有志于国家社会的"君子"欣喜不已，而自己又能进而"教育之"，真是何其乐也。其实，也只有那些从教师这一职业中发现生命乐趣的人，才有可能在教师的岗位上创造不朽，从而成为真正的人类灵魂工程师，因为他们的心灵世界将是丰盈的，充实的，富有的，有着幸福感的。

可以说，教师这一职业是人类文明与文化的不断推进的保证与基石，当然也是会让人产生成就感与光荣感的职业，因为它能满足教师作为人的生命的内在需求。这些职业特点必然给教师带来自我完善的内驱力，这样一份具有崇高性的职业，是能够激发人的热忱态度，让人高度投入的。在这样的工作状态中，会引发人不断自我完善的愿望，而德行修养则必然是其中重要的组成部分。我们需要把这种内驱力合理地导入教师德行修炼的整个系统中，使之产生更好的效用。

今天，我们的教育依然高度重视教师的德行修养，重视教师的职后培训，并把"师德"作为考量教师的重要准绳，这既是中华民族优秀教育思想的历史传承，又是教育进步和教师成长的时代需要，它必然成为当代教师队伍建设的核心任务之一。而且，我们相信，有着教师职业外在的规范性和职业荣誉感所形成的自我完善的内驱力的双重作用，这一宏大任务的实现将是可以预期的。

> 教师不只是优良品行的教育者，也是学习者，即师风可学与学风可师。教育能改良个人之天性。人之性情有善有恶，教育能使恶者变善，善者益善。

三、师风可学与学风可师

讨论德行教育和培养，要形成一种意识，即教师不只是优良品行的输出者，也是输入者；要摆正一种关系，教师不只是优良品行的教育者，也是学习者，即师风可学与学风可师。

从广义范围来讲，教师造就人的核心内容，是提升学生的善性，是培养学生的美德。教师当然要给予学生知识、培养学生能力，但是其最为重要的任务还是帮助他们树"魂"立"根"，帮助他们确立优秀的思想内核、正确的价值取向、积极的生命态度、昂扬的人格精神等。其实，两千多年来，中华民族的优秀教师们始终不渝地在强调着并实践着这样一件事。汉代扬雄就如此说："学者，所以修性也。视、听、言、貌、思，性所有也。学则正，否则邪。"他说的"修性"也是人的性情、态度、思想境界的提升。

陶行知先生则更加明确地指出："教育能改良个人之天性。人之性情有善有恶，教育能使恶者变善，善者益善。"他认为，教育不仅能够弘扬人的善性，还能够从根本上改变一个人，使人由恶向善，使人善而更善。因为人的本性中本来是善恶并存的，若不加教育的引导，那么恶也可能主宰人。因而教师教育人就是要"取恶性中之善分子，去善性中之恶分子。如开矿然，泥内含金，金内亦杂有泥。开矿者取泥内之金，去金内之泥，然后成为贵品"。他认为，人内在的善性是需要教师去帮助学生发掘并放大出来的，人内在的恶性也是需要教师去帮助学生转化并驱除出去的，教师要通过自己的努力，让学生成为去掉了杂质的"真金"，成为真正的"贵品"。而在这个过程中，教师首先要努力打造优秀的自己，使自己成为"真金"，成为"贵品"，并在此基础上，言传身教，持之以恒，成就学生为"真金"与"贵品"，这就是"师风可学"。

如前所说，教师不只是一位"教者"，还应该是一位"学者"，中国自古就有"教学相长"的著名论断。孔子认为学习不是人生某一个阶段的任务，而是终身的过程："吾十有五而志于学，三十而立，四十而不惑，五十而知天命，六十而耳顺，七十而从心所欲，不踰矩。"他认为，一个人能始终认识到自己的不足，终身学习，并能够做到"每事问"，才可以成为合格教师。孔子还强调要学会以人为师："三人行，必有我师焉。""夫子焉不学？而亦何常师之有？"他讲了一个十分重要的道理：要做老师，先做学生。他认为只要有人群存在的地方，就必然有自己的老师。贤者可为师，不贤者亦可为师，因此人无常师，夫子曾问礼于老聃，访乐于苌弘，问官于郯子，学琴于师襄，方成一代伟大的教师。

西方的教育哲人也有类似的表达。与孔子同时代的柏拉图在两千多年前也明确提出："教育年轻人最好的方法是同时教育自己。"[1]这里说的"同时教育自己"，不只是一个时间的概念，更主要是一个教育内涵方面的要求，也就是教师要求学生做到的，教师自己应该做得更好，而且，应该在学习中通过积极发现学生呈现出来的思想闪光点来教育自己。这里，他提出了一个直到今天还有着强大生命力的可贵命题：教师必须"在发展学生的同时发展自己"。

陶行知先生更为明确地提出："以教人者教己"。教师需要终身学习，这一点在今天已成为全体教师的共识。但应该怎么学习呢？陶先生认为"为学而学"不如"为教而学"。"为教"本身就是一种巨大的动力。教师为了教好，为了"努力使人明白"，就必须学好，必须多多益善高质量地学习，要做到自己"自然而然地格外明白"。这是教师学习的原动力，也是一种极为强大的社会责任感。对一个真正的教师来说，教育着并奉献着，是幸福的；看到"后生可畏"，能向自己的学生学习，在"教育自己"中感受到共同的成长，更是一种无上幸福。

师风可学与学风可师，这应该成为每一个教师的行为准则和座右铭。

---

[1] （古希腊）柏拉图.柏拉图对话集[M].王太庆，译.北京：商务印书馆，2004：137.

> 中国基础教育教师的德行修养，一定有着鲜明的中华特质和深刻的民族印痕，它首先是民族的，然后才能是世界的。

■ 第二节 ■ 文化传承与师德建构

一、德行修养的民族特质

中国基础教育教师的德行修养，一定有着鲜明的中华特质和深刻的民族印痕，它首先是民族的，然后才能是世界的。当然，我们不能也不会拒绝西方教育思想和教师人格倡导中的优秀养分，来丰富我们教师的精神世界，涵养我们教师的品格情操。但是，千百年来，正是中华民族的文化精神、生命意识、教育思想、育人追求，培育了中国千年不息的教师精神，孕育了中国绵延始终的教育情怀，成就了中国担当责任的教师队伍。因此，当下中国教师德行修养的建构，要在传承和弘扬的基础上重构与发展，特别是在如今东西方文化乃至教育思想多元呈现、相互交杂、冲突、融合的特定历史时期，更是需要坚守中华民族文化底色，体现中国教师特质。

冯志远是20世纪50年代的大学毕业生，原本是上海基础教育领域的一位普通教师。在那个年代，他无论学养、识见和教学水准都是过硬的，他还主动要求去西部支教，并奉献一生。他扎根宁夏42年，默默耕耘，任劳任怨，坚守一方净土，坚持一份追求，展现了一位普通教师的崇高境界。

冯老师在同事的眼里是一位认真踏实、博学多才的教师，在学生的心中是一位宽厚仁慈、充满智慧的师长和朋友。作为学校语文教学骨干，他的古文底子相当深厚，是师生们最方便求教的"活字典"，他教学艺术高超，善于化难为易，由浅入深，因材施教。冯老师不但语文教得好，还能教历史、地理和外语。数十年的教学生涯中，他一个人住在学校，只要有时间，就常到教室里去，随时随地给学生辅导。那里没有通电，冯老师经常在晚上点着煤油灯给学生辅导，有时第二天还能看到他鼻孔里留下的一些油烟的残迹。冯老师播洒真诚的爱心，得到的是学生真情的回报，由于工作需要，冯老师从鸣沙中学调往关帝中学，离开学校的那一天，同学们恋恋不舍，从宿舍到校门口，100多米的路，一步三回头，竟走了一个多小时……冯老师早年患有视网膜色素变性，这种病不能用眼过度，可冯老师无法做到这一点。后来，他双目失明，那一年才55岁。中学的领导去看望他，但冯老师却恳切地说："我的眼睛虽然看不见了，但我还有健全的大脑，健康的身体呀，我离不开学生，离不开课堂，就让我再去上课教书吧。"冯老师挂着一根竹竿摸索着走上讲台，开始凭借记忆给孩子们上历史课……[1]

一位20世纪50年代的大学毕业生，一位曾经工作在繁华大上海的教育工作者，一位有着温馨的家庭与良好发展前景的青年教师，离别繁华的都市，只身来到荒僻的西部，42年默无声息地耕耘。从一个博学多才、风华正茂的青年才子，到一个白发苍苍、浑身是病的盲眼老人，他在坚守着什么，执着于什么，又奉献着什么，他展现了一位普通教师怎样的一种境界？

冯老师是平凡的，他没有惊心动魄的故事，没有震惊世人的伟业；冯老师是不平凡的，不平凡在那42年坚守中的呕心沥血、42年执着中的可歌可泣，不平凡在他身上体现出的中国教师的职业精神、中华文化大爱天下的博大情怀，以及在他身上凝聚的华夏民族无私无我的奉献与牺牲精神。纵观冯老师的一生，他没有豪言壮语，没有惊天动地的事迹，就是那样的"明日复明日""一年又一年"，并且对于课堂教学一如既往地坚守。但正如先贤所说的"大音希声""大象无形"，冯老师是大爱无言，冯老师的"简单"与"重复"中渗透着的，是对学生的爱，对祖国的爱，对教师职业的忠诚与执着。整整42年的默默无闻、寂寂无声，其背后是冯老师以生命奏响的黄钟大吕。冯老师的一生，是一场生命的守望，以他整个的生命，守望着使命，守望着理想，守望着心中不息的火炬。今天，我们仍然可以从中华民族跳动的脉搏中，感受到这种守望的伟大与不朽。

从冯志远老师身上，我们可以清晰地看到，无论以往、现在、乃至将来，中国基础教育的教师教育，一定是在中华民族文化的浸润与养育中，博采众长，融会贯通，形成的一条走向光明璀璨的发展之路。

---

[1] 参见电影《冯志远》、中国教育报《记在宁夏支边支教42年的优秀教师冯志远》。

二、传统美德是成人之基

在教师的德行修养方面,古今中外的思想家、教育家无不把传统美德作为成人、为师的根本。对于传统美德基本内涵的解释,古今中外的思想家、教育家虽然表达各不相同,但其核心内容仍然高度一致,这些理解超越了时代、超越了地域、超越了文化差异。因而,以传统美德奠定教师德行基石,就成为一个认同度极高的命题,成为教师德行修养的根本点和基本出发点。

老子把为师的全部素养归结为一个"善"字:"善人,不善人之师"。在老子这里,"善"显然是一个具有广泛意义的概念,它是衡量一个"师者"是否合格的整体性标准,"师者"只有拥有了"善",才能成为圣人,才能真正作用于人,作用于社会,"是以圣人常善救人,故无弃人;常善救物,而无弃物"。老子的"善",突出地表现在"师者"对自我生命和价值的认知上,因此他说:"天长地久。天地所以能长久者,以其不自生,故能长生。是以圣人后其身而身先,外其身而身存。以其无私,故能成其私。"作为一名哲学家,老子以其深邃的哲思揭示了一个值得所有"师者"深思的命题:"无我"方能"有我","无私"方能"成其私"。这里的"无我"与"无私"可以理解为"师者"的奉献意识和牺牲精神,而"有我"与"成其私",实质上是这种奉献和牺牲所实现的生命价值。只有这样,才能做到"后其身而身先,外其身而身存"。

苏格拉底则更加强调教师在养成美德方面的重要作用。他认为,人的美德不是天生就有的,而是后天教育形成的。但是,这种美德的教育,首先取决于教师,取决于教师自身拥有的美德:"品德如果有教师,那就是可以传授的。"因此,教师美德的示范和教育作用至关重要,"能够正确引导的只有两件事:真的意见和知识,具有这二者的人就引导得正确"。[1] 从这个意义上,我们可以理解为,教师的美德就是教育,教师拥有的美德的崇高性、丰富性和完整性,决定着人的教育的成败。

---

1 [古希腊]柏拉图.柏拉图对话集[M].王太庆,译.北京:商务印书馆,2004:204.

晏子在这一点上和苏格拉底有相似表达。他说："能终善者为师。"他告诉人们，教师必须使得学生最终达到"善"的境界，并且教师不仅要使学生个人趋向于"善"，还要通过一个个独立个体的趋"善"，最终达到整个社会的"终善"，只有能够实践这一目标的人，才可以作为"师"而存在。可见晏子对于教师的重要性有着充分的认识，因为教师决定着个人与社会的最终走向。

千百年来，这种对于"善"的追求意识，造就了中国教师对自身德行的高标准和不断地自我完善的精神，他们往往更多地关注自身的不足和缺陷，而不是自己的长处和美好，因为看到不足才能不断反省，才能最终实现自我完善，这形成了中国教师的自律要求和自省意识。孔子说："若圣与仁，则吾岂敢？抑为之不厌，诲人不倦，则可谓云尔已矣。"孔子又进一步反思说："默而识之，学而不厌，诲人不倦，何有于我哉？"孔子不断地责问着自己：这些作为"师者"的优秀品德，我拥有什么呢？这已经是对"师者"自身的一种苛求，但正是这种苛求，造就了伟大的孔子，也造就了无数中华"师者"的品格与精神。并且，这种自律和自省精神，也已经转化为中华传统美德的一个重要组成部分。

近代犹太哲学家布贝尔则进一步强调教师不仅要做到德行的自我完善，他还必须把这种美德传递给他的学生，使他的学生同样成为德行完善的人："他必须提倡纪律和秩序，他必须制定一种规则，他只能努力并希望取得这样的结果：纪律和秩序将越来越变成出于内心的和自治的，而最后这种规则将铭记在学生的心里。"[1]这应该抓住了教师德行修养对于教育的最本质的意义。

综上所述，我们可以看到，无论古今无论中外，教师以传统美德为基石构成的德行修养，并且使之成为教育的终极性追求之一，就成为教育成功与否的一个极其重要的基本命题。

三、教师德行构成的主要内涵

今天基础教育教师的德行构成，既要有优秀文化的传承，又要有现代教育的时

1　王承绪，赵祥麟.西方现代教育论著选［M］.北京：人民教育出版社，2001：334.

代活水，既要以中华民族的思想精髓为核心，又要吸纳世界教育的优秀文化和道德准则。"四有"好老师集中表达了今日中国教师的德行修养要求，其重在以下几个方面。

一是坚持理想信念，从遵循职业的外在规范走向追求事业的内在精神。教师所从事的不仅仅是一个职业，而是一份具有崇高意义的事业。因而作为教师，不能停留在职业的外在规范上，而需要一种崇高精神的引领和支持，需要无私与无我，需要奉献与牺牲，需要树立起崇高的理想和坚定的信念，因为没有精神支撑的事业是不完整的，其宏大的目标也是难以实现的。

孟子就曾从教师的历史使命这一角度突出教师的责任："圣人百世之师也。"他认为，作为"圣人"，不仅要有益于当世，而且要有益于"百世"。事实上，千百年来，在中华民族乃至人类历史上的那些伟大教师，他们都是秉承着这样的理想与信念，成就他们的不朽人生的。

黄静华曾这样表达自己内心的强烈感受："我们每天做的就是这一件件平凡而细小的事，而这些小事却连着千家万户，连着祖国的未来。记得1999年，我被评为特级教师并享受国务院特殊津贴，在'为了民族的伟大复兴'教师节主题集会上，……。就在我们上台的那一刻，台下的同学们高高托起了一面鲜艳的红旗，上面写着几个金黄色的大字：'老师，共和国不会忘记您。'随着这面大旗的托起，同学们齐声高呼三遍：'老师，共和国不会忘记您。'此情此景，让我们在场的人都流泪了。我想，我会倍加珍惜祖国和人民给予的荣誉，以高尚的师德支撑自己的整个人生，用真诚的心去关爱每一位学生，用全部的爱去点燃这'红烛'的事业，让这爱与美的事业如同火炬，熊熊燃烧，代代相传。"[1]

如今看来，无论是管仲的"教"与"训"，孟子的"百世之师"，还是苏格拉底对教师在养成学生美德方面的高度强调，都是在强调教师德行修养的核心内容，它们集中体现了教师应有的责任意识和理想信念，正因为它如此重要，如此神圣，因此它必然地成为教师的毕生追求。

---

[1] 黄静华.用心去爱每一个学生［EB/OL］.（2004-12-17）［2024-02-28］.http://www.moe.gov.cn/jyb_xwfb/xw_zt/moe_357/s3579/moe_70/moe_194/tnull_4931.html.

二是追求自我完善，让自己成为完整的、美好的、大写的人。教师职业的神圣感与崇高感决定了真正的教师必然有着终身的追求意识与自我完善的精神，他们必须不懈地学习着，追求着，提升着，不断地完美着自己，因为他们明白这是教师职业的天然使命。他们不仅仅是为自己而完善，更是为了学生，为了祖国与民族的未来，也因为只有完善自我，才能更好地成就他人。

《论语》中明确提出了孔子所认定的教育内涵："子以四教：文、行、忠、信。"我们应该这样理解，这所说的不只是孔子在强调教给学生什么，也是他自己的德行修养要求，体现了他的人格修养要求。对此，孔子是矢志不渝，他曾谦虚地评价自己说："圣则吾不能，我学不厌而教不倦也。"这种始终不懈的精神本身就给我们提供了一个德行完善追求的榜样，所以他的学生子贡才会如此高地评价他："学不厌，智也。教不倦，仁也。仁且智，夫子既圣矣。"

现代教育家经亨颐则把教师的德行修养追求与时代的发展相联系，他认为教师职业不仅要求奉献与牺牲，而且要求教师必须拥有与时俱进的发展意识与人格完善的能力，"此所谓人格，与普通所谓人格别有一义，教育者对于社会一般不可无牺牲性性质，能适应时俗之好恶，方为教育者特异之人格。"[1]

罗素更为明确地提出教师的德性修养来自正确的道德观与价值观："一个教育者应该爱年轻人，但是仅仅这一点是不够的；他还必须具有对人类优秀品质的正确理解。"[2]反之，如果教师不具有这种"对人类优秀品质的正确理解"的能力，他就不可能形成优秀的人格力量，也就不具有教育学生的资格。

可见，教师的德性修养对于其职业身份来说是如此之重要，因此它必然成为教师孜孜不倦地终身追求的目标。

三是养成关怀精神，从知识教育走向全人发展的成长教育。教师面对的是鲜活的生命，教师的工作是成就生命，因此，教师必须有大视野、大境界与大情怀，要有大爱，也因为此，关怀精神就构成教师德行修养的重要组成部分。我们常强调教师的爱心，教师必须对自己的培养对象倾注强烈的爱心，方能润物无声，达到良好

---

[1] 张彬.经亨颐教育论著选[M].北京：人民教育出版社，1993：73.
[2] 武会芳，辛本学.现代教师教育读本[M].呼和浩特：内蒙古大学出版社，2009：78.

的教育效果。并且,教师的爱心有其特定的内涵,它包含父母之爱、兄弟之情、朋友之谊等一切人类有关爱的情感。但它又不等同于这些,它还包括责任、关心、帮助、奉献等许多人类美好的情感,教师的爱实际上是一种博大的胸襟与生命的关怀,它同样是一种伟大的人格精神。

当学生问及孔子的志向时,孔子似乎有些答非所问地回答:"老者安之,朋友信之,少者怀之。"这里,孔子实际上所表达的是自己的关怀精神,是对完满人生与合理社会的强烈要求。作为伟大的教师,孔子明确表示的这样一种追求也成为学生的精神导向,正是这种大情怀与大人格,才使得"七十子"如此地"服孔子",其不愧为"万世师表"。特别是在今天,教师面对的已不仅仅是学生,还包括他们的家庭,乃至整个民族的未来,孔子的话语更具有了现实意义。

西方的蒙台梭利也非常明确地表达了这一点,她认为,教师事业最重要的就是要用全部的心血去点燃学生心中的"圣火",去点亮学生心中光明的"火炬"。她指出:"教师必须为形成较好人类而献出一切。……,她们有责任使别人点燃的圣火保持纯洁,不沾染烟灰。同样,有责任使她们照管的内心生活的火焰保持纯洁。如果忽视这火焰,它将会熄灭,而且没有一个人将能再次把它燃点。"[1]并且,教师点燃学生心中的"圣火",不仅仅是为了某一位学生,而是为了整个人类,这就将教师为铸造人所作的这一奉献提到了一个更高的高度。因此,教师的关怀精神就成为教师德行修养的核心要素之一。

第三节 抵制诱惑的时代要求

一、文化多元中的判断与选择

当今时代是一个文化多元的时代。东方文化与西方文化、传统精神与现代精神彼此交流,融合。可以说,当今时代的文化思想,呈现出一种既丰富多彩又不免杂

---

[1] 华东师范大学教育系,杭州大学教育系.现代西方资产阶级教育思想流派论著选[M].北京:人民教育出版社,1980:101.

> 重要的是要建立明确而坚定的中国教育和教师进步与发展的立场。

乱无序、既灵动活跃又不免过于求新求变而带来规律失守、既有着似乎完整的理性建构但其实又充满着矛盾与冲突的特征，其中难免存在良莠不齐、高下不一的文化思想。因而，作为中国基础教育领域的教师，必然面临着这样一个重要的命题：如何站在今天中国教育的立场上，正确面对时代的纷繁，深刻认识其中的是非正误、立场基点、观念差异等，作出自己的判断与选择，建构起正确的、合理的、符合中国基础教育和教师的文化思想。

首先，是东方文化与西方文化碰撞与相融过程中的判断和汲取。近代以来关于东西方文化之辩一直是一个在我们民族文化建构中无法忽视的问题，直到今天，这个问题依然是一个需要深入审视并正确认识的问题。而在我们讨论教育和教师问题时，面对源远流长的中国教育思想和影响日益增长的西方教育理论，更加需要广大教师深入认识，作出正确的判断和合理的选择。

重要的是要建立明确而坚定的中国教育和教师进步与发展的立场。站在这个立场上，我们就能认识到，东方教育文化和西方教育文化，都是人类教育思想的结晶，各有自己在长期教育实践和理性探究中形成的精华，甚至其中有许多是相通乃至一致的东西，当然也有许多相互差异乃至冲突的东西。因此，我们要站稳立场，站在中国教育和教师发展的大地上，站在今天中国教育改革及其对教师发展的新要求上，取其合理的、符合今天中国教育和教师发展的，弃其不合理或者不符合中国教育和教师发展的，如此一来，我们就能够抵制一些不利的诱惑，形成正确的态度和行为，并在此基础上建构起自己的教育文化和教师文化。

例如，关于教师应该如何将知识转化为智慧的问题。中国的《礼记》就曾说："君子知至学之难易，而知其美恶，然后能博喻；能博喻然后能为师。"能够明了学问的难与易，能够判断学问的美与恶，然后能够广博地设喻讲授，这样才能成为合格的教师。而这一切的根本，就是形成教师自己的文化智慧。孟子在这一点上说得更为透彻:"贤者以其昭昭,使人昭昭。今以其昏昏,使人昭昭。"这里的"昭昭"与"昏昏"可以理解成对知识的认识程度,更可以理解成能不能对知识形成智慧的观照,能不能使知识成为活的、有生命力的东西。而西方的培根在《论读书》中说:"读史使人明智,读诗使人灵秀,数学使人周密,科学使人深邃,伦理学使人庄重,逻辑修辞之学使人善辩。"[1] 培根所强调的知识的作用,都在于促进人的思想,提高人的思维品质。因此,学习知识与提升智慧,两者是相辅相成、相互促进的,知识的增长可以提升智慧,而智慧的提升又可以更好地促进对知识的领悟与把握。这样,我们可以在比较中发现真知,建构自己的教师文化。

然而,当今我们的教育观念中,有一种重西方轻东方、重学理轻感悟的倾向,认为西方的教育重系统建构,重实证重逻辑,相对更加完整与科学,也更加成熟,因此在某种程度上忽视并低估了中国千百年建构形成的教育思想。这是需要我们保持足够的警惕的。这一观点忽略了中国与西方的文化背景和思维方式上的差异。今天看来,两者更应该是相辅相成,互补建构的。

其次,是传统文化与现代文化传承与发展进程中的整合与重构。传统文化与现代文化是中华民族一脉相承的文化体系,基于同一文化基因,源自相通的价值取向,形成于相同的思维方式,因而它有着血脉相承的延续性与完整性。只是由于时代的沿革,其中有的断裂了,有的继承了,有的则更好地发展了,因而在这一方面的主要任务是判断、取舍、传承和重构。在教育和教师发展领域同样如此。

中国教育文化中有很多优秀的思想一直传承至今,在今天依然有着鲜活的生命力。例如,关于教育的自省意识,传统文化不仅看到自省对于求学的重要意义,更看到它对教学以及教师成长的重要作用。《礼记》就说:"学然后知不足,教然后知困。"学生在"学"的过程中发现"不足",而教师在"教"的过程中发现"困"。而且,在发现之后就产生进步的要求:"知不足然后能自反也;知困然后能自强也。"自省发现不足,构成自己新的发展的起点,不断自省,促进人的不断发现、不断努力与不断进步。这与今天我们大力倡导的教育反思、教师反思是一脉相承

---

[1] (英)培根.论读书[M].王佐良,译.//教育部组织编写,温儒敏,总主编.义务教育教科书语文九年级(下).北京:人民教育出版社,2022:73.

的，其思想内核至今没有大的变更，当然对反思的对象、反思的态度、反思的策略等有了更加具体而完整的思考了。

而有些传统教育观念，则需要我们辩证审视，去伪存真并且与时俱进。例如，传统的教育价值观，历来有对立的两个观点，一个是基于个人利益，"书中自有黄金屋，书中自有颜如玉"[1]，读书追求的是个人的富贵荣华；一个是承担起家国天下的责任，文天祥在英勇就义之时写道："孔曰成仁，孟曰取义，惟其义尽，所以仁至。读圣贤书，所学何事，而今而后，庶几无愧。"[2]读书的终极追求就是为了国家与民族。今天，我们对此要有取舍，摒弃荣华富贵的个人利益；要有发展，遵循时代的要求，读书是为了实现中华民族伟大复兴的宏伟蓝图。

再次，是多元融合与一元固守中的策略选择。在文化多元的时代特征中，不同的教育文化观念从各自的维度对教师的德行修养提出了要求。这来自各个方面的诸多要求，给教师的选择带来一定的挑战。对此，有人选择了聚合，对各种要求不分主次，兼收并蓄，由此可能形成顾此失彼、应对失措的局面；有人选择了守一，抓住一个方面而不及其余，但也难免出现挂一漏万、有些该做好的没有做到的情况。其实，上述两种应对方式，都忽略了德行修养的整体性和系统性的建构。

因此，要完整建构整体而系统的教师德行修养要求体系，就应该建立一元固守引领下的多元融合策略，即抓住核心目标与核心要求，在此基础上形成不同维度构成的逻辑框架，再细化为具体的要求。简单说，这核心就是"立德树人"，即要明确为"树人"而必须"立"的关键的"德"，这是必须"固守"的"一元"；"有理想信念、有道德情操、有扎实学识、有仁爱之心"的"四有"好老师就是从四个维度建构起来的具体内涵与基本框架，这是"纲"；在此基础之上，结合我们的理论学习和工作实践，逐渐梳理出这个框架内所包含的具体的德行修养要求，形成一个有核心、有框架、有具体要求的逻辑体系，进而形成自己的成长目标和行为准则，从而实现多元融合的体系。

教师的德行培养体系的形成还有一个道德解读能力的问题，也即道德与文化

1　出自《劝学诗》，其作者是否系北宋宋真宗赵恒仍存疑，相关考证见：廖寅.宋真宗《劝学诗》形成过程及作伪原因考述［J］.中国高校社会科学，2018（3）：145—154+160.
2　［元］脱脱，等.宋史［M］.北京：中华书局，1985：12540.

判断力的问题。道德与文化是相辅相成、密不可分的，其核心是价值观念与价值取向。因而，面对不同文化对教育和教师提出的德行修养要求，教师首先要有一种价值判断能力，辨析其先进性与合理性，思考其与今日教育及教师的契合度，判断其实践操作的可行性，等等，这成为教师德行修养体系建构的基础条件。

二、价值冲突中的衡量与取舍

对于教师来说，当今时代也是一个因多元价值冲突而需要慎思明辨、权衡取舍的特定时期，如果不能正确面对，并作出合理的选择，那就很难造就真正优秀的乃至杰出的教师，也就不能适应当今时代的教育发展。这种价值冲突主要体现在三个方面：一是在职业价值乃至生命价值的认定中，如何面对物质利益和精神情感这一教师职业的二维价值；二是如何在利他与利己这一在教师职业尤为突出的价值冲突中，形成自己的认识并决定自己的行为方式；三是当今时代教育价值观重构的问题，即如何正确认识知识与育人这两者的关系，建构起自己的教育价值观。这三个方面，是今天任何一个教师，特别是基础教育领域的教师，都必须作出自己的判断、选择与建构的。

首先，要在物质与精神的双重需求中明确自己的价值取向。物质与精神的双重需求是每一个人都无法回避的问题，人需要生存，这决定了人的物质需求。人也需要人生的丰盈感、满足感和意义感，这又决定了人的精神需要。教师同样如此。这实际上是一个生命境界的问题，一个人不能只是生活在物质世界里，一切都以获得利益的高低多寡来决定自己的职业态度和职业行为。同样，一个人也不能只是生活在精神世界中，毕竟他有生存的需要，希望自己能有好一点的物质生活，这本是无可厚非的。因此，这一冲突对每个教师来说，不是一个非此即彼的排他选择，而是需要正确理解两者关系，站在生命的角度，去决定自己应该追求的生命境界，并进而决定自己的职业态度和职业行为。

教师成就学生生命的职业性质，决定他必须要有责任感与使命感，必须追求一种崇高感。人是需要崇高感的，崇高感能够满足人内在的精神需求。因此，作为教师，必须要有较高的生命境界追求，即把精神需要放到较高的位置上，在追求较高的生命境界过程中，实现生命的丰盈、满足和意义，实现对人生目标与生命价值的自我肯定。也在这样的过程中，满足自己的物质需求。

其实，人较高的生命境界，能带给他一种真正的快乐，一种发自内心的快乐，这种快乐有时是难以用语言表述的。汉代的扬雄就很透彻地阐述了这一问题："纡朱怀金者之乐，不如颜氏子之乐。颜氏子之乐也，内，纡朱怀金者之乐也，外。"是的，外在的快乐，即源自物质满足与利益享受的快乐，永远无法和那种发自内心的、精神上的快乐相提并论。作为教师，更是如此，因为他在成就生命。

其次，要在"利他"与"利己"的双向选择中定位自己的职业态度。在这一点上，曾经处于主导地位的观点认为教师是"利他"的，并进而否定了"利己"，即教师的根本是牺牲自我，成就学生。有一个影响极大的比喻形象地表达了这一观点：教师是蜡烛，点亮他人，燃烧自我。这一观点当然有它的合理性，教师的天职就是成就学生，因此教师职业需要关爱，需要投入，需要满腔的热情，需要持续的付出，其本质就是奉献，这符合教师职业的基本特征，符合教师与学生的"给予"关系，同时，也符合中华民族始终坚持的价值观。

但是，问题的核心在于"利他"和"利己"的内涵认定。"利他"的理解没有异议，教师的任务就是成就学生生命；"利己"的理解则值得商榷，它原本的思想基点站在物质层面。教师付出的是时间、精力和心血，牺牲的是自己的生活乃至家庭的生活，而且不能计较成本，不能在乎得失。从这个意义上说，教师确实是在奉献，而且教师确实需要奉献。但我们也必须认识到，教师在不断奉献的同时，一定是有获得的，且不说物质层面的获得，更重要的是他精神和生命层面的获得，他获得的是自我的发展与完善，是人生的丰盈、满足和意义，也是生命的愉悦和境界的提升。从这个意义上说，教师也是"利己"的。并且，教师的"利己"是建立在"利他"的基础之上的，或者说，在"利他"的同时实现了"利己"，即他在成就别人的同时，成就了自己，而且是成就了较完美的自己。

陶行知先生就明确强调了这一点，他说："教员的天职是变化，自化化人。"即教师首先要能够"自化"，自我教育，自我完善，自我发展，而"自化"的目的在于"化人"，即教育学生，发展学生，完善学生，帮助学生塑造崇高的灵魂。可见，在这里，"利他"和"利己"是互为作用的。第斯多惠同样表达了相似的意思："教师要使别人获得真正的生活，就得发动别人去追求真、善、美，最大限度地发挥他们的天资和智力。"[1] 因此，教师首先要做好"自化"，并在此基础上进行自己的角色定位，只有自己先拥有良好的品格，才能实现自己的职业追求。陶行知先生所说的"自化"与"化人"，也意味着融"利他"和"利己"于一体。

再次，要在知识教育与人的成长教育的双向目标中建构自己的教育价值观。知识教育和人的成长教育本质上不具有对抗性，即两者之间并不是非此即彼的关系，而是有着密切的内在联系，或者说，知识教育是人的成长教育的一个重要组成部分。

但是，从教育价值观角度看，教育的核心价值即整个教育的根本目标的确立是至关重要的。从人类社会发生工业革命以来，教育的核心价值被确立为知识的传授，整个教育包括各门课程的内容结构、学习组织、教授或者学习方式，以及教学评价，都是由这个核心决定的。至今为止，我们各门学科的内容，基本都是以知识的结构呈现的；我们以班级授课制为主的学习组织形式和学习方式，也服务于知识的更有效传授；我们的评价机制和评价标准，主要着眼于知识的习得程度；我们今天耳熟能详的许多教育教学理论，也是建立在知识教育的基础之上的。多年来，知识教育形成了一种强大的惯性力量和思维定式，影响着今天教育与教学的方方面面，也影响着教师的教育教学观念和行为方式。

从20世纪后期开始，随着社会的飞速发展，人们越来越深刻地认识到知识不再是社会继续进步的唯一推动力。人的综合素养、高阶能力以及价值观念被提到重要的位置上，逐渐成为教育的核心追求。我国自1998年开始的课程教学改革，"一切为了学生的发展"教育理念的建立，2022年颁布的义务教育阶段各学科课程标准提出的课程核心素养概念，"立德树人"教育总目标的确立，各种新的教育教学理念、新的课程教学的改革措施，各种教育教学的新的探索，等等，都可以归结到一个点，即我们正在进行着教育价值观的重构，从知识教育走向完整成长的人的教育。

---

1 （德）第斯多惠.德国教师培养指南[J].袁一安，译.新课程教学（电子版），2015（1）：124.

因此，今天的教师必须明白并顺应这一价值重构背景下教育发展的时代趋势，在此基础上建构起自己的教育价值观，并以此审视自己所面对的教育教学现状，改进自己在这个大趋势下的教育教学理念、教育教学行为和教育教学方式，使自己在这一价值重构中跟上时代的步伐，并有所作为。这一点，对于本章所阐述的教师的德行修炼，同样是非常重要的，因为这样一种根本性的教育变革，必然对教师的德行修养提出许多新的要求，要求教师不断地自我提升与完善。

三、职业诱惑中的选择与坚守

教师的职业天然地存在着许多诱惑，有来自教育外部的，诸如金钱的诱惑、地位的诱惑、不同生活方式的诱惑、各种时尚观念和文化思想的诱惑，等等；有生长于教育内部的，诸如因循守旧的诱惑、从事环境的诱惑，等等。但本部分的论述更加注重教师职业本身所形成的诱惑，面对这样的诱惑，教师的选择不只是作出是与非、正与误的判断，而更多的是崇高与平庸、时代性与科学性以及教育立场的问题，所以这种诱惑更加隐性，应该引起教师足够的警醒。

首先，是教师职业与教育事业中的选择与坚守。教师工作可以仅仅是一个职业，以获取生活的保障，这本质上构成一种交换关系：教师付出的是劳动，获得的是物质待遇；教师工作也可以是一份事业，以实现自己生命的理想和价值，这本质是一种追求关系：教师工作搭建了宏大并有无限可能的平台，教师在这平台上演奏或恢宏或壮丽或感人的乐章；教师工作也可以既是职业同时也是事业，从而满足生存和生命的双重需要，但这里有一个孰轻孰重的问题，即教师的主要追求的问题。从常理来看，这里的选择不是是非对错的问题，但它有高下之分，轻重之别，它的选择取决于教师的职业理解、人生定位和生命境界。

今天，有不少教师选择了他面对的只是一份职业，他们认为，只要守住教师的基本职责，完成自己应该承担的基本工作任务即可，不必追求宏大与崇高。这样的底线思维，对教师是构成诱惑的。他可以不那么辛苦劳累，也不需要呕心沥血，甚至不需要面对社会的批评和指责，安安稳稳，平安是福。一切的出发点在"我"，我尽到了应尽的责任，我完成了应做的事，至于学生成长如何，那是他们自己的事情。这样的选择，实际上选择了平庸，其本质是利己主义，这里的"利"，是利益之利，而不是前文所说的"利己"。要知道，人是社会的人，人对社会必然有着责任与使命，而作为社会的成员，也必然要有担当精神。作为教师更是如此，因为他的工作关系国家和民族的未来。所以，从这个意义上说，平庸也是一种"恶"，是需要抵制的诱惑。

当然，有更多的教师是在从事着教育的事业，他们有着责任与使命，他们有着理想与追求，他们心中不仅有学生，还有着国家与民族，他们是民族的脊梁，也是中国教师队伍中的砥柱。因为，他们认识到，生命不只是满足自我，还要成就他人，成就社会和国家。这是今天中国教师应该拥有的立场和思想境界，这样的选择与坚守，应该成为所有教师的共同认识和共同的追求。

其次，是把自己定位为传授知识的工具还是需要实现理想与价值的生命，这两者之间的选择与坚守，就是教师的自我设计。前文曾论说，今天的教育正在实现价值重构，在许多方面对教师提出了新的要求。然而，惯性思维也对教师构成了较大的影响，不少教师往往自觉或不自觉地把自己定位为传授知识的工具，而不是教育诸要素中的主体之一。他们往往亦步亦趋地追随他人的脚步，遵循他人的观念，固守知识教育背景下的学生认知，沿袭固化的教学行为，没有核心素养视域下的自我改变与完善，没有价值重构要求下的质疑态度和创造精神，没有自己的认识，只有他人的、教材的、传统的认识，使自己成为单一的知识传授的工具。而且，这样的定位往往让人难以自醒，这是来自教育传统的诱惑。

教师，是"人之模范"，教师必须拥有榜样的作用。教师既要明白无误地告诉学生应该怎样去做，还要让学生从自己身上感受与领悟到人应该怎样去做，怎样去生活、去学习与做人。因此，教师必须跟上时代的脚步，学习，质疑，建构，创造，促使自己全面提升，形成自己完整的育人能力。

陶行知先生就是从教师乃至教育家的角度来认识教师的定位的，他这样说道："你若把你的生命放在学生的生命里，把你和你的学生的生命放在大众的生命里，这才算是尽了教师的天职。"他强调教师的工作需要的是整个生命的投入，要以自己的完整生命去造就学生的完整生命。因而，今天的教师职业必然地赋予教师更丰富也更复杂的内涵，对教师提出更完整也更深刻的要求。苏霍姆林斯基强调教师身上体现出来的不应该也不可能只是抽象的知识,而是作为一个鲜活的人的完整能力:"我们每一位教师都不是教育思想的抽象的体现者,而是活生生的个性,他不仅帮助学生认识世界,而且帮助学生认识自己本身。"并且他认为,要帮助学生认识世界,认识自己,明确前进的方向,"这里起决定作用的是:学生从我们身上看到是什么样的人。"[1]他强调的同样是教师完整的生命。不同国家的教育家有着如此接近的教师认识,可见,教师必须是全面发展的,是需要实现理想与价值的独立而完整的生命,而不能仅仅是传授知识的工具。

再次,在注重"师道"与注重"学道"中的选择与坚守。无论东方还是西方,教育历来是注重"师道"的,"师道"的境界决定着教育的成效。柏拉图就曾经认为孩子有着成为优秀者的潜能,但要使这种潜能成为现实,关键仍然在于教育,在于教师,在于教师之道。这样的观点延续了几千年,是有它的合理性的,因为传统教育的核心强调的就是"教",孔子主张的"有教无类""因材施教"都是建立在一个"教"之上的。

今天强调"师道"依然有其重要意义,当然也需要在传承的基础上不断创新、提升和完善。但是,今天我们更要强调"学道",学生之道,特别是学习之道,这同样成为影响教育成效的决定性因素之一。这首先是因为,在教育价值重构的大背景下,学生的完整成长,他们的主体精神、理想追求、发展愿望等的内驱力,他们的国家意识、时代认知、社会理解等对外部世界的正确认识,以及他们学习能力的状态,直接决定他们的学习态度、学习方式和学习效果。其次是因为,完整发展中学生的一些核心素养和高阶能力不是被教会的,而是在积极的学习活动中被不断地实践、探索、感悟、提炼并最终内化而养成的。这是一个渐进的养成过程,在这个过程中怎么"学"就成为一个十分重要的问题,它更多指向的是包括核心素养在内的人的重要素质;而"教"往往追求即时效应,"教"了之后就可以进行检测与评价,它更多的是适应学科的知识与技能的教育。

因此,今天的教师就有了双重任务:不仅要传承和发展"师道",汲取其中的

---

[1] (苏)B. A. 苏霍姆林斯基.给教师的建议[M].杜殿坤,编译.北京:教育科学出版社,1984:433.

优秀养分，并不断进步与完善；而且要研究和建构学生应该建立的"学道"，包括它的维度，它的内涵，它的策略和形成路径，以及教师在教学中如何引领学生去实践、去探索并获得和养成。实际上，这些年我们已经在这方面做了艰难的探索，并取得了一些很有价值的成果。但是，一方面，已有的成果还远远不够；另一方面，作为教师个体，在这个问题上决不能被动地等待着别人的研究成果，必须有自己的理解、自己的认识和自己的建构，只有有了属于教师自己的认识，才能在自己的实践中达到最佳的成效。

> 德行修养的形成，"修炼"是关键。

第四节　德行修炼的基本方略

德行修养对教师是如此重要，今天，我们面对错综复杂的国内外环境，诱惑与陷阱无处不在，包括显性的、隐性的、错误的和并不算错但平庸的，等等。因此，德行修养的形成，"修炼"是关键。

一、立标：德行修炼的基本准则

德行修炼需要标杆和准则，没有标杆与准则，失去努力方向与具体要求，修炼就会因为散漫而陷入无序，也会因为目标的空泛而导致修炼的失效。并且，教师队伍既要确立属于整体的标杆和准则的完整框架，同时，对于每个教师个体而言，又要在遵循整体要求的基础上，结合自身实际和特点，建立自己的具有个性特征的标杆和准则，这样才能有的放矢，达到预想的效果。

首先，要明确立标的意义和立场。教师的德行修炼是群体行为，在共同的平台上，互学互助，碰撞与互补，进而共同建构，形成群体共同的标杆与准则，促进整个群体的整体发展。在这一点上，我们各级教育行政部门、各个学校单位都在努力推进这一工作，并取得了良好的成效。同时，教师的德行修炼也是个体行为，在缺少群体氛围和平台约束的情况下，教师个体确立怎样的标杆与准则至关重要，因为教师的个体选择与个体行为不仅关系到教师个人在德行修炼方面能否很好作为，同时也关系到他所在群体的德行修炼成效。

因此，修炼标杆和准则的确立，既是对群体的尊重，也是对个体自身的负责。特别是个体确立的标杆与准则是否适合自己的特定情况、是否有较强的针对性、与群体要求是否有内在联系性和实际的契合度、与整个教师队伍建构的整体框架是否具有一致性，以及是否有利于实际操作，等等，都是我们需要深入思考、充分酝酿并不断完善的。所以，修炼标杆和准则的意义在于从整体上促进教师个体、他所在群体乃至整个教师队伍德行修炼的成效。

因此，每个教师个体在这个问题上都要有明确的立场。作为一个教师，他要明确地建立将自己、自己所在群体以及整个教师队伍融为一体的整体立场，在整体立场的框架下建立个体立场，又由个体立场经由群体立场走向整体立场，这样自上而下又自下而上的反复过程，才能使所立的标杆与准则成为科学的、系统的、经得起实践与时间的考验的，并能够真正实现教师德行修炼的大目标。

其次，是选择低标还是高标的问题。对于教师个体而言，其不同个体确立的标杆肯定是有差异性的，其中似乎也包含层次的差异，例如前文所说的有些教师对工作的定位仅仅是职业，认为只要对得起自己的那份报酬，完成自己必须做的事情即可，其德行修炼的标杆必然会低一些，他就难以上升到理想信念、自我完善、关怀精神这样的层次。而且，这样的低标准，似乎也无可指摘，因为他似乎也尽到职责了，并且没有违背教师职业的基本要求，更没有触犯更深层次的社会规范。但是，这样的低标杆还是为历来的乃至今日的中国教育所不取。因为，正如前文已经充分表达的，教师的职责与使命决定了他必须对学生的生命负责，对国家与民族的未来负责，所以他必须追求崇高，必须以最大的热情最大限度地实现自己的劳动价值，这是不容置疑也无须讨论的，因此，任何教师的德行修炼都必须坚持高标杆，这是对整个教师队伍也是对每一个教师个体的明确要求。

因此，从教师个体角度而言，教师的德行修炼标杆的差异是客观存在的，但这种个体差异更多地体现在标杆的维度上,而不是在标杆的高与低上,这个差异不应该是标杆水平的问题,而是如何侧重的问题。简而言之,教师个体可以也应该根据自己的具体情况、优势和短板,长善而补不足,这才是正确的选择。

再次,标杆和准则必须符合时代的特征。不同时代有不同的时代特点和时代要求,教育也是如此。这些时代要求,有的来自传统教育中的优秀成分,并且依然符合今天的时代需求,有着现实的价值,是需要大力弘扬并倡导的,如教师的奉献意识、教师的自我完善、教师的敬业精神等。有的是古代优秀教师的文化传承,但随着时代的发展,需要在继承的基础上进一步完善,进行内涵的改动、外延的延伸或表达的改变,"学高为师,身正为范"的表达,就是在继承的基础上作了精要的概括,从教师的学识修养与道德情操两个方面树立了高的标杆,言简意赅。还有的则是随着时代的发展而提出的新标准与新要求,例如近些年"立德树人""立根树魂"的倡导,就是建立在当今时代文化与价值多元、各种思潮激烈碰撞并在某种意义上带来部分教师与学生的价值意识混乱的特定背景下提出来的。

因此,今天的教师应该广博地学习,奠定自己较为丰厚的文化积累,特别是理解中华民族博大精深的教育文化和教师文化,同时,提升自己的辨识力和文化判断能力,善于在广博中取精髓,进而进行自我的建构;今天的教师,还要培养自己感知时代的敏锐度,善于观察,善于思考,善于发现,把握时代的脉搏,明确时代对教育和教师的要求,同时,能够把历时的文化和当下的社会要求有机结合,从而在传承与发展的基础上重构,形成自己的德行修炼标杆。

二、坚持:德行修炼的根本态度

坚持,是一个我们经常使用的词语。但当我们读到"一辈子做教师,一辈子学做教师"时,我们能够感受到其中的厚重与坚毅,能够领悟到坚持是一个多么艰难的过程,非大智者、大勇者不能为。有志者,事竟成,其背后也就是坚持这两个字。因此,坚持是教师德行修炼应该秉持的根本态度。

首先,做到坚持,要解决的是"一阵子"还是"一辈子"的问题。事实上,任

> 坚持是教师德行修炼应该秉持的根本态度。

何事情，坚持"一阵子"不难，难的是"一辈子"，所以伟人也说，一个人做一件好事不难，难的是一辈子做好事。在教师的德行修炼方面更是如此。有不少教师德行修炼的动力主要来自外在的规范，导致他们的坚持往往是一阵子的行为，上面这阵子强调师德修养，他就重视修炼；上面松一松，坚持就抛在一边。因此，教师德行修炼的坚持，主要不是依靠外在的约束，而是内在的驱动力。

孔子的弟子曾参主张"吾日三省吾身"，就是来自自我完善的内在要求。他认为，人只有坚持每天反复地省察自己，才能发现自己的不足，才能实现自我的不断完善。而且，这个"每天"，不是一个月内的每天，不是一年中的每天，而是始终不懈，是"一辈子"，因为"学而不思则罔，思而不学则殆"。孔子时时叩问自己："吾有知乎哉？无知也。有鄙夫问于我，空空如也。我叩其两端而竭焉。"时时叩问自己的不足，寻找自己的缺陷，可以进而确定自己努力的方向。他是这样说，也是这样做的，所以才成就了伟大的教师。

其次，要形成坚持的自觉意识和自觉行为。有了强大的内驱力，坚持就会成为一种自觉的意识，并成为一种自觉的行为，而不是刻意为之的事情了。曾参的"吾日三省吾身"，荀子的"君子博学而日参省乎己"，其中的"日"字非常重要，它意味着学习与自省是持续的，保持着一定频率的，从不间断的。能够做到这一点，一定是形成了坚持的自觉意识，使得坚持成为一件自然而然的、不需要去提醒自己的自觉行为。

因此，教师更要避免"过分的自爱"。教师的理想与信念决定了他必须摆正自己的位置，正确地看待自己，看待自己的得失，他需要更多地奉献，更多地为他人、为学生、为民族的复兴大业考虑，否则他就不可能有坚持自我修炼的内驱力，更不可能进而形成自觉意识，也不可能自觉地去发现自身的问题与不足，进而完善自我。正如柏拉图所指出的："每个人必须避免过分热爱自己，而代之以对他的超越者的忠诚。当他考虑抛弃'最好的朋友'时，不要受羞耻的阻挠。"[1]这实际上还是一个价值观的问题，站在个人角度还是站在事业角度，站在利益角度还是更加关注精神生活，正是这些价值观决定人的意识和行为，决定能否养成坚持的自觉。这又回到整个思维的原点——教师的精神与职业定位。

再次，坚持必须融入自己具体的行为与习惯中去。当我们有了坚持的自觉意识并形成自觉的行为，就必须进一步融入自己具体的行为和习惯中，这样，"自觉"和"坚持"才能落到实处，并成为自己的一种习惯。时时处处，不论事情轻重，不论影响大小，哪怕极为琐碎与细小的事情，我们心中也要始终保持一颗警惕之心，别人的直言批评，我们当然要反省，他人异样的眼神，我们同样要警醒，即使他人没有任何类似的表达，我们也要时常做做"复盘"，看看有没有不当之处。这样久而久之，修炼融入我们的心灵，也就使我们养成了习惯，坚持就不是一件难以做到的事情了。

斯霞在这方面给我们作出了很好的榜样，她说："每个儿童都以教师的一言一行作为模范。……又有一次，我讲课讲热了，随手拿书摇起来，有个儿童向我提出意见，说：'老师，你不是说书不可以当扇子扇吗？'我立即接受了他的意见，承认了错误。……我觉得做一个小学教师不但应该时刻注意以身作则，还要虚心地接受意见。"[2]斯霞心中有一颗警惕之心，她能时时处处保持着警醒，甚至连"无意中卷一下袖子""热了随手拿书扇一下"这样的细节也不放过。尤为可贵的是，斯霞老师心中"尺子"的准绳非常明确和清晰，一旦碰到情况，立即就能作出反应，这就是自觉的坚持。

三、自省：德行修炼的重要路径

自省是中华文化的优秀传统，也是我们民族提升德行修养的重要路径之一。《论语》有言："见贤思齐焉，见不贤而内自省也。"早在春秋时期，以儒家为代表

---

1 （古希腊）柏拉图.法律篇［M］.张智仁，何勤华，译.上海：上海人民出版社，2001：141—142.
2 斯霞.我爱我的工作［J］.江苏教育，1959（11）：12.

的知识分子，如孔子、孟子、曾子等，就特别强调自省精神，注重完善内心的道德修养。数千年来，我们民族始终秉持这一传统，例如"慎独"的主张，就是在强调自省的一种方式。今天教师的德行修炼，同样应该继承这一优秀传统，结合时代要求和教师工作的特点，培养自己的自省意识和自省精神，并运用于自己的德行修炼，以提升德行修炼成效。

首先，要明确对自省这一概念的理解。自省这个概念，儒家在表达中往往用"内省"这一词语，曾子就是用了这个词语。因此，今天有些学者引用现代西方的理解，把"内省"认定为是心理学中的一个概念，是心理学的基本研究方法之一。其解释为：内省法又称自我观察法，它是发生在内部的我们能够意识到的主观现象。正因为它的主观性，引发了心理学界的争论，焦点在于它是否客观和可靠。其实，在儒家那里，自省和内省是相通的，基本可以看作同一概念，即要求在内心省察自己的思想、自己的行为有无缺失和不当之处，并在这样的省察基础上，祛除不善，把内心的善扩大与弘扬。因此，自省是一种思维方式，是基于现实与具体现象所进行的自我反省、自我评价、自我调控和自我完善。

今天的自省意识和自省精神，基本沿袭这样一种理解，其基本表现是观察、反思、评价和完善。这一思维的前置性认识是，世上人无完人，事无完事，无论人或者事，其中总会有优秀之处和成功之处，也总会有不当之处与错失之处，如果没有一种合理的思维机制，及时发现优劣进而改变自我，就会出现与自己的愿望与追求背离的结果，以致不能通过自省来达到"见贤思齐焉，见不贤而内自省也"的自我完善要求。教师德行修炼中的自省也是这个意思，但只有建立社会对教师的规范性准则、教师职业对教师的高品德高素养要求，以及教师个体为自己制定的德行修炼标杆这些自省的思想基础，自省策略的运用才能够取得良好的效果。

其次，要明白自省对于教师的意义。如前文所述，自省对人的道德完善具有重要的意义，千百年来，它对中华民族整体的道德始终处在较高的水准同样起着较大的作用。

其一是前文所多次强调的，自省对于教师的德行修炼能够起到巨大的促进作用。自省有助于激发教师的自我发展愿望，帮助教师更主动、更客观、更有勇气直面自身的缺陷与不足；自省还有助于教师更好地明白什么是应该学习的，什么是应该摒弃的，什么是可以进一步完善的；自省更让教师明白，真正的德行修炼是一个怎样的过程。因此，在德行修炼方面，自省是不容忽视的重要路径。

其二是有助于提升广大教师团队合作、相互促进和实现群体成长的能力。教师的成长往往在群体相互帮助中能够产生更大的效果，在德行修炼方面，自省与他省是相辅相成的两个重要路径，正如我们一直在倡导的批评与自我批评，教师的德行修炼，需要自省，也需要他省。而任何一个教师，当他具有了较好的自省意识与自省能力之后，他就能较好地认识和评价他人的批评意见，更能做到择其善者而从之，也能够更好地把自己的经验和收获传递给同伴，互助互促，实现更有价值的群体成长。这种合作能力的形成，对每位教师都具有大的助益。

其三是使教师获得一个高效的思维方法和成长策略。自省思维和自省能力的形成，将成为教师重要的思维素养之一，有助于很好地提升教师的思维品质。因为，一种良好的思维能力的价值，绝不仅仅局限于某一个具体的范畴，它是可迁移的，可以应用在更广阔的范围。实际上，自省思维和自省能力可以应用到教师工作的几乎所有领域，包括教育教学观念的形成与完善、教材阅读、课堂理解、教学科研等重要领域，它都能起到不容忽视的重要作用。

再次，要明悟自省对教师的要求，这主要体现在以下三个方面。

教师的自省首先要形成清醒的自我认识。自知方能自省，自省方能自我完善。保留着古希腊先哲思想精华的《柏拉图对话录》中就明确强调："聪明而有节制的人，只有他，能认识他自己。"[1] 这里的"聪明"其实是一种"智慧"，它不只指向人的思维，也指向人的思想，"有节制"则指人有较强的自控力以及自我完善要求。人只有具有较高的智慧和较强的节制能力，才能"认识他自己"，可见认识自己不是一件轻而易举的事情。这对教师来说更是如此，今天教师面临诸多的挑战，如多元价值观带来的利益诱惑、社会的浮躁带来心态的失衡、繁杂的日常事务重压等，这些挑战常常使得教师忙于应付而失去自我，在这样的背景下，教师保持清醒的自我认识就成为自省的前提，也是自省获得成效的基本保障。

教师的自省还要求教师树立正确的育人观和价值观，因为有了正确的育人观和

1　张秀章，解灵芝.柏拉图的对话［M］.长春：吉林出版社，2012：11.

价值观，教师才能摆正自己的位置，才能形成自省的明确要求。因此苏霍姆林斯基强调说"教育的最宝贵之点"是"使一个人想成为好人，想竭尽自己整个心灵的全部力量，在集体的眼里把自己树立起来，显示出自己是一个优秀的、完全合格的公民，诚实的劳动者，勤奋好学的思想家，不断探索的研究者，为自己的人格的尊严而感到自豪的人"。[1]带着这样一种认知，教师就有明确的自省方向和标准，就能不断自省自己的行为和思想，就能够很好地实现自我完善的目标。

教师的自省还进一步要求科学性和正确的运用能力。如果失去科学性，那么他既不可能作出有效的自省，也不可能让自省达成理想的目标。其实，古往今来的优秀教师已经给我们作出了极好的榜样。他们在强调自省、认识自省的重要性的同时，也认识到，自省的过程和自己成长完善的过程是同步的，是始终相辅相成融为一体的，自省促进成长，成长又反过来形成更有价值的自省。并且，教师的科学性与正确运用自省的能力不是与生俱来的，而是在实践的过程中逐渐发展起来的。因而，教师的自省就不能停留在现象表层，而必须深入根本，要通过自省，不仅形成正确的行为，而且形成正确的思想和良好的德行修养。

---

1 （苏）B. A. 苏霍姆林斯基.给教师的建议［M］.杜殿坤，编译.北京：教育科学出版社，1984：471.

第五章 学识砥砺

在教师所应承担的角色当中,"学习者"似乎是经常被遗忘或者被误读的角色。教师是教别人学习的人,但自己首先应当是一个学习者,是一个爱学习和会学习的人,这是一个基本常识。砥砺学识,方能智如泉涌。教师的知识储备,直接关系到学生的成长成才;教师的躬耕态度,直接感染到学生的三观养成。"砥砺"一方面表明教师需要将学识不断吸收、内化、吐故纳新;另一方面则表明教师要永葆学习知识、追求真理的热情,像孔子一样"发愤忘食,乐以忘忧,不知老之将至云尔",永远保持不忧不惑、不骄不躁的气质和定力。

■ 第一节 ■ 学识砥砺的文化内涵

教师要"博学之,审问之,慎思之,明辨之,笃行之"。水积不厚,难负大舟;风积不厚,难负大翼。勤学,方能视野开阔。学识精湛是教师的职业素养要求。

一、博学审问、慎思明辨的传统赓续

(一)博学审问、慎思明辨的基本含义

《中庸》记录孔子的学习过程为"博学之,审问之,慎思之,明辨之,笃行之。有弗学,学之弗能,弗措也;有弗问,问之弗知,弗措也;有弗思,思之弗得,弗措也;有弗辨,辨之弗明,弗措也;有弗行,行之弗笃,弗措也。人一能之,己百之;人十能之,己千之。果能此道矣,虽愚必明,虽柔必强",其中蕴含着学与辨、

问与思、思与学、辨与问等内在关系。广博地学习、详细地研究、慎重地思考、清楚地辨析、忠实地贯彻是古代教学实践积淀的"砥砺学识"与"反求诸己"的思维模式，教师只有不断学习，反思实践，才能有集腋成裘、聚沙成塔的收获。可见，学、问、思、辨、行，是做学问必不可少的条件。

"博学之"，力求了解、认识、掌握宇宙间万事万物更多的知识，是成为"智者"和"仁者"的必由之路。博学者，要"博学于文"，即"志于道，据于德，依于仁，游于艺"，他们收集广博的知识材料，力求学问博大精深，没有遗漏，并对各类问题有独特的见解。博学的范围遍及宇宙，穷极一生也难以了解和认识，所以"诚者，天之道也"。诚，是博学之本，需要由外而内、由表及里，既要通过"学"而求知，获取书本中记载的知识，也要通过"多问""多闻""多见"等途径虚心向他人请教，发现新知识，达到"博学"的境界。

"审问之"，力求多问，"不曰'如之何，如之何'者，吾末如之何也已矣"，"问"也是增长学识的重要途径。砥砺学识要身体力行"每事问"，善问是解决疑难问题与提高学习质量的关键，如"以能问于不能，以多问于寡"，以及"博学而笃志，切问而近思"。

"慎思之"，力求学思结合，重视思维发展，即"学而不思则罔，思而不学则殆"。学习与思考要紧密结合起来，二者不可偏废，要学会养成独立思考、勤于思考的习惯，培养自身的逻辑思维能力，努力做到"九思"——"视思明，听思聪，色思温，貌思恭，言思忠，事思敬，疑思问，忿思难，见得思义"。

"明辨之"，力求领会知识，是经过博学、审问、慎思得到的可靠知识后加以运用的关键环节。这个过程旨在辨清是非，做到"毋意，毋必，毋固，毋我"，也就是对待问题不凭空猜测、不独断专行、不固执己见、不自以为是，而是在"如切如磋，如琢如磨"中，探求解决现实复杂问题的方法，提升自身的理论修养，形成独立思考的思维能力。

"笃行之"，力求将学到的知识运用到现实问题的解决中去，做到学、思、行三者融会贯通。"行"是学习过程中掌握知识、获得能力的关键环节，"君子欲讷于言而敏于行"便是要在博学基础上，勤于思考，把书本知识与社会实践联系起来，做到学以致用，如"不闻不若闻之，闻之不若见之，见之不若知之，知之不若行之，学至于行而止矣"。可见，学以致用，是砥砺学识的最高境界。

可见，"博学之，审问之，慎思之，明辨之，笃行之"概括了一个人的求知过程。在传统的儒家思想中，博学指的是广泛涵盖各种知识，对各种学问都应有所了解，倡导广泛涉猎，博采众长，要有旺盛的求知欲望，胸襟开阔，兼容并包，海纳百川。审问则指要善于提问，追寻真理，不盲目从众，倡导善于发现问题，提出问题，追查问题。慎思则强调在行动之前要深思熟虑，考虑行为可能引发的后果和意义，倡导勤于观察，勤于分析，勤于思考。明辨则是强调辨别是是非非，正确判断事物的本质和真实性，倡导去伪存真，去粗取精，掌握真知。笃行则是指坚持将所学的知识运用于实践中，为社会和他人做出积极的贡献，倡导学以致用，在实践中检验和运用知识，在行动中使学习进入新的、更高的阶段。

因此，每个学习者都要通过广泛地学习，勤思多问，谨慎地辨别，踏踏实实地实践，才能准确牢固地掌握知识。博学、审问、审思、明辨、笃行是认真做学问的循序渐进的五个环节，指向知行合一。前四个环节是"讲学求知"的部分，是为了求真知，择善而求知，是学而知也；最后一个环节是"依知践行"的部分，是将所求之知真正付之于行，是实践其知。"博学"是《中庸》所谓"致广大"的感性认识阶段，而"审问、慎思、明辨"是《中庸》所谓"尽精微"的理性认识阶段。虽然"学问思辨"是基础，"行"是目标，但五个环节均统一于"行"。

（二）博学审问、慎思明辨的延展与深化

我国古代治学理论中的"博学之，审问之，慎思之，明辨之，笃行之"的学习方法，是中国传统文化的精华，勾画出了做学问的基本步骤和方法，强调个人修养和学术追求。

南宋朱熹在与其弟子的问答语录《朱子语类》中也提到，"格物须是到处求。'博学之，审问之，慎思之，明辨之'，皆格物之谓也。若只求诸己，亦恐见有错处，不可执一"，指出博学、审问、慎思、明辨的目的是格物，即探究事物的原理。明代学者吕坤在《呻吟语》中写道："学必相讲而后明，讲必相直而后尽。孔门师友不厌穷问极言，不相然诺承顺，所谓'审问明辨'也。"其中指出学问必须相互

讲论，然后才能明白，讲论必须相互质疑、辩论，然后才能弄清是非，就像孔子与学生之间那样经常讨论问题，穷根究底，不轻易同意和顺从对方观点。

在博学方面，观察是认识与博学的基础，如"仰则观象于天，俯则观法于地，观鸟兽之文，与地之宜"，不但要对天地、生命、整个自然界进行观察，还要对要素之间的关系进行观察。"物有其故，实考究之"，不仅要有对书本知识的考证，还要有实地考察和实践验证。

在审问方面，学会提问可以使得学习由被动转为主动，如"不学不成，不问不知"，强调只有会提问题，才会做学问。朱熹曾描述人的认知过程，是一种"未知有疑，其次则渐渐有疑，中则节节是疑。过了这一番后，疑渐渐解，以至融会贯通，都无所疑，方始是学"。也就是说，认识事物的过程，大致要经历"见山是山，见水是水""见山不是山，见水不是水""见山还是山，见水还是水"的认知阶段。

在慎思方面，由感官获得的知识，需要经过大脑思考、逻辑推理等过程，才能有更深刻的认识。正如朱熹所言："学也，问也，得于外者也，若专恃此而不反之心以验其实，则察之不精，信之不笃，而守之不固矣。故必思索以精之，……知其为何事何物而已。""举一反三"与"闻一知十"，是学问精进的关键。

在明辨方面，学习的知识需要经过理性思维的辨析，由表及里，去粗存精，得出自己的结论后，再去接受检验。正如朱熹所言，"思之谨，则精而不杂，故能有所自得而可以施其辨；辨之明，则断而不差，故能无所疑惑而可以见于行"，也就是说，判断是非不能单凭耳闻目见，还要开动脑筋，对其进行考察和分析，使得知识或理论在实践中得以检验、证实、丰富和发展。

在笃行方面，学习知识与自身行动的最高境界是"知行合一"，做到理论与实践的融通转化。这是因为"如果有了正确的理论，只是把它空谈一阵，束之高阁，并不实行，那末，这种理论再好也是没有意义的"[1]。孔子所言："始吾于人也，听其言而信其行；今吾于人也，听其言而观其行。于予与改是。"便是这个道理。

在现代社会，博学、审问、慎思、明辨、笃行的内涵也逐渐与科学、理性思维和社会价值观相结合。人们更加注重学术的专业化和系统化；审问和慎思更加强调

---

[1] 毛泽东.毛泽东选集（第一卷）[M].北京：人民出版社，2009：292.

批判性思维和科学方法，明辨和笃行则更加注重公正和实践中的道德选择，博学审问、慎思明辨的深化也在不断迎接新的挑战，适应新的需求。

首先，是多元化的知识体系。在当下这个信息爆炸的时代，知识的范围变得越来越广泛和多元。博学不再局限于传统的学科范畴，而是包括了科学、人文、技术、艺术等多个领域的知识。随着知识的不断扩展和更新，人们需要更加注重持续学习和更新自己的知识储备。

其次，是批判性思维和信息素养。信息时代涌现出大量的信息和观点。因此，审问和明辨的能力变得更加重要。人们需要培养批判性思维和信息素养，善于筛选和辨别信息的真实性和可信度。同时，还需要关注数据隐私和信息安全等问题。

再次，是全球化和跨文化交流。随着全球化进程的不断推进，不同文化和价值观之间的交流和碰撞日益频繁。在这样的背景下，慎思的重要性更加凸显，人们需要保持开放的思维，尊重和理解不同的文化、观点和观念，促进跨文化的对话和合作。

最后，是社会责任和可持续发展。在面对全球性的挑战时，笃行的意义也变得越来越重要。人们需要将所学的知识用于解决社会问题和推动可持续发展，积极参与到社会实践中，以实际行动改善社会情况。

二、学识砥砺的科学内涵与时代要求

（一）学识砥砺的基本理解

拥有一定的知识是为人师的前提条件。同样是对"冰融化了是什么"问题的评价，如果仅仅将"冰融化了是水"看作为符合科学的客观知识，而忽略了"冰融化了是春天"这一充满想象、具有诗意和审美超越性的答案，那么，纵使有渊博的知识，也难以达到"智如泉涌"的境界。新时代的教师亟须转变知识观，形成对知识正确而全面的认识。砥砺学识不仅包括"通识性知识"和"本体性知识"，还包括"条件性知识"和"实践性知识"。智如泉涌是知识、方法与能力相互作用的结果。学术砥砺、智如泉涌的教师不仅要有丰富的实践经验，还要有理性的思考，能够解

> 教师学习能否有效，首先取决于教师能否转变心态，将原来的"他者"变成"自我"，进入自我生命最核心的地方。

释、反思、完善自身的教育教学实践。

是什么阻碍了教师的有效学习？导致教师学习无效的根本原因是什么？叶澜先生曾经指出教师学习过程中存在着"他者"现象，即将所学知识视为外在于自我的他者。尽管教师读了很多书，听了很多观摩课，也听了许多讲座，但读完了书、听完了观摩课和讲座后，这些内容也就随风而逝。为什么学来的新知扎不下根，为什么在知识的海洋里遨游但最终却变成了一场空洞无物的旅行，无果无终？除了这些知识和经验可能不适合自身之外，最根本的障碍就在于它们只是自己心目中的"他者"，可能很好看，可能很奇妙，但它们毕竟是属于别人的东西，与己无关。这不完全是"需要性"的问题，即并非只是因为它们不是自身的内在需求。

经常看到的情况是，有的知识和经验虽然与自身的内在需求相关，但自己依然把他们视为"他者"而弃之不顾。在这里，心态和预设至关重要：如果自己一开始甚至始终把所有别人讲的知识都预设为"他者"，那么，无论这些知识多么切合自身的实际需求，多么有用，自己的学习依然可能是无效的。新儒学的代表人物牟宗三在回顾其学习生涯时曾经感叹，自己一生学过很多门学问，但最终还是与哲学相依为命，那些其他的学问都一个接一个从身边流走了。为何如此？因为不是自己生命所在的地方，就没有真学问出现，这些流走的学问可能也是真学问，但因为是属于"他者"的学问，不是属于自我的学问，所以很难对自己的生命成长有真正的滋养之效。

因此，教师学习能否有效，首先取决于能否转变心态，将原来的"他者"变成"自我"，进入自我生命最核心的地方。自我学识的持续砥砺，就是把生命最核心的地方表现出来。教师智如泉涌的状态也同样如此，需要把生命最核心的地方表现出来，激发出强大的能量，把自身融入"他者"中，吸收那些原先被视为"他者"的东西，并进而把吸收的东西纳入到生命的内核。这样的学习就可以说是有效的学习，一种进入了生命内核的知识，就是从此流不走的知识，它们将构成自我职业生命的"原子核"，不断地喷发生命的能量，成为教师思考和行动的原动力。

一辈子的教学，都在不断地排查自己"学科知识欠缺"的问题

于漪在教《木兰诗》一课的时候，要求学生认真阅读和理解，有一学生扑哧一笑，很不以为意。

于漪问这位同学为什么笑。

学生说《木兰诗》的故事不合理——同行十二年，竟不知木兰是女郎，这个军队里的人全是傻瓜吗？于是学生们哄笑起来。于漪再跟他们解释。又有一个学生站起来说，古代女子是要裹小脚的，十二年里，战争间歇期间，一定会洗脚，鞋子一脱，洋相就出来了。

当时已下课，于漪随口回了一句：那时候女子还没有裹小脚。结果学生更不罢休，就问于漪："于老师，中国古代女子是从什么时候开始裹小脚的啊？"于漪从来没有研究过这个问题，备课时也没有这样发散性的思维——从《木兰诗》追溯到中国古代女子裹小脚的起源。回答不出学生的问题，于漪就"挂黑板"了，她告诉学生们自己马上去查。结果正史查不到，于漪就查风俗史、野史，最后在清朝史学家赵翼《陔余丛考》中找到了，其中《弓足》一篇记载："南唐后主令宫嫔宵娘，以帛绕脚，作新月状，后人皆效之。"

教海无涯，学无止境。解决"学科知识欠缺"的困扰需要保持终身学习的状态。

再如，教到"红杏枝头春意闹"时，这个"闹"字了不得，是诗眼，但就这一个"闹"字已经争论了上千年。所以，新教师有"学科知识欠缺"不可怕，它是一种内驱的动力，关键是要扎扎实实地学习，缩小欠缺的差距，逐步地成熟起来、优秀起来。教师要提高自己的素养，提高教课的水平，就需要多读经典，多积累相关知识。语言文字是人所独有的，读书是人特有的神圣权利，读书才能明理，明做人之理，明报效祖国之理。

> 砥砺学识既是为人之学，也是为己之学；既是成人之学，也是成己之学。

（二）学识砥砺的主要内容

砥砺学识是提升自我生命价值的学习，是丰富自我精神生活的学习，因而是有道德意义的学习。教师学习的最终标准不是看是否通过了考试、是否发表了论文，而是看这样的学习在多大程度上提升了自我生命的价值。所谓自我生命价值的提升，就是精神生活因为学习而丰富，包括知识的丰富、观察视角的丰富、分析框架的丰富和思维方式的丰富。这样的丰富，能够使自我的精神生活进入一种充盈博大的状态。这是砥砺学识最重要的功效，是滋养自身一生的功效。从这个意义上看来，砥砺学识及其带来的"学问"，既是为人之学，也是为己之学；既是成人之学，也是成己之学。只有这样的学习才是有道德意识和道德意义的学习。

砥砺学识是发自内在需求且引发内在需求的学习。真正有效的学习常常是有内在需求的学习，但这只是构成教师有效学习的前提条件，学习的有效性还体现在通过学习激发了某种新的内在需求，滋生了新的目标和动力。

砥砺学识是解决了教育教学实际问题且引发了新问题的学习。作为"为己之学"和"成己之学"的学习，必然要涉及自己在日常教育生活中的各种问题，学习的过程就是带着这些问题与学习内容发生关联的过程，学习取得了多大成效就是看自身的问题有没有因为学习而得到切实的解决，有没有通过学习而生成新的问题，以及新问题与老问题相比有没有质的提升。

砥砺学识是能够实现转化的学习。任何有效的学习都必然涉及转化。这种转化体现为具有内在关联的三个方面：一是能否将看（听）到的讲（做）出来，即通过教学实践把书本中看到的，讲座中听到的知识、观念、道理转化到教学设计和教学过程中去，这也就是通常所说的把知识化为行动；二是能否把做出来的说出来，即通过说课反思将自己的实践行为与所学新知进行比较，言说本身既是梳理思路、洞察实践的过程，也是审视学习行为和学习效果的过程；三是能否把说出来的写出来，这种转化侧重于通过写作呈现已有的经验和思路，这些转化的目的是使自我实现对所学新知的占有。

（三）学识砥砺的时代要求

对新时代教师而言，教师的"教"与学生的"学"已然不是"一桶水"与"一碗水"的关系，而是"一股源泉"与"一条溪流"的关系。教师身份也不再是纯粹意义上的"教书匠"，而是要成为"教育专家"，不再是"经师"，而是要成为"人师"。为此，新时代为砥砺学识提出了"四个学会"的基本要求。

学会主动。以社会变革为背景，在实践中通过学习、探索、反思等方式进行自我构建。砥砺学识的过程，实质是一种改造主观世界的过程，这是因为"教师面对迅速变化着的外部世界，必须扬弃和超越自己的依赖性、受动性，充分发挥自主性、能动性和创造"[1]。在这个过程中，教师要通过主动接受与掌握新的教育思想、教学理念，积极转化为自身的教学观念与教育主张，指导自己的教育教学实践，使砥砺学识成为一个动态的、适应的调节系统。

学会开放。主动打开自身认知系统与时代精神、社会发展之间的通道，学会与外界进行信息、能量的交换，对新知识、新观念、新信息、新技术保持开放的态度，并且不仅仅局限于教育教学领域，这是因为"任何新思想、新观念的产生与社会、经济、科技对教育的要求，学生发展对教育的要求有关，局限于课堂、学校或教育内部来看待教育问题，没有广阔的视野，不能从我们置身的大环境、大背景来反观教育，自然也体会不到新思想、新观念的合理性，难以从根本上接受"[2]。

学会反思。砥砺学识并不是一味地读书学习或观摩模仿，其内在观念、思维、视野、行为的转变与发展在很大程度上取决于自我的反思意识和反思能力。也就是

---

1 杨海松.从"学"反思"教"——读教师观念更新的几个方面［N］.中国教育报，2002-09-25（8）.
2 杨海松.从"学"反思"教"——读教师观念更新的几个方面［N］.中国教育报，2002-09-25（8）.

说，砥砺学识的教师常常围绕某一个教育问题或教学行为方式进行长时间的观察思考、缜密研究，打破习以为常、司空见惯的行为方式或思维定式，找出隐匿在教育教学实践背后的深层观念和思想，探寻并凝练出符合学生身心发展的教育教学规律。

学会实践。砥砺学识并不是听几场专家报告就能完成的，自我内在思想观念的改变与外在教学行为的改变是互为前提的。也就是说，没有教育思想观念的转变，教学行为方式的转变是不可能的。反之，没有教学行为方式的调整，也难以建构和发展新的教育思想观念。新教育观念的形成，不仅仅是自我认知水平的提高，更是自身教学实践能力的提升。新的教育思想观念通常是在教学实践中反复印证、调整、巩固、构建而形成的，这些教学实践最终转化为自身个性化的教育信念，能够有效指导常态化的教学实践。

■ 第二节 ■ 学识砥砺的教育意蕴

社会通常以"红烛""园丁""春蚕"等比喻来歌颂教师的无私奉献精神，进而提升并神圣化教师的职业价值。这种歌颂是必要的，且教师是受之无愧的。只是，这些歌颂并未完全阐明教师职业本身蕴含的对教育智慧、人格品格、生命发展、创造思维的要求，容易被人误解为教师职业仅是一种知识传递而非创造转化的工作，容易忽略教师个人智慧与情感、内在尊严与欢乐的创造性释放。因此，面对教育工作中时常出现的失衡、矛盾、冲突等问题，教师唯有砥砺学识，方能智如泉涌，从教育工作中获得"内在"与"外在"相统一的尊严与价值。

一、学识砥砺的价值

（一）砥砺学识是自我成长的基石

科学技术的综合化、教育合力的社会化、教研修述的一体化等趋势，将使过去只能教授一门学科的教师无法适应社会发展和教育变革的需求，这就需要教师在专

> 教师唯有砥砺学识，方能智如泉涌，从教育工作中获得"内在"与"外在"相统一的尊严与价值。

业知识和教学能力上实现从"单一型"向"复合型"的转变，需要教师具有渊博的、较为精深的科学和人文素养以及完整系统的知识结构，其体现为一专多能、知识面广。可见，由于教育对象千差万别、教育内容不断变化、教育环境更迭换代，教育工作不可能是一项千篇一律、简单重复、只有陈规操作的机械式劳动。真正的教育是一项创造性的劳动，是一项需要把握教育时机、转化教育矛盾、化解教育冲突、做出准确判断、实施恰当教学行为的专门事业，这便使得教师的劳动充满创造的机会。这种创造性劳动面向的是心智灵活、擅长随机应变的教师，面向的是不断渴求新知识、向往新事物的教师。

因此，教育教学工作不仅仅是通过辛苦地备课、耐心地讲解和不断地辅导，以使学生获得学科知识和技能方法，更是通过示范方式，将自身的思想学识、思维方式、知识结构、人格品质、言谈举止等，以言传身教的方式直接感化、教化与影响学生。因此，教师职业是一个不断学习的职业，现代教师是连接知识源头的溪流，通过不断汲取新思想、新知识，成为学习共同体中最活跃的成员。砥砺学识不仅将成为教师工作和生活的基本内容，更将成为一种基本的生活方式。

砥砺学识的教师通常对教育教学工作抱着一种健康的、反思的、积极探究的和批判的态度，使反思、探究和批判渗透到自己日常教育教学活动的各个领域和事务中，以寻求日常生活中各种教育事件和教学问题的解决和改进，使自身的教育生活得到不断的改变和重建。砥砺学识可以丰富教师的生命内涵，促使教师在充满自我实现、自我超越、自我创造的教育生活中感受和体验一种幸福和内在的欢乐。

小学语文特级教师于永正老师认为，教师的教学勇气是读出来的。"没有书晚上睡不着，这么多年一直都这样。我的专业成长之路就是伴着阅读、思考与实践一路摸索，并没有其他的秘密。我啊，爱极了当一名小学教师，注定了要当一辈子的读书人"，于永正老师曾在被访谈时说道。多年的读书习惯让于永正老师感觉读书能从根本上改变一个人，读书可谓教师最大的修炼。从书中学来的教育智慧，在现实中屡屡被于永正派上用场。他坦言，自己读书最大的特点，就是把书里讲过的东西理解后，在教学行为上体现出来。马卡连柯很注重与学生的交流方式，于永正老师也常常以递纸条的方式与学生沟通。有时候，他把纸条装在信封里，不封口，里面是表扬信，学生看后非常高兴。马卡连柯的教育思想中最重要的一点是爱学生、理解学生，于永正老师也学会了站在学生的视角看问题，把课堂真正还给学生。读《塔上旗》，他明白了小目标能引起大快乐，有好消息时提前告诉学生，如周末聚餐、外出参观等，"让学生一星期都揣着高兴"。他也很少训斥学生，因为马卡连柯说过，温柔地劝说胜过严厉地批评。自1962年走上讲台以来，于永正老师始终保留着四个习惯和一个爱好。四个习惯是：读的习惯、看和听的习惯、观察和思考的习惯、操笔为文的习惯；一个爱好便是唱京戏。他规定自己每天读50页书，睡前常翻的三本书就是《论语》、叶圣陶的《语文教学文集》和苏霍姆林斯基的《给教师的建议》。他特别喜欢苏霍姆林斯基的作品，因为苏霍姆林斯基的著作是"做"出来的而不是"写"出来的，书中的许多故事更贴近一线教师的教学实际，更容易引起共鸣，有助于他跳出语文学科看教育，学会如何当好一名班主任，而不是仅仅当一名教书匠。可见，读书是教师最大的修炼。砥砺学识是于永正老师一生的必修课，即便古稀之年依然手不释卷。于永正老师痴心语文，博览群书，读书让他的心与课变得无比细腻与柔软。他常言，读书就是读自己。读教结合，他的专业成长之路始终与书香为伴。[1]

（二）智如泉涌是专业发展的标志

教育条件、教育对象、教育情境不可能毫无差异地重复出现，教育工作的复杂性大致表现为三个方面。

---

1 张贵勇.读书成就名师——12位杰出教师的故事［M］.北京：教育科学出版社，2013：5—6.

首先,是教育教学工作对象的复杂性。教师每天要面对的是成长变化中的学生,他们有不同的家庭背景、生活背景和文化背景,具有个性差异、观念差异和状态差异。这就决定了教育教学工作不可能采用相同的方式来对待不同的学生,而必须是在真正用心、用爱去关注每一个学生发展的基础上,通过教育智慧和教学机智,采取最适合的教育方式,以契合他们的个性特征和发展特点,使学生获得最大的发展。

其次,是教育教学工作内容的复杂性。教育的对象是人,是要全面发展且个性凸显的学生。教师既要传授给学生科学文化知识和基本技能,发展他们的智力,又要言传身教,以身示范,培养学生高尚的道德品质和良好的行为习惯。教育教学实践内容的价值多元性和理论复杂性[1],促使教师必须拥有教育智慧和教学机智,根据自身的教学特点、学生的发展情况和环境的丰富变化,适时、实时、适势地将优质的教学内容转化为生动的课堂生态。

最后,是教育教学工作方式的复杂性。学生的发展不仅受学校教育教学的影响,也受来自家庭、社会等各种因素的影响。顺利开展教学工作与实现教学目的的前提,是必须使用教育智慧和教学机智来协调学校、家庭和社会各种因素之间的相互关系,趋利避害,为学生的健康发展营造良好的环境。

可见,教育教学是计划性与不可预测性、确定性与不确定性相统一的过程,没有一个固定的程序和模式,这意味着教师的工作并不是千篇一律的,而是具有创造性的。教育是心灵的碰撞,是情感的交融和呼应。教师劳动的创造性,不仅表现在对教育教学原则、方法和内容的运用、选择和处理上,也表现为灵活地运用教育机智上。智如泉涌的教师是追求教育智慧,拥有教学机智的教师。拥有教育智慧是教师专业发展的最高境界,而教育机智则具体表现在行为机智、语言机智、思想机智等方面。智如泉涌的教师更是追求教学个性、教学风格的教师,在竞争如此激烈的时代里,拥有教学个性与风格是教师的安身立命之本。

智如泉涌是教师发展的关键标志,其形成既是养成个人教育品性、张扬教学主张的过程,也是对学生主体性、创造性教育的过程。智如泉涌的教师关注

---

1 (日)佐藤学.课程与教师[M].钟启泉,译.北京:教育科学出版社,2003:212.

教学情境性，将课堂看作为特定教师、特定环境、特定学生共同完成的即时作品；智如泉涌的教师关注教学个体性，这是基于自身个性经验与反思形成的；智如泉涌的教师关注知识应用性，这是旨在解决问题而综合了特定学术领域知识的应用。

20世纪90年代初期，吴正宪应内蒙古海拉尔盟教育局的邀请，为当地教师上"相遇"的示范课。一上课，她就热情地向学生们打招呼，但下面的学生个个端坐着，脸上没有任何表情，也没有一个学生应答。她又问："哪位同学知道什么叫'相遇'吗？"还是没人回答。"不想说，你们自己就用手比一比也行。"学生依然呆呆地望着她。面对冷场，吴老师用儿童的口吻拉近了与学生的距离，又创设了学生活动的情境，让学生体会什么是"相遇"、什么是"同时"等有关概念。学生们的情绪渐渐高涨起来，从开始的一言不发，到争着表现、抢着发表见解。下课了，孩子们拉着吴老师的手，久久不愿意离去……那情、那景，至今都让人难以忘怀。下课后，海拉尔盟教育局的领导向吴老师透底："这班孩子是全地区公认的最薄弱班，我们就是想看看来自首都的教师面对这样的学生如何施教。"现场的听课老师都被感动了，他们发自内心地承认，没有教不好的学生，只有不会调动学生积极性的老师。实际上，从教之初的吴正宪老师并没有如此神奇的本领，她自认为备得很理想的一节课，学生却常常不感兴趣。为此，她也深深苦恼过。吴正宪老师回忆，1986年深冬，在一个风雪交加的下午，她听了著名儿童心理学专家张梅玲的专题报告。当听到"心理健康""心理体验""新型师生关系""人文精神"等名词时，她立刻被打动了，并开始反思："为何没想到孩子们的喜怒哀乐会与学习连在一起？"报告结束后，她主动向张梅玲请教。慢慢地，她与张老师有了更多的交流。张老师借给她《儿童数学思维的发展》《学与教的心理学》《现代教学论发展》等经典书籍。吴正宪如获至宝，一头扎进书中……在后来的日子里，吴老师又认真阅读了山内光哉的《学习与教学心理学》、林崇德的《智力发展与数学学习》、巴班斯基的《教学教育过程最优化问答》、苏霍姆林斯基的《给教师的建议》等书籍，为她日后的儿童教育与教学研究奠定了重要的基础。在阅读教育心理类书籍的过程中，她渐渐懂得，每一个儿童都是活生生的人，他们有情感、有个性、有独立的人格。教师要尊重儿童，用心地读懂儿童，真诚地和他们交朋友，友善地走进他们的心灵，要多站在孩子的角度去思考问题，努力把自己的生命和孩子们的生命融在一起。她由衷感叹："读书，让我与孩子的心更近"[1]。于是，在窗外飘雪的课堂上，吴正宪老师不会无视学生渴望打雪仗的冲动，而是亲自带领学生享受大自然，然后再专心致志地教学。面对学习有困难的学生，她也不会有所偏见，而是满腔热情地为学习困难的学生创造体验成功的机会，帮他们找回自尊、自信，让他们有尊严地生活在集体中。她把枯燥的数学公式与生活有机结合，激发学生天然具有的好奇心，让他们体会数学的应用价值，引领学生爱上数学。

吴正宪16岁登上讲台，先教语文，再教数学，又做了多年班主任，绰号"小老师"。她爱读哲学和儿童心理学书籍，她的数学课充满智慧和笑声，流淌着浓浓的人文情怀。她不仅是孩子们喜爱、追捧的老师，老师们尊敬、信赖的教研员，更是勤奋、踏实的教育研究者。在案例中可以看出，吴正宪老师注意到孩子们的喜怒哀乐是与他们的学习紧密地联系在一起的，所以她认真学习儿童心理学，阅读了大量这方面的专著，并将这些心理学的理论与自己的课堂教学紧密结合，使自己的数学课堂充满了浓浓的人文情怀。

二、学识砥砺的理想境界

（一）成为学识扎实、底蕴深厚的博古通今型教师

教师队伍是基础教育改革中的关键主体，其素养直接关乎整个民族教育教学发展的未来希望，教师需要在认识教育生命性、社会性和未来性的基础上，形成与时代精神相适应的教育观念（如教师观、学生观、知识观、人才观、教学观、专业理想、教育信念等）和关键素养（如职业道德的养成、教育知识的积累、教学技能的熟练、管理能力的提高、良好心理的养成等）。这种教育观念与关键素养已然不再是局限于"学科知识+教育学知识+教学技能"的传统模式，而是由科技知识、人

---

1 张贵勇.读书成就名师——12位杰出教师的故事[M].北京：教育科学出版社，2013：25—26.

文知识、学科知识、教学知识等多元知识复合而成的新型素养结构，这是人类社会中作为知识分子的教师所必需的。

只有成为学识扎实、底蕴深厚的博古通今型教师，才有可能与充满好奇心、随时会提出各种问题的学生友好相处，才有可能准确无误地将学科知识传授给学生，才有可能与其他学科教师在具体教学环境中协调合作，才有可能在组织学生开展综合性活动的过程中相互配合默契。这种类型的教师至少需要拥有教育哲理形成、教育管理策略、教学活动设计、教学方法选择、数智技术手段运用及教育教学研究等方面的知识。

博古通今型的教师往往坚持阅读，勤于思考，自觉扩大自己的文化视野，多层次、多领域涉猎知识，丰富自己的通识性知识，认真学习古今中外的教育思想和理论精髓。教育教学的继承性和探索性是相关联的，我国有几千年的教育历史，长期的教育教学实践积累了丰富的教学理论、教学经验和教学方法，教师可深入学习研究，做到古为今用。同时，博古通今型的教师具有面向世界、面向未来、面向现代化的意识与能力，会及时学习国外新的教育理论，了解学术界的最新动向。基于扎实的学识和深厚的文化底蕴，博古通今型的教师往往力图在思考和创造中教学，追求的是有思考深度和理念支撑的教学，试图把教育的过程变成一个创造的过程。他们在创造孩子的精神世界的同时，也创造着自我的精神世界。他们还是超越者，不仅超越已有的经验、已有的视角和思维方式，甚至超越已有的生存方式。他们永不停留在任何既定的成就面前，而是永无止境地追求受教育者生命和教育者自我生命的完善，永远在理性和情感的相互交融中进行教育活动，并且实现对教育行为的反思和重建。

（二）成为砥砺学识、知行合一的自我建构型教师

自我构建型教师的形成是在一定教学情境中通过新旧知识相互作用而进行的主动建构，他们将自己的各种相关知识与当前教育教学情境相结合，从而产生经验和智慧。知行合一的教师往往会建构专业化、系统化的机制，学会揭示、分析和发展已有的个人教育理论知识，能将自己丰富的实践经验加以总结和整理，形成一种系

统化的知识体系。这种实践性知识[1]是教师自身真正信奉的,并且在教育教学实践中实际使用和表现出来的对教育活动的思想认知。

可见,自我建构型的教师是追求主动发展、专业发展和不断自我更新的教师。他们不安于现状,不满足于已有的成就,而是主动地学习、思考和创造,主动寻求自我发展的方向和途径。他们养成结合自身的教育教学实践进行学习和思考的习惯,提高自己对时代变化、学生状态和教育变革的敏感性和研究兴趣,保持教育观念更新,并在自己的教育实践中,使新教育观念与教育行为的转变实现统一。他们更具有探索、创造的勇气和体悟、反思自身改革实践的能力,能够提高形成新的教育经验的自觉性,逐渐练就适应教学改革和班级建设需要的新的基本功。

知行合一的自我建构型教师通常具有两种必不可少的关键能力,分别是实践的理念化能力与理念的实践化能力。所谓"实践的理念化",是不局限于已有的经验,不满足于自己已经做过什么、怎么做的,而且还能明白为什么要这么做,自己是在什么样的教育理念和管理理念的指导和引领下这么做的。更重要的是,他们还能把自己丰富的经验加以提炼、概括、提升和归纳为一套独特的教育教学思想。所谓"理念的实践化",是指不仅能够学习和记诵各种理念,而且能够以自己的方式把这些理念具体地渗透和转化到日常的教育教学实践中去,不仅成为其思维方式、行为方式乃至生存方式的一部分,而且成为其精神世界中具有生成性的一部分。这两种能力常常是融为一体的,最终达成的结果就是使自我在理论与实践的双向建构中发展。

(三)成为会教善教、与时俱进的反思研究型教师

会教善教的教师是追求研究性和反思性的教师。如果说培训是教师最长久的福利,研究是教师发展最长久的动力的话,那么反思就是教师超越经验限制的最根本的途径。反思研究型教师是具有丰富而独特的创造性思维的教师。这不仅表现在对

---

1 陈向明.实践性知识:教师专业发展的知识基础[J].北京大学教育评论,2003(1):104—112.

未知领域的探求与发现之中，而且表现为充分理解教育对象个性、情感、意志、思维等方面的差异性，对教学内容采用不同的组织方式和处理方法，以此激发学生的学习兴趣，养成学生创造性思维的能力。可见，反思研究型教师具有一种自我指向的批判性态度和方法，能够以自己的教学过程为思考对象，对自己的教学设计、教学行为、教学效果、教学评价等进行审视和分析，从而改进自己的教学实践，并使教学实践更具合理性。这实质是一个自我纠错、自我教育的过程，有利于形成一种自我发展能力，这是教师专业成长的主体性保障。

同时，面对日新月异的时代发展和社会变革，唯有与时俱进、以变应变、以变求变，不断地学习、探索、思考和创造，才能解决因时代变迁而面临的复杂教育问题，才能在顺应而非抗拒中更好地迎接时代的挑战。这是因为，"一个墨守成规的教师对于学生创造性的发展无疑是一种近乎灾难的障碍"[1]。会教善教、与时俱进的教师通常并不甘心于在学科教学领域扮演"教书匠"的角色，或者仅仅成为外在行为规范、他人研究成果、专家教育理论的被动执行者和简单搬运者，而是将参与教育科研作为提升自身素养、提高教学质量的重要途径，力图成为一名反思研究型教师。20世纪70—80年代，英国学者劳伦斯·斯坦豪斯基于课程开发的过程模式，从课程实施的角度认为教师形象应是研究者而不是经验型或技术型的专家，首倡"教师作为研究者"的理论。

成为会教善教、与时俱进的反思研究型教师，需要掌握基本的教育教学研究方法。常用的研究方法通常分为两类：一类是质性研究方法，即"以研究者本人作为研究工具，在自然情景下采用多种资料收集方法对社会现象进行整体性探究，使用归纳法分析资料和形成理论，通过与研究对象互动对其行为和意义构建获得解释性理解的一种活动"[2]，包括个案研究、行动研究、叙事研究、访谈法、观察法等。另一类是量化研究方法，即事先建立假设并确定具有因果关系的各种变量，通过概率抽样的方式选择样本，使用标准化工具和程序采集数据，对数据进行分析，建立不同变量之间的相互关系，必要时使用实验干预手段对控制组和实验组进行对照，进

1　叶澜.新编教育学教程［M］.上海：华东师范大学出版社，1991：15.
2　陈向明.质的研究方法与社会科学研究［M］.北京：教育科学出版社，2000：12.

而检验某种关于教育事物客观规律的研究方法，包括问卷调查法、测验法等。

以中小学教师经常采用的"行动研究"方法为例，其实质是以教学行动为基础，以解决教育教学中某一实际问题为导向的现场研究方法，是以实践经验为前提、以小组成员间相互合作为方式、旨在改善教学现状的应用研究。在"行动研究"中，教师基于实际教育教学工作的需要，联合高校研究人员、其他教师、行政领导乃至学生和家长等，把实际教育问题转化教育研究课题，通过有计划地干预、改变问题行为，并以观察记录的信息作为研究发展的推动力，形成个性化的教育实践性知识和学科教学观念。

> 学习是教师崇尚智识的基本方法与主要表现。

■ 第三节 ■ 崇尚智识、砥砺学识的实践修炼

时代向教师提出了新的要求，要求教师创造性地应用新知识、新技术，探索解决新的教育问题的基本途径。时代也向教师提出了新的挑战，要求教师在有效的科学研究中砥砺学识，在自觉掌握教育教学规律的前提下，探索和发现新的教育方式方法，达至智如泉涌的教育境界，保证教育教学的顺利进行。

一、崇尚智识的专业素养与思维方法

（一）崇尚智识的专业素养

学习是教师崇尚智识的基本方法与主要表现。通常来讲，理智、文明、高尚总是同知识、文化、智慧相联系，而野蛮、粗俗、不明事理总是同愚昧、无知、不学无术相联系。学习是获得知识和技能、发展智识和能力的重要途径，有助于教师确

立科学的教学观，最终能正确地做出教学行为的选择和评价。

新课标背景下，为培养学生核心素养，崇尚智识的专业素养是"立德树人"应该具有的并且能够适应当前教育变革与社会发展的必备品质与关键能力。可见，知识和能力是评价教师学习和专业发展的重要指标。美国卡内基促进教学基金会前主席波伊尔认为，教师的工作"有四个不同而又相互重叠的功能"，分别是"发现的学术水平、综合的学术水平、运用的学术水平和教学的学术水平"[1]。在教师知识方面，舒尔曼提出，教师知识是由学科知识、学科教学知识、课程知识、一般教学法知识、有关学习者的知识、教育情境知识、有关教育目标的知识等共同组成的知识结构。他认为，"教学本身是学术成就的最高形式，因为它要求教师将其他所有不同学者的思想、成就带到一起，对学生作解释"[2]。格罗斯曼基于舒尔曼的研究，认为教师知识包括学科知识、一般教学法知识、学科教学知识、情境知识四个方面。在教师能力方面，有学者提出，教师能力包括学科语言交流能力、教育科研能力、教学想象能力、教学设计与实施能力、教学反思能力、沟通合作能力、命题与测评能力。[3]

因此，教师要改变将教育教学视为一种简单操作的技术工作的想法，培养自己全新的思考问题的方法和角度，以及探索、研究、创新教育教学实践的能力，经历观摩模仿与自我提升的双向转化，把每一门课、每一堂课、每一环节视为教学个性逐渐鲜明且凸显的过程，学会判断自己的教学行为是否具有合理性与有效性，逐渐养成自我反思与设计教育教学行为、从事教育行动研究等的意识和能力，最终形成开放、发展、生成的教学知识观，保持对教育新事物、新视野、新技术的敏锐感和好奇心。

首先，是教学研习。教学研习始于对教学问题或现象的"发现和聚集"，是砥砺学识的主要路径，既包括从教育学相关论著中学习，在自我教育的过程中学习，

---

[1] 王枬.成己成人：叶澜教师观解读[M].北京：人民教育出版社，2022：263.
[2] 本刊记者.宗旨：促进人类的教学进步——卡内基促进教学基金会主席舒尔曼访谈录[J].教育发展研究，1999（8）：68.
[3] 朱立明，马振，冯用军.我国教师专业素养测评指标体系的构建[J].教育科学研究，2019（12）：86.

也包括向榜样学习，在观察和借鉴他人教学行为的过程中学习。通过观察和模仿同行的教学行为、聆听他人的解读和批判，促使自己的知识体系由零散到系统、教学理念由模糊到清晰，实现由他人"实际怎么做"向自己"应该怎么做"的转变。

其次，是教学实践。智识的转化表现为经验的"表达和诉说"，基于对行动的"改进和优化"，是自我不断砥砺学识修养的动力。教学实践的过程往往是自我战胜各种困难、克服各种障碍的过程，更是在教育教学问题与难题中不断思考和改变行动的过程。教师要通过集体备课与同行评课等方式将自己的教学经验表达出来，打破自身知识的局限，同时借助实践去"运用和修正"，使新旧经验产生碰撞，进而实现经验的改组、改造和优化，实现由"教学的行动者"向"教学的智慧者"的转变。

最后，是教学反思。智识的形成终于对认知的"反思和升华"，这是砥砺学识、崇尚智识的必要方法，强调自我剖析、自觉认识、积极改进。教学反思通常以"反思笔记""教学日记""教育叙事"等形式呈现出来。苏霍姆林斯基早年就建议教师写教育日记，并亲身实践，坚持记了几十年的教育日记。教学反思，一是接受和认同相应的教育观念或教学规范，形成积极的教学价值观念和学生观念，变外在规范为内在要求；二是反省、思考教育教学言行，适时调整自己的教育价值取向和教学行为追求。在这个过程中，借助理论的指导，在整合中学会对智识进行提炼和概括，达成反思和升华，实现由"教学知识"向"教学智慧"的转变。

（二）提升智识的思维方法

将思维品质作为探究教师学识修养的切入点，甚至是突破点，根本原因在于思维品质是教师学识修养的主要瓶颈难题。无论是初入教坛的"新手型"教师，还是历练多年的"成熟型"教师，思维品质决定了其职业生涯的高度、深度和广度。新时代教师专业发展的瓶颈已然不是缺"经验"，而是缺"思维"。提升教师智识的方法便是思维的改变，具体表现在八个方面。[1]

---

1 李政涛.判断教师思维品质的八个基本维度［J］.中小学管理，2021（9）：10—11.

> 所谓"理论兴趣"和"理论能力",就是将碎片化的感想与经验加以抽象提炼的兴趣和能力。

清晰度。这是思维品质的起点性、前提性要求,如果思维混乱,则必定难言是好的思维品质。对教师而言,首先要"清晰学生",要对所教学生已有、未有的困难障碍等有精准透彻的了解与把握。其次要"清晰教学内容""清晰教学目标""清晰教学方法""清晰教学环节"和"清晰教学指令"。比如,在教学内容上,需要通过课前追问"教师为什么要教""学生为什么要学""什么已经不需要教和学",课后反思"想教什么和实际教了什么的差异""教了什么和学生实际学了或学到什么的差异"等问题,来"清晰"什么才是最适合学生和本堂课的教学内容。

提炼度。作为一名中小学教师,可能很擅长讲案例、课例、故事和方法,却不擅长将这些生动的实践智慧通过有效的抽象、概括,提炼出其最关键、最核心的问题、观点与主张。在相当程度上,所谓"理论兴趣"和"理论能力",就是将碎片化的感想与经验加以抽象提炼的兴趣和能力。因此,要提升自身的理论意识、理论自觉,除了强化概念意识和概念自觉之外还需要强化其抽象提炼的意识与能力。

开阔度。所谓开阔度,即要求打破已有的视角依赖和方式依赖,从封闭走向开放,从单一走向多元,用多元、多维、多向的视角和思维方式来思考探究教育教学,提炼和表达自身的经验,从而拓展已有视野的边界,打破已有格局的局限,让心胸与视野在开放多元中"阔达"和"阔大"起来。其中,视角多元化是最重要的取向。之所以存在"仁者见仁智者见智"的现象,主要原因在于不同人的视角不一样,视角变了,观点就会变,操作方法也会随之转换。许多教师之所以会陷入发展瓶颈,就是只习惯于使用原有的单一视角因而陷入"视角牢笼"。

精细度。这是一种感知和把握细节的能力,指对教育教学细节的敏感、揣摩、设计、实施、反思与重建。拥有这种思维品质的教师,如同佐藤学所倡导的那样,善于运用"蚂蚁之眼"来看课堂,这不仅是一种眼光,也是一种思维能力,更是一种思维习惯,旨在系统提升自我思维的精细度。

合理度。这里的"合理",指的是合理的思维方式,包括关联式思维、整体融通式思维、综合渗透式思维、双向互动式思维等。比较典型的,是容易将"教师"与"学生"以及"教"与"学"割裂对立起来,忽略教师与学生实际上是一个不可分割的共生体,要么以教师为中心,要么以学生为中心,或者遗忘了"教学"的本意——教与学是不可分割的整体,从而在不知不觉中以"学习"替代了"教学"。

创新度。本意在于"原创",即衍生了新颖独特且不可替代的教育思想、观念、策略、方法等。相对于教育装备、技术和工具日趋频繁的更新换代,教育理念与方法的创造更新更为艰难。在艰苦的磨炼中生成的属于自身的"绝活",往往与教师的专业技能有关,包括备课、上课、说课、评课、听课和写课等所谓"六课技能"。一旦拥有了这些不同形式的专业技能,就有了安身立命的根基性本领。

融通度。若以能力观之,这是一种思维的"融通力",即融会贯通的能力。在信息大泛滥、知识大爆炸的时代,这种思维品质既可以有效避免不同类型、层次、维度的各种知识信息堆积、混杂在头脑中,变成一团乱麻甚至一团糨糊,更能让自身避免被各种信息吞没,出现丧失自身的判断力与生长力等常见弊端。

生长度。生长度意味着在思维能力上具有绵绵不绝、生生不息的持续生长的力量,从而能够抵御常态性的"自我固化",不固执于已有的观念、视角与方法;抗拒"自我板结化",避免人的思想和精神也像土壤一样板结;规避"自我化石化",再好的教育思想与经验一旦变成"化石",也就成为死寂之物,再无生长与发展的可能。

二、砥砺学识的基本维度、新基本功与提升方向

学识的重点在"识",指的是学术上的知识和修养以及对事物的准确判断能力,即个人将学到的和心中所理解的融合在一起,经过领悟和感悟,形成一套个人独立的见解和思考,是个人化、独特的认识。增长学识常常是对成熟型教师、专家型教师的期望,学识渊博的教师常常成为引领某一学科教学领域发展的专家。

（一）砥砺学识的基本维度

砥砺学识的基本维度，至少由"教什么"与"怎么教"、"教书"与"育人"两方面的知识、能力和素养等共同构成。美国教育学院协会"知识基础行动小组"在《新教师知识基础》一书中，建立了一套新任教师必备的14类知识基础[1]，包括：有关所教学科方面的知识；有关教学理念方面的知识；有关学生与学习方面的知识；有关班级组织与管理方面的知识；有关教学的社会背景、政治背景、文化背景等方面的知识；有关特殊儿童教育方面的知识；有关课程论方面的知识；有关评价方面的知识；有关各学科教育教学方面的知识；有关阅读和写作教学方面的知识；有关数学教学方面的知识；有关人际沟通、协调合作方面的知识；有关教师的法定权利与义务方面的知识；有关教学的道德与伦理层面的知识。

另外，美国在推进"全球教育"和"环境教育"等跨学科教育的过程中，要求教师具有综合的知识和能力，具体包括：其一，要求教师具有教学能力、实验指导能力、书面与口头表达能力、示范能力，以及推理思考能力；其二，要有善于与人交往的能力，即与学生、与学生家长实现有效双向沟通的能力；其三，要有组织管理的能力，如组织好班集体，使这个集体能为每个学生提供施展才华的机会；其四，是教育研究能力，也强调教师应具备熟练而有效地运用信息手段的基本能力。

可见，砥砺学识是从事教育教学工作的前提条件。在强调课程整合的今天，主讲一门学科已然不能仅靠主干学科知识来支撑，必须依靠多学科知识的融合来完成。当代砥砺学识的基本维度，大致包含四个层面。

其一，是通识性知识。通识性知识是有效开展教育教学工作的普通文化知识，包括深厚的文化基础（如社会科学、自然科学和人文学科的知识与理论等）和广博的文化视野（如传统文化与现代文化、本土文化与域外文化、物质文化与精神文化等），具有陶冶人文精神、提高人文素养的内在价值，对于学生全面发展和教师专

---

[1] 钟祖荣.现代教师学导论［M］.北京：中央广播电视大学出版社，2002：157—159.

业成长具有基础性作用。拥有渊博通识性知识的教师会表现出深厚的文化底蕴、高品位的人文修养和艺术美感，具有饱有学识的智者气质。可以说，通识性知识可以赋予教师渊博的学识素养，可以使教师具有博古通今、纵览中外的视野和胸怀，给予教师以更广阔的文化基础和时代意识。

其二，是本体性知识。本体性知识是教师所具有的特定的学科知识，如语文知识、数学知识、物理知识等，是开展学科教学活动的基础，决定着教给学生什么，在具体教学活动中直接影响着教材的处理和组织。对教师而言，要想成为一名合格的教师，必须对学科知识有系统而深入的了解。这是因为在一定限度内，教学有效性与教师所掌握的本体性知识呈现递增关系。本体性知识要求教师应对学科的基础知识有广泛而准确的理解，熟练掌握相关的技能和技巧；要对与该学科相关知识的关联点、相关性质和逻辑关系有基本了解，以便在组织学生开展综合性活动中相互协调；要了解所教学科的发展历史和趋势，了解推动其发展的因素，了解所教学科对社会发展与人类生活的价值，及其在学生生活实践中的多种表现形态；要掌握所教学科的独特的认识世界的视角、界限、层次及思维工具与方法，熟悉学科内科学家创造、发现知识的基本精神与人格力量，为学生提供远远超出学科知识本身的精神力量和创造意识。

其三，是条件性知识。条件性知识涉及对"如何教"这个问题的理解，即如何将通识性知识、本体性知识以学生容易理解的方式表达、传授给学生，包括教育科学和心理科学知识。其中，教育科学知识既包括教育与社会生产力，教育与社会政治、经济、文化以及人的身心发展相互作用的规律，教育的本质、目的、任务和内容，全面发展教育的思想和观念，教育者与受教育者，德育基本理论，课程理论，教学的实施过程、组织形式、构成环节，教学的原则、模式、手段、方法、艺术、风格，教学的检查与评价等，也包括国内外教育教学改革信息和动态的知识，如教育教学发展变化的历史沿革、目前状况、发展趋势、课堂教学的革新、学习方法的指导、学习能力的培养等，还包括教育科学研究知识，如教育科学研究的主要范式、资料的收集整理分析、研究方法的运用及成果形式的表达等。此外，由于"一个科学家的学科知识不同于教师对同一学科的理解，教师关注的是他自己拥有的学科知识如何能帮助理解儿童的需要和行为，并决定该以哪种媒介给予学生恰当的指导"[1]，因此，作为一名中小学教师，还要学习心理科学知识，如与认知、情感、意志和个性等相关的普通心理学知识，中小学认知发展与品德发展的条件、特点和规律，课程教学心理学常识等。条件性知识是创造性从事教育教学工作的重要依据和基本前提，有利于明晰各种复杂的教育教学现象，增强工作自觉性，使学科知识更加顺利地转化为学生易于理解和接受的知识，从而更加自如地进行创造性教育教学活动。

其四，是实践性知识。实践性知识是在面临实现有目的教学行为中所具有的课堂情境知识及其相关知识，是长时间教学实践经验的积累。拥有实践性知识的教师在面对不确定性的教学条件时，能够做出复杂的解释和决定，能在具体思考后再采取适合特定情境的行为。可见，实践性知识受个人经历的影响，既包括个人的计划、目的以及人生经验的累积效应，也包含个性化的语言及教学风格等丰富的细节，是"教师真正信奉的，在教育实践中体现出来的教育观念"[2]。如果说条件性知识可以提供教学过程中处理问题的原则，那么实践性知识则可以提供教学过程中处理问题的方式与方法。如果从实践性知识的构成要素进行划分，大致包括教育信念、自我知识、人际知识、情境知识、策略性知识、批判反思知识等。如果从实践活动开展的特点进行划分，则大致包括教育实践性知识（如德育、家庭教育指导、学生心理教育、课外活动指导等）、教学实践性知识（如课程、教学设计、教学方法、教学过程、学法指导等）、教科研实践性知识（如教学研究、教育科学研究等）。

（二）当代砥砺学识的新基本功

教师队伍的素质建设，既是一个跨时代的永恒问题，也是具有鲜明时代性的重大问题。面向新时代，如何让新政策、新理念、新目标"长"到教师身上，使其真正融入日常教育教学生活中，最终成为专业成长的一部分？解决这些困扰我们多年

---

1 徐碧美.追求卓越——教师专业发展案例研究[M].陈静，李忠如，译.北京：人民教育出版社，2003：59.
2 陈向明.实践性知识：教师专业发展的知识基础[J].北京大学教育评论，2003（1）：104—112.

> 立德树人是中国教师的第一基本功。师德是好教师的第一标准，是中国教师专业成长的"魂魄"，是方向之魂、理念之魂和目标之魂。

的普遍难题的重要路径之一，在于实现一种转化，即把各种纷至沓来的新政策、新理念，逐步转化为教师的教育教学新基本功，从而让新时代的中国基础教育教师，成为在顶天中立地的教师，成为在接天气中接地气的教师。这里的"立地"，就是要立到教师的新基本功中去；这里的"地气"，也是教师的新基本功。生逢伟大新时代的中国基础教育教师，至少需要具备六项新基本功。[1]

立德树人。如何落实"立德树人"这一根本任务？2018年9月10日，习近平总书记在全国教育大会上强调："要把立德树人融入思想道德教育、文化知识教育、社会实践教育各环节，贯穿基础教育、职业教育、高等教育各领域，学科体系、教学体系、教材体系、管理体系要围绕这个目标来设计，教师要围绕这个目标来教，学生要围绕这个目标来学。"[2]要体现对立德树人的"融入"和"围绕"，就要依托并聚焦教育教学基本功。立德树人是中国教师的第一基本功。之所以是第一基本功，既是因为师德是好教师的第一标准，是中国教师专业成长的"魂魄"，是方向之魂、理念之魂和目标之魂。与此同时，也是因为"树人"是教师的第一责任和第一目标，是所有时代教育教学的终极归宿。

研究。多年来，一直倡导要培养研究型教师。新时代的中国基础教育研究型教师，在"双减"和"双新"的背景下，需要重点研究以下四个方面的新内容。一是研究"新学生"。学生立场，是教师需要秉持的基本教学立场，它意味着要将学生的现实状态和发展需要，作为教育教学的起点和出发点。在数字化转型的背景下，和当年"文字时代"成长起来的"文字人"相比，"数字时代"孕育出的新型"数字人"的生存方式和发展状态早已有所不同。因此，今天的教师对学生进行研究

---

[1] 李政涛.新时代教师应锤炼的六项新基本功［J］.中国基础教育，2022（11）：55—57.
[2] 习近平.坚持中国特色社会主义教育发展道路　培养德智体美劳全面发展的社会主义建设者和接班人［N］.人民日报，2018-09-11（1）.

时，尤其要关注数字化时代的学生新需要、新问题和新素养。二是研究"新学习"。学习方式的变革，常常是教学方式、教研方式和评价方式变革的起点。教师要对当代学习方式的变化高度敏感，密切关注"碎片化学习""人机交互式学习""跨界学习""深度学习"等具有典型时代特征的学习方式，进而围绕学习方式的变革，推动自身教学方式的变革。三是研究"新课标"。2022年版的义务教育新课标，不仅是课标本身修订的重要成果，也是我国基础教育在育人方式改革和育人质量提升层面上的重大成果。新课标的发布，对于中小学教师而言既是专业发展的挑战，也是成长的机遇。对新课标的理解力、领悟力和转化力，必然成为对创新型教师在基本功上的新要求。四是研究"新教材"。与新课标类似，对新教材的研究、解读、转化和运用，也是对不同学科、不同类型、不同层次的教师共同的新挑战。多年来，诸多有关课堂改革成效的研究表明，很多教育教学面临的普遍问题，往往与解读教材能力的缺失有关，读不懂新教材的新意，读不出新教材的育人价值，更难以在日常教学中挖掘和实现教材内容的独特育人价值，从而影响了教学质量、育人质量的提升。这与"学生研究"一样，都属于基础性能力，必须通过新教材的落地实施来改进和提升。

融合。走向融合，是新时代教育教学改革的基本趋势之一，包括跨学科融合、跨时空融合和五育融合等。例如，"五育融合"来自中共中央、国务院印发的《中国教育现代化2035》，其中指出："更加注重全面发展，大力发展素质教育，促进德育、智育、体育、美育和劳动教育的有机融合。""五育融合"就是"五育并举，融合育人"的简称。这意味着要思考如何让"五育融合"的政策和理念进课程、进教学、进教研、进评价，充分挖掘每一堂课的五育因子、五育内涵和五育价值，思考如何上好体现"五育融合"的好课，这也将成为教育教学新基本功的新标准与新要求。

协同。此处的协同，涉及"跨学科协同""家校社协同""双师协同"等概念。以"双师协同"为例，所谓"双师"，有两个含义：一是指人师+机师，前者是"人"做教师，后者是"机器"当教师，让人工智能教师，或者是教育智能机器人等承担起教师的角色，发挥教师的功能。如今，许多先行先试的实验学校已经开始尝试让"人师"与"机师"共同进课堂，同上一节课；二是指现实教师+虚拟教师，虚拟教师与现实教师同场共在于课堂之中，这是教育元宇宙时代的发展趋势。这些"双师"交互、虚实结合的"双师协同育人"新格局即将到来。在这一背景之下，对于教师的教学基本功提出了全新要求——是否能够或善于与机师、虚拟教师协同育人？

评价。自从《深化新时代教育评价改革总体方案》出台后，评价改革在教育教学改革中的独特地位与重大意义再次得以凸显。教育评价改革既是教育改革的"最后一公里"，也是"最初一公里"，这是以教育评价改革撬动教育教学改革的新时代。通过这个方案，"过程性评价""增值性评价""综合素质评价"等新的评价理念日益深入人心，但是在这一重大政策文件落地的过程中，难免会出现一个现实问题：一线老师如何在日常教学中对这些评价理念进行落实？在自己日常的课堂教学中用好过程性评价、增值性评价等评价方式，成为新时代教师在评价意义上的新素养、新能力和新基本功。

数字化。"数字化"是教育数字化转型时代所带来的新要求。新时代要积极主动顺应数字化趋势，拥抱数字化转型，创新数字化教学，进而锤炼基于数字化、围绕数字化、体现数字化的教育教学新基本功。前述的"双师协同育人"，其实也是数字化新基本功的一部分。"数字化"教育教学基本功，不只属于经济和教育发达地区，也属于欠发达地区的中小学教师，因为所有教师都共同身处于数字化转型的大时代。可以说，这个时代的中国教师，谁拥有了教育数字化的基本功，谁就拥有了教育的未来。

以上就是新时代中国基础教育教师应该具备的六项新基本功，它们相互关联、彼此促进。只有掌握了这些教育教学新基本功，新时代的新政策、新理念、新目标，最终才能"长"到教师身上，成为他们专业成长和生命成长不可分割的一部分。

（三）砥砺学识的提升方向

在教育强国的征途上，教师至关重要，因为"强教必先强师"。当代教师需要坚持立德树人，持续砥砺学识，为此，至少有四个提升方向至为关键。

名家奠基。多年来倡导的专业阅读，已经在很大程度上充实和丰富了教师自我的阅读积淀，但一直存在着根基不深、不厚、不专的问题，导致阅读对象的游移、跳跃和断裂……为此，可以聚焦历史上或当代的某一名家或教育家，进行专人式阅读、聚焦式阅读和奠基式阅读，如：集中数年时间，专门细读苏霍姆林斯基，专业研读陶行知，专深磨读于漪等名家著作。经历如此阅读之后，就得以拥有生命发展的根基或根底，能够自豪且清晰地说：我是学谁、读谁成长起来的，哪位名家或教育家是我的奠基性人物和起家人物。

回到现场。历经一次次培训和研修，有了理想信念、道德情操和一定的理论素养之后，接下来，最重要的是回到现场，进入现场，提升现场学习力。作为一名中小学教师，从大学课堂走向中小学课堂，从学生变为教师，最重要的转向之一，是从学习现场切换到"教学现场"和"教研现场"之中，它们不仅是教师日常工作的地方，也是日常学习的场所。正如最打动人且持久动人的，往往不是浓浓郁郁的激情，而是平平淡淡的人之常情，同样，所有的高尚与伟大都要进入日常，也只有回到现场、依托现场，以现场为纽带和平台，把各种教育政策和理论现实化、场景化，即现场化，学会在现场中观察、倾听、思考和表达，才能发挥各种政策和理论真实的效应，从而细致入微地融入自我的教育教学生活，最终让各类教育教学理论或政策"长"到自我身上，"长"出自我生命中新的毛细血管，化为新的血液骨髓，新时代需要的新型教师就此孕育和诞生。

推动转化。回到现场之后，接下来的重大挑战在于转化。既要把师德转化为师能，把教育的信念与理念，转化为行动与实践，也要反向转化。前者解决的问题是：理念有了，实践怎么办？后者则致力于回答：实践有了，理念和理论怎么办？最理想的是"成事成人"的教育：在成就教学之事、教研之事中，成就高素质教师之人；也是"成实成理"的教育：在成就自我的实践经验、实践本领之中，成就自身的理念与理论，成为能够在教育理论与实践之间实现双向滋养、双向转化和双向建构的交互生成之人和理实共生之人。在这个意义上，自我砥砺学识的核心目标就在于：基于转化、为了转化，推动转化和在转化之中。

改变思维。教师要在智能时代和"双新"背景之下，通过项目化学习、跨学科主题学习、情境式学习、人机交互学习、深度学习和大单元教学等方式，培养学生的高阶思维，紧跟当代课程教学改革的前沿趋势。其中遭遇到的现实瓶颈，首先不在于学生，而在于教师：自我没有高阶思维，哪里有学生的高阶思维？自我没有强大的思维能力，如何培养具有强大思维能力的学生？因此，欲强化学生思维，必先强化教师自我思维。然而，实际情况却是，当有了一定的思维教学经验之后，教师自身的思维方式和思维品质，反而成为阻碍高质量思维教学的绊脚石。就思维方式而言，传统的点状思维、单向思维、割裂思维、非此即彼思维、二元对立思维、静态思维，以及替代思维等俯拾即是，极大地影响了高质量思维教学的推进。例如，非此即彼思维和割裂思维：要么看教，要么看学，将"教学"这一"教"与"学"不可分割的整体割裂开来、对立起来。又如，替代思维：用预设替代生成、用课程替代教学、用教法替代学法、用学习替代教学等。就思维品质而论，教师在备课、上课、说课、评课、写课等多种常态化的课堂技能中展现出的思维模糊、琐碎、碎片和窄化、泛化、割裂化、平面化等思维惯性，也时时所显、处处可见。不改变这些思维方式，不提升自我的思维品质，不仅学生的思维能力难以提升，教师自身的发展也难以为继。

三、砥砺学识、提升智识的建构路径

（一）立足岗位，学会在课堂中生长

砥砺学识要学会读懂两类书，一类是有字之书，也就是理论书籍，另一类是课堂这本"无字之书"。对教师而言，无字之书是什么呢？是"人"这部大书。教师首先要学会读懂自己的学生，其次也要努力读懂自己的同行和同事，特别是读懂、读好"名师"。关键就是要关注细节，在不断比较中实现自我成长，把自己的价值观、自己的情怀"化"到点点滴滴的细节之中。优秀教师不是写文章写出来的，不是读有字之书读出来的，而是从千锤百炼的课堂实践中走出来的。"教天地人事，育生命自觉"，这是所有的教师在课堂中生长的最终真谛之所在。

学会在课堂中生长的教师通常具有强大的内生力和内动力。江苏省教育科学研究所原所长成尚荣先生有一个关于鸡蛋的比喻：鸡蛋有两种命运、两个结局。第一

种，被人用外力打破，结局是变成别人口中的食物。第二种，用内力冲破蛋壳，结果是诞生新的生命。这个内力是什么？就是每个人的内生力，每个人自我生长的力量。为什么要阅读、为什么要不断反思和重建？就是为了让内生力、自生力强大起来，绵绵不绝。作为一名教师，是愿意做被外力打破的鸡蛋，进而成为别人口中的食物呢，还是愿意成为由内力冲破蛋壳，一次一次诞生自我的新生命呢？这全在于自己的选择。所以，自我的专业成长首先要从培育自己的生命自觉开始；教师自身要有所作为，才可能对他人、对民族、对国家、对社会有所作为。

教师的使命在课堂，教师的生命也在课堂。课堂是成就自我生命价值的事之载体，通过课堂之事，成就教师之人。自我的生命世界，便是课堂世界。叶澜先生曾将好课描绘为五个"实"：扎实的课，是有意义的课；充实的课，是有效率的课；丰实的课，是有生成的课；平实的课，是常态下的课；真实的课，是有缺憾的课。在五"实"中，自我能够学会在课堂中生长：一个问题，就是一个自我发展、自我成长的空间。这种成长感更是引领学生"拔节"成长的台阶感、推进感、纵深感和突破感。

（二）扎根田野，学会提升现场学习力

在砥砺学识的历程中，什么是自我生命所在的地方？怎么才能让所学之物进入自我生命的内核？需要什么样的载体来安放自我的求知热情？这些问题的答案都有赖于"教育现场"。教师的学习能力中最重要的是现场学习力。中小学教师不可能再像大学生、研究生那样，可以在书斋和图书馆中学习，教师大量的时间是用在教育教学的现场。

同样置身于上述现场之中，不同教师的收获会大不相同，区别在于每个人现场学习能力的差异。对教师来说，至少有四种类型的现场[1]：其一，是自己每天的教学现场，要学会把自己的教学现场作为学习反思的对象，让这样的教学日日滋养自我；其二，是同行的教学现场，如其他教师的公开课、研讨课、观摩课现场，要

---

1 李政涛.现场学习力：教师最重要的学习能力［J］.人民教育，2012（21）：46.

学会从中体悟到其他教师的教学思想、教学主张、教学流程和教学反思；其三，是学校教研组、备课组日常教研活动现场，也是教师参加的最日常性的活动现场，其中包括集体备课、读书沙龙、专题研讨等多种活动形式，要学会在这样的研修活动中提升自身的教学能力与水平；其四，是各种培训、讲座现场，要学会如何避免"听的时候很激动，听完很平静，回去很麻木，一动也不动"，实现"理论逻辑"与"实践逻辑"的双向融通与转化。

良好的现场学习能力表现为专注力、捕捉力和转化力。既然在听课现场，就要全神贯注，牢牢盯住自身和学生在课堂上的一举一动，不放过每一个细节，努力把现场中涌现的有用资源"钩"出来，不仅要把有价值的东西"钩"到笔记本上和自己的脑海中，还要"钩"到日后的教学过程中，变成具体的教学行为。也就是说，要把听到的内容通过上课上出来，把上出来的说出来，把说出来的写出来。这种基于专注力与捕捉力而形成的转化力，是现场学习力中最关键的能力，它集中体现了自我学习的宗旨：为转化而学习。

可见，这种扎根田野的"现场功"，其施展的场所是学校教育现场，它的核心能力是在实践现场中策划方案、捕捉资源、与实践者对话沟通的能力。这就需要自我能够快速捕捉现场中呈现的亮点和问题，即刻加以编织、重组和再造；更需要自我重建实践现场的意识和能力，要在问题诊断的基础上，针对问题，提出具体可行的改进建议和重建策略，使以下问题逐渐清晰：我怎么解决存在的问题？应该怎么做，才能变为期待的理想状态？因此，这种具有现场意识和现场自觉的学习，是最符合教师职业特性的学习方式：为现场的学习，在现场中学习，回到现场的学习。

（三）学会在读"天地人事"中育"精神宇宙"

叶澜对"教育"进行了中国式的解读——教天地人事，育生命自觉。只有教好天地人事，育出有生命自觉之人的教育，才是好教育，才是真正的教育。以此为基点，可以继续向前延伸：要教好天地人事，必须读好天地人事；读不好天地人事的教育，不会育出有生命自觉的人，也不会成为好的教育。课堂应该是师生共生共长的家园。如果一堂课上完了，只有学生生长了，教师却停滞不前，这不是理想的课堂。教师也应该通过课堂上与学生的互动、对话和交流，使自身的生命生长、变化和发展。自我的生长不会自动发生，必须经历一个自我学习的过程。自我要成为教学高手之前，必须先成为学习高手。即使某个教师非常聪明，但如果他不爱学习，也不会学习，就不会成为教学高手。学习的过程就是信息接收、转化和利用的过程，信息的接收力、转化力和利用力是一个教师的核心竞争力，更体现为从事教育教学的教师的人格魅力。而要成为学习高手，前提是成为一个阅读高手。什么样的人才有资格被称为"阅读高手"？他一定是具有阅读的兴趣、激情、能力和习惯的人。[1]具体而言，就是要回答好以下三个问题。

首先，是回答"为什么读"。阅读的首要意义，在于它塑造了一个人的精神宇宙。每个人都拥有独一无二的精神宇宙，这个宇宙是由阅读来构造的。阅读过的内容是每个人的精神基因和精神密码。一个人读过什么，就会拥有什么样的精神宇宙；一个人的秘密书架，就是他精神上的秘密花园，他日夜在这个花园里行走，走出了属于自己的人生。一个人的阅读经历，决定了他一生的视野、格局和胸怀，决定了他此生能够走多远、飞多高。

其次，是回答"读什么"。所谓"读天地人事"，也可理解为"天地人事都在书里"，"天地人事"都可"入书"和"成书"，二者都可以成为阅读的对象。所有的"天地人事之书"，大致可分为"有字之书"和"无字之书"。如何读"有字之书"，言说者众多，在此不再赘述。而人世间还有三种"无字之书"，分别是环境之书、实践之书和人之书。具体到教育世界，就是"环境之场""实践之事"和"教育之人"。之所以要有对"环境之场"的阅读，是因为人人都处在各种各样的"环境"之中。"人是社会的动物"，其实就是说"人是环境的动物"，人不仅被动地接受环境的影响和改造，还能主动地介入、影响和改造环境。教育者对环境的介入方式，是以"教育的眼光"来审视、挖掘并利用、转化环境中的教育资源，使其为教育所用。"环境即课程"说的就是这种利用和转化。

最后，是回答"如何读"。无论是对"有字之书"还是"无字之书"而言，最有效的阅读都是一种转化：把阅读的过程变成自我反思与重建的过程，变成自我训

---

[1] 李政涛.读天地人事，育精神宇宙［J］.中国德育，2015（17）：44—47.

练的过程。现今老师们已经不缺各种报告、讲座和培训,不缺自己上课和听别人上课的机会,也不缺可以阅读的各种书籍,但最缺的是长年累月、坚持不懈地自我反思与重建,最缺的是长期系统地自我训练和自我磨炼。如果只是一味读书,却不能将读书与自我训练结合起来,所读之书,很可能就会如漏水、漏沙一般,很快将烟消云散……这个过程将是艰苦的漫漫长路,甚至可能永无止境。对于教师自我砥砺学识而言,要学会在读天地人事中培育和提升自我精神宇宙,这个过程也许刚刚开始,还远未实现,还要奔行百里、千里甚至万里。

第六章　仁爱情怀

> 美德是灵魂的力量，推动教育思想和教育实践顺势而为，因势而新，不断闪发与学生心灵共振、共享、共同提升的光芒。

情怀指含有某种感情的心境，而这种心境是弥散性的状态，也就是说，一切体验和活动都染上了感情色彩。如刘勰在《文心雕龙·神思》中所说，"登山则情满于山，观海则意溢于海"，一想到登山，情思里就充满了山的景色；一想到观海，意想中便腾涌起海的风光。何能如此？因为内心有山海，情意深厚。

感人心者，莫先乎情。教师是育人的人，一想到学生，也应情满于怀。只有对受教育者内心充满仁爱，千方百计开启学生心扉，点亮学生生命灯火，才会创造出精彩的教育篇章。陶行知先生说得好："真教育是心心相印的活动。唯独从心里发出来的，才能达到心的深处。"

对学生充满仁爱之心是教师的美德。美德是灵魂的力量，能够推动教育思想和教育实践顺势而为，因势而新，不断闪发与学生心灵共振、共享、共同提升的光芒。

■ 第一节 ■ 中国传统"仁爱"思想沿波讨源

2017年1月，中共中央、国务院印发的《关于实施中华优秀传统文化传承发展工程的意见》明确指出，传承发展中华优秀传统文化，就要大力弘扬讲仁爱、重民本、守诚信、崇正义、尚和合、求大同等核心思想理念。2019年10月，中共中央、国务院印发的《新时代公民道德建设实施纲要》中再一次强调继承和弘扬以"讲仁爱"为首的中华传统文化。

"仁爱"美德历经中华民族几千年历史与实践的积淀，是中华悠悠传统文化的宝贵精髓，蕴藏着丰富的道德资源。同为讲"爱"，墨家提出"兼爱"、道家提倡

"慈爱"、佛教讲究"慈悲为怀"。学界大多认为中华传统的"仁爱"美德最直接出自儒家，中华传统"仁爱"美德的内涵演进研究，主要是以儒家"仁爱"思想为主线。[1]

"仁"是孔子学说的中心，孔子的众弟子曾先后多次向老师问"仁"，这是孔子以"仁"示人的发端，他在回答中对"仁"的阐释也不断丰盈着"仁"的意蕴。"仁"也是孔门哲学中最高的德行，因为仁是诸德圆融的最高境界，而每一个人的才性气质不同，成德的方向也不一样，所以孔子只是很具体地从各种角度开示人应如何行"仁"。

颜渊问"仁"，孔子说"克己复礼为仁"，人要克服私欲，返归到合乎天理的礼上，"非礼勿视，非礼勿听，非礼勿言，非礼勿动"。孔子对颜渊的评价很高，称"其心三月不违仁"，可见不假外求，道德自觉的"仁"，是需要一个人遭遇不佳境遇时，还能念兹在兹，不舍坚持的，这才是值得称颂的。

樊迟也曾向孔子问"仁"，孔子回答"居处恭，执事敬，与人忠"，安居时要恭肃，处事要敬慎，与人相处要忠心诚意。因为问"仁"的人内在修为不尽相同，身份处境也各有差异，孔子的回答正体现了因材施教的智慧，除了"克己复礼"、恭、敬、忠，孔子还讲到宽、信、敏、惠等。在《论语》里，孔子用"仁"这个字时，有时不是仅指一种特定的品德，而是泛指人的所有德性，这便是"仁人"一词的含义。在这场合下，"仁"的含义是"品德完美"。[2]

据《论语·颜渊》记载，另一次樊迟问"仁"时，孔子回答"爱人"。一个人必须对别人存有仁爱之心，才能完成他的社会责任。"仁者爱人"也构成了传统"仁爱"美德的首要内涵。"爱人"是"仁德"的基础，"仁者爱人"思想至今仍有着旺盛的生命力，"仁者爱人"的思想也不断被增添时代注解。

水滴滴入湖中漾开波纹，描画出一个个同心圆，中心的力量向外"推开"，造就了和谐的美。孔子的"仁者爱人"思想，也是由近及远、由亲及疏的，由"爱亲"到"爱人"，再到"爱众"，对象从血缘至亲到有人际交往关系的"熟人"，再

---

1 赖晓群.中华传统仁爱美德及其创造性转化研究［D］.上海：华东政法大学，2022：19.
2 冯友兰.中国哲学简史［M］.北京：新世界出版社，2004：38.

扩展到"一般人"。仁爱，即同情、爱护和热心助人[1]，这种发自内心的道德情感根植于人的善良天性，受"不忍"之心的驱使，在将心比心的过程中，产生理解、尊重，形成友好、亲密的关系。学界一说"由同情心引起的仁爱之德"和"由利己心决定的爱己之德"[2]都源自人性，"爱己"与"爱人"并不矛盾，是统一的。事实上，"仁爱之德"更需要突破"自我"与超越"自我"。

"推己及人"是"仁"的重要实践，孟子的"人性善"主张试图解释人生而为人，何以能做到"仁者爱人"，何以能做到"推己及人"："人皆有不忍人之心。……所以谓人皆有不忍人之心者，今人乍见孺子将入于井，皆有怵惕恻隐之心，非所以内交于孺子之父母也，非所以要誉于乡党朋友也，非恶其声而然也。由是观之：无恻隐之心，非人也；无羞恶之心，非人也；无辞让之心，非人也；无是非之心，非人也。恻隐之心，仁之端也。羞恶之心，义之端也。辞让之心，礼之端也。是非之心，智之端也。人之有是四端也，犹其有四体也"。他以小孩子落井为例，人们见到一个小孩将要落到井里时都会有惊惧同情的心情，之所以如此，并不是因为要与孩子的父母攀交情，不是为了博得声誉，不是厌恶孩子的声响，而是源于同情怜悯的心。这一份"恻隐之心"正是"仁"的发端，也正因为"恻隐之心"，"仁"才能在内心自由生长，才能做到"爱人""推己及人"。

在《孔子家语·颜回》中记载着颜回"善于识音"的故事。孔子在卫国，有一天天还没有全亮，就听到了悲痛的哭声，孔子想知道哭泣的人为何而哭，颜回认为这哭声不仅为了"死别"，还有"生离别"之痛，进而阐述了自己的想法："回闻桓山之鸟，生四子焉，羽翼既成，将分于四海，其母悲鸣而送之，哀声有似于此，谓其往而不返也，回窃以音类知之。"当母鸟知道自己的子女要飞向四海，再无归期时，这哀鸣的声音和今天听到的哭声相似。母鸟的哀鸣、人的哭声，都是情绪的自然释放，颜回能体察别的生命所拥有的心境，也是身为高士的悲悯之心、同情之心的真切流露。

随着几千年传统文化的流变，"仁爱"美德的内涵在不断演进，经历了"仁者

1　王剑引，等.古汉语大词典[M].上海：上海辞书出版社，2000：215.
2　王正平.教育仁爱：教育伦理的一项基础原则[J].上海师范大学学报，2018，5.

> "讲仁爱"是中华文明的精神特质,"仁爱"是后世所恪守的道德原则、追求的人格境界、探究的哲理精神。

爱人""仁民爱物""一视同仁"和"天地万物一体之仁"。[1]作为一项重要道德原则的"仁爱",其基本含义包括:一是仁爱要从善良愿望出发,爱一切人,给人以同情、尊重、宽容和关爱;二是仁爱中应有道德智慧,遵循一定的理智和规范,努力使付诸爱的实际行动产生利他、利人、利己、利社会的实际效果;三是真正的仁爱,不仅要推己及人,爱整个人类,还要推己及物,普爱宇宙万物。[2]"讲仁爱"是中华文明的精神特质,"仁爱"是后世所恪守的道德原则、追求的人格境界、探究的哲理精神。

国外学界对"仁爱"也有所关注,有学者将"仁爱"英译为"benevolence"或"benevolence and morality",将其与"仁慈""道德"等概念进行联系,从内涵、层次、对象、评价等维度研究"仁爱"。也有学者将"仁爱"视作对他人的关怀,认为"仁爱"以他人的幸福为目标,"最终目的是尽可能让更多的人获得最大的幸福",通过追求他人的幸福,我们自己也将得到幸福。[3]还有学者强调要从自私、贪婪和利益的泥淖中摆脱出来,涤净心灵,不图回报,这才是"仁爱"无私利他的表现。总体而言,学者们从个体道德提升、家庭伦理、人性化管理、现代治理等不同视角提供了学术观点。有学者总结道:"西方思想家把仁爱作为一种重要的宗教或世俗的伦理精神,要求人们把爱人如己作为基本的道德信仰和行为准则,努力去爱一切人,对他人温柔同情、慷慨关怀、宽容博爱,用自己爱的言行去促进人类利益和造福社会。"[4]早在20世纪60年代,斯宾塞就提出"野蛮产生野蛮,仁爱产生仁爱,

---

1 赖晓群.中华传统仁爱美德及其创造性转化研究[D].上海:华东政法大学,2022:19.
2 王正平.教师伦理学[M].北京:人民教育出版社,2023:84.
3 HUTCHESON F. An Inquiry into the Original of our Ideas of Beauty and Virtue: in two treatises [M]. Indianapolis: Liberty Fund, 2004: 1725.
4 王正平.教师伦理学[M].北京:人民教育出版社,2023:84.

这就是真理。待儿童没有同情，他们就变得没有同情；而以应有的友情对待他们就是一个培养他们友情的手段"[1]，揭示了"仁爱"在教育实践活动中的重要性以及对儿童的深刻影响。

中华民族独特的历史发展、独特的文化渊源铸就了独特的仁爱精神财富，丰盈了人的精神世界的高尚。稍加探究，就知"仁爱"精神也是从教者必须具有的基础修养，它是塑造完美人格的重要元素。

显然，"仁爱之心"是好教师的必备品质，从事基础教育的教师应以坦荡的博大情怀传承"仁爱"思想，弘扬"仁爱"精神，彰显教书育人的真谛与和谐育人的导向，创造新时代育人的佳绩。

> 教育需要育人者具有特别优美的情感世界，有充沛的仁爱情操，以赤诚之心、善良之心、光明之心厚德载物，像大地母亲一样有博大情怀，拥抱所有的学生，从他们成长的需求出发，给予充足的精神滋养。

第二节 仁爱基因的教育意蕴

教育是培养人成长、成人、成才的伟大事业，中华优秀传统文化中"仁爱"的道德基因在"人之完成"的大业中应创造性地转化、创新性地发展，发挥重要的立德树人的作用。基础教育面对的是未成年的学生，对自然、对社会、对人生知之甚少、甚微，还处于不断探索的过程之中，特别需要教师关爱、呵护、理解、指点、帮助，从而使学生走上健康成长之路。为此，教育需要育人者具有特别优美的情感世界，有充沛的仁爱情操，以赤诚之心、善良之心、光明之心厚德载物，像大地母亲一样有博大情怀，拥抱所有的学生，从他们成长的需求出发，给予充足的精神滋养。

教育仁爱的内涵与做法十分丰富。就努力的目标而言，要师爱荡漾，尽心尽力

---

[1]（英）斯宾塞.教育论［M］.北京：人民教育出版社，1962：107.

关爱和引领每个学生德智体美劳全面发展，茁壮成长，助他们打下生存和发展的扎实的科学文化基础和思想道德基础，成长为国家、社会、家庭的有用之才，乃至栋梁之材。就情感畅通的途径而言，要尊重学生、了解学生、理解学生、研究学生、宽容学生、引领实践、亦师亦友。就施以仁爱的方式方法而言，有面向全体、因材施教、严慈相济、特别关照等。

"仁爱"美德需要锲而不舍的修炼。要身体力行地践行仁爱精神，就必须在教育熔炉中不断淬炼真情实感，净化并纯化，去除偏爱、冷漠、简单粗暴等杂质，与学生的心同频共振，让教育和煦的阳光普照，使学生向着阳光快乐成长。

一、爱是教育的灵魂

教育事业是爱的事业，没有爱就没有教育。教育关注的重点是人的成长，而人的成长特别需要着力的是心灵的沟通与塑造。没有对受教育者及其心灵发育成长的发自内心的关爱，就没有真正意义上的教育。赞可夫说："当教师必不可少的甚至几乎是主要的品质，就是要热爱儿童。"[1] 陶行知先生总结创办晓庄师范学校的成功经验时说："晓庄是从爱里面产生出来的，没有爱便没有晓庄。"[2] 大量的教师教育实践证明，爱是教育的灵魂。这种超越血缘关系的仁爱大爱，不仅在师生之间架起了亲密无间的桥梁，更是学生生命成长的取之不竭的动力，也是教师攀登高质量专业化境界的必要支撑。

人们总把教师比作园丁。每一朵花都会经历从孕育到绽放的过程，每一个学生的生命成长更是如此，其更具复杂性、艰巨性、不确定性。人们观赏花朵时，往往被其绰约多姿所吸引，而忽略种花人的百般辛劳。园丁弄土、换盆、施肥、浇水，日日看护，无不用心、用情倾注心血。教师呵护学生，培根铸魂，启智润心，更是用心、用情、用心血浇灌。二者为生命涌动的场景不同，但都是为生命谋茁壮成长、健康成长的福祉。儿童的纯真稚嫩、少年的奇思妙想、青年的憧憬向往都需要

---

1 （苏）赞可夫.和教师的谈话［M］.北京：教育科学出版社，1980：29.
2 方与严.大众教育家与大众诗人［M］.上海：上海教育书店，1949：10.

教师加以关注，学校教育给予他们以发展、展示、交流的广阔空间，教师更要千百倍地珍视他们人生教育的起点，奉献仁爱之心、挚爱深情，精心再精心、耐心再耐心，让他们感受到教育的温暖，并将其内化为积极向上的动力和志向。陶行知先生以"捧着一颗心来，不带半根草去"的赤忱，以"爱满天下"的胸怀办教育垂范在前。今天的教师更要把对教育事业的忠诚、热爱、坚守、责任，对学生的关爱、理解、尊重、包容、引领，书写在中国的大地上，以教育智慧创造教书育人的精彩人生，生动地体现"仁爱"基因在新时代教育中的独特价值。

教育工作对教师有一些特定的道德要求，"仁爱"便是其中之一。教师的"仁爱"不是抽象的，不可捉摸的，而是具体的，在思想言行中以多种方式呈现的。如果能够在教育中坚持不懈地以仁爱和温暖激荡学生的心灵，育人就会出现意想不到的奇迹。福建省三明市特殊教育学校取得的两个百分之百的奇迹，就是有力的明证。第一个百分之百是除了部分学生升学外，学生百分之百就业；第二个百分之百是家长把孩子送到学校后，百分之百交回到家长手中，一个也没有走失。奇迹是该校原党支部书记、校长，首届全国教书育人楷模黄金莲带领全校教师创造的。"残疾儿童就是我们的孩子，我们的一切工作都是为了残疾孩子的成长。""一个人的一生要面对无数次的选择，对我影响最大、感慨最多的是走入了'特殊教育'这个平凡而伟大的职业。……只要有爱心，生活就会有温暖。当我们把爱心倾注给需要爱的特殊孩子时，生活中便多了一份关爱，多了一份和谐和安宁。"[1]对于特教教师来说，可能一句话重复几十遍、一个动作重复几十遍，学生还学不会，教师也会感到疲惫不堪，甚至找不到"成就感"，但第二天走进课堂时，仍然精神振奋，因为如果他们的眼里没有了光，学生和家长又怎么能看到希望呢？特教老师吐露的心声生动具体地阐释了学生进步成长的奇迹源自她们以恻隐之心对残疾儿童的特别关爱，以及对每个生命的真情尊重。没有半点厌恶，没有半点嫌弃。无数次通过谈话树立孩子的信心，无数次通过重复讲解知识培养孩子的能力，这"无数次"的背后显现的是教师丹心一片、无私奉献的优秀品质，大爱无疆。

---

[1] 三明特教.【特别转载】致敬70年·寻找最美的她|与新中国共成长闽籍女性代表：黄金莲——市特殊教育学校的"校长妈妈"[EB/OL].（2019.9.26）[2023.7.20].https://mp.weixin.qq.com/s/YL_1jNdAXDz8fdWGbqtasw.

二、贴心是教育"仁爱"的关键

教育"仁爱"本质上是基于尊重人、关心人、爱护人的人道主义精神的社会仁爱道德在人类教育活动中的具体体现。[1]作为一种"高尚的教育伦理诉求",教育"仁爱"启迪教师以仁爱之心善待学生,理解、尊重、包容、关爱学生,显现爱的暖人温度;并以专业智慧情理交融、严慈相济、冷静理智,显示爱的契合度。

贴心是教育"仁爱"的关键,只有"知之深"才能对学生的需要把握得准,才能和学生对准心弦,倾听到生命的诉求,构建彼此理解、互相尊重的师生关系,加深学生心中对教师的情感认同、专业认同,使教育更有针对性、有效性。

贴心先知心,要以实事求是的态度深入研究学生,在实践中深刻体悟学生身心发展的规律,了解学生成长的共性和个性特征。身心发展的规律,包括身体发育规律和心理发展规律。就心理发展规律而言,有认识(智力)发展的规律、情感与意志的变化规律、品德的形成与发展的规律,以及个性特征的形成规律,等等。[2]遗传、环境是影响学生身心发展的重要因素,而教育在其中的调节也起到了至关重要的作用。总体来说,学生的身心发展是一个复杂的过程,不同阶段呈现不同的特点,具有一定的阶段性。同是基础教育,儿童时期的好动性以及寻求好奇的无畏表现在高中阶段学生身上较少见;少年时期身体发育变化带来的心理变化的不稳定性常出乎意料;高中时期开始步入成熟,对社会、人生均会作些独立的思考,教师如果能对阶段性特征有总体把握就会与学生有共同语言。但即使在同一发展时期,不同的个体间也会明显存在差异。如好动与好静,学习优异与学习举步维艰等,千姿百态,须深入认识。比较容易忽略的是同一个个体在不同方面也会产生差异,身体与心智、说的与做的、优势与不足等,具有一定的不平衡性。教师要了解、研究、跟踪学生的发展变化,不断更新自己的理解,才能做到与学生心贴心。身心发展不是一蹴而就的,需要通过积累引起质的飞跃,故而具有一定的顺序性,需要精心助

---

1 王正平.教师伦理学[M].北京:人民教育出版社,2023:84.
2 金玉章.怎样处理好深化教育改革与学生身心发展规律的关系[J].天津教育,1992(2):16.

力，耐心等待，切忌强求。

　　学生从来不是一个抽象的概念，某一门学科或某几门学科的成绩更不能代表一个学生的整体素质。学生是一个个有个性的、活泼的生命体，是在时代洪流中发展成长的。社会飞速发展，科学技术突飞猛进，新事物、新话语层出不穷，社会上多元价值并存，多样文化激荡，通过各种渠道作用于学生的感觉器官和思维器官，在他们身上留下或深或浅、或正面或负面的多种多样的印记。这些反映时代性的特征与以往的学生有很大不同。如果用已形成的以往学生的认知模式往他们身上套，那认识、理解就会对不上号，格格不入，甚至差之毫厘，谬以千里。一般说来，当代学生自我意识普遍较强，随着年龄的增长，视野比较开阔，科技知识起点高，对虚拟世界兴趣浓厚，有表达欲，成才欲望比较强烈。又由于相当一段时间重"智"轻"德"、重"术"轻"人"、"分数至上"思潮的影响，不少学生体质不强，生活自理能力差，堕于劳动，情感贫弱，有的甚至有手机依赖症，沉迷网络游戏和网络社交，放弃现实生活中的交流、交往，凡此种种，均意味着教育面临着前所未有的新的挑战。教师不能气馁，而是要振奋精神，以仁爱之心对待学生，助他们扬长避短，纠正不良行为，健康成长。基础教育的对象面很广，各个阶段、各类学校的学生身心发展会具有一定的时代共性特征，但在把握共性的同时，还须仔细识别这些共性在每一个学生身上的独特表现，深入了解学生各自的天赋秉性、生长环境、接触的文化氛围、话语体系，在此基础上温情地、有针对性地破解学生身心发展的密码，这是成为学生"知心人"不可或缺的努力。

　　知心再"教"心。教师要情意真切地将心比心，换位思考，把掌握的学生情况转化为教育的契机。有小学生说："老师最让我感动的一句话，就是'你的每一次进步我都看在眼里，记在心上'。"这是对教师敏锐目光的肯定，意味着其能够贴心地发现孩子的长处。哪怕是微小的进步，教师的一个眼神的赞许都是对学生莫大的鼓励。有些初中学生在成年后，久久不忘教师帮他们纾解心结的那一次次谈心，这是对教师抚慰学生心灵的肯定。教师要能够设身处地地理解学生的难处，以专业智慧排忧解难，贴心地为他们解开心结。教师不能高高在上，要蹲下身子，与学生平视。一些在成年人看来很不起眼的小事，会成为学生闷闷不乐的原因，郁闷久了自然会变成心结。教师要耐心、细心地换位思考，而不是以成人的眼光来苛责学生，在倾听他们心声时表达共鸣，激发学生自身内在的潜能来突破困难，突破自己，从而取得排除障碍的快乐。陶行知先生说："拿活的东西去教活的学生。……不但能引起他活泼的精神，并且还可以引起他的快乐。……随时随地的拿些活的东西去教那活的学生，养成活的人材。"与学生的交流就是时代的活水与活水的交汇，只有教师与时俱进，身上有时代的年轮才能有助于拉近与学生之间的距离，使学生"亲其师，信其道"。

在塑造家庭伦理，营造和谐社会和建设生态文明等方面，中华传统"仁爱"思想都有着重要的时代价值。以人与自然的关系为例，要"以仁爱为核心，以'民胞物与'为基础，以'生生之德'为导向，以'天人合一'为目标，将仁爱之心自内向外层层推扩，最终升华为万物之爱"，它启示人们重新反思与处理人与自然的关系，自觉将人与自然视为休戚相关的命运共同体。[1]人与自然要和谐共生，人与人也要和谐相处。教师的工作是以人育人，天天要和学生打交道，教育"仁爱"实际上也反映了人与人和睦相处的智慧，教师要以敏锐的目光观察发现，以高尚的品格熏陶感染，以优雅的心灵传递引导，做学生的良师益友，做学生的好朋友和贴心人，如此一来，教育的力量终会直抵人心。

三、以"仁爱"育"仁爱"是传播"仁爱"的理想境界

"仁爱"是中华民族传统思想的宝贵精髓，流淌在每一个中华儿女的血脉中，需要每一个中华儿女在积淀的基础上结合社会发展新需求传承、发扬。教师作为"仁爱"美德的践行者和传播者，要颂扬真善美，识别、抵制假恶丑，与学生共思、共情、共行，以仁爱之心传播"仁爱"思想，弘扬"仁爱"精神，培育学生的"仁爱"美德。

教育向来是国家的、民族的事业。教师是"教育发展的第一资源"，"一个肩膀挑着学生的现在，一个肩膀挑着国家的未来"，对教育的根本性问题"培养什么人、

---

[1] 薛勇民，党盛文：从"仁民爱物"到"民胞物与"——儒家仁爱思想的生态伦理意蕴[J]，晋阳学刊，2018（5）：94.

怎样培养人、为谁培养人"作根本性的思考就显得尤为重要。

明末朱之瑜在《劝兴》中写道"敬教劝学，建国之大本；兴贤育才，为政之先务"，重视教育、鼓励学习，是建国的根本；起用贤良、培育人才，是治理国家的首要任务。基础教育为人的终身"奠基"，教师需站在时代的制高点，充分认同教育本身的重要性，把今天的教育质量和明天的国民素质紧密联系在一起。心中装进国计民生，以培养祖国的下一代为己任，是新时代教师以"仁爱"立身、施教，培育学生"仁爱"美德的力量源泉，这能为教师勇毅前行、攻坚克难提供源源不断的力量，恩泽莘莘学子。

陶行知说："无论什么人，一说到当教员，必得有个理想的社会悬在心中。"教育是理想的事业，要摆脱心灵的冷漠、自私，就需要"懂得对学生的爱，学会对学生的爱，在教育过程中自觉磨炼感情，努力扩大胸怀，让心装进学生，装进国计民生，装进教育事业，装进立德树人的使命"。[1] 教师要用炽热的家国情怀化育生命，将为党育人、为国育才的使命担当内化为理想夙愿，用奋斗者和建设者的姿态演绎生命与使命同行的那一份执着，实现从"小我"向"大我"的跨越，以"仁爱"之心哺育学生成长。

中共中央、国务院发布的《关于全面深化新时代教师队伍建设改革的意见》中明确提出，"引导广大教师以德立身、以德立学、以德施教、以德育德，坚持教书与育人相统一、言传与身教相统一、潜心问道与关注社会相统一、学术自由与学术规范相统一，争做'四有'好教师，全心全意做学生锤炼品格、学习知识、创新思维、奉献祖国的引路人。"着力培养德智体美劳全面发展的社会主义建设者和接班人，是时代赋予广大教师的使命与责任。"以德立身、以德立学、以德施教、以德育德"，丰富了教师在人类教育活动中"仁爱"的时代意蕴，教师要以中华传统"仁爱"美德涵养心灵，以"仁爱"育"仁爱"，使"仁爱"美德在学生身上内化于心、外化于行。《关于加强和改进新时代师德师风建设的意见》指出，"弘扬中华优秀传统文化、革命文化和社会主义先进文化，培育科技创新文化，充分发挥文化涵养师德师风功能。身教重于言教，引导教师开展社会实践，深入了解世情、党情、

---

[1] 于漪，黄音.穿行于基础教育森林［M］.上海：华东师范大学出版社，2019：26.

国情、社情、民情，强化教育强国、教育为民的责任担当。"文件突出了教师身正为范、身教的重要性，教师需要修炼高尚的道德情感、素养和品质；同时也启示教师可以通过榜样引领、体验感悟、情景模拟等方式引发学生的道德自觉，以真善美播撒"仁爱"的良种。

播撒"仁爱"的良种并不是简单的说教，而是要使学生从榜样身上汲取精神成长的养料，从身边的点点滴滴的小事开始对真善美有所体悟，热爱生活，热爱国家，爱他人，爱人类，爱万物。比如，上海市黄浦区卢湾一中心小学的不少学生都有另一个身份——红色场馆的小小讲解员，他们在中共一大会址等场所讲红色故事，在讲故事的过程中，培养了爱党、爱国的信念，赓续了红色基因，学生在参与讲解的过程中也越来越热爱家乡，与人相处也更融洽，乐于交流，对待生活、对待他人也更热忱。

教师是学生成长过程中的"重要他人"，要播撒"仁爱"的良种，需"准确理解和把握社会主义核心价值观的深刻内涵，增强价值判断、选择、塑造能力，带头践行社会主义核心价值观"，秉持"以仁育爱"的教学理念，用仁爱之心对待学生，帮助学生形成爱自己、爱他人、爱自然、爱祖国的情怀，让求学求知的过程成为情意并举与精神丰盈的美好体验。[1]学生具有"向师性"的本质属性，经常会亲近喜欢的老师，以教师为榜样，对教师的行为加以效仿，年龄越小，"向师性"越明显，它是教育教学取得良好效果的前提和保证，如教师的板书规范、美观，学生就会自觉模仿，并以此为荣。又如，笑是感情的浪花，教师要对所有学生都和颜悦色，哪怕是犯错的学生，也总是宽容、信任、低声细语，如此一来，学生也会逐渐学会待人接物先为他人思考。因此，不仅高中阶段的学生有敏锐的目光、敏感的心智，儿童、少年也会把教师的行为看在眼里，记在心中。每个学生心中，都有一杆秤，掂量教师为人为事的分量。而"随风潜入夜，润物细无声"的身教，则具有无穷的魅力。为此，教师的一言一行就显得格外重要，"一个教师仅仅作为传授知识的'经师'是远远不够的，他必须做一个既关注学生精神成长又能成为学生成长示范的'人师'。教师育人的真谛在于传授知识的同时，以自身良好的道德行为和人

---

[1] 王正平.教师伦理学［M］.北京：人民教育出版社，2023：137.

格魅力,言传身教,引导学生寻求生命的意义,塑造完美的人格,实现人生应有的价值追求。"[1]这就启示教师以满腔热忱,用真、善、美去感化生命,唤醒学生生命中对真、善、美的向往与追求。

"传道"本身就是一种艺术,不仅需要精通理论,精于实践,更要把以"仁爱"育"仁爱"当作教师教育人生的旨趣所在,主动投入心血和精力,以高尚的道德情操成为传播中华传统美德"仁爱"的原点,在教育活动中以仁爱之心善待学生,以情激情,引导学生将"仁爱"内化为精神自觉,继承并发扬源远流长的"仁爱"精神。

■ 第三节 ■ 厚植仁爱情怀的实践修炼

情怀是整个情感世界的广阔胸怀,大到国家社稷、民族民生,小到个人成长,其对象包罗万物。教师的仁爱情怀是要以宽广胸怀包容、尊重、关心、爱护万物,对作为"万物之灵"的人的生命以爱相待,并以"仁爱"育"仁爱",在学生的心田撒播"仁爱"美德的良种。

教育是国之大计、党之大计。教师勇担塑造灵魂、塑造生命、塑造新人的时代重任,要做学生锤炼品格、学习知识、创新思维、奉献祖国的"四个引路人",需"勤修仁爱之心"。

为建设一支高素质专业化创新型的教师队伍,2020年,教育部办公厅印发《中小学教师培训课程指导标准(师德修养)》《中小学教师培训课程指导标准(班级管理)》《中小学教师培训课程指导标准(专业发展)》三份文件。其中,《中小学教师培训课程指导标准(师德修养)》为建设师德培训资源提供了标准和依据,"仁爱之心"作为师德修养中的四大目标导向之一,下设的3个二级指标,6个研修主题(见表6-1),是对广大教师落实立德树人根本任务,以德立身、以德立学、以德施教提出的时代要求。

---

1 刘守旗.学生的健康成长离不开教师 学生的健康成长离不开教师核心价值观的引领[J].中小学德育,2014(5):12—13.

表 6-1　师德修养培训课程的框架内容与研修主题

一级指标	二级指标	培　训　目　标	研修主题
仁爱之心	以人为本	以宽容、体谅的态度对待学生，能够换位思考；尊重学生的文化、民族等成长背景的差异。	尊重学生
		能够深入认识和理解学生，采用积极发展的思想引导和培养学生。	理解学生
	关爱学生	爱字当头，严格要求，把严和爱统一起来。	严慈相济
		走进每一个学生的内心世界，实现个性化、细致化、全方位指导。	关怀入微
	公平公正	能够保护和尊重学生的各项基本权利；对学生一视同仁，处事公正。	一视同仁
		能够支持和帮助有特殊需要的学生，包容和谅解学生的缺点和不足，积极预防和正确处理学生的不当行为。	处事公正

这份"指导标准"为教师主动传承中华传统"仁爱"美德，锤炼施以教育仁爱的专业本领提供了指南。成长从来都是动态的，厚植仁爱情怀的实践修炼要关注以下几个方面。

一、教育观念的更新

教育的对象是人。人具有独特性、独立性和发展性，渴望被关注、理解和尊重。在教育教学过程中厚植仁爱情怀，教师要做到目中有人，以人为本，了解学生成长的内在节律，把学生当作有情感和理智、有观点和思想的人来看待。"教育科学规律和教育心理规律揭示，教育工作的特殊性和重要性在于，任何教育或教学过程，都是人与人之间心灵情感互相交流的过程。"[1] 教师要积极回应学生的情感召唤，树立学生"主体意识"，引领学生自由自觉地全面发展。

教育中的"仁爱"，以了解学生为前提，教师要了解他们的学习世界、生活世界、心灵世界，因为只有了解学生的身体状况、家庭情况、兴趣爱好、心理状态、学习境况，才能看到真实的学生，找到交流的话题、情感的交集、引导的契机。教

---

[1] 王正平.教师伦理学［M］.北京：人民教育出版社，2023：87.

> 犹如一株葡萄结多少果实，不是园丁决定的，而是葡萄本性决定的。它有自己的遗传因子，它的生命力怎样取决于园丁是否按照它的本性来爱护、呵护它的发展。人是教育的最高目标，了解学生、尊重学生是为了使学生在教师的"仁爱"中实现自我发展，实现生命意义与价值，也就是教人成人。

育中的"仁爱"，以尊重学生为内在要求，每个孩子都是一本不同的书，要尊重他们的个性、尊重他们的人格，因为只有尊重学生，学生才会获得更多的自信，潜能才会得以激发。心理学家乔治·拉伯萨特曾说，人是带着一堆潜能，来到这个世界上的。"一堆"意味着这些潜能不仅数量多，而且多种多样，五花八门，不能只看到学生的分数以及他们刷题的能力。学生世界五彩斑斓，教师要精心、用心、耐心地去发现。

犹如一株葡萄结多少果实，不是园丁决定的，而是葡萄本性决定的。它有自己的遗传因子，它的生命力怎样取决于园丁是否按照它的本性来爱护、呵护它的发展。人是教育的最高目标，了解学生、尊重学生是为了使学生在教师的"仁爱"中实现自我发展，实现生命意义与价值，也就是教人成人。爱因斯坦觉得学校培养出来的青年，应该是"一个和谐的人，有独立行动和独立思考的个人，不过他们要把为社会服务看作是自己人生的最高目标"[1]，可见在顶尖的科学家心目中，人的生命意义在于实现积极的社会价值，他提出的独立思考能力也对当下培养创新型人才有着丰富的启示性。教师培养的是"两有""两爱""两懂""两敢"的德智体美劳全面发展的人，要走进学生的学习世界、生活世界、心灵世界，引导他们今后走向更广阔的天地，成为国家的栋梁之材。

教师需要了解、尊重学生，重在树立学生"主体"意识。在甲骨文中，"教"字左上为"爻"，左下为"子"，右边从"攴"，徐锴《说文系传》讲解"攴所执，以教导人也"。可知"攴"是施教者拿在手里用来教学的一种工具。甲骨文里的

---

1 （美）爱因斯坦.爱因斯坦文集（第3卷）[M].北京：商务印书馆，1979：143.

"攴"字象以又（手）持棍棒形表示击打之意[1]，一说在奴隶社会，奴隶主要靠鞭杖来施行他们的教育、教化。这显然是有悖于"仁爱"思想的，教育者在那时有不可一世的权威，甚至可以实施打、罚，受教育者则处于"卑"位，一味忍受并无法反抗。教师的"仁爱"本身是一种高尚师德境界的追求，出于"仁爱"，教师不但不能体罚学生，在当下纷繁复杂的环境中还要特别重视呵护学生的心理健康。

清代著名文学家、儿童教育学家王筠在《教童子法》中提出"学生是人，不是猪狗"，批判教师的认识偏差，强调教师的素养与职责，辩证地指明了发挥教师的主体作用并不等同于教师要做高高在上的"说教者"，提倡要彰显儿童学习的主体地位。法国教育家雅克·马里坦提出了一个值得教师反思的问题：教师是否如同雕塑家，把雕塑雕成自己心里想的模样，这样一来，受教育者不就被视作了没有生命的泥土块垒？其实，不仅在学习方面要强调儿童的主体，还要"将学生的道德发展看作是一个价值引导和自主建构相统一的过程。一方面，教师利用自身道德成熟的优势对学生进行价值引领；另一方面学生则在已有经验的基础上对各种道德影响进行评估和诠释，建构、生成自己的道德理解"。[2]

对学生的尊重包括对学生发展权利的尊重以及对学生个人价值的肯定，特别是要使学生的个人价值在集体中得以彰显。所以，教师的"仁爱"须体现牢固树立学生"主体"的意识。学生是立体多维的生命体，不仅有品德、情感、智力、体质等多方面发展的渴求，而且有生机勃发的动力，教师要通过顺势而导，温情引领，使学生自律、自立、自强、自主成长，最终实现德智体美劳全面发展。

二、教育方法的创新

中国传统"仁爱"思想讲究道德情感的互通，将自己和他人看作共同体，在与他人相处时团结友爱，互帮互助。在教育中厚植"仁爱"情怀，教师也要将自己和

1　宋金兰.从"教"字看古代传统教育的源起及其基本特征［J］.首都师范大学学报（社会科学版），2003（3）：104.
2　教育部教师工作司.中学教师专业标准（试行）解读［M］.北京：北京师范大学出版社，2013：41—42.

学生视作生命成长共同体，善听善思，将心比心，互相理解，彼此信任，共同成长，在播撒做人良种的田园中精心育人，在实现生命蜕变的"道场"里不断突破。

随着网络技术的不断发展，涌现出许许多多新的教育症结，如网络成瘾严重危害青少年的身心健康；社交媒体的使用，使学生产生消极的比较心态；学生遇到问题宁可找网友倾诉，也不愿对老师和家长吐露心声，等等。根据中国互联网络信息中心（2021）发布的统计报告，截至2020年12月，中国网民规模达9.89亿，互联网普及率达70.4%，青少年群体是互联网使用的主力军，微信朋友圈、QQ空间和新浪微博是青少年最常使用的社交应用，使用率分别达到了83.4%、58.8%和42.3%。[1]

部分学生会混淆虚拟与现实，错把虚拟的事物当作现实存在，疏于与同伴交流、与教师交流、与家长交流。青少年正处于建立自我同一性以及与他人亲密感的关键时期，教师应该在此时发挥积极、正面的引导作用，要在遵循教育规律、教育心理规律的基础上，积极应对时代对学校教育、家庭教育提出的新挑战，特别是要下功夫保持与学生情感的畅通，把握各种教育的契机，创设理想的教育情境。

每一个阶段的教师都会遇到一些具有共性的典型问题，例如，幼儿在玩耍、游戏等各种活动中获得身心的释放与成长时，如何更好地陪伴、看护、示范？小学生仍具有较强的向师性，如何使自己的语言简明、生动，让学生听得懂、听得饶有兴味，使师生做欢乐的伙伴？如何化解处于青春期学生的心理问题，消解他们认识问题时存在的片面、偏激、固执以及情绪常不稳定的烦恼？对高中阶段学生而言，在教育过程中教师有时需要"藏锋""藏景""藏情"，由"外塑"变为引导学生积极"内建"，高中生已经有良好的"内建"条件，如何通过打磨自己幽默风趣、知性儒雅、温文尔雅等不同的教学风格，来激发学生的成长自主性？凡此种种都指向教师要真正掌握学生实际的认知、情感、行为水平。一切从学生的实际出发，对厚植仁爱情怀的修炼十分重要，影响教师在教育教学过程中是否以遵循教育规律为前提，以人文关怀和科学态度育人。厚植仁爱情怀的修炼途径多种多样，有以下三点需要特别关注。

---

[1] 田录梅，潘月，董鑫月，等.不同社交网站使用与大学生抑郁的关系：链式中介模型［J］.心理发展与教育，2020，36（6）：743—752.

（一）善于"倾听"，创造生命成长的"声音"

婴儿呱呱坠地时就开始啼哭，发出的哭声博得大人的关注，让他们急于了解婴儿的需求。当孩子学会说话时，语言不仅是和他人交流的工具，也是他们思维的"外壳"，更反映了他们生命的成长状态、认知水平、心理特征、情绪情感等。学生作为活泼的生命体，他们之所以有表达欲，是对被关注、被认可、被鼓励最本能的渴望，这就要求教师善于倾听，倾听学生"声音"背后的"心声"，和学生的心弦对准音调。

善于"倾听"需要一视同仁，关注每一个学生。教师对每个学生的表达都要投入相同的关注度，而不能偏私、偏爱，不能只把注意力集中在某一个或某几个学生身上。学生能感受到教师的公平、公正，感受到教师把机会和期待留给了每一个学生，其中传递出对每一个学生的重视，这本身就能鼓励学生更用心、自信地展示自我，并在无形中感受到教师的"一身正气"，之后教师的反馈和引导也能更加使学生信服。

善于"倾听"，需要提升思维的开放性和敏捷性。在日常教育教学过程中，教师要避免重"说"轻"听"，导致出现重主观要求，轻学生实际的情况。也就是预设固然重要，但过于强调预设中的"滴水不漏"，反而容易导致教育教学出现同质化、标准化的结果，如果走向极端，就成为教师的"一言堂""满堂灌""无休止的说教"，学生只能不发表任何意见，即使发表，也必须在教师预设的既定轨道中，不能偏移，这样不利于创新型人才的培育，也有悖于学生身心发展的规律。教师不能错把封闭当严密，要增强思维的开放性，鼓励学生"说"，鼓励学生"发声音"，教师则要在倾听过程中迅速吸收、吸纳更多的论据、观点，以补充、修正、提升自己的预设，对学生的想法做出合理判断，并迅速、准确地加以回应。

善于"倾听"，需要提升专注力和提炼能力。学生在表达自己的时候，教师要专心致志，不能"开小差"。有时候，学生的思路并不清晰，甚至有些许混乱；有时候，学生的表达能力不强，词不达意，教师要有总结、提炼的本领，领会学生想表达的意思。教师还要关注到学生表达时候的情绪。比如有一名小学教师，班上的一名优等生和她聊天14次，前10次基本都在大哭，教师并没有慌乱，而是耐心、细心、冷静地尽力从学生的只言片语中"捕捉"有效信息。经过这么多次的情绪波动的倾诉，教师才发现问题竟然来自过于优秀的形象使学生的脆弱无以宣泄。一次次地与老师聊天，一次次宣泄，她终于找到能敞开心扉的人。这名教师"倾听"时的高专注度来源于对学生的仁爱之心，来源于为学生排解困扰的责任心，同时也彰显了教育者的专业精神，展现陪伴、倾听在情绪疏导中的重要作用。

善于"倾听"，还需要培养学生"倾听"的能力。教师"少"说，并不等于不说，"倾听"是为了要言不烦地点拨，给出中肯的意见和建议，不是就现象谈现象。"倾听"是为了分析事物的本质，从过往的经验中提取可能有效的策略与方法，供学生参考。教师善于"倾听"，实则是为学生"倾听"做行为示范，因为倾听和表达从来都是互相作用的，从来都不是独立存在的，所以教师"善听"的同时，还要培养学生善于"倾听"的能力，这样一来，单向的发言就会变成互动，变成观点的碰撞，擦出思想的火花。教师需要提供一些"倾听"的方法，如明晰"倾听"目标，创设"倾听"情境，丰富"倾听"活动，设置"倾听"评价等，引导学生成为会"倾听"，能"倾听"，善"倾听"的人，促进自己心智的成长。

教师"倾听"的对象范围较广，不仅指"发出声音"的话语，也指"无声"的表情动作，本质上是"揭示、回忆和思考人的存在的可能性，……领悟了学生首先是一个生命的存在"[1]。教师也从来不是学生成长的"局外人"，需要通过"倾听"，去参与学生的成长，与学生共同创造生命成长的新"声音"。

（二）与生"共情"，回应生命成长的"呼唤"

"人之为人的特性就在于他的本性的丰富性、微妙性、多样性和多面性。"[2] 即使是同一个教育对象，也可能时时刻刻都在发生变化。如果说"倾听"是为了学生在教师的一视同仁、公平公正中感受到被关注、被尊重，那么培育共情力则是为了使

---

1 李政涛.倾听着的教育——论教师对学生的倾听［J］.教育理论与实践，2001（7）：2.
2 （德）恩斯特·卡西尔.人论［M］.上海：上海译文出版社，2004：15.

教师能更好地了解学生、理解学生，对学生的问题和困惑所发出的信号有准确的认识、把握，以包容之心对待学生的不足和缺点，建立师生间的信任，回应学生生命成长的"呼唤"，使教师的教育教学更科学、更有针对性。

一些较为开朗外向的学生，往往会直接地表达自己的想法，情绪也会时不时地显露出来，而一些较为内向收敛的学生，往往思绪、情绪不显山露水，这就要求教师去间接地做一些工作，从而勘探他们的内心想法，想学生之所想，锻炼自己将心比心的能力。

要能做到将心比心，教师的"共情"力、同理心就格外关键。"共情"是一种以他人为参照系，理解或感受他人经历的能力，是一种将自己置入他人境况的能力。[1]"同情"偏重对他人处于不利状况时产生的怜悯和恻隐之心，"共情"则偏重与他人一同感受，"当教师能够从内在层面理解学生的反应，能够敏锐地意识到教育和学习对学生来说意味着什么，学生的全面发展势必将因此而大大受益"[2]。有名初中学生性格内向，沉默寡言，数学较好，不喜欢语文。一次语文课上学《祖冲之》，大家正积极地讨论圆周率时，他脱口而出，一下子背到小数点后28位。教师惊喜，立即表扬他惊人的记忆力，并请他介绍是怎么记诵的。这种肯定、信任、爱护，使他脸上掠过一丝笑意，同学们更是羡慕。他坐在最后一排，有次语文课上，教师发现他把擦眼镜的手帕咬在嘴上，眼睛一直看着教师，身体朝前，专注听讲，进入了忘我的境界。课堂小结时，教师赞赏了这美丽的风景。他羞涩地笑了。细节标志了他的成长，他慢慢开朗起来，与同学之间的关系也日益融洽。将心比心的魅力就是如此之大。由于年龄的差距，教师和学生之间会有一些代沟，要做到"共情"并不容易，一方面要加深对当下学生身上的时代特征的了解，总结规律，另一方面还要尽可能对学生的个人特点有所掌握。

与学生"共情"，教师需要站在学生的视角看问题，避免先入为主的想法，设身处地为学生着想，以宽容之心接纳学生的不足。"由于每个学生的生理、心理、智力、情感、文化基础、活动能力等差异，在某些方面或某一方面有的学生发展不

1　BELLET P S, MALONEY J M. The importance of empathy as an interviewing skill in medicine [J]. Journal of the American Medical Association, 1991, 266(13): 1831−1832.
2　ROGERS C R. Freedom to learn [M]. Columbus, OH: Merrill Publishing Company, 1969: 157−158.

顺当，有困难，特别需要有人助力引领，取得突破。"[1]每一个生命都有潜力，换位思考是为了发现这种可能性，往往这种可能性会以瓶颈、需求、困惑的面貌出现，如果以学生的视角来看，许多学生的行为、情感就会从看似不合理变得合理了。教师要以宽容之心去理解和包容学生存在的困难和问题，并敏锐地发掘困难背后隐藏的"生长点"和"突破口"，有时候还要对当下学生普遍感兴趣的话题、现象有所了解，制造共同话题，寻找教育的契机。

与学生"共情"，教师需要适时表达共鸣，排忧解惑，架起师生间彼此信任的桥梁。教师如果能够理解学生的感受，对他们的认知、情感感同身受，并且在对话中表示理解，产生发自内心的共鸣，就能自然而然拉近师生的距离，为进一步沟通提供良好的氛围，为形成理解型的师生关系打下基础。教师要对学生所处的社会环境因素、个人境况作尽可能全面、细致、准确的把握，再对学生处境的内外部因素做理性思考，同时在情感层面，关注学生的情感、情绪，如自卑、焦虑、迷茫、开心等，而后将自己代入到学生所处的境况中，体察学生想法的来龙去脉。当然，表达共鸣不是"终点"，不仅要将对学生状态的觉察、觉知充分、合理地表达出来，还要运用教育的专业知识给出专业的引导，传道、受业、解惑，这种以理解、信任为基础的专业性的排忧解难，更能对学生的成长需求有精准化的认识和指导，进一步增强学生对教师的信任感。

与学生"共情"，教师需要把握好"度"，保持稳定的情绪，避免情绪失控，冷静客观地对待学生。"共情"不是学生沮丧大哭时，教师陪着一同抱头痛哭，"共情"是为了能更好地理解学生，缔结信任。如果没有掌握好"度"，或者不能从情绪中游刃有余地抽离，"则易使教师模糊乃至消弭自我与他者的边界，为取悦学生等而牺牲自己的利益，过度关注或投入他者的生活，以致使自身浸入负面情绪之中。"[2]教师要关注自身的身心健康，合理释放压力。除此之外，还要通过学习教育心理学等专业知识，来提升自己的"共情"力，形成对学生身心健康状况的判断力，有一些超出教师能力范围的复杂情况，还需要请更专业的人士共同参与解决。

---

[1] 于漪，黄音.穿行于基础教育森林［M］.上海：华东师范大学出版社，2019：42.
[2] 傅淳华，杜时忠.论教师共情［J］.教师教育研究，2022（1）：4.

当然,"情感教育不是等出现问题或有问题苗子再进行心理疏导,而是在日常教育管理中不断以人类最美好的情感——大仁、大爱、大智、大勇、大美激励学生,点燃情商这盏灯,照耀人生。"[1]教育的"仁爱"不是单向度的,要以情激情,熏陶感染,行动示范,在日常教育教学中要特别关注学生的精神成长,树立榜样,聚焦榜样人物的高尚人格、博大胸怀,使学生的心灵丰富起来,厚植学生爱党、爱国、爱人民、爱社会主义的情感,使亲情、友情、师生情、乡情、赤子情成为学生热爱生活、关心他人、立志奉献社会的情感动力,温暖彼此,滋养生命。

(三)关爱有方,提升生命成长的品质

健康成长是学生的权利,呵护引导学生健康成长是教师的义务。为保护未成年人身心健康、保障未成年人合法权益,《中华人民共和国未成年人保护法》于1992年1月1日开始正式施行。《中华人民共和国教师法》也指出"教师应当制止有害于学生的行为或者其他侵犯学生合法权益的行为,批评和抵制有害于学生健康成长的现象"。杜绝有害学生身心健康成长的认知和行为,是每一名教师义不容辞的责任,是教师职业精神的底线,是教师关爱学生最基本的要求。

"仁爱"从人的善良愿望出发,对他人施以关爱,也即给他人关心、爱护。关爱学生的内涵十分丰富,包括"从高度的工作责任心和社会责任感出发,全身心地关爱每一个学生,对所有的学生不偏爱、不歧视、不讽刺、不体罚;尊重学生的人格、个性和自尊心;按照党的教育方针对学生严格教育、全面要求,全心全意地把他们塑造成德才兼备的社会主义建设的创新人才"[2]。对学生的关爱不仅是策略、方法,更是教师可以上下求索的艺术和境界。

中国有着深厚的优秀的教育传统,孔子、孟子、荀子、墨子、董仲舒等名家都贡献了丰富的思想精华,其中揭示了教育的规律和真谛。《论语·卫灵公》中记载"有教无类",这是教育面向全学生的思想根基;北宋理学家程颐认为"孔子教人,

---

1 于漪,黄音.穿行于基础教育森林[M].上海:华东师范大学出版社,2019:32.
2 教育部教师工作司.中学教师专业标准(试行)解读[M].北京:北京师范大学出版社,2013:62.

各因其材""因材施教"是研究学生不同特点，针对不同特点施教，成就学生个体自觉发展的思想根基。孔子的人本思想时至今日仍熠熠生辉，教师对学生的关爱也应在中国优秀教育传统源泉中融入时代的活水，在实践中创造性地诠释。

关爱，是给学生最适切的教育。学生的差异表现在特长、兴趣、能力、志向、悟性等多种方面。"爱人"首先要"知人"，孔子"知人"的方法是先了解学生的不同志向，学生可以"各言其志"，畅所欲言，听其言、观其行，教育学生后，还不忘"退而省其私"，通过观察学生私底下的言论，了解学生对自己的教育是如何理解、内化、施行的。教育艺术本就是因人而异的智慧，教师要在对学生的差异有较为全面的了解后，再把仁爱的教育细化到每一名学生身上。比如，全国教书育人楷模桂贤娣总结出"因生给爱十五法"，如过失生爱在信任、进步生爱在赏识、后进生爱在鞭策等，这表明了教育不是淘汰，良好的教育是根据学生天赋、环境等主客观条件因材施教，使每个学生获得属于他个性特征的最好的发展。

关爱，是尊重理智与规范，严慈相济。"严"，旧指父[1]；"慈"，慈母的省称，多用以称自己的母亲[2]，一说家庭教育"严慈相济"意味着父母亲配合。现在提到教育中的"严慈相济"，普遍意义上是指既要严格要求，又要宽仁慈爱，两者相辅相成，相互融合。全国模范教师、全国中小学优秀班主任轩云湘曾把班级里最顽皮的八名学生编成小组，在学习上严格要求他们，"知之为知之，不知为不知"，对他们身上不良的习气绝不姑息，以行为规范加以约束，教他们做人的道理。"关爱学生和严格要求学生是做好教育工作的两个相辅相成的必要条件，没有关爱学生基础上的严格要求，容易使学生产生情感障碍；缺乏严格要求基础上的关爱，容易造成学生行为上的放任。"[3] "爱"，需要有分寸，与溺爱、偏爱、放任、迁就严格区别；"严"，需要有理有据，在是非、美丑、善恶引领上毫不含糊，严在当严之处。更重要的是平衡两者，宽严相济，把严与爱统一起来。

关爱，是关怀入微，使学生受到全方位、细致化的教益与感化。"教育者要为

1　王剑引，等.古汉语大词典［M］.上海：上海辞书出版社，2000：2211.
2　王剑引，等.古汉语大词典［M］.上海：上海辞书出版社，2000：334.
3　庞家英.关爱学生如何做到"严慈相济"［J］.广西师范学院学报（哲学社会科学版），2010（6）：227.

儿童的未来着想，……不管困难大小，有一点是清楚的，因为人的追求是多方面的，所以教育者所关心的也应当是多方面的"[1]。于漪的班上曾有四个因口吃表达不流畅的孩子，经过细致的观察和深入研究，她发现四个孩子表达障碍的原因各不相同，须采用不同方法对应。一名男生因天生舌系带过短，于漪就登门家访，将情况告知家长，小手术后再训练他表达的能力，日子一久就很流畅了。另一名男生是因家庭过分娇惯，母子对话，犹如与幼儿讲话，只有词和词组，没有完整的句子，不良的语言习惯形成词不达意，结结巴巴。要从说单句、复句开始训练，家庭也要改变语言习惯，纠正很不容易。还有一名男生来自农村，是学别人口吃学坏了，一开口就着急，形成习惯。对他施教的方法就是一个字"慢"，不着急，一个字一个字讲。还有一名是女生，观其课堂表现与课外游玩，发现其口头表达困难的原因在于思维跟不上趟，抓口头表达训练是没有用的。于是，抓思维训练，促口头表达就成了最有效的方法。经过有针对性的、较长时间的帮助，这位女生在改善表达能力上取得了极其良好的效果。教师虽然不是医生，但口头表达是学生生存、生活的本领，于漪把学生的困难当作自己心头的大事，力争扫除学生生活中的障碍，全力以赴帮助学生解决表达不流畅这块"绊脚石"，找到造成表达问题的原因，并开出最有效的"良方"。全国教书育人楷模封莉蓉说："爱是伟大的魔法，她能跨越时空，接纳差异，创造快乐，带来奇迹。""对症"必得先"辨症"，这就考验了教师"察言、把脉"的能力，要像中医说的望、闻、问、切一般，尽可能全面地了解情况，体察学生心中的想法，细细揣摩后拟定解决方案，并根据效果及时调整方案。问题出现时的"见招拆招"、排忧解难可能是一时的，但对学生成长过程中的悉心关怀却是点点滴滴的，如春风化雨，给予了学生心灵的滋养。对处于不利情况的学生给予及时的关心和帮助并不是"偏爱"，一视同仁是对每一个学生采取平等、公正、公平的态度，当每一个学生需要教师的关爱时，教师都能伸出援手，给予心灵的抚慰，这本身就是一视同仁的具体表现。

---

1 （德）赫尔巴特.普通教育学［M］.李其龙，译.北京：人民教育出版社，1989：37.

第七章　和谐共处

> "以和为贵、以诚待人"是中华民族人际交往的价值根基所在,凝聚了中华民族集体的生存智慧。

众所周知,教师是具有德性修养、扎实学识、仁爱情怀的专业人员。从育人初心、"教师为谁"的角度,教师如何凝心聚力、和谐共处、协同创新,共同推进教育高质量发展,这既是新时代教师队伍建设的核心命题,也是教师个体实现专业可持续发展的基本问题。教师需要超越"文人相轻"、突破教育内卷、避免精力精神的内耗,自觉传承"以和为贵,以诚待人"的优良传统,共同建构和谐育人的关系场域,致力于为新时代教育事业开创美好未来而努力奋进。

从和谐共处的教育意蕴来看,教师在思想观念层面应该深刻理解作为育人主体的责任与担当,自觉追求真善美的教育世界及教育生活;在思维方式上,教师应该站在道德情操的制高点上思考育人问题,分工协作,团结合作,共同推进神圣的育人事业;在生存状态上,教师因育人事业而结缘,因成事成人、共同成长而彼此前行,教师生命的价值和意义应当相互照亮。

从和谐共处的底层逻辑来看,教师团队要实现和谐共处,既离不开相关的课程学习,更离不开教师自主的处世修炼,学而时习,止于至善。从和谐处世的角度看,教师应该自觉加强情绪管理与疏导,提高语言的艺术表达与沟通,努力保持事业与生活的动态平衡,追求幸福的教育人生。教师个体的处世修炼,既是对教师自身专业素养的进一步完善与发展,也是为有效推进高质量育人事业提供不竭的动力源泉。

■ 第一节 ■ 以和为贵,以诚待人

人类从蒙昧、野蛮一步步走向文明,走向"知礼节",总是伴随着对优秀文化的价值认同及思维进化。这也是人类不断建构人伦价值规范的过程。人伦价值规范

的建立，正是人类社会生活正常秩序得以形成的必然要求。

古往今来，中华民族秉持"以和为贵、以诚待人"的价值文化，协调千年来的人际交往实践，形成和谐共存、命运与共的格局。如今，"以和为贵，以诚待人"已经成为中华文化人际交往的价值基础与基本理念。可以说"以和为贵，以诚待人"的价值文化，正是中华民族人际交往的价值根基所在，凝聚了中华民族集体的生存智慧。

现代教育脱胎于近现代的社会生活，受到近现代社会强势思潮的深刻影响，普遍重视人的自由与个性解放。学校生活要建构良好的人际关系与办学秩序，就要妥善协调管理者、教师与学生之间的人伦关系与处世规范，同样应该秉持"以和为贵、以诚待人"的价值基础及交往规范。

一、"以和为贵"的文化传统与当代意义

（一）"以和为贵"的基本含义

1. 关于"和"的释义

根据《说文解字》的解释，"和"即"相应"，指的是声音相呼应。后来引申为乐声和谐，如《广雅·释诂三》："和，谐也。"从乐声和谐又引申为和睦、协调。[1]根据日本学者白川静的研究，"和"是会意字，其中的"禾"表示立于军门前的标木，其中的"口"表示"置有向神祷告的祷辞的祝咒之器"。在军门前摆放祝咒之器，表示发誓、媾和之义，故"和"有缓和、平和、温和的意思。《中庸》中写道："和也者，天下之达道也。"可见，"和"被视为最高的德行。[2]

总之，"和"的基本意思是平和、和睦、温和，反对冲突、偏激、战争，追求恰到好处、适中、平衡。简单而言，"和"的关键是"和谐"处世。显然，一个人在复杂多变的社会生活中要做到"和谐"处世，既"致中和"，恰到好处，又保持

---

[1] 人民教育出版社辞书研究中心.汉字源流精解字典［M］.北京：人民教育出版社，2015：233.
[2] （日）白川静.常用字解［M］.苏冰，译.北京：九州出版社，2010：460.

动态平衡，殊为不易。这不仅需要具有广泛丰富的人文社会知识，能够包容差异，厚德载物，而且需要追求自强不息的精神，能够具有随机应变的机敏、处变不惊的从容，从而达到动静皆宜、收放自如的智慧境界。

2. "以和为贵"的基本内涵

有研究表明，"'和谐'是中华民族处世的最高追求、最高原则、最高境界，也凝聚着中华民族为人处世的最高智慧。'和'在中国传统处世观中占据着最高的地位。"[1] 从和谐处世来看，"以和为贵"的基本内涵包括三个方面。[2]

（1）以人为本。"以和为贵"的处世观首先注重的是人本主义，而非神本主义。"以和为贵"的处世观强调以人的尊严、人生价值、生命意义为思考一切问题的出发点和目的，强调以仁爱的精神来建构各种复杂的人际关系，强调做人要讲良心，以凭良心为处世底线。

（2）和而不同。"以和为贵"思想的深化就体现为"和而不同"，一方面主张尊重差异，包容多样，和谐共生，各得其所，另一方面主张相互平衡，强调不同事物聚集在一起，相互理解、包容，兼收并蓄，反对"一家独大、赢者通吃"的单极化思维。"夫和实生物，同则不继"，"不同事物的调和是事物得以产生的根本，相同事物的单纯重复或相加却不能生成。在这个意义上，他者的存在是生成新事物的前提"，"这种反对单一性，认为多元性是繁盛发展的根本的思想，是一种真正的智慧。"[3] 可见，"和而不同"的处世观崇尚多样性的思想，包含厚德载物的博大精神。

（3）动态平衡。事物总是运动变化的，复杂多变的事物又会引发新的变化，"以和为贵"的处世观既要维护和谐共生，又要反对封闭僵化，必然需要在变化的世界谋求新的平衡关系，从而促进整体的蓬勃发展，和谐统一。可见，"以和为贵"的思想包含有自强不息的精神追求。

综上可知，"以和为贵"的处世观强调以人为本的价值基础，突出和而不同的处世态度，追求动态平衡的发展格局。从实际来看，"以和为贵"的处世观注重采

---

[1] 李育红.以和为贵［M］.成都：四川文艺出版社，2008：11.
[2] 李育红.以和为贵［M］.成都：四川文艺出版社，2008：16—25.
[3] 陈来.中华文明的核心价值：国学流变与传统价值观［M］.北京：生活·读书·新知三联书店，2015：3.

取中庸之道，也就是"致广大而尽精微，极高明而道中庸"，"中庸之道的处世准则和技巧是中国和谐处世思想的最高智慧。"[1]

为人处世要达到"以和为贵"所追求的理想境界，不仅需要具有广博的社会知识、丰富的人生阅历、深厚的人文底蕴，而且还需要具有灵活应对、有理有节的处世智慧。一个人需要将所有的学识修养、社会阅历、人生智慧融通起来，才可能做到举重若轻，不偏不倚，恰到好处。

（二）"以和为贵"的观念演变

"以和为贵"的观念根源于强调有机关联、生生不息、整体和谐的中华古典哲学宇宙观，其中，"和谐被认为是自发的世界秩序的基本原则"[2]，这一观念总体上脱胎于古典儒家，强调"和合"思想[3]与"和而不同"的观念，其核心思想还是来源于儒家天命观和"仁"的学说。近现代以来，"物竞天择，适者生存"的社会达尔文主义开始冲击"以和为贵"的思想观念，这种过于强调个人本位和竞争、冲突的哲学思想对"以和为贵"的思想造成了伤害。进入后现代以来，通过对西方现代性的深刻反思，"多元文化""本土化"思想越来越得到认同与尊重。20世纪90年代以来中华优秀传统文化的独特价值被重新唤醒、强化，"以和为贵"的思想观念及中国智慧逐渐为世界上热爱和平的人所认同、接纳，具有全球性的普世价值与意义。

1."以和为贵"的古典传承

春秋时代的史伯就提出"和实生物，同则不继"，形成中华文明"和而不同"的思想。[4]有研究者认为，"《论语》中最早出现'和为贵'的概念"，孔子是践行和谐处世的典范人物。[5]孔子的弟子有若曾言："礼之用，和为贵。"此处的"和"可以

---

[1] 李育红.以和为贵[M].成都：四川文艺出版社，2008：39.
[2] 陈来.中华文明的核心价值：国学流变与传统价值观[M].北京：生活·读书·新知三联书店，2015：8.
[3] 此处"和"有和谐、和平、中和等意思。"合"有汇合、融合、联合等意思。
[4] 陈来.中华文明的核心价值：国学流变与传统价值观[M].北京：生活·读书·新知三联书店，2015：56.
[5] 李育红.以和为贵[M].成都：四川文艺出版社，2008：11.

理解为追求适切、平衡的意思，也就是"发而皆中节，谓之和"。可见，"以和为贵"并不是要墨守成规，固守礼节规范，而是要根据具体情境，能够灵活应变，追求达成恰到好处的理想状态。"以和为贵"反对偏邪、偏激，反对盲目冲动，反对意气用事。其实"以和为贵"的思想，不只是有若的想法，"整部《论语》，孔子的言行，都是在教导人们在国家的内政外交，在人的立身处世，直至在日常的生活起居方面，如何和谐行事以取得和谐效果，达到和谐境界。"[1]

孔子力图在复兴周礼的框架内促进人际关系的和谐发展，强调"克己复礼"，以"礼"来规范日常言行。可以说，这时期孔子已经建构了以仁为内核、以礼为外用的和谐实践模式。

荀子从天人关系与人际关系两个方面进一步发展了孔子的和谐思想，强调天人和谐与人际和谐。荀子认为，天地是万物之本，人要遵循自然法则；在人际关系上，"荀子以义为人性根基，以群、辨为经纬线，建构了以宗法等级秩序为依托的和谐系统。"[2]"无论他所讲的是天人和谐还是人际和谐均以分为前提，以礼为标准。这决定了荀子和谐理念的实质是不齐而齐、不同而和。"荀子的和谐思想"奠定了儒家在差等中求和谐的致思方向和价值追求"。[3]可以说，荀子进一步拓展了"和而不同"的和谐思想。

汉唐以来，"以和为贵"的思想进一步发展。"从汉到唐，崇仁、贵和、尊礼、利群，已成为中国文化的核心价值。"[4]

宋明理学将儒家的和谐思想推向高峰。朱熹围绕"理一分殊"的框架深入阐发他的和谐思想。"理一"即天理、天道，也就是"仁义礼智"，"分殊"即君臣、父子之类，也就是长幼、尊卑、亲疏的等级秩序。强调"穷天理，明人伦"，从而使人伦的等级秩序归于天理，"人和万物都是天理派生的，都体现了天理"，"天理就存在于人和万物之上"。[5]按照朱熹的逻辑，宗法等级社会的和谐关系都是天理的体

---

[1] 李育红.以和为贵［M］.成都：四川文艺出版社，2008：11.
[2] 魏义霞.儒家的和谐理念与建构［M］.北京：人民出版社，2010：24.
[3] 魏义霞.儒家的和谐理念与建构［M］.北京：人民出版社，2010：11.
[4] 陈来.中华文明的核心价值：国学流变与传统价值观［M］.北京：生活·读书·新知三联书店，2015：49.
[5] 魏义霞.儒家的和谐理念与建构［M］.北京：人民出版社，2010：87.

现。在王阳明那里，"致良知"就是体现天理，也是万物的本原。"王守仁力图让人们明白，现有的社会秩序发端于与天地万物为一体的宇宙秩序，最终体现为以血缘亲情为纽带的家庭秩序"。[1]可见，宋明理学将宇宙秩序与社会秩序统一起来，论证了宗法等差秩序的合理性与永恒性。

总之，"以和为贵"的儒家和谐思想总体上强调天、地、人的和谐共生，既突出社会关系的差序和谐，又突出人内心的和谐统一。"在宋明理学中，宇宙秩序、社会秩序与家庭秩序可以相互通约。"[2]不过作为农耕文明的产物，儒家的和谐思想观念还存在一定局限性，有待进一步发展与完善。

2. "以和为贵"的现代冲击

清末民初以来，随着西方近现代思想论著的译介与传播，中国思想文化界刮起了一场"西学东渐"的思想飓风。五四运动与新文化运动后，"德先生""赛先生"为越来越多的人所认同、接受。由严复译介的《天演论》也受到鲁迅等不少人的追捧。在屡受列强打压以及亡国灭种的威胁之下，"物竞天择，适者生存"等核心观点被广为传播。

大体而言，这些源自西方近现代的思想观念与儒家思想存在一定的差异[3]，比如西方近现代的思想观念更强调科学分析、理性启蒙，儒家思想侧重于文化认同、价值启蒙；西方近现代的思想观念更强调个性解放，倾向于个人本位，儒家思想侧重于集体生存，倾向于整体共存。严格来说，受工业革命的驱动，崇尚自由及个性解放并无过错，但是将个性与群性、个人本位与集体存在、理性启蒙与集体价值对立起来就必然产生问题，值得深度反思。历经残酷竞争的现代社会呼唤新的和谐处世观。

3. "以和为贵"的当代整合

在20世纪的前50年时间内，人类爆发了两次世界大战，伤亡者数以亿计，影

---

1 魏义霞.儒家的和谐理念与建构［M］.北京：人民出版社，2010：116.
2 魏义霞.儒家的和谐理念与建构［M］.北京：人民出版社，2010：129.
3 根据陈来先生的研究，中华文明价值观念与西方近代价值观相比，具有四个基本特点：（1）责任先于自由；（2）义务先于权利；（3）群体高于个人；（4）和谐高于冲突。详见：陈来.中华文明的核心价值：国学流变与传统价值观［M］.北京：生活·读书·新知三联书店，2015：51—56.

响巨大。[1] 20世纪60—70年代，西方发达国家逐渐进入后工业社会，科学知识对经济发展及社会进步的拉动作用越来越明显。如今，随着微型计算机、互联网、人工智能的迭代升级，人类社会已经迈入知识经济时代。在新的历史起点，人类开始全面反思现代性，重新思考可持续发展的价值文化。科技是一把双刃剑，既可以造福人类，也可能给人类带来毁灭性的威胁。科技的发明与使用，必然需要有合理、稳健的价值理念。历史证明，过于强调竞争、斗争的社会达尔文主义曾把人类带入了深渊，必须进行改造、优化。新的价值理念要以人为本，尊重差异，维护人类的和谐共处及可持续发展。

从上述意义上说，"以和为贵""和而不同"的价值文化，既要接续古典精髓、又要融入新知，在辩证把握、整合提升的基础上守正出新、弘扬发展，从而为人类命运共同体的建构贡献中国智慧。这也正好体现了黑格尔所说的"正、反、合"的演进过程。

经整合提升后的"以和为贵""和而不同"，既要坚守中华文明与中国文化的基本特点，譬如作为中国文化基本精神的"刚健不息、厚德载物"，作为中国文化基本价值的"崇仁贵和、尚德利群"，作为中华文明世界理想的"协和万邦、世界大同"[2]，又要注重在现代民族国家的背景下，通过法治与德治重建社会和谐的秩序格局，更注重在扁平化的组织结构中，突出个人主体的独特内涵，激发主体活力及创造性，通过复合主体结构，重释各美其美、美美与共的理想境界，从而全面复兴以和谐价值观为基石的中华文明与中国文化。[3]

经整合提升之后，从"以和为贵"到"和而不同"的过程路径及结构关系也有了新的内涵特征。比如从"真"的维度看，要求个人主体能够适应全球化背景下的不确定性特征，能够敏锐地识别、分辨真伪，透过纷繁现象把握事实本质，这考验

---

[1] "在西方的文化里有一种冲突意识，总是想用自己的力量，以自我为中心，克服非我、宰制他者、占有别人。因此，在西方历史上宗教战争非常残酷，在中国则没有出现过这样的宗教战争。甚至我们说，20世纪两次世界大战，其根源都不在东方文化。"详见：陈来.中华文明的核心价值：国学流变与传统价值观[M].北京：生活·读书·新知三联书店，2015：57.
[2] 陈来.中华文明的核心价值：国学流变与传统价值观[M].北京：生活·读书·新知三联书店，2015：116.
[3] （澳）达里尔·格皮.和谐价值观是中华文明基石[N].参考消息，2023-11-12（13）.

个人认识主体分辨事实真伪的心智智慧。从"善"的维度看，要求个人主体能够适应复杂的社会情境变化，能够针对特定场景的具体问题来判断是非、善恶，做到恰当合宜，不偏不倚。针对"善"的问题，"过"与"不及"都是不妥的。这考验个人道德主体把握"度"的人生智慧。从"美"的维度看，要求个人主体懂得发现美、欣赏美、创造美。这考验个人主体的美学智慧。在社会生活中，将心智智慧、人生智慧与美学智慧统一起来，重新诠释个人主体内涵，唤醒个人主体的生命活力，有助于我们从新的角度理解"和而不同"的时代内涵，克服本质主义的同质文化，重新把握和美文化的独特魅力。

（三）"以和为贵"的当代意义

1. 天、地、人的整体和谐与新时代国家生态文明观相统一

我们的先辈们从天、地、人相统一的角度来理解宇宙人生，认为人是大自然的有机组成部分，"为五行之秀，实天地之心"。作为"有心之器"的人类，要保护地球生态平衡，维护天、地、人的整体和谐统一。这种整体和谐的价值观念和新时代中国特色社会主义思想的生态文明观是一致的。从宏观方面来看，我们需要自觉维护人与天地自然的动态平衡，这不仅关系到我们国家的整体发展，而且也关系到全球生态安全，关系到人类的可持续发展。为此，我们需要克服近现代以来西方形成的人类中心主义思想，与世界上的其他国家一道注重实施生态文明教育，传播生态文明的思想观念，培育下一代的生态文明素养，为构建人类命运共同体做出我们的独特贡献。

总之，在宏观层面，"以和为贵"的思想注重天、地、人的整体和谐，突出人与自然之间的和谐共生，强调人类社会生活要遵循"道法自然"的大智慧，体现当代生态正义的思想观念。

2. 和而不同的人际和谐与教师群体的各美其美

"以和为贵"的思想孕育于社会的差序格局，实质上体现着"和而不同"的人际和谐智慧。"和而不同"强调包容个性差异的统一，激发个体活力的和谐。教师作为高素质的专业人员，作为"传道、受业、解惑"者，需要体现"和而不同"、各美其美的交往之道。

一方面应该尊重每一位教师主体的"内在的目的",充分调动教师主体的生命活力与教育激情。"把人视为'内在的目的',而不是视为达到某种'外在目标'的工具和手段,这是有尊严的幸福生活达成的必要条件。人成为'内在的目的'意味着,人是与物有着根本区别的特殊存在。"[1]

另一方面也应该学会敬业、乐群,教师主体间要彼此尊重,各美其美,美美与共,达成和谐共处。在群己关系上体现"和而不同",也就要求教师个体克服以自我为中心的视角与思维,培育关系型的思维方式,努力为育人事业做出属于自己的独特贡献。"自我是'个人人格和道德'与'社会政治准则'之间的和谐。"[2]作为处在关系网络之中的自我,教师个体在名与利面前需要适度弱化自我意识、淡化个人利益,从而使教师个体与他人、群体保持恰当、合宜的和谐关系。俗话说家和万事兴,学校组织也是一样,需要情理相通,逻辑一致。唯有学校大家庭和谐团结,心和气顺,学校教育事业才能够焕发勃勃生机。

二、"以诚待人"的传统智慧

(一)"诚"的基本含义

《说文解字》对"诚"的解释为:"诚,信也"。根据日本学者白川静的研究,"发自清祓过的心许诺,谓'诚'","向神起誓,谓'诚'","起誓时的心境,亦谓'诚'","诚"具有真诚、诚实、诚心等多重意义。"诚被视为天、人、道三者的中介",孟子把"诚"视为至德之一。[3]

可见"诚"的基本意思是诚心诚意、真实可信,既指为人处世的态度,也指一种美好品格。从古至今,教人要做一个好人、真人、善人,其前提条件就是首先要做一个诚实不欺的人。唯有心意真诚,才可能成为一个值得信赖的人,才可能成为一个善人、真人。也只有彼此心意真诚,才能够做到"以和为贵",和谐相处。

---

1 王枬.成己成人:叶澜教师观解读[M].北京:人民教育出版社,2022:180.
2 李弘祺.学以为己:传统中国的教育(上)[M].上海:华东师范大学出版社,2017:375.
3 (日)白川静.常用字解[M].苏冰,译,北京:九州出版社,2010:254.

（二）"以诚待人"的传统智慧

从传统智慧的角度来看，"诚"是中国古典哲学的一个重要范畴，意为信实无欺或真实无妄。[1]《礼记·中庸》认为："诚者，天之道也。诚之者，人之道也。"也就是说，"诚"属于天道、天理，追求真诚是为人之道。《礼记·大学》把"意诚"作为治国、齐家、修身、正心的前提。这就意味着一个人要有所作为，成就一番事业，首先需要具有"诚"的品德。

孟子尤其推崇"诚"的品德，他说："是故诚者，天之道也。思诚者，人之道也。"又说："反身而诚，乐莫大焉。"也就是说，"诚"属于天道，天道不可违，追求"以诚待人"就是做人的根本原则。反省自己，如果遵循了天道，已经达到"诚"的境界，这是最快乐的事情。可见，在孟子看来，"以诚待人"既是天经地义的事情，也是人生修为要追求的重要目标。

从修养工夫的角度，荀子把"诚"作为道德修养的重要方法和境界，"君子养心莫善于诚，致诚则无它事矣，唯仁之为守，唯义之为行。"也就是说，在荀子看来，有德行的人修养心灵，没有比以诚待人更好的方式；要做到以诚待人，唯有内心坚守仁爱之心，行为处世奉行道义。可见以诚待人就是要遵循天道，又包含仁爱与道义，一定程度上体现了天人合一的思想脉络。

在道德修养工夫方面，宋明理学家推进一大步，"他们极其重视诚、敬、存心、格物、致知等躬行践履和道德实践，形成了系统的道德修养工夫论"[2]。程颢、程颐将"诚"与"敬"相提并论，以诚释敬，非常重视"诚"的修养。"真实不欺之诚是道德修养以至一切事业成败的关键；缺少诚，道德修养必将流于空伪。"[3] 程颐认为："学者不可以不诚，不诚无以为善，不诚无以为君子。修学不以诚，则学杂；为事不以诚，则事败；自谋不以诚，则是欺其心而自弃其忠；与人不以诚，则是

---

1 中国大百科全书总编辑委员会《哲学》编辑委员会，中国大百科全书出版社编辑部.中国大百科全书（哲学Ⅰ）[M].北京：中国大百科全书出版社，1987：97.
2 魏义霞.儒家的和谐理念与建构[M].北京：人民出版社，2010：232.
3 魏义霞.儒家的和谐理念与建构[M].北京：人民出版社，2010：234.

丧其德而增人之怨。"

由此可见，在宋明理学家看来，"诚"要有机渗透人生的方方面面，不"诚"则不真，不"诚"则不信，不"诚"则无事可成。"以诚待人"自是题中应有之义，每一个明理的人都不可不为，都应遵循天理，顺势而为之。从一定意义上说，所有追求真善美的现代文明人都应该自觉践行"以诚待人"。因为离开了"诚"的精神，追求真善美的事业就无所依附，难有建树。"诚"与"真善美"具有内在一致、彼此相通的关系。很显然，"以诚待人"的传统智慧具有蓬勃的生命活力，至今仍然值得我们自觉继承与弘扬。

如果说"以和为贵"的文化传统侧重于具体阐发和谐处世的义理，那么"以诚待人"的传统智慧，则侧重于从身体力行的角度来谈和谐处世的修养工夫。坚守"诚"与"敬"的处世修炼，建构可信、真诚、亲切的人际关系，自然可达"和而不同"与"美美与共"的和谐境界。可以说，"以和为贵""以诚待人"不仅具有贯通古今的恒久价值，也具有惠及全球的普世意义。

21世纪以来国内外教育界都非常重视核心素养的研究。2001年成立于美国华盛顿的21世纪学习联盟研发并推出了"21世纪学习框架"，特别强调要注重培养4C素养模型，即合作素养、沟通素养、审辩思维和创新素养。2020年北京师范大学的研究团队在4C素养模型的基础之上拓展了文化理解与传承素养，从而将4C素养模型发展为5C素养模型。[1]无论是合作素养、沟通素养，还是文化理解与传承素养，都与"以和为贵，以诚待人"的核心理念彼此相通，需要整合融通，共同致力于21世纪创新人才的有效培养。

三、建构和谐的人际关系

建构高质量教育体系必然需要突破学校框架，从大教育的视野整合学校、家庭、社区、场馆等相关育人机构，以及线下线上的各类育人资源，建构和谐的育人

---

[1] （美）大卫·罗斯.致辞：从"4C"到"5C"——祝贺"21世纪核心素养5C模型"发布［J］.华东师范大学学报（教育科学版），2020（2）：19.

关系网络，减少或避免各个育人主体之间的精神内耗或制度掣肘，凝聚各方育人力量，协同创新，共襄育人大事。建构高质量教育体系当然更需要加强建构和谐的育人关系网络，避免陷入过度竞争、功利化、内卷化的多重陷阱，从而营造开放、开阔、充满活力、富有创意的教育生活世界。

在编织高质量育人关系网络的过程中，学校或教师团队应该发挥主导力量，基于学生成长成才的实际需求，承担发现、整合、编织及维护育人生态关系的主体责任，从而团结一切可以团结的人，凝聚一切可以凝聚的力量，多方位、全过程促进学生成长。"以和为贵，以诚待人"的价值文化必然需要渗透进建构和谐人际关系的全过程，必然体现到建构高质量教育体系的各个方面。"以和为贵，以诚待人"是建构和谐育人关系所不可或缺的元素。

教师自觉传承"以和为贵，以诚待人"的优良传统，其核心目的就是致力于营造团结协作的氛围，共同建构和谐育人的关系场域。建构和谐育人的关系场域，不仅直接关系到教育生活世界的心理氛围，直接影响教育生活世界的正常秩序，而且其本身还具有重要的育人价值。和谐育人的关系场域，既是教师发挥自己的专业素养，正常履行教书育人职责的重要条件与保障，也是高质量教育体系建构的基础条件。

（一）关系到教育生活世界的心理氛围

建构和谐的人际关系直接关系到教育生活世界的心理氛围，往往可以塑造教育生活世界的心理底色。这将在整体上影响学校教育所有的育人活动，渗透进所有育人活动的开展过程，总体上关系到所有育人活动的实施效果。如果教育生活世界的心理氛围和谐、亲切，教师与学生体验美好、心情愉悦，就可以有效地推进育人过程。相反，如果教育生活世界的心理体验不和谐，教师与学生的心理感觉消极、拧巴、郁闷，必将影响育人过程推进及育人效果达成。

（二）影响教育生活世界的正常秩序

建构和谐的人际关系将直接影响教育生活世界的正常秩序。教育生活世界建构正常的秩序是以合群为前提的。根据杨国荣先生的研究，"在中国哲学中，人与人的共在，常常被理解为与个体相对的'群'。按儒家的看法，'群'是人区别并超越于动物的根本特征之一。"[1]荀子认为："人何以能群？曰：分。分何以能行？曰：义。故义以分则和，和则一，一则多力，多力则强，强则胜物，故宫室可得而居也。故序四时，载万物。兼利天下，无它故焉，得之分义也。"可见，关于"人何以能群"的问题，在荀子看来，"群"以"分"为前提，"分"主要表现为等级结构、社会角色等分别。由"分"引申出"义"，"义者，宜也"，"宜"有适宜、应当等意，引申为当然之则。荀子认为，"义"与"礼"彼此相通，以"礼义"分，从而建立起等差有序的社会组织"群"。

建构现代教育生活世界的正常秩序，也适用上述"群"与"分"的辩证关系，关键是所"分"之"义"的内涵不同，既要扬弃"礼义"之分，又要体现现代教育精神，落实育人的价值立场。由此出发，和谐人际关系所蕴含的"和合"与"真诚"，当为所"分"之"义"的新内涵及新要求。试想如果离开"和合"精神，现代教育生活难以构成统一的"群"；如果离开"真诚"态度，现代教育生活难以形成紧密的、亲切可爱的人文关怀世界。建构和谐人际关系，也就是将"和合"精神与"真诚"态度有机渗透进教育生活世界的过程。

（三）具有重要的育人价值

教育生活世界的和谐人际关系具有重要的育人价值。人工智能时代，数字技术手段前所未有地发达，这会改变教育的实践形态，但是不会改变人与人彼此理解与交往的育人过程。"教育技术手段的现代化恰恰强化了教师作为人在教育中不可替代的价值，其中最根本的是精神的沟通、情感的交流和个体人格的影响力。"[2]可见教育生活世界的和谐人际关系本身，就是影响学生身心健康成长的宝贵土壤，尤其是对学生理解他人和与他人交往能力的发展具有独特的育人价值，也必将对学生健

---

1 杨国荣.成己与成物：意义世界的生成［M］.北京：北京师范大学出版社，2018：133.
2 王枬.成己成人：叶澜教师观解读［M］.北京：人民教育出版社，2022：231，232.

全人格的发展产生深远影响。此外，教育生活世界的和谐人际关系及其实践，也可以为培养学生的合作素养、沟通素养以及文化理解与传承素养提供有效示范，为促进学生沉浸式学习创设条件。

■ 第二节 ■ 价值自觉，协同育人

传承"以和为贵，以诚待人"的文化传统，建构和谐共处的育人关系场域，对顺利推进高质量的学校教育意义深远。从和谐共处的教育意蕴来看，对落实和谐关系建构的第一责任人的教师而言，首先需要通过追问"教师是谁"，深刻理解教师主体的责任与担当，自觉追求教育世界及其内在关系的真善美；其次需要追问"如何做教师"，教育是合作的事业，从思维方式上教师应该站在道德情操的制高点上思考育人问题，通过分工协作，协同解决育人问题，从而共同推进神圣的育人事业；最后还需要思考"教师如何共处"，教师彼此因育人事业而结缘，育人事业是促进人成长的学问，教师生命的价值和意义也应该相互照亮，共同成长。

一、教师从教追求的是真善美

物以类聚，人以群分。要达成和谐共处，需要在育人价值层面不断追问"教师应该是谁"，坚持在"成事成人"的学科实践中彰显"教师实际成为谁"，唯有自知之明，奋发有为，才能自立而立人，自觉而觉人。唯有拥有如此的价值自觉，每位教师才可能成为一名让国家放心、家长满意的合格人民教师。

（一）教师从教应求真

众所周知，陶行知曾言："教师的职务是'千教万教，教人求真'；学生的职务是'千学万学，学做真人'。"所谓"真人"，可以理解为真正的人，追求真知，有真本领、真性情、真品格，可谓顶天立地、光明俊伟的"真君子"。教师唯有"学做真人"，才可能"教人求真"。"许多哲学家、教育家都强调，教育是促使人由

> 育人事业是促进人成长的学问，教师生命的价值和意义应该相互照亮，共同成长。

'自然人'变成'社会人'，从而成为'真正的人'的唯一路径。"[1] 正如康德所说："人是唯一必须受教育的造物。""人只有通过教育才能成为人。除了教育从他身上所造就出来的东西，他什么也不是。应当说明的是，人只有通过人，通过同样是受过教育的人来受教育。"[2] 由此可见，唯有真正的人，才能培养出求真的人、真正的人。

结合中国文化背景，叶澜教授特别强调教师应成为"养正者"，"对于正处于成长中的学生而言，教育要用人类文明'养其正'、成其人。所谓'养正'，即指培养其端正的心性及行为。孩子们为什么进学校？是为了看到人类文明的灿烂、丰富！没有教育者，孩子自己无法达到多方面更加完善的发展。"[3]

为此，教师在思想方法上要坚持实事求是，坚守科学精神。在教学工作方面，教师不能满足于教课本、传递知识，应该既要回到知识的源头，把握知识的科学内核；又要引导学生通过学习科学知识，领悟科学方法，做到知其然，更知其所以然；还要启发学生质疑问难，通过审辩式思考，善于发现新的问题，探究新的问题，从而培育出勇于探索、勇于求真的人。

教师对待自身的专业发展与人格提升，同样应该实事求是，长善救失，终身学习，永不满足。

（二）教师从教应求善

作为立德树人的第一责任人，作为具有仁爱情怀的教师，毫无疑问应当追求从教求善的理想信念。过去人们常把教师比喻为"蜡烛""春蚕""园丁""工程师"，

---

1 王枬.成己成人：叶澜教师观解读[M].北京：人民教育出版社，2022：84.
2 （德）康德.康德论教育[M].李其龙，彭正梅，译.北京：人民教育出版社，2017：4, 6.
3 王枬.成己成人：叶澜教师观解读[M].北京：人民教育出版社，2022：85.

认为"教师应该像蜡烛和春蚕、园丁和工程师那样,以奉献和牺牲承担起百姓对教师的厚望,并为社会做出示范。"[1] 虽然从教师职业的特点来看,上述隐喻并不算错,教师职业确实具有甘于奉献、甘做人梯的价值意义。不过随着时代变迁、社会发展,教师从教越来越重视如何引导学生求善、成善,真正达成立德树人的使命。为此教师从教有必要将"求真"与"求善"有机融通。

(三)教师从教应求美

爱美是人的天性,追求美是古往今来人们共通的人性。教师从教自然应当求美,追求以美育人。

其实,作为追求真善美的育人事业,培养完整生命、促进学生的全面发展,必然需要教师将"求美"与"求真""求善"统一起来。正如王国维所言,教育的根本宗旨在于培育"完全之人物","何谓完全之人物?谓人之能力无不发达且调和是也。"他认为,人的能力可分为"身体之能力"与"精神之能力",其中"精神之中又分为三部:知力、感情及意志是也"。"对此三者而有真善美之理想:真者知力之理想,美者感情之理想,善者意志之理想也。完全之人物不可不备真善美之三德,欲达此理想,于是教育之事起。"为此,"完全之教育"需要将真育、善育、美育与"身体之能力"有机整合、融通起来,从而实现培育全人的育人目标。[2]

要实现"求美"与"求真"的统一。教师从教"求真",引导学生"养正",这是"求美"的前提。因为虚情假意、弄虚作假,只会是丑陋,缺乏美的基础。只有在引导学生"养正"的基础上,进行审美陶冶教育,才不会导向油滑、偏斜。此外,"求美"有助于促进"求真"。因为美育可以陶冶活泼敏锐的性灵,养成高尚纯洁的人格,这些都有助于促进智育、推进"求真"。

要实现"求美"与"求善"的统一。无论是中国"上善若水"的思想,还是马斯洛的需求理论都体现了"求美"与"求善"的统一。中国古典文化认为,仁者乐山、

---

1 王枬.成己成人:叶澜教师观解读[M].北京:人民教育出版社,2022:63.
2 舒新城.中国近代教育史资料(下)[M].北京:人民教育出版社,1961:998—999.

智者乐水，水是灵动、活泼的象征，"上善"与"若水"融通，暗示"求美"与"求善"的一致。马斯洛从五级需求模型拓展到八阶段模型，将审美需要与自我实现、超越需要统一起来。善一定跟美联系在一起。东方文化思想如此，西方最早提出美学的学者也说从自然的人到理想的人，桥梁就是美育。檀传宝教授曾专门研究过美善相谐的教育，他认为："美育之所以能够具有育德的功能，是因为美育活动本身所具有的某种固有的促进道德成长的'善性'"，比如审美活动的储善性、导善性、立善性。[1]

从和谐共处的视域来看，教师首先应该在价值理性层面明白"我是谁"，教师从教应该追求真善美的大方向，身体力行，以身示教，唯此才能够在社会转型、价值取向多元的现实生活中坚守价值立场与职业良心，才能够自觉克服拜金主义、功利主义的不良影响，维护教师共同的职业尊严。这样的教师才能够真正成为指导学生选择正确人生道路的引路人。这条道路就是追求真善美的人生大道。

教师的人格魅力、人格力量来自"求真""求善""求美"的有机融通与美妙结合。教师要"以自己的真才实学激发学生旺盛的求知欲，以自己高尚的道德情操熏陶感染学生，引领他们形成健康、高雅的审美情趣"，教师应该努力成为学生人生道路上追求真善美的楷模和导师，从而以师者真实、完整的人格力量来涵养、陶冶学生的正直人格、健全人格。

二、站在道德情操制高点上思考

"孔子登东山而小鲁，登泰山而小天下"，一个人站的高度不同，他看问题的角度、思考问题的方式也会随之不同。其实，教育本来就是合作的事业，学会站在道德情操的制高点上思考问题，这是协同育人的思维基础。

（一）站在道德情操制高点上思考的必要性

现在的学生成长环境更为复杂，影响学生健康成长的各种不确定性因素剧增，

---

[1] 檀传宝.美善相谐的教育[M].哈尔滨：黑龙江教育出版社，2003：2—13.

学生成长成才更为艰难、艰辛。同样，教师的生活、工作也会遇到更多的矛盾与问题，可能会有太多的困惑与苦恼，甚至会感到茫然不知所措。这就需要教师拥有哲学的头脑，不能就工作论工作，而应该提到哲学的高度去思考、去认识、去分析。

总之，当今时代所面临的复杂局面与现实问题，客观上促使每一位教师既要勇挑重担，不惧挑战，勇于承担培养担当民族复兴大任的时代新人，又要站在道德情操制高点上思考，善于识别，深刻分析，着力解决各类复杂问题、不确定性问题，通过成事成人，实现自我的蜕变发展。

（二）站在道德情操制高点上思考育人的大目标

我们教师为了站在道德情操制高点上思考，需要牢固树立育人的大目标，描绘育人的总蓝图，这是在制高点上思考的战略方向。

根据2022年全国教育事业发展统计公报，我国各级各类学历教育在校生2.93亿人，专任教师1 880.36万人，其中中小学招生人数达1.68亿人。可见基础教育的育人质量直接关系到亿万孩子成长的质量，其战略意义非凡、深远，关系到国家民族发展的面貌、成色、安危。以中国立场、世界视野、时代命题来思考基础教育问题，就会深刻领悟到肩负的历史使命是多么重要。可见，教师要站在道德情操制高点上思考，必然需要树立育人的战略目标。

基础教育的战略目标主要是为每个学生宝贵的生命成长奠基，为党和国家人才发展战略奠基，为未来良好的国民素质奠基。具体而言，在道德情操层面，教师应领悟"文化是一个民族的灵魂"这一观点，要自觉传承、弘扬中华民族的优秀文化，传承中华民族的精神血脉。

总之，每一位教师都要在道德情操制高点上树立文化自信、价值自觉，培养学生做一个有中国心的现代文明人，从而为培养中国特色社会主义的建设者和接班人服务。

（三）站在道德情操制高点上思考的思维方式

从思维方式的角度来看，站在道德情操制高点上思考，需要基于育人价值与战略目标，克服零敲碎打的点状化思维和见树不见林的割裂思维，养成整体思维与综合思维，注重各项育人工作的整体融通与综合融通，共同致力于立德树人战略目标的有效达成。

整体融通的思维方式，强调从有机整体的视野来思考问题，既看到部分的特点，也看到部分的关联，能够从部分与部分关联、构成有机整体的方式来分析问题，从而克服点状化的思维方式。

综合融通的思维方式，注重通过不同事物的关联与有机整合，既见树木，又见森林，形成新的整体化思考，从而克服彼此割裂的思维方式。这需要一个人具有比较宽广的知识视野与变通思考问题的习惯。

三、教师生命的价值和意义相互照亮

如果教师从教追求的价值原点明确，教师在追求真善美的过程中能获得不竭的价值源泉，那么教师从教就将收获价值自觉，奠定从教的价值根基。如果教师从教又能够自觉超越点状化、割裂化的思维方式，能自觉地站在道德情操制高点上思考教育问题、解决教育问题，那么教师从教将收获清醒的思维与明确的方向，奠定协同育人的思维基础。既有价值自觉，又有思维基础，那么教师在教育交往世界中体现以和为贵、以诚待人，建构和谐的人际关系，也就是顺理成章的事情。在如此和谐的育人场域中，无论是教师彼此之间的交往，还是教师与学生的互动，往往都会是学习者生命价值和意义相互照亮的过程。

（一）教育教学既是合作的事业，也是接力的事业

基础教育教学的本质是为学生的生命成长奠基，为未来的国民素质奠基，为培养中国特色社会主义的建设者和接班人服务。要达成基础教育的育人使命，落实立德树人根本任务，促进学生德智体美劳全面发展，必然需要教师彼此通力合作，分工协作，协同育人。2021年11月，联合国教科文组织向全球发布报告《一起重新构想我们的未来：为教育打造新的社会契约》，重新定义教学是一个合作性的职业，

提倡基于合作和团结的教学法。[1]可见，教师加强对话、合作，协同育人，携手共创美好未来，这预示着世界教育发展的大趋势。

教育教学还是接力的事业，需要老中青不同代际的教师彼此接力，将真善美的育人事业薪火相传。除接力之外，当今教育教学的改革创新，还需要不同代际的教师彼此借力，激发各自优势，形成强大的育人合力，从而有效应对各种复杂的育人问题。当今网络技术发达，为教师彼此合作交流、接力借力创造了有利条件。

（二）教师团队成员相互照亮，成事成人，走向卓越

独木难成林，百川聚江海。要造就高素质创新型的教师队伍，需要教师团队成员彼此学习，相互照亮。孔子说："见贤思齐焉，见不贤而内自省也。""三人行，必有我师焉：择其善者而从之，其不善者而改之。"在教育交往世界，教师彼此养成"见贤思齐"、贤者为师的处世姿态与习惯，其实就是相互照亮，彼此砥砺前行。知不足而奋进，望远山而力行，教师之间要通过成事成人，从而走向卓越、成就卓越。总之，教师生命的价值和意义需要相互照亮，彼此砥砺，虽然一个人可以走得很快，但一个团队可以走得更远。

（三）教师与学生之间生命价值的彼此激发，相互照亮，彼此成就

立德树人是新时代教育教学的根本任务，也是教师职业的使命所在。教书育人，可谓教师的天职。无论是教师的价值自觉、思维建构，还是和谐人际关系的建构，最终都需要体现在培养学生的全过程之中。课堂教学是教师工作的中心环节，也是教书育人的主阵地。从课堂教学结构来看，师生作为"发光体"彼此照亮的育人过程，扭转、改变了教师对学生垂直传递的单线型结构，建构形成交互反馈、动态生成的复杂结构，从而实现课堂教学从传递型课堂向创生型课堂的转型。"人人

---

[1] 联合国教科文组织.一起重新构想我们的未来：为教育打造新的社会契约［M］.北京：教育科学出版社，2022：52.

> 教师的人格魅力来自"求真""求善""求美"的有机融通与美妙结合。

都是发光体"的创生型课堂正是师生交融和谐的美妙胜境。

■ 第三节 ■ 培训修炼，止于至善

一、政策要求与教师培训

国家政策对教师和谐共处，协同育人高度重视，已经提出明确的政策要求与研制专门的教师培训课程标准。根据教育部办公厅于2000年印发的《中小学教师培训课程指导标准（师德修养）》《中小学教师培训课程指导标准（班级管理）》《中小学教师培训课程指导标准（专业发展）》三份文件可知，教师的和谐共处、协同育人在师德修养、班级管理、专业发展三个领域均有具体要求与明确目标。

按《中小学教师培训课程指导标准（师德修养）》规定，师德修养培训课程的内容框架设置"理想信念""道德情操""扎实学识""仁爱之心"为一级指标，其中"道德情操"的二级指标专门设置"团结协作"。围绕"团结协作"共设置四个研修主题，包括集体意识、师生平等、同伴合作、家校协同。

表 7-1 师德修养培训课程的框架内容与研修主题

一级指标	二级指标	培 训 目 标	研修主题
道德情操	团结协作	1. 维护学校和集体荣誉，有集体意识，积极参与学校建设。 2. 能够以平等的方式、心态和情感去了解和对待学生，以礼相待。 3. 能够与同事友好相处，同事间形成开放、信赖、互助的工作关系。 4. 能够与家长积极沟通，乐于采纳家长的合理建议，并形成具有建设性的双向关系，帮助家长明确教育责任，改进教育方法，为学生成长共同努力。	集体意识 师生平等 同伴合作 家校协同

按《中小学教师培训课程指导标准（班级管理）》规定，班级管理培训课程的内容框架设置"班集体建设""班级活动组织""学生发展指导""综合素质评价""沟通与合作"为一级指标，其中"沟通与合作"可谓直接指向和谐共处、协同育人。另外"班集体建设""班级活动组织""学生发展指导""综合素质评价"也与和谐共处联系紧密。一级指标"沟通与合作"包括"师生沟通""教师间沟通与合作""家校沟通与合作""社区沟通与合作"等二级指标，其中"师生沟通"要求讲究沟通艺术，教师要成为学生的良师益友。"教师间沟通与合作"要求教师彼此密切沟通，合作互助。"家校沟通与合作"要求家校通过有效沟通与合作，努力达成民主和谐，形成育人合力。"社区沟通与合作"注重开发社区的育人资源，通过社区合作，谋求合作共赢。

表7-2 班级管理培训课程的框架内容与研修主题

一级指标	二级指标	培训目标	研修主题
沟通与合作	师生沟通	1. 熟悉民主、平等、和谐的师生关系特点，强化正确的学生观，尊重、理解、关爱、欣赏学生。 2. 了解不同阶段学生的身心发展特点，了解学生的家庭状况和个性特征，根据学生的差异，采取恰当的沟通方式。 3. 善于捕捉教育契机，使用符合学生特点的语言与学生进行沟通和交流，引导和帮助学生。	师生沟通的问题与方法研究
	教师间沟通与合作	1. 能充分认识科任教师在班级管理中的重要作用，尊重、信任科任教师，建立合作互助的同事关系，形成合力，共同促进学生发展。 2. 能与科任教师合作，共同商讨学生教育和班级建设中的问题。 3. 具有一定的沟通艺术，配合科任教师做好学生的教育工作。	教师间沟通与合作的问题与方法研究
	家校沟通与合作	1. 提高对家庭教育作用的认识，重视对家长的指导及家校合作。 2. 能根据家长类型、问题类型、情境需求选择恰当的沟通方式；借助家长会、家访、个别面谈、书信、电话、互联网等多种途径，建立常态化、通畅、快捷、有效的沟通渠道。 3. 掌握家校常见矛盾的类型、原因和应对方法，化解矛盾，妥善解决问题。	家庭教育观念与方法 家校沟通的有效方式 家校矛盾与对策

续 表

一级指标	二级指标	培 训 目 标	研修主题
沟通与合作	社区沟通与合作	1. 能认识到学校与社区建立合作互助的良好关系的意义与途径。 2. 掌握与社区沟通与合作的方法，创造性地开发利用社区的教育资源，开展教育教学活动。 3. 能指导学生走进社区、服务社区，使其在社区进行参与式、体验式、探究式学习。	社区沟通与合作的方法与问题

《中小学教师培训课程指导标准（专业发展）》规定，专业发展培训课程的内容框架设置"专业发展规划""专业知识学习""专业实践研修"为一级指标（领域），其中"专业实践研修"的二级指标（核心能力项）包括同伴合作发展。

表7-3 专业发展培训课程的框架内容与研修主题

一级指标	二级指标	培 训 目 标	研修主题
专业实践研修	同伴合作发展	1. 理解同伴合作发展的内涵、内容和形式以及对教师专业成长的重要意义。 2. 认识集体备课、课例研修、主题研讨等主要的同伴合作发展方式；掌握观课、议课、讲解、点评等改进教学的同伴互助策略。 3. 理解以校为本的行动研究的意义，学会制订行动研究方案，掌握行动研究中的常用方法，学会撰写研究报告和研究论文等研究成果。	同伴合作发展

综上可知，上述"指导标准"为教师接受课程培训，锤炼和谐共处、协同育人的综合本领提供了行动指南。不过要真正实现和谐共处、协同育人，教师从教还需要学会用"两条腿"走路，既需要高度重视相关的课程培训，学会吸收与转化，还需要善于从教育生活世界的实际出发，学会在从教实践中修炼处世智慧。"师者，亦为悟道修身养性也。"[1]从和谐共处、协同育人的角度出发，需要教师将课程培训与处世修炼有机融通，相互促进，相得益彰，止于至善。

---

1 郑华勇，李燕蓝.教育是教师的自我修行[J].新课程学习（下），2015（2）：169.

二、教师从教的处世修行智慧

（一）教师从教处世修行的含义与意义

根据《现代汉语词典（第7版）》解释，"处世"是指"在社会上活动，跟人往来相处"[1]，教师从教处世主要是指在教育生活世界，围绕育人活动而展开的教师与教师、教师与学生、教师与管理者、教师与家长的交往关系，以及事业与家庭的平衡关系。"修行"是指"佛教徒或道教徒虔诚地学习教义，并照着教义去实行"[2]，教师从教修行主要是指教师学习、领悟育人之道、交往之道，并身体力行，以求学问、品德臻于完美、人际关系和谐、和美。

教师从教离不开处世修行的智慧。一方面教师要具有德行修炼、学识砥砺、仁爱情怀等方面的专业素养，必然需要长期坚持自我修行，努力不辍；另一方面教师要身体力行"以和为贵，以诚待人"的基本理念，做一个真正追求真善美的人，学会真正站在道德情操制高点上思考，学会恰当处理教育生活世界的各种关系，从而达到和谐共处、让教师生命价值和意义相互照亮的美好境界。所有这些都需要教师坚守育人初心，胸怀育人理想，坚持知行转化与不懈的生命修行，止于至善，方达智慧之境。

教师从教践行处世修行具有巨大的育人价值。唯有坚持践行处世修行，在纷繁复杂的价值选择与诱惑之中，教师才能够坚守立身从教的价值原点，清醒地知道"我是谁"，从而在师者的价值高度清醒地去陶冶生命，提升学生；有正确的价值导向，教师才能够全身心投入教学，将浓缩"真善美"的真本领教给学生。唯有坚持践行处世修行，教师才能够有效超越纷杂的事务与矛盾关系，真正站在道德情操制高点上思考，既见树木又见森林，从而用师者的思想高度、脊梁骨的硬度去影响学

---

[1] 中国社会科学院语言研究所词典编辑室.现代汉语词典（第7版）[M].北京：商务印书馆，2021：196.
[2] 中国社会科学院语言研究所词典编辑室.现代汉语词典（第7版）[M].北京：商务印书馆，2021：1475.

生，引导学生自觉确立人生的态度、赋予自己的生命以意义，从而促进学生心灵成长、精神挺立。唯有教师的和谐共处与相互照亮，才能减少内耗，超越内卷，才能化为强大的育人合力，产生综合的育人效应。

教师从教处世修行的重要方面，从和谐共处的角度来看有：（1）教师从教修行需要注重情绪的管理与疏导，克服过度的紧张、焦虑与内耗。教师从教属于情绪劳动，教师情绪既直接影响自己的教学工作与效率，又具有陶冶情操、人格养成的重要育人功能。教师从教的情绪状态能否体现"以和为贵""以诚待人"，这将深刻影响和谐人际关系的积极建构。（2）教师从教修行需要加强语言的艺术表达与沟通，克服粗俗化及简单粗暴。教师的语言表达（口语与书面语）既是教学组织、知识传授、教学示范、评价反馈的重要途径，也是学生模仿、学习的重要内容，还是直接影响和谐人际关系建构的重要方面。（3）教师的幸福生活需要保持事业与生活的动态平衡，如何协调从教、研修、生活的平衡关系，这也是教师处世修行的重要方面。

（二）注重教师的情绪管理与疏导

"人非草木孰能无情"，人的情感、情绪可谓自然而然的心理存在。根据词典解释，"情"的本义是"喜怒哀乐爱憎等心理状态"，"古人认为人的感情是先天就有的，引申为未经改变的原本的情况"。[1]虽然教师从教的情绪情感并非先天就有的，也不是"未经改变的原本的情况"，但是教师从教的情绪情感既是丰富多样的，也是富有变化的。教师的情绪情感不仅是影响团队和谐共处、协同育人的关键因素，也是影响学生情感陶冶、促进学生成长的重要方面，具有不可替代的独特育人价值。作为以真善美为人生追求目标的教师，必然需要站在道德情操制高点上思考教师的情感世界，注重自己的情绪管理与疏导，努力修炼并呈现底蕴深厚、明智豁达、仁爱温暖的情感世界。

教师的情绪管理与疏导应该注重处理好如下的辩证关系。

---

1 曹先擢，苏培成.汉字形义分析字典［M］.北京：北京大学出版社，1999：437.

（1）"情"与"性"的辩证关系。"'情'指感情、心情。若将'性'理解为体，'情'则为其用。"[1]如果把作为教师天职的教书育人理解为"性"，那么"情"就应该努力体现与诠释教书育人的本分，就应该以爱生作为教师情感世界的总基调。因为教师从教只有带着浓浓的爱生之情，才可能营造温馨、暖心的和谐氛围，从而更好地做好育人工作。爱生是教师从教的立业之本，爱生也是教师情绪管理与疏导的源头与活水。

（2）"情"与"志"的辩证关系。《说文解字》对"志"的解释是"志，意也"，本义是心之所向，即志向、理想也。教师从教的终极志向必将牵动着教师日常的情绪体验，影响着教师情绪情感的起伏波动。为此每一位教师既需要回到教师职业的价值原点来加深理解，坚守对真善美的价值追求，又需要始终站在制高点上来思考，超越影响日常情绪情感的外部不良因素干扰（如过度竞争、相互攀比、应试焦虑），超越影响教师情绪情感的平常琐事、细枝末节，学会从明辨方向与把握格局的角度来稳住情感状态，和谐共处，协同育人。

（3）"情"与"知"的辩证关系。俗话说，知之深，爱之切。教师从教的认知理解和认知层次与日常情绪情感的关系密切。面对复杂的育人问题，教师应把握部分与整体的关系，学会用整体融通的思维分析问题，避免点状化思考与分析，把个别因素或个别事物主观放大，从而造成情绪波动。教师还应把握不同事物之间的有机联系，学会用综合融通的思维分析问题，避免割裂化思维与分析，看不到事物之间的联系与转化，从而对学生产生消极情绪。

面对学生的成长问题，教师应看到孩子们来自千家万户，必然存在个体差异；教师应想到孩子们的生命具有巨大潜能，未来发展存在无限可能，满怀希望地全身心投入育人事业，细心呵护孩子们的闪光处，真心宽容孩子们的缺点或不足，给予积极的引导、激励与反馈。

面对学生的全面发展，每一位教师都应该看到个人的有限性，都应该想到育人的事业是大家的事业，需要老师、家长、社区人员与学生自己一起努力，协同育人，形成合力。在合作交往与沟通交流的过程中还应该想到，学校是多类型群体的

---

1 （日）白川静.常用字解［M］.苏冰，译，北京：九州出版社，2010：230.

组合，各类型群体的内部关系、各类型群体之间的多种关系，由于所处的位置、肩负的任务各不相同，有时意见相左不足为怪。为了共同的育人事业，大家都应以和为贵，真诚待人，致力于凝心聚力、协同攻关，推进教育事业的发展。唯有和谐共处，团结协作，教师生命的价值和意义才会相互照亮。

（4）"情"与"言"的辩证关系。从和谐共处的角度来看，教师的情绪管理与疏导还应该正确处理好"情"与"言"的辩证关系。"温言一句三冬暖，冷言半句六月寒"，教师的言语表达要以人文关怀、仁爱情怀为底蕴，尽可能追求恰到好处的表达，避免因情绪影响说过激的话。教师的言语表达与评价反馈还要以激励为情感基调，避免习惯性地"揭发"学生的缺点或短板。

教师更应该重视通过言语表达、交流与反馈，强化自己或他人的积极情绪体验，从而更好地获得幸福感。"享受通往有价值目标的过程可以使我们获得持久的幸福感。因此，教师关键是要用心管理自己的情绪平衡——关键词是情绪管理"，"根据神经生物学研究，人们对消极事件和情绪的感知比对积极事件和情绪的感知更强烈。鲁克里格尔表示，强化自己的积极情绪是值得的。例如，偶尔写一篇感恩日记，回忆一天中让自己心存感激的事情。"[1]

（三）加强语言的艺术表达与沟通

根据中小学教师培训课程指导标准的文件规定，无论是教师的师德修养、班级管理还是专业发展，都离不开教师语言的艺术表达与沟通。从和谐共处、协同育人的角度来看，教师语言的艺术表达与沟通具有独特的育人价值。语言不仅是交际工具，还是存在本身。教师通过语言表达可以实现多重交际功能，语言表达同时也在诉说或呈现教师的精神世界。从一定意义上说，教师自觉地修炼语言表达与沟通，其实也是在修炼自己的教育生命。为此需要从多维层面来加强教师语言的艺术表达与沟通素养。

（1）加强语言表达、沟通与情感融通。上文已阐发教师的情绪管理与疏导需要

---

[1] （德）马尔科·劳赫.幸福三要素：拥有、爱和存在感［N］.参考消息，2023-11-3（10）.

正确处理好"情"与"言"的辩证关系。语言不是"无情物",教师要提升语言的艺术表达与沟通效果,促进团结协作、协同育人必然需要整体提升自己的情感素养,从而让教师的情感世界有厚度、高度、温度及宽度。教师学会设身处地从他人的角度来思考,获得同情性的理解,就容易做到情意相通、真诚待人,奠定语言表达、沟通的情感基础。这是通过语言表达与沟通,编织和谐共处的情感纽带。

(2)加强语言表达、沟通与理智融通。除了情绪情感,教育生活还是追求科学素养、转化科学知识、体现科学精神的世界。在科学生活世界的海洋,教师要加强语言表达、沟通能力,实现协同探索、科学育人,必然需要整体提升自己的思维品质,从而让教师的语言表达更有清晰感、条理感、理智感。教师学会将语言表达、人际沟通与思维品质提升有机融通,可以更清晰、准确地读懂他人,更容易达成有效的沟通与理解,奠定语言表达、沟通的理智基础。这是通过语言表达与沟通,编织和谐共处的思维纽带。

(3)加强语言表达、沟通与品格融通。从本体意义上看,教师从教的语言表达与沟通,表面是言语之间的互动,实质上是人的生命之间的交流。人的生命交流不仅需要以和为贵、真诚相待,更需要人与人之间品格的彼此砥砺。从这个意义上说,教师要加强语言表达及沟通最深刻、最核心的方式是修炼品格、提高人格修养。唯有在此意义上,教师彼此相遇才可谓是"道遇",教师的和谐共处、协同育人必将成为教师生命价值和意义的相互照亮。这是教师和谐共处的最高境界,这也是教师语言表达与沟通的人格基础。

以上主要是从教师生命的本体意义上,阐发语言表达与沟通的情感基础、理智基础及人格基础。在真实的教育生活世界,加强语言的表达与沟通需要教师将其情感基础、理智基础及人格基础有机融通,化为生命的整体。从一定意义上说,加强语言的艺术表达与沟通最需要的是生命的修炼、人格的修炼,并辅之具体的语言表达与沟通的方法策略。教师从教需要将真善美的本质追求、对教师职业的理想信念有机融入教学语言的表达与沟通过程,充分彰显教育表达与沟通的独特内涵与魅力。基于本体意义的言语修炼,可以有效促进教师语言表达与沟通的多重交际功能。

当然语言表达与沟通的具体方法策略也很重要,这需要教师结合实际问题多学习,多实践,多反思。比如围绕"成事"的有效沟通,首先,需要有开放的心态与坦诚的交流，学会发现对方的长处，应该期待通过沟通获得新的理解，不要带着"标准答案"或"成见"来沟通。其次，需要具有对象意识，改变以自我为中心的倾听习惯，学会换位思考，在充分理解对方的基础上，充分交换意见，促进有效生成与问题解决。最后，沟通结束后要及时总结反思与改进优化。

总之，教师从教的语言表达与沟通要追求"真善美"的境界，修炼一颗仁爱之心。要避免因教师的语言表达不恰当而给学生造成心理伤害。

（四）保持事业与生活的动态平衡

家庭是人生的港湾，也是事业的后方。一个幸福的教师除了事业有成，还应家庭美满，这就需要保持事业与生活的动态平衡。生活与事业是辩证统一的关系，也应该体现"以和为贵"的哲学思想，相互促进，彼此互成。每一位教师的生活体验如果能更加丰富、更有情趣，就既可以广见闻、增阅历，又可以愉悦心情、陶冶情操，这些都有助于推进教书育人的事业发展。事业有成的同时，也可以进一步提升生活的质量与品位，让生命不空载、不虚掷。可见，灵活处理好生活与事业的辩证关系，有助于实现生活与事业的双向转化、相互促进及良性发展。此外，教师个人的事业发展与生活平衡，还可以为教师团队的和谐共处提供坚实的基础与保障。

（1）健康是生活与事业的基石。无论是我们把握生活、享受生活，还是我们追求学业精进、事业有成，毫无疑问身心健康都是第一位的因素或基础前提。每一位教师都需要具有健康的自觉意识、丰富的保健知识、良好的健康习惯，始终留心保持良好的健康状态。在教育教学过程中，教师还需要有意识地向学生渗透健康意识，传播健康知识，帮助学生养成健康的学习习惯和生活习惯。唯有师生健康，才可以为发展高质量的育人事业奠定坚实的基础。

（2）艺术是照亮事业与人生的灯塔。优秀的艺术作品可以开阔胸襟，给予力量，照亮生活。从艺术作品中，教师不仅可以享受美的熏陶，而且可以汲取生命的力量，从而以更开阔的眼光、超然的心态化人生苦难为探索的勇气、前进的力量，从而获得连绵不绝的精神力量。

深厚的艺术底蕴可以启迪心智，给予灵感，点亮事业。自古以来，中文的诗词书画彼此相通、相融，于漪"在教杨朔的《茶花赋》、杜甫的《绝句·两个黄鹂鸣翠柳》、朱自清的《春》等美文佳作时，那种对色彩的敏锐感受和对画面感的准确把握，凭借着她高超的课堂教学语言艺术，把教材中的文字符号转化成了学生想象世界里的一幅幅美丽的图画，让课堂荡漾着美的旋律，让学生心中涌动起情感的暖流"。[1]可见，从一定意义上说，艺术可谓照亮事业与人生的灯塔。教师亲近艺术，欣赏艺术，热爱艺术，有助于开阔胸襟，滋养心灵，熏陶气质，提升品位，最终可以转化为照亮自己事业与人生的灵感源泉与强大力量。

---

[1] 孙宗良，兰保民.于漪的生活状态：平凡而富有情趣[M].上海：华东师范大学出版社，2008：7.

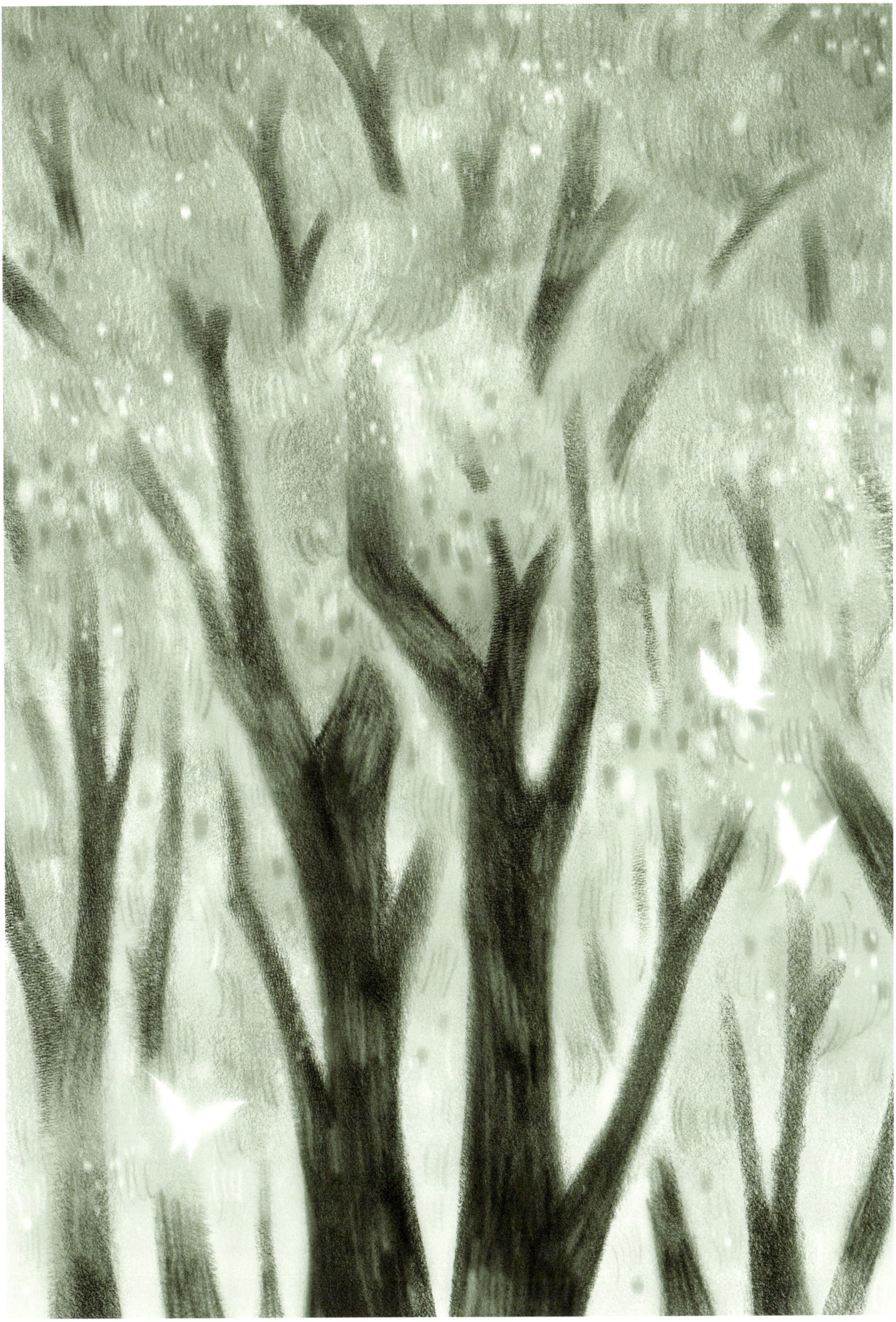

第三篇　基础教育教师的专业能力

第八章　教育教学能力

培养教师的教育教学能力，关键在于端正教育理念。有了正确的教育理念，才能使教师明确教育要培养的是什么样的人，把握好教学内容，使教育教学总是走在正道上，不至于空无依傍。其次，教师还要学会选择正确的教育方式，即能够在教育教学活动中把一定的内容通过适合的方式教给学生。所以教师的教育教学能力一方面在于能不能精准把握教学内容，另一方面在于能不能选择恰当的教学方式，激发学生慧根，引导他们去学、去疑、去思、去悟。另外，从大的环境来说，学生总是处于一个集体之中，学生来到学校，不仅仅是向老师学习，也会在与同学的交流之中互相促进、共同进步。作为一名基础教育教师，不仅要在教学内容与教学方式上提升能力，也应该提升构建和谐班集体、成就卓越学习共同体的能力，从单纯的学科育人上升到全面的学习育人。这四个教育教学能力，端正教育理念是本源，不能理解落实"学生为本"的教育理念，教育教学能力再发展也是空洞且没有根基的。教学内容的把握和教学方式的选择是主要能力，没有这两种能力的支撑，教师站不稳讲台，不能取得学生的认可，取得教育教学的成效也就无从谈起。构建和谐班集体、成就卓越学习共同体是教师教育教学能力的共生共融，让学习回归学习本身，让人在集体中找到自己应有的位置。

▪ 第一节 ▪ 全面理解并落实"学生为本"教育理念

"人"是教育的根本目的，在教育教学中全面理解并落实"学生为本"的教育理念，是教育本质的回归。在复杂多元的当代背景下，坚守教育初心，坚守"学生是教育的第一立场"这一基本理念，用切实的行动促进学生德智体美劳全面发展，教育的价值和意义就能够得到充分彰显。应当认识到，"学生为本"是尊重学生作为"人"的本质属性，尊重学生承担的历史文化使命，尊重学生朝向的人类命运的担当。"教育，说到底是培养人。当今中国的教育当然应是培养有一颗中国心的现代文明人。"[1]这一见识来源于中国基础教育长期实践的宝贵经验，既是"学生为本"这一教育理念的本土化表达，也是对这一教育理念的内涵深化。

一、尊重学生作为"人"的本质属性

教育的对象是学生，"学生为本"，就是要在教育教学中做到"目中有人"，牢牢地把学生作为"人的发展"的权利放在至高无上的位置上，作为我们一切教育行为的根本遵循。当今我们从事基础教育教学的教师，一定要坚决摆脱以分数、升学率、美誉度为追求的庸俗的功利教学观，果断拥抱学生作为"人的全面发展"的多元性与自适性，让学生以一个人的姿态走向丰富的自我和积极的实践。

学生不是简单接受和容纳知识与观念的机器，因此教育就不能简单地靠一味灌输来达成，而是要充分激发学生的心灵活力。这不仅是当代教育发展的大势所趋，也是对中华优秀传统教育理念的继承。在《论语·述而》中，孔子就十分注重激发学生的学习自觉性，主张"不愤不启，不悱不发。举一隅不以三隅反，则不复也"。这几个"不"，绝不是在教育上的无所作为，放任自流，而是对学生作为学习者本就具有的灵性与悟性的深情呼唤，是孔子作为教育家的教育理性与教育智慧的实践结晶。

为了尊重学生作为"人"的本质属性，在教育教学中我们就要在关注所有学生发展的同时充分认识到学生的差异化特征、发展性特征。基础教育是面向大众的普及教育，是为国家民族培养合格的建设者和未来的接班人的教育，绝不能仅仅着眼于精英人才的培养。在这项伟大事业中，每一个学生都是宝贝，"一个都不能少"，

---

[1] 于漪.历史经验与现代生活的融合——从《美国语文》教材引发的思考[J].语文学习，2005(1)：3.

这是"有教无类"教育思想的当代传唱。同时我们还应认识到，学生作为发展中的人，绝对不是一个抽象的集群，而是一个个活泼的生命体，一个人就是一个世界、一个宇宙。因此，要真正落实"面向全体学生终身发展"的理念，在教育教学实践中就绝不能搞"齐步走"或"大合唱"，而必须敏锐地发现每个学生心中那根"独特的琴弦"，充分掌握学情，在沟通理解上多下功夫，做到"因材施教"，把准学生学习和成长过程中心灵的脉动与认知的渴望，从而和每个学生的心弦对准音调，真正走进学生心灵成长与认知发展的神秘世界。

在"有教无类"的同时做到"因材施教"，这同样是自古至今的教育教学规律。孔子是"有教无类"思想的首倡者，而在《论语·先进》中我们又看到，他对每个学生的个性特点都有十分精准的把握："柴也愚，参也鲁，师也辟，由也喭。"因此，针对不同学生所请教的同样的问题，他所采用的教学方法、教学语言也绝不雷同。有这样一个小故事，子路和冉有就"闻斯行诸"这一相同的问题向孔子请教，孔子对子路说："父亲和兄长都健在，怎么可以不先去请教他们就去做呢？"而对冉有的回答却是："懂得了当然就要立刻去做。"为什么呢？因为冉有的个性过于谨慎，遇事往往畏缩不前，所以孔子就鼓励他敏于行动；而子路性格急躁，好勇过人，所以孔子就提醒他遇事要谨慎一些，退让一些。

这一"有教无类"与"因材施教"的教学法，在当代基础教育优秀教师的教育教学实践中同样有十分精彩的演绎。有这样一位优秀教师，在她眼中，那一个个在别人眼中的"问题学生"却都是宝贝。她用水磨的功夫去感化他们，改变他们，培养他们成长、成人、成才。正如印度诗人泰戈尔在《飞鸟集》里所写的那样："不是槌的打击，乃是水的载歌载舞，使鹅卵石臻于完美。"2001年在东方电视台记者的一次采访中，她一口气报出了98名20世纪60年代她教过的学生名字，其中当然有社会精英，而更多的则是在平凡的岗位上默默无闻而又尽心尽职工作着的普通劳动者。[1]因为她走进了学生的生命中，所以每一个孩子鲜活的样子便都深深地印在她的心中，哪怕四十多年过去了，仍然难以磨灭。在她看来，教育当然要面向全体学生，而要做到这一点，"教师就不仅要认清学生的共性"，"还要审视学生之间的

---

1 于漪.于漪新世纪教育论丛·凝望［M］.南宁：广西教育出版社，2008：28—29.

差异","保护和调动各类学生学的积极性","不仅要有班级的全局,而且要有一个个学生鲜活的个性"。即便是那些被视为语文水平差的同学,她通过仔细研究发现,他们的语文能力中也有强项。有些学生字写得歪七斜八,文章前言不搭后语,但口才好得很;有些学生背诵默写总漏字、添字、张冠李戴,但在解答问题时常在不流畅的语句中透露出独特的看法。正是基于这一认识,她在教育教学实践中因材施教,把"写作困难户"教成了"作文优等生",创造了一个个令人叹服的经典教育实践案例。

应当注意到,我们中国教育"以人为本"的认识与西方的人本主义教育理念就传统而言还是有一定区别的。西方人本主义教育理念反对的是中世纪的经院教学,根源于人文主义者高扬起的人的价值与尊严的旗帜,注重的是人的"天性"的发扬。而在中华传统文化中,"以人为本"不仅仅是发扬其"天性",激励学生的自我表达,更是引导学生向内自省,向外求索,在自己身上发现人之德。《大学》开篇就说"大学之道,在明明德,在亲民,在止于至善",人性不等同于"天性",而是人之为人的根本,教育就是要引导学生发现自己作为人的根本。

二、加强中华优秀传统文化教育

全面理解并切实践行"学生为本"教育理念,极为重要的一点就是在教育教学中涵养学生的家国情怀、提升学生的人格修养、铸牢学生的中华民族共同体意识,使学生的文化自信更加坚定。只有这样,才能响亮地回答党和国家所提出的"为谁培养人,培养什么人,怎样培养人"的"教育三问"。其中,加强中华优秀传统文化教育,对于引导学生更加全面准确地认识中华民族的历史传统、坚定走中国特色社会主义道路、实现中华民族伟大复兴中国梦的理想信念,具有重大而深远的历史意义。

中国基础教育的现代化进程伴随着中国社会的现代化进程,中国的现代化进程是中国人自强自立的奋斗历程。当前世界范围内,各种思想文化的交流、交融、交锋更加频繁,学生思想意识更加自主,价值追求更加多样,个性特点也更加鲜明。社会上一些不良思想倾向和道德行为对学生健康成长产生了不容忽视的影响。因此，教师应该坚定信念，对学生进行中华优秀传统文化教育，引导学生增强民族文化自信和价值观自信，自觉践行社会主义核心价值观。

加强中华优秀传统文化教育，是教育系统持续推进社会主义核心价值体系建设的重要和关键环节。《论语·八佾》中提到，"夷狄之有君，不如诸夏之亡也"，体现出华夏礼乐文化的重要性和对文化蓬勃发展的自信。中华优秀传统文化是人类文明的杰出代表，无论经历怎样的风雨，总能包容、吸纳、发展，坚定地走在自己的道路上。

学生是国家和民族的希望。在基础教育教师的肩上，一头担的是学生的现在，一头担的是国家的未来。因此，基础教育教师在实践中落实"学生为本"的教育教学理念，需要充分认识到学生是祖国的未来和民族的希望，必须加强对学生的中华优秀传统文化教育，这对于培养中华优秀传统文化的继承者和弘扬者，推动文化传承创新，建设社会主义先进文化具有基础作用。如果教师对加强中华优秀传统文化教育缺乏足够的教育自觉，不能在基础教育阶段通过一堂堂课扎扎实实地筑牢学生的国家立场和文化根基，中华优秀传统文化的未来发展就缺失了传承、弘扬与创新的主力军。

在教育教学实践中分学段有序推进中华优秀传统文化教育，是对现实困惑的回应，更是对未来的正确判断。教育部在《完善中华优秀传统文化教育指导纲要》中指出，小学低年级，教师需要以培育学生对中华优秀传统文化的亲切感为重点，开展启蒙教育，培养学生热爱中华优秀传统文化的感情；小学高年级，教师需要以提高学生对中华优秀传统文化的感受力为重点，开展认知教育，了解中华优秀传统文化的丰富多彩；初中阶段，教师需要以增强学生对中华优秀传统文化的理解力为重点，提高对中华优秀传统文化的认同度，引导学生认识我国统一的多民族国家的文化传统和基本国情；高中阶段，教师需要以增强学生对中华优秀传统文化的理性认识为重点，引导学生感悟中华优秀传统文化的精神内涵，增强学生对中华优秀传统文化的自信心。

在当前背景下，我们的教育必须直面各种思想文化频繁交流、交融、交锋的现实挑战，通过切实有效的中华优秀传统文化教育，使得学生的国家立场更加坚定，文化认同愈发觉醒。

三、把握学生作为现代文明人的时代属性

当今时代，是现代文明的时代；当今的学生也应该而且必须是现代文明人。作为一个现代文明人，应当尊重科学，拥护民主法制，具有全球视野。因此，在教育教学中我们要培养学生形成博大开放的胸襟，以开阔的视野放眼全球，虚心学习、接纳人类所有文明发展的优秀成果。还应该让学生明白，现代文明并不等同于西方文明，现代文明是在现代化基础上形成的文明，是建立在工业革命、信息革命基础上的人类文明形态。

应该知道，我们是站在21世纪，面向未来，在为中华民族伟大复兴伟业培养具有世界竞争力的国家建设者和民族筑梦人。要让学生恢宏胸襟，打开视野，不负时代，不负使命，既有一颗鲜亮的中国心，又能够底气满满、实力强健地面向新世纪，面向未来，面向世界，成为具有国际竞争力的现代文明人。要达成这一目标，关键在于我们的教育教学能否充分激发学生对未知世界的探索热情、求知欲望。而学生对于学习的兴趣、热情和求知欲，是要靠教师在教育教学实践中长期、耐心、细致地启发、引导、培养的。因此，教师要十分重视学生学习动机和兴趣的唤醒、激发、培养、呵护。这就需要教师精选教学内容，更新教学方法，把课上得有趣、有效，让知识本身焕发出吸引学生不断学习、探究的无穷魅力。

我们说要培养学生热情地拥抱世界，拥抱未来，积极吸纳人类所有文明发展的优秀成果，当然不是说对国外的任何东西都可以不加选择地吸纳。须知，任何文明成果，只有符合我国国情，能够满足我们发展的需要，经受得起实践检验，才是具有价值、具有生命力的。这就需要教师培养学生的批判意识、创新精神。有了批判意识与能力，学生才能够明辨是非善恶，对国外尤其是西方文化采取正确的"扬弃"态度，取其精华，弃其糟粕，并予以合理地更新与转化，让它们化为有益于我们自身发展的养料，而不至于被其中所夹带的"私货""赝品"所迷惑。有了创新精神与能力，学生就能够开拓进取，广开新路，创造出更多辉煌灿烂的科技文化成果，使我们国家在国际合作与竞争中具备充足的实力，从而有力推动中华民族复兴

> 中国心是能为现代文明人"立魂"的。

伟业不断向前与早日实现。这就要求教师的教育教学要有思想，要敢于创造。要知道，有思想的教师才能教出有思想的学生，有创造精神的教师才能教出有创造精神的学生。

回顾近代以来的中国发展史，可以看到，中国的现代化进程正是以中华传统文化的实践理性为基础，立足自身不断探索，同时积极吸纳现代人类文明优秀成果的过程。陈来指出，从科学来看，孔子重视好学博学，宋代以来的儒学讲究格物致知，这些为近代中国接受西方科学奠定了基础。[1]

在文化上，中国心与现代文明并不冲突，可以互相融合；在精神上，中国心是能为现代文明人"立魂"的。首先，拥有"中国心"才能对中华传统文化获得切身理解，如果我们培养的学生缺失了这颗中国心，可能就会在市场经济的大潮中迷失，陷入功利主义、个人主义的泥淖。第二，"中国心"是坚定的中国立场，学习知识文化是为了国家民族的发展，发展现代文明是为了让中国更加强大，让中国人过上幸福美好的生活。第三，"中国心"是对世界的关怀，是以一颗中国的"仁德"之心回报世界，为全球经济治理贡献"中国智慧"，展现出负责任大国的自信与担当。

第二节 精准把握教学内容，彰显育人价值

从基础教育的实际情况来看，教育教学基本是分学科展开的。无论小学、初中还是高中，均分为若干科目开展教学。每一个从事基础教育教学工作的教师，都要先进行学科的教学，然后才承担其他任务。所以说，基础教育教学的内容把握应该

---

[1] 陈来.如何看待儒家文化与中国传统文化[J].中国哲学史，2018（1）：24.

> 对学科内容有精确、全面、深入的把握，教育教学才有方向，教师也才能有底气。

以学科内容的把握为本，明白"教什么"，对学科内容有精确、全面、深入的把握，教育教学才有方向，教师也才能有底气。

一、学科知识的理解

基础教育的每个学科，均有其知识范畴。这个范畴并不等同于教师个人的专业素养，学科要教什么知识，不取决于教师会什么、喜欢什么，而取决于规定性的课程标准。基础教育教学的知识范畴，也不等同于这个学科知识的总和，而是根据学生的不同阶段在学科知识中选取、组合的结果。从语文学科来说，高中语文学科的知识组成虽然从汉语言文学学科中来，但教学内容基本从课文出发，以选文为载体开展相关语言文学知识的教学，其内容也更具有综合性，既有语言学内容，也有现代文学内容，更有古代文学内容。这些知识在汉语言文学学科中分属于不同的方向，但在高中语文学科的教学中共生共存。从培养目标来说，语文学科的目标是培养合格的社会主义接班人，让学生学会阅读、学会思考、学会写作、热爱中华优秀文化，而不仅仅是培养从事语言文学研究的专业人员。所以，担任基础教育教师，首先应当积极钻研相应学段的学科教学体系，以相应学段的学科标准为纲，以相应学段的教材为本，掌握相应学段的学科知识，这是基础教育教师的知识基础。

学科知识会随着时代的发展而不断更新。从小学数学学科来说，清光绪年间的《钦定学堂章程》有算学一科，经过一百多年的发展，小学数学课程标准有了十余次变革，基本每次变革都会有相应的内容调整。这样的变化也发生在其他学科之中，比如2022年教育部公布的《义务教育物理课程标准》新增了实验探究、跨学科实践等内容。这就要求从事基础教育的教师要不断更新丰富学科知识，跟上时代发展的步伐。

对于学科知识，不能仅仅是表面的把握，更要有知其所以然的探究精神。一个知识点背后有它形成发展的背景，也有知识点与知识点之间的联系。从事教学不能仅仅停留在表面，高中语文学科表面上看是一篇篇的课文，但课文背后是厚重的文化知识。比如教授诸子单元时，作为一个教师，不能只是对课文疏通把握，而要对诸子有相当了解，通读先秦诸子的书籍，了解相关科研成果，并能有自己的合理判断，这样才算得上对学科知识有了理解。也就是说，学科知识的理解要准确、深入、全面。

二、学科能力的发展

学科能力是学科知识的深入与升华。教师在准确理解学科知识后，要能够把学科知识融会贯通，用学科知识解决工作中的实际问题，发展出这样的学科能力才能称得上是一名合格的教师。不同的学科有不同的专业能力，英语教师除了有英语知识，也要有熟练运用英语的能力；体育教师除了训练学生，也应发展自己出色的体育能力。学科能力的培养，归根结底，是为了能够更好地教育学生，让学生从老师这里吸收营养，获得动力。所以学科基本能力可以在"学科素养"的基础上发展，高中语文核心素养内涵包括文化自信、语言运用、思维能力、审美创造四大素养，高中语文教师首先应该有正确有效运用祖国语言文字进行交流沟通的能力，具备思维的深刻性、灵活性、敏捷性、批判性和独创性，具有正确的价值观、高雅的审美情趣和高尚的审美品位，具备开阔的文化视野、文化自觉意识和文化自信的态度。

学科能力的发展和学科知识的理解有所不同，学科知识的理解要全面，而在发展基本学科能力之上，学科能力的培养可以各有特色。教师可以根据自己的特点和教学的需要发展出相应的学科能力，甚至形成自己的"招牌"。同样是语文老师，有的老师爱好书法，刻苦钻研，一手好字可以引领学生进入语文乐园；有的老师爱好朗诵，勤学苦练，可以通过声音的艺术展现课文的魅力。同样是地理教师，有的地理教师具备娴熟的板书技能，能够徒手画出准确的地图轮廓；有的地理教师热爱岩矿的收集与鉴定，也可以带动学生的发展。学科专业能力的发展不是一朝一夕的

> 学科能力的发展，关键是教出学科味。

事，而是在教学当中逐步发展而来的。河南固始县张广庙镇第一小学的张建涛老师因为热爱科学实验，通过自媒体等渠道普及水火箭的制作等科学实验，激发了学生的学习兴趣，也成就了自己的教育生涯。

学科能力的发展，关键是教出学科味。对于具体的学科味，似乎见仁见智，每个教师都可以有自己的理解，但是在学科内存在一个最大公约数。数学教育家张奠宙认为"数学味"是要在教学设计中表现"数学的本质"，能精中求简、返璞归真；福建省数学教师任勇认为教学要体现数学的美感、智慧的灵性。这样的表达都体现出了对"数学味"的追寻。"学科味"是学科能力的综合体现，是教师全身心进入学科教学后的体现。苏霍姆林斯基到一个学校听一节历史课，觉得非常精彩，就问执教老师用了多长时间备课，教师回答说，对这节课的直接准备用了大约15分钟，但实际上是准备了一辈子。其实，教师的一堂课，甚至教师的一举一动，背后都会反映出他的学科能力。

三、学科精神的形成

学科精神来源于对学科本质的追问。一个真正热爱自己学科的教师必然产生这样的追问。江苏省特级教师陈铁梅说，自己一直在想，通过美术教育，能给孩子的将来留下些什么。她的答案是人生的审美能力。这个答案是从美术学科生发出来的，可以视为陈铁梅对美术学科精神的理解。学科精神是对学科目标的抽象，建立在教师掌握学科知识、发展学科能力之后的本质追问之上。

这一追问的答案体现了教师对学科的理解，体现了教师的学科教育追求。同样是语文，浙江省特级教师王崧舟倡导"诗意语文"，认为诗意语文的探索，是对语文本真和本色的自觉回归。江苏省特级教师黄厚江倡导"本色语文"，提出语文本

> 教师要在课堂上让学生不断启发慧根、生长智慧。

色课堂的基本特征是"朴实",通过简易的教学过程与方法,实在的语文学习活动,让学生有实在的收获。北京语文特级教师王君倡导"青春语文",提倡通过激活汉语言文字本身的生命力,使语文教学保持一种生命如新的青春状态,为教师和学生创造和享受幸福的人生奠基。每一位教师的学科精神的形成都和教师的成长历程、教学专长紧密相关,黄厚江认为自己的经历决定了自己是一个平民语文人,是一个农民式的语文教师,所以提出了"本色语文"。王崧舟是在朦胧的激情、去激情化、激情的协奏等三个教学阶段之后体悟到语文的"诗意"。可以说,每一个教师都可以通过自己的探索,形成对学科精神的理解。

做教师,要学的东西很多,而学科精神的形成是值得用一辈子探索的课题。

第三节 选择恰当教学方式,启发学生慧根

教学方式千万种,传统有"千个师傅千个法"之说,现代有"教学有法而无定法"之说。但一位优秀的教师,面对这一学段的这一个班级的这一堂课所学习的这一内容,一定会去寻找自己可把握的最恰当的教学方式。正是使这五个"一"完美结合的教学方式的选择,产生了许许多多效果显著的课堂。学生在这样的课堂上成为学习的真正主体,成为生动活泼的人,成为生长智慧的人。

从现代教育的发生发展看,这些"恰当的教学方式"亦有其大体的共性。正是对这些共性的深刻理解、深入体察与深度把握,才产生了灵活多样、生动活泼、激荡着生命生长的课堂。

因此,深刻理解、深入体察与深度把握这些共性,是一位现代教师选择有个性的、恰当的教学方式的必然。

> 体验式教育的关键是将"书本"知识变为"我"的知识。

一、体验式

教育是有起点的。

人从娘胎来到世上的第一刻起,就开始了成长之旅。那使其啼哭的一掌,就是人来到世间所得到的第一次教育。尽管没有任何人能记住那猛击一掌,但正是那一掌使人的全部身心受到了震撼,睁了眼,发了声,畅了血脉。而这,就是人生教育的起点。

此后人在成长中,眼看,耳听,口说,身感,不断接受源源不断发来的万千信息。这就是体验——自己体察到的人生经验。

有了这样的体验,人就慢慢有了知识,有了文化,人就慢慢知道了"我是谁""我从哪里来""我到哪里去""我要做一个什么样的人"……就慢慢有了这些关乎人的最本质问题的认识、理解与担当。这就是"人的觉醒"。

体验式教育就是尽最大的可能引导学生自己去体察社会与自然,体察宇宙万物,从而获得人生经验,走向"人的觉醒"。

体验式教育的关键是将"书本"知识变为"我"的知识。只有将"书本"知识变为"我"的知识,这"知识"才能成为"我"的生命的组成部分,才能成为"我"的生命文化,才能推动"我"向前。这种体验式教育可谓真正的"活"的教育,或者说才是真正的"活"的教育。

生活中常有这样的事:经历或突然遇到某种现象时,我们会把它与先前从书本中获得的知识关联起来,产生某种恍然大悟的愉悦感。如我们看到一棵枝繁叶茂的大树时,未必能完全明白书上所言"根深叶茂"。但当我们某次看到移栽一棵枝繁叶茂的大树,看到大树的根几乎与大树的躯干一样长时,我们才会对这"根深叶茂"四字有一定的感受。而此后当我们再遇到一位大学士,明白了他的学问之源深扎于学术大地时，我们对这"根深叶茂"四字，就会有更真切的感悟与感动。由此，我们就可能真正理解了"根深叶茂"这个知识，并使其成为推动自己向知识深处探究的力量。这就是将"书本"知识变为"我"的知识。像这样的生活现象是很多的，几乎每个人都会遇到。

但在当下应试教育中，有类似这种品质的课堂却并不多，多数是从"书本"知识到"考试"知识，所学"知识"被消解或异化。因此，在当下，我们的课堂特别需要体验式教育，特别需要将学习内容与学生生活融于一体，在洞悉学生生活起点的基础上展开课堂，引导学生在生命体验中激发生命能量，激活灵性，激动慧根。

从1977年开始，顾泠沅与上海青浦县数学教学研究中心组其他老师一起艰苦探索、辛勤实践，推动了数学教学的"青浦教改"。其中激发学生学习兴趣的主要方法就是"把问题作为教学过程的出发点"，提出"教师应先引导学生一起对某些问题进行探讨和磋商，慢慢造成这种情况——这个问题学生急于想解决，但仅利用已有的知识和技能却又无法解决，形成了教育心理学上所谓认知'冲突'，这就激发了他们的求知欲"[1]。而这些问题的提出基本和学生的生活经验和已有知识相关联，这样的"问题"激发了学生求知的欲望和探索的灵性。

二、展开式

人的成长是一个缓慢的过程，正所谓"百年树人"是也。古今中外的教育设计都强调"过程"，都有由低到高、由浅入深的过程，其理正在于此。所以，中国古代将教育分为童蒙阶段、学童阶段、少年阶段、成年阶段，西方古代教育虽然不同国家各有差异，但总体上也有较强的"过程"性。

人的成长还有一个多侧面和多层次开发的问题，正所谓"重重不尽"是也。同样，古今中外的教育设计都强调"展开"，都有多种学科的多个层次的展开，其理也正在于此。中国古代早期的"六艺"设计，西方古代的德育、军事、政治、体育等学科设计，都源于此。中外的现代教育更是以分科教育作为基本模式。

1　顾泠沅.上海青浦县数学教学改革的实践与认识［J］.人民教育，1986（Z1）：24.

> 将每一节课做成学生不断成长、不断发展的必然链条中的一个"金链"。

但当下的应试教育,正在不断模糊教育的"过程"性,模糊教育的"侧面"与"层次"。

"过程"性模糊主要体现在"前移":小学阶段的学习内容前移到幼儿阶段,初中阶段的学习内容前移到小学阶段,高中阶段的学习内容前移到初中阶段。这样就违背了孩子学习成长暨生命成长的规律,使孩子们正在逐步变成"压缩饼干",失去了生命的灵性,失去了生命的发展性,失去了生命持续发力的韧性。

"侧面"与"层次"的模糊性主要体现在一眼可见底的"分数",尤其是中考、高考的分数,可量化的学科分数"相加数"变成教育成效的"唯一数",且不说这个"唯一数"是否具有真正的"智育"开发的作用的问题,只说其掩埋德性与情感,将人从丰富走向博大的道路的可能性早早堵死,就是对人的扼杀。

因此,优秀教师的课堂,必然反急功近利,更不"竭泽而渔",而是拾级而上,依层而开,不逊时,亦不陵节,将每一节课做成学生不断成长、不断发展的必然链条中的一个"金链"。

上海市特级教师黄荣华长期践行"过程写作",把高中作文教学的任务分解为三个阶段:高一引导学生表达生命"存在"与"发现",少量表达"见解",写作技能训练以叙述、描写为主,议论为辅;高二主要引导学生在表达生命"存在"与"发现"的基础上表达"见解",写作技能训练以议论为主,叙述、描写为辅;高三引导学生紧贴时代思考世界,反观自身思考自我,形成比较成熟的看世界的方法,写作技能以结章和恰当运用写作手法为主。通过这样的展开式写作教学,将写作技能训练融于写作内容开掘的引导之中,引导学生在表达自我生命存在、发现与思考的时候,实现生命成长与写作成长的双丰收。[1]

---

1 黄荣华.关注作文教学的"过程化结果"[J].语文学习,2011(9):52.

> 引导学生"发现"自我,"发现"自我的灵智所在,"发现"自我的禀赋所在,而珍视之,而彰显之。

三、发现式

生命成长的过程,是一个人的灵智不断发现与展开的过程,是一个人的禀赋不断彰显的过程。"大学之道,在明明德,在亲民,在止于至善",其"亲民"的过程就是人的内在"明德"发现与展开的过程,就是使人的灵智与禀赋达到"至善"的程度。而要实现这样的教育目标,最重要的是在深入理解教育这一终极意义基础上"发现"教育:引导学生"发现"自我,"发现"自我的灵智所在,"发现"自我的禀赋所在,而珍视之,而彰显之。

但人生最难的事就是认识自己,发现自己。这是因为人在成长过程中处处有陷阱,时时有黑暗,一不小心,就会坠落,就会被黑暗遮蔽双眼,且不自知,甚至以为这陷阱就是天堂,这黑暗就是光明。

所以,许多人将教育与学习的过程视为人生的一场永不停歇的光明运动,在这个过程中不断驱散黑暗,避开陷阱,从而寻找到真我,成就真我。

而目前应试教育汹涌澎湃之浪,实为席卷人生的黑浪。它将人们的眼光聚焦于分数,而不见其他生命景观;将人们的心力作用于分数的递增,而不作用于更重要的生命能量的储存与生命激情的结晶。

"发现式"教育是"人的发现",更是"知识的发现"。江苏数学特级教师李庾南提出"自学·议论·引导"教学法,其原因在于看到片面追求老师讲的功效,只追求好成绩的教学观的狭隘,因此他以四条基本原理"以学定教、情智相生、活动致知、最近发展"开展教学,强调让学生由"学会"走向"会学",发展学生的自学能力。[1] 学力是人的能力的体现,培养的是"发现"的

---

[1] 褚清源,李庾南.教学实践的三重境界[J].中国教师报,2023-03-15(6).

能力。

人类的知识从无到有，从少到多，从浅到深，都是"发现"所得，都是在驱逐黑暗过程中的"发现"。人类在发现这些知识的同时，也发现了自我。人类整体的发现是如此，个体的发现也是如此。

所以，"发现式"教育，是将"人的发现"与"知识的发现"同步展开的，或者说是将"知识的发现"与"人的发现"同步展开的。倘若我们在引导学生学习新知的时候，能够从"发现"的角度去构建课堂，那我们的课堂就一定会在各种"发现"的喜悦之中，既是"知识的发现"的喜悦，又是"人的发现"的喜悦。这样的课堂，是一定能受到学生喜爱的，也一定能引领学生不断行进在发现的人生旅途之中。

因此，当下我们的基础教育需要大力推进"发现式"教育，从学理上的体系构建，到教师的理性认知，再到教育行为的自觉展开，都需要花大力气。

四、质疑式

学而不思则罔，思而不学则殆。学问学问，不学不会有学问，不问一样不会有学问。学与问同等重要。许多学问都是在学与问的过程中诞生的。这个道理似乎大家都懂。但实际情况却是，学而少问，学而不问，已成为现在孩子们学习的普遍状态。造成这种状态的原因极复杂，应试教育所制定并追求的"标准答案"的控制是其重要一因。倘若我们的教育听任这种有学无问的状态继续下去，提高教学质量将会是一句空话。所以要引导学生"发现"自我，"发现"自我的灵智所在，"发现"自我的禀赋所在，并且珍视之，彰显之。

因此，我们一定要引导孩子大胆地问，勤奋地问，因为问必有得，多问必有多得，常问必成大家。

如小学的识字教育，如果每课在一至两个问题的追问中引导孩子们进一步理解所识之字，其效果将大不一样。这样的"理解"当然不是字典、词典式的明晰释义，而是将所识之字置于更广阔的时空情境中，从其可能关联的某个方面展开，引发孩子产生对所识之字的关联性与综合性认知。如第一课追问"天有

> 学与问同等重要。

多高"和"人有多少"这两个问题，就是期待孩子们从识字一开始，就不只是很简单地认识一个字有几个笔画，怎么写，怎么读，而是能将自己放在高远的天空之下、不可胜数的人群之中，在我与人、我与世界的关系中知天识人，为后面的全部学习不断地融入世界、不断地拓展自我人生开启一个宏阔的时空背景。同时，这也是将趣味、知识、异想熔于一炉，引导孩子们在趣味体验与享受、知识把握与探求中，培养趣味，追求真善美，做知性的人。更重要的是，在连续不断的追问中，培育孩子们的问题意识。问题意识的培育是极难的，因此，在引导孩子的学习过程中，我们要尽可能少一些控制，与孩子交朋友，做知心朋友。永远用孩子一样温暖的怀抱拥抱世界，用孩子一样探求的眼光追问世界，用孩子一样好奇的心灵感知世界，孩子们就可能真正养成勤学好问的良好习惯。

假如能在从小学到初中，到高中，直至大学的整个教育过程中，一直注重问题意识的培育，引导孩子们在追问中推进学习，在质疑中走向人生的新天地，我们就一定能建设成创新型国家。

五、合作式

人是关系性动物。与人和谐相处，在与人的关系中成就自我，成就他人，是人作为社会人的必然。尤其是现代社会，不再有"不知有汉，无论魏晋"的桃花源，没有谁是一座"孤岛"，人都是在与他人的合作中实现共赢，共同成就。因此，合作式教育成为现代教育的重要内容。不仅现代教育理论在此有许多论述和阐释，而且普通课堂上也时常可见多种形式的小组讨论，学校还有诸多小组合作的课题、实验。

但我们也发现，合作式教育似乎也停留在了形式层面，人们对其背后的效果并不怎么在意。其实，合作式教育还应当有其更大的空间，更深更广的内涵。

> 人都是在与他人的合作中实现共赢，共同成就。

一是深化对人与人之间关系的认识与理解。

《礼记·中庸》言："仁者，人也。"就是说，心中有他人，为他人着想，是人作为人的本质。由此可以说，我们讲人与人的合作，不只是自我的利益诉求，更是人的天命。儒家关于人的这种观点，虽然并不为东西方其他学派所完全认同，但放在今天的世界纷争中来考察，人类确实需要这种关于"仁"是人的本质属性的教育。当人们都有了"仁"是人的本质的理性认识之后，人类的纷争必然会减少许多，人类的合作一定会增多并加深。

二是强化对他人的认识与理解。

这里还要说到儒家。儒家的"恕"道所倡行的"己所不欲，勿施于人"和"己欲立而立人，己欲达而达人"，是理解他人的重要表达。在欲求方面，在人的实现方面，在人的尊严获得方面，每个人都有高度的共同性，所谓"共情性"和"同理心"是也。认识到这种"共情性"与"同理心"，认识到其背后每个人作为人的诉求的相通性，应当成为现代教育的重要内容。当这种教育被学生深刻理解并有所践行后，人们之间的合作一定会更加和谐、愉悦。

三是加深对"竞争"的认识与理解。

"竞争"中的优胜劣汰，是自然理性。但"竞争"还有社会理性——在竞争中，竞争者的内在灵智、禀赋将更加彰显，竞争者的个性将得到更充分的体现。人就在竞争中实现。所以，社会人的真正"竞争"不是优胜劣汰，而是更高级的合作，以对手的方式合作，相互成就。当人们都能这样理解竞争时，那种你死我活的敌对将会大大减少，相反，因为有你才有我的互赏就会大大增加。

总的说来，相对于体验式教育、展开式教育、发现式教育、质疑式教育，合作式教育要更加困难，需要花更大的力气来展开。

第四节　构建和谐班级，成就卓越学习共同体

基础教育教师的专业能力不仅体现在对教育理念的专业理解、对学科执行的专业把握中，还体现在对班级的理解、建设与成就中。

一位优秀的教师，一定视野宏阔，胸怀宽广，有大局观，有大爱心。这体现在对班级的理解、建设与成就中，就是能尊重每一位学生，尊重每一位同事；能公平公正地对待每一位学生的学业，对待每一位同事的专业；能积极而有效地化解学生之间的矛盾，化解同事之间的摩擦；能与全体学生、同事共同构筑一个和谐共生的班级，成就卓越的学习共同体。

一、和谐班级的特征

（一）每一位学生都得到尊重

得到尊重，是每个生命个体的内在渴求。要让每一位学生都得到尊重，就需要教师能给予每一位学生最深切的理解，满足其内在的渴求。特别是在男女性别的理解、家庭背景的理解、经济状况的理解、学业成绩的理解、聪明程度的理解等方面，需要有更全面深广的认识，真正能做到因人而异，因异而导，因导成人，使班级中的每一位学生都因受到尊重而身心愉悦。

（二）每一位教师都得到尊重

得到班级学生的尊重，得到同事的尊重，也是每位教师的内在渴求。每位教师都是传道受业解惑者，每位教师都是学生的促思者。因此，不分学科，不分性别，不分年龄，不分学历，不分声誉，每位教师都应得到班级学生的同等尊重，得到同事的同等对待，使班级的任教老师都期待走进班级，都因受尊重而身心愉悦。

（三）能及时化解各种矛盾

生活总会有各种矛盾。几十人长时间同处一室，也必然会产生各种各样的矛盾。和谐班级不是没有矛盾，而是有了矛盾能及时化解，甚至能及时转化为班级更加和谐的契机。

（四）课堂上师生合作、生生合作愉悦

课堂是师生合作、生生合作的最大时空。如果这个最大时空是师生愉悦、生生愉悦的，这个班级就一定是一个和谐的班级。可以设想，在这种和谐共振中，班级中的每一位学生都会学业共进、情感共生、思想共升华。这正是和谐班级的要义所在。

（五）有强大的凝聚力和班级荣誉感

和谐换一种说法，可谓团结。有道是，团结就是力量。因为团结，就有凝聚力，就有向心力，就一定有集体荣誉感。这样的班级，一定会产生互帮互助的合作精神，产生识高明、服高明、追高明、超高明的你追我赶的竞争精神。有了这种合作精神和竞争精神，这样的班级就一定会是一个卓越的学习共同体。

二、班主任与和谐班级

毋庸置疑，班主任是构建和谐班级的核心力量。

（一）和谐班级构建的奠基意义

一个班级几十位学生，家庭背景不同，经济状况不同，学业成绩不同，聪明程度不同，性格爱好也有所不同。于是就可能被同学分为三六九等，被老师分为优良

中差。这样的话，一些学生就很难得到应有的尊重。因为同学、老师可能在不经意间流露出某个眼神、某种语气、某样手势，显示出某种特别的意味。一旦这样的情况发生，某些学生就会产生或加深与同学和老师相处的隔阂甚至矛盾。这对一个和谐班级的构建是极其不利的。

因此，一个班级组建之初，班主任需要通过家访等方式，充分了解班级几十位学生的各种情况，充分了解班级任课教师的脾气秉性。然后据此设计班级最初的主题班会，倡导平等意识，倡导同学之间、师生之间的相互尊重意识，在最短的时间里营造出相互尊重、相互理解、相互关爱的班级氛围，将可能因各种差异而产生的隔阂甚至矛盾消弭于未萌之中，为构建和谐班级起到奠基意义。

在班级管理中，要求学生做到的，班主任自己要先做到，不管是按时作息还是培养其他好习惯，都坚持与学生同步。平常多关注学生的生活，为让自己的每一个学生实现自己的精彩人生而努力。这样的班主任对于和谐班级的构建无疑起到了重要作用。[1]

> 每个和谐班级，都有自己的独特精神。

（二）班级独特精神诞生的原动力

每个和谐班级，都有自己的独特精神。而这一独特精神，与班主任的精神有着极为密切的关联。可以说，班主任是班级独特精神诞生的原动力，甚至是永动力。除所教专业外，班主任的一言一行、一举一动，特别是在处理班级事务、处理同学之间的矛盾及待人接物等方面的点点滴滴，都会对学生产生深刻的影响。一个有大局观，有大爱情怀，处事公平公正的班主任，一定会成为学生的精神支柱与班级精

---

[1] 王林保，许军.扎根基层守初心 践行责任育桃李［J］.山西教育（管理），2023（9）：43—44.

神产生的原动力。

（三）凝聚全部力量的核心

一位优秀的班主任，不只是班级学生的精神支柱，还应当是联结班级学科教师、学校及家长的纽带，是为和谐班级构建凝聚全部力量的核心。这里最关键之处，是引导学生尊重每一位学科教师，热爱母校，敬重家长。只有这样，才能凝聚一切力量作用于和谐班级建设。

全国优秀班主任郑丹娜用"悄悄话"与学生交流、讨论，赢得学生的信赖，架起师生间的心灵沟通桥梁，成为学生的"好朋友"。通过"好朋友"的纽带身份，她用发自内心的情感与学生沟通、交流，培养学生的好习惯、个性与独立思考的意识，取得了显著成效。

三、学科教师与和谐班级

学科教师是构建和谐班级的重要力量。

（一）从专业上为和谐班级的构建贡献力量

一个和谐的班级，不能有不专业的教师。当教师不专业时，学生的学习就会受到影响，班级的整体建设就一定会受到影响。因此，班级的每位学科教师，首先都要专业过硬，以精湛的专业技能为和谐班级的构建贡献力量。

（二）从人格上为和谐班级的构建贡献力量

一个和谐的班级，也不能有人格有缺失的教师。如果学科教师德行不高，也一定会影响到和谐班级的构建。学科教师的品德对学生的影响，很多时候并不比班主任的影响小。所以，一个班级的学科教师绝不可小觑自己的一言一行对班级学生的影响，有时一个不经意的举动，一句不经意的话，就可能影响整个班级。因此，以为师的高格要求自己，并以高格的言行影响学生，是学科教师建设和谐班级的必然要求与重要贡献。

新疆察布查尔县第一中学化学教师、德育主任贺红岩为了把化学课上得生动活泼，把德育内容融入化学课，把知识教学与世界观、人生观、价值观的教育以及传统美德教育融合为一体，收到了意想不到的效果。[1]河北省阜平县阜平镇大园小学张建华从普通语文老师到班主任再到担任校长，扎根山区小学25年，在教学中，致力做孩子人生路上的朋友，陪学生共成长。为了让学生爱上语文，她和学生一起写《滚动日记》；为了让学生写一手好字，她苦练书法，与学生同读共写，共同成长。

中国基础教育教学的目标、内容和方式是由一代代基础教育工作者一步步探索实践出来的，每一个教师都有自己的特点，尽管面对的学生各不相同，但坚持"立德树人"的信念是一致的。

---

1 蒋夫尔，赵岩.用心做好德育"大文章"——记全国教书育人楷模贺红岩[J].中国民族教育，2011（10）：48.

第九章　教研提升能力

"教研"并非舶来品,而是中国教育中极为重要的传统。"教研"为"教学研究"的简称,其内涵是教师个体或群体自发地或有组织地探讨解决与教学有关的所有问题,以推进教学不断进步的研究活动。[1] 本章所谈"教研",并非指向教研制度、教研组织、教研方式等,而是指向教师主体的教学研究能力。

新时代中小幼教师不能满足于成为知识传播者,应努力成为教学研究者。坚持专业反思,获得对教与学的新认知,提升自身的判断力与评价力。坚持教学研究,探讨学生认知规律和学科教学规律,提升自身的实践力和创造力。坚持教育写作,将立德树人在教育教学中落实的认识与理解诉诸文字,从感性认识走向理性思考,提升自身的思想力和原动力。

专业反思、教学研究和教育写作三者的聚焦点是实践。围绕实践,教师开展专业反思,在专业反思的同时或以此为基础开展教学研究,并通过教育写作将专业反思过程和教学研究成果予以呈现。教师正是在这样知行合一的过程中不断自我提升、自我突破、自我超越,从而实现专业发展。

山积而高,泽积而深。教研能力的提升就像长跑,需要日复一日,坚持不懈。

---

[1] 刘月霞.追根溯源:"教研"源于中国本土实践[J].华东师范大学学报(教育科学版),2021(5):85.

■ 第一节 ■ 专业反思是教师必做的功课

一、何谓专业反思

（一）专业反思是认识和实践之间的思维对话

"吾日三省吾身——为人谋而不忠乎？与朋友交而不信乎？传不习乎？"曾子从"为人、处事、为学"三个维度出发进行自省。"人之为学也是难，若不从文字上做工夫，又茫然不知下手处；若是字字而求，句句而论，不于身心上著切体认，则又无所益。"在"纸上求义理"的同时，"须反来就自家身上推究"，这是朱子所谓的"切己体察"。今日教师也正是在对自我教育教学实践的反思中不断走向专业成长的。

回顾与反思是教师必做的功课之一。教育生涯是一个充满思考、不断反思的过程。反思走过的路，不是自我陶醉，而是认识以往的模糊、迷茫乃至迷失，认识某些教学举措的走调、错位以及形成的后果，寻求适合学生内心需求的教育内容和教学方法。可见，专业反思需要成为教师的一种习惯，也需要成为一种在长期的教育教学实践中形成的专业品性。

正如棋手的"复盘"，棋手在下完棋后会重新思考和推演下过的某盘棋，看看哪步棋的走法有问题，是不是有更好的走法。教师的专业反思也是如此，它是教师针对自身教育教学情境中的关键事件和经验得失而展开的回顾、审视与分析，使原始经验不断地处于被审视、被修正、被强化、被否定之中，去粗取精，去伪存真，最终教师教学经验得以提炼和升华，进而获得新的认知。从这一角度而言，专业反思是教师关于认识和实践之间的思维对话。

（二）专业反思是一种行动过程

外国学者对专业反思有许多理论建树。在杜威看来，它是一种"反思性思维"，

> 专业反思应当是教师自觉开展的。它具有自检性、自验证和自改进的特征。

功能在于将从经验中得到的模糊、疑难、矛盾和某种纷乱的情境，转化为清晰、连贯、确定和和谐的情境。[1]舍恩认为，教师的教育实践具有情境性、不确定性和价值性等特征，指出教师要以"行动中反思"的方式不断框定问题情境，与情境进行"反思性对话"。波斯纳总结出"教师的成长＝经验＋反思"。佐藤学认为，教师是以经验的反思为基础，面向儿童创造有价值的某种经验的"反思性实践家"，其专业成长的性质是，在复杂情境的问题解决过程中所形成的"实践性认识"的发展。在阿特莱奇特看来，当一个人在行动中进行反思时，他就成了实践脉络中的一位研究者。这种研究者不是依靠现存的理论和技巧来处理问题，而是针对一个独特的情形来思考问题。他将目标和手段视为一种相互建构的关系。根据彼此之间的需要进行相互的调整。他的思考不会脱离实践事物，所有的决定都一定会转化为行动，在行动中推进自己对事物的探究。[2]

专业反思更多的是对自身教学现场中存在的问题、产生的现象进行思考后的再实践，是一个"行动—反思—再行动"的过程。因此，专业反思不仅是教师关于认识和实践之间的思维对话，还是一个行动过程。它常常是教师自觉开展的，具有自检性、自验证和自改进的特征。

2012年教育部颁布的《幼儿园教师专业标准（试行）》《小学教师专业标准（试行）》与《中学教师专业标准（试行）》都明确将"反思与发展"列为教师的专业必备能力之一。2020年教育部颁布的《中小学教师培训课程指导标准（专业发展）》强调了教师的"自主专业反思"。它要求教师不断总结教育教学实践经验，经常自主设计有特色的教育教学活动，经常创新教师专业反思形式，并在教学实践中经常

---

1 （美）杜威.我们怎样思维［M］.北京：新华出版社，2010.
2 张丰.从问题到建议——中小学教育研究行动指南［M］.北京：教育科学出版社，2013：49.

结合相关教育理论知识进行自主实践反思和经验提炼，形成自己的教育教学思想。可见，专业反思已成为新时代教师必备的专业素养。

二、为何要开展专业反思

（一）专业反思有助于教育教学实践的改进

平庸之人经常处于自我满意的状态，得过且过的教师也不会主动进行专业反思，而优秀教师时时刻刻都会抓住契机，将专业反思嵌套在教学实践和教学研究之中。一名教师能否不断成长并走向优秀，不在于他教龄有多长，而在于他是否用心，是否能够经常进行专业反思，发现自己的不足，清晰自己的困惑，正所谓"知不足，然后能自反也；知困，然后能自强也"。可以毫不夸张地说，一名从不开展自我专业反思的教师，是不可能从"教书匠"成长为"教育家型教师"的。

优秀教师会在真实的教育教学实践中主动发现问题、获得经验，并且深入思考问题或经验对教育教学实践的作用，从而及时改进自身实践。新时代教师如果能经常立足新课程改革的理念和要求，反思自身的教学实践是否体现了素养本位的课程观、教学观与评价观，是否注重做中学、用中学、创中学，是否立足复杂现实问题开展跨学科主题学习，是否立足情境任务开展作业和命题设计，是否体现"教—学—评"一致……这样的专业反思，能帮助教师自我监控和改进教育教学实践。

江苏教育报刊总社曾对全省20位特级教师做过调查。调查结果显示，专业反思在影响教师专业成长的若干因素中居于首要地位——这些来自一线教师的感受，与学界认识取得了惊人的一致。被访问者还结合自己成长经历谈了反思的意义。比如，薛丽君认为自我反思能够让人澄清模糊认识，不断理性前行；冯卫东说自己几乎每一天都处于反思之中，在进行着"内对话"，由此不断收获理性，获得智慧的生长点；戴林东强调反思是创新的基石，没有反思就没有思想的进步。[1]

---

1 丁昌桂.教育写作与教师专业发展——基于20位特级教师的问卷调查［J］.教育研究与评论，2013（5）：27.

联合国教科文组织在2021年发布的全球性报告《一起重新构想我们的未来：为教育打造新的社会契约》中指出，"教师的教学应进一步专业化，……反思、研究和创造知识以及新的教学实践应成为教学的组成部分。"[1]

上海市杨浦区近些年在全区层面倡导并推进"创智课堂"。[2]创智课堂的指标体系从"学习环境创新""学习创新""教学创新"三大核心要素出发，建构成十大指标维度。其中"教学创新"要素中包含"生成学习目标""形成教学对话""践行促进学习的评估"和"反思与改进教学"四大指标。"反思与改进教学"指标又细化为四个描述性指标，具体内容是："精确完整地记录学生的作业完成、学习进步、非教学性活动等，借助工具观察教学，开展行动研究""反思创智课堂的依据及其实施过程，反思自身的教学立场""在以后的教学中运用反思的结果""建立个人专业档案"等，为教师的专业反思提供了具有操作性的指导，引领教师在课程改革中更好地开展并改进实践。

（二）专业反思催化教师的专业成长

如前所述，教育学意义上的专业反思既是思维对话，又是行动过程。因此，专业反思不是一套简单的技术，而是一个复杂的过程，需要在行动中开展专业反思。杜威提出了专业反思的"五步骤"：第一，对自己身处其中的情境产生困惑、混乱、怀疑；第二，对现有的原理或情境意义及其可能后果进行预期推测和尝试性解释；第三，检查、审视、分析各种可能的方法，以界定并澄清遇到的问题；第四，对各种尝试性的假设建议进行说明；第五，采取一项行动计划或者对更具期望的结果做出行动。

戈向红一直在探索小学英语教学的本质，从研究学生在课堂上的外显"形体之动"到内隐的"思维之动"和"情感之动"，对课堂的把握逐渐成熟，并提出了"意趣英语"的教学思想。这一思想，得益于她在"小学英语活动教学"渐进研

---

[1] 联合国教科文组织.一起重新构想我们的未来：为教育打造新的社会契约［M］.北京：教育科学出版社，2022：4.
[2] 安桂清.区域性课堂教学转型的行为与使命：上海市杨浦区的案例研究［J］.教育发展研究，2019（18）：17-24.

究中的不断反思。她提出大英语教学观，以语境为导向，以语言交往为主线，在"活动教学"模式下发展学生的核心素养。她把美术课的线条色彩，音乐课的唱唱跳跳，体育课的队列分组方式都引入课堂，但出现了新问题——教学活动以零散的游戏方式呈现，缺少与教材内容的勾连，"趣"有余而"意"不足。由此，她开始思考整体教学的意义，尝试用完整的活动情境串联课堂教学，让学生理解语言、学习语言和运用语言。但新的问题又产生了，由于偏重教材内容设计，考虑学生的因素较少，既定情境不能因学生的实际水平及时调整，单向输出大于双向互动，虽能"得其意"却"少灵动"。如何既有效完成教学任务又提升英语课堂的魅力指数呢？为此，她研究起"小学英语语用式交往"，关注学生生活体验，通过找寻与学生知识结构联通的生活素材，为语言营造情境。并结合学生的年龄特点，设计出能体现语用价值的活动，让学生说有意义的话，体现"课堂生活化，语言交际化"这一理念。

方艳10年前初上岗位时接手了一个融合班，班里除了20多名普通孩子外，还有好几名智力障碍、语言功能丧失、缺乏基本生活自理能力等情况的特殊孩子。这样的班级对于年轻、缺乏经验、能力不足的方老师来说是一个巨大挑战。她用尽了全部的爱心、耐心、精力去经营这个班级，但效果并不明显。当信心与希望在一次次评比和怀疑中被击碎的同时，方老师开始反思现实中遇到的问题。班级究竟对孩子意味着什么？一个相对特殊的班级是否依然沿用常规的评价标准来评价？班主任教育生涯中重要的是面子还是其他？正因为有了这样的反思，才有了后来班级文化的核心要素"向阳"，有了被百度词条收录的"放学抱抱"的暖心故事，有了几年来班级所有活动"一个都不能少"的师生约定[1]。方老师的专业反思让班级成为充满同理心的温暖生命场域，也令自己的教育生活变得丰盈，让教师职业充满了创造的乐趣。

在这样一个从实践到领悟，从领悟到再实践的过程中，教师除了不断提升自我反思意识、自我监控能力和自我发展能力之外，还稳固了自身的专业态度，改善了自身的专业结构，提升了自身的专业智慧，从而催化了自身的专业成长。

---

1 方艳.回望·转变·自觉——90后青年班主任专业成长反思[J].中小学班主任，2022（3）：52.

三、如何开展专业反思

（一）对准实际问题开展专业反思

反思离开了实际问题，往往会流于空泛，也很难形成对于实际问题的针对性解决和普遍性解释。

跨学科主题学习是本轮课程改革的一大亮点，也是难点。以本轮义务教育课程改革倡导的跨学科主题学习为例。教师们努力探索实践，但依然不尽如人意。为此，有些老师就会主动进行反思：所确立的主题是不是缺少综合性和价值性？设计是不是没有聚焦复杂真实问题的解决？是不是没找准大概念，统领性问题是否过于局限？活动设计是不是缺乏创意？项目化学习是不是跨学科主题学习的唯一方式？通过这些问题的反思，教师再用理论去观照实践，最终提升对跨学科主题学习的理解，并且改进教学实践。

（二）对照优秀教师开展专业反思

"相观而善之谓摩"，教师要多向同伴学习，多去观摩优秀教师的课堂，一边观课，一边对照。自己的教学和别人的教学相比，有哪些优势和劣势，有哪些需要改进和完善的地方，同时也要善于听取别人的意见，梳理分析后再实践。

薛法根回顾自己的成长经历发现，他一直走的是"模仿—融合—创新"的路子。从模仿起步，借鉴他人的成功经验，在模仿运用中体会其教学理念、教学规律，完成"浸润"。对于名家的经典课例，他精心揣摩，用心模仿。他曾经买了一整套《贾老师教作文》的录像带，每晚观看，用心记录贾老师的每一句经典指导用语，揣摩这样指导的理据，白天就模仿着上。刚开始很生硬，模仿多了，就顺手了。三盘录像带，整整模仿了两年，学会了上作文课，学生也喜欢上了作文课。于是，他又逐步研究起了生活作文、实用作文，开启了循环日记、交际作文等实验研究，最终形成了自己的作文教学特色。偷偷地模仿，悄悄地成长，适合的就模仿，不适合的就舍弃，个人的特长就自然融入其中，创新的萌芽就开始显现了。

如今，国家教育智慧平台上，汇聚了各门学科的诸多优质课，这也是极好的资源，有利于教师从他人的课堂中"见贤思齐""择善而从"，根据学生实际对症下药，寻求改进策略，在后续教学中予以弥补。以人为鉴，可以明得失，它不是东施效颦，而是自我质疑、自我解惑、自我改进。

（三）对照课程标准开展专业反思

本轮课程改革要求突出课程内容结构化，这不仅仅体现在课程标准和教材之中，也要求教师反思今日的课堂是否依然枝枝节节，只见树木不见森林，还是通过主题、项目、任务等来组织内容。这里首先涉及观念的转变，教师是否意识到任何一门学科课程都有基本的知识结构，也有其自身的探究结构；是否体会到教学不是要教给学生一个个知识点，而是使学生掌握该门课程的基本结构。

当然，对照课程标准开展专业反思并不是纸上谈兵，如果没有实践，教师对课程标准的理解往往停留在表层。只有教师自己去实践过单元整体教学，开展过跨学科主题学习了，才会对行动进行深入而有效的专业反思。

■ 第二节 ■ 教学研究打开专业发展新天地

一、何谓教学研究

（一）"教师即研究者"已成为共识

中小幼教师的教学研究重在对教学实践进行研究，辨析与澄清教学实践中的问题，从中发现教与学的内在规律。

刘月霞认为，"启发教学""循序渐进""因材施教"等教学之法，都是古代先贤教育思想的结晶，更是他们在教育实践中经过持续不断的研究探索而得出的成果……教师要"穷理格物"，深入钻研，在实践过程中不断探求教学背后的核心意涵、基本规律和有效方法，进而丰富自己对教学的理解，增强实践能力，使教学更为精湛……教师践行教学之法必是"博学之，审问之，慎思之，明辨之，笃行之"的过程。[1]

教师这一职业和医生、律师一样，都是专业性很强的职业。因此，教师不能成为传统的"教书匠"，而是要成为"研究型"教师。英国教育家斯滕豪斯于20世纪60年代最早提出"教师成为研究者"的观点，强调教师不仅是知识的传授者，而且是教学情境的创造者。如果教学要得到更大的改进，就必须形成一种可以使教师接受的并有助于教学的研究传统。当前，"教师即研究者"已成为全球教育界的共识，教师不能满足于自己成为知识传播者，而是要有研究意识、研究精神、研究态度和研究行为，成为教与学内在规律的探寻者。

基层开展的教育行动研究不是为了建构新理论，而是为了改进自身的教育教学实践，其研究方式必然是"实践"取向的。这些研究往往以问题为中心，其目标是教育问题的解决。在真实的教育情境中开展研究，有助于研究者在实验状态下理解应然的教育理想，思考实然与应然的差距，探索逼近应然的策略，以具体鲜活的案例描述教育内在的东西；有助于研究者理解教育问题的复杂性，防止简单、线性地理解教育活动中的因果关系；更重要的是有助于研究者与被研究者（实践者）的角色整合，推动教师成为研究者。[2]

研究型教师有一个重要特点，就是他们能用研究的眼光去对待教育教学和学生发展，他们对教育教学规律、学生成长规律的把握比一般教师更深入。一个只知道照本宣科的教师和一个善于研究、充满教育智慧的教师，哪一个更受学生欢迎，哪一个教学更有成效？答案不言自明。

（二）教学研究是对教与学内在规律的探寻

在日常教学中，有教师认为某个知识已经讲得很清楚了，但总是还有很多学

---

[1] 刘月霞.追根溯源："教研"源于中国本土实践［J］.华东师范大学学报（教育科学版），2021（5）：94.
[2] 张丰.从问题到建议——中小学教育研究行动指南［M］.北京：教育科学出版社，2013：38—41.

生理解不到位，即便再讲一遍，学生还是弄不明白。但有经验的教师仅用三言两语，学生立马就明白了，产生出"四两拨千斤"的成效。究其原因，就是教师对教与学内在规律的把握不同。其中有对学科教学规律的把握，也有对学生学习规律的把握。

张宏伟于2003年参与青岛版小学数学教材的编写，对全国各大版本小学数学教材，包括港澳地区及国外课程进行了系统研究。他开始将数学与生活相融合，重视培养学生发现和提出问题的能力，尝试通过课程的力量来推动学习方式的转变。经过这一轮探索，他将自己的教育教学特点总结为"五还原教学法"。2013年，他又开始了数学课程和教学戏剧化的实验。为此，他重读关于课程、脑科学、儿童心理学、过程哲学、创造性戏剧的书籍，并且梳理以前的实践，把这一场实验命名为"全景式数学教育"，旨在让学生无死角地认识数学世界，继而无死角地认识自己。这些年的实验深深地启发了他：作为一名数学老师，重要的不仅是研究数学教材，还要研究数学、数学史、数学文化，研究儿童的学习规律和认知特点。

确实，学生不是一个个认知体，而是一个个完整的生命体。以前受"教师中心论"和"知识本位论"的影响，人们往往注重教师的作用与功能。但今天已转向"学生为中心"，课程方案与课程标准已极大解放了师生双方。教师不能再成为指令型课程范式中所扮演的控制者，而应成为开放性、多样化课程范式中学生学习的有效促进者，令教学从"重教"向"重学"转型，让学生真正成为学习主体，实现生命的激扬。

上海最初在构建小学低年级主题式综合活动课程时，研究人员就充分认识到儿童不是"小大人"，儿童就是儿童，他们有着独特的心理特征和精神生活。他们可以适应家长的要求去提前学习各种各样的知识，但这不是他们真实的需要，游戏、画画、唱歌、跳舞、交流、探究、接触大自然……才是他们真实的需要。成人如若一意孤行地喂给儿童"知识大餐"，让他们在枯燥的机械记忆中度过童年，其代价是牺牲了儿童的想象力、创造力乃至生命力。所以，要建构的课程不仅是遵循学科知识的逻辑、面向知识世界的课程，更是遵循儿童学习的心理逻辑、面向儿童真实世界的课程。为此，研究人员始终在思考如何以生活化、活动化与综合化为导向，在核心素养、课程内容与学习方式等多维衔接中帮助学生实现渐进适应；如何强调课程与学生经验、社会生活的联系，支持学生在玩玩、做做、探探中学习；如何尊重儿童发展的连续性特征，坚守学生健康快乐成长的价值核心，从"培养适应教育的学生"转向"提供适合学生的课程"。

> 从理论上来认识问题，往往站得高，看得远，收效会更大。

（三）教学研究离不开理论支撑

针对语文教学上的具体问题，一对一地研究出具体办法来是好事，但要从根本上解决问题，还要进一步从理论上去探讨。教学实践中有些做法效果较好，但不能很好地讲清其中的道理，说不出令人信服的理由，这就要在理论上加以总结，从经验中提炼出规律性的东西，提高教师对语文教学规律的认识。从理论上来认识问题，往往站得高，看得远，收效会更大。

有位语文老师教布封的文艺性说明文《松鼠》。课始，她问学生在预习中是否有问题，有学生提出了自己的困惑。"老师，我们课前讨论过，有一个问题始终没想明白，文章第一段写'松鼠是一种漂亮的小动物，驯良，乖巧，很讨人喜欢'，最后一段却写'它们的肉可以吃，尾巴可以制成画笔，皮可以制成皮衣'，既然松鼠那么漂亮可爱，人类又要保护动物，为什么最后一段要这么写呢？"这是老师在备课时未曾考虑到的问题，因为在备课时考虑的都是说明文的教学知识，包括说明对象、说明顺序、说明方法，以及平实、简洁、准确的语言特点。这时候，老师把学生的问题搁置一边，请大家回去思考，课堂仍按照既定的教学设计展开。学生迫于教师权威加入到教学过程之中，但仅仅是配合，而非主动参与。

语文教学改革已走过30年历程，从"重教轻学"到"导学"，再到"先学后教"，教师已建立起"以学习者为中心"的意识，并试图努力去尊重和发挥学生主体性，但在实际教学中却常常忽略了学生真实的学习心理。一旦学生真实的困惑、感受、发现被忽略，课堂教学效益从何谈起？[1]

解决类似问题，就需要教师学习一些理论。"逻辑经验"和"心理经验"的概念最早见于杜威的《儿童与课程》，其弟子克伯屈在学生心理与学科内容的阐释上，也将"经验"作为二者统一的"公分母"，这为活动课程的组织形态奠定了基础。不同于杜威、克伯屈的进步主义教育学派，以皮亚杰、布鲁纳为代表的结构主义教育学派将学科逻辑和心理逻辑的统一点聚焦于"认知"，这为学科课程的组织形态打下了基石。知识革命更是深刻地影响了教学变革。当人们把知识看作是由概念、范畴、事实等所构成的静态、客观和绝对的真理时，教学的任务便是传授知识，学生的学习便是记忆和掌握；当把知识看成是情境性的、猜测性的、价值性的并不断被反驳和证伪的相对真理时，教学必将特别关注学生的真问题、求知欲、批判意识和探究精神，教学的任务就是帮助学生学会学习，引导学生自主建构知识。因此，面对课堂上出现的问题，教师就要在学科教学逻辑和学生心理逻辑之间求取平衡。

苏霍姆林斯基说过，如果一个教师肯用心深入地分析自己的工作，他就不能不产生认识自己经验的理论意义的兴趣，并对学生知识状况与自身教育素养之间的因果联系做出解释。

二、为何要开展教学研究

（一）教学研究是解决现实问题的通道

教学研究致力于事理和学理，目的是行动，即创造更好的教育实践。[2]优秀教师总能在实践中不断发现问题、诊断问题、研究问题、解决问题。"研"既是教师探寻教与学规律的过程，又是解决现实问题的通道。

上海学前教育十余年来始终致力于推进"幼儿园以游戏为基本活动"的研究与

---

[1] 谭轶斌.语文课堂变革：走向学生经验和学科逻辑的整合［J］.语文学习，2018（11）：22.
[2] 金生鈜.教育研究的逻辑［M］.北京：教育科学出版社，2015：15.

实践。广大教师在"游戏是儿童天性"的理念倡导之下,看到了游戏中儿童大量学习与发展的可能。由此也发现了一连串的问题,比如:游戏到底要不要教?游戏前的"预约"究竟是方便了幼儿还是方便了教师?幼儿在游戏中到底是不是傻玩?角色游戏中为什么总是一条街?幼儿能不能到户外去游戏?……

近些年,"没有不好的天气,只有不好的装备"的理念又不断被教师所认同,老师们把风霜雨雪都视为课程资源,于是,精彩的户外两小时活动成为常态。此时,教师们又生发出了新的问题:那些空出来的室内空间怎么办?同样一群孩子为什么回到教师预设的课堂,就少了专注和主动性?预设活动到底起到了怎样的作用?……正是有了这些问题的敏锐发现,老师们产生了研究的动力,认真学习各种理论,对自身实践开展反思,和专家、同伴切磋研讨,对所发现的问题进行分析与澄清,不断清晰研究思路,解决面对的问题。

(二)教学研究是提升教师思想力和原动力的载体

实践与研究总是相伴而行。优秀教师总能在实践中反思,在研究中精进,一方面提升文字背后所传递的思想力,另一方面不断提升对教育事业孜孜以求的原动力。

王崧舟从走上工作岗位开始就养成了阅读理论的习惯。读到的第一篇理论文章,是周一贯先生的《用"提纲法"教〈王二小〉》,后来又读到他的一组关于阅读教学法的文章,王崧舟老师将这一组文章复印装订成册,爱不释手。第二年参评教坛新秀,就拿里面的"直奔中心法"执教《我的伯父鲁迅先生》,大获成功。这让他领悟到,成长是可以超越时间和经验积累的,这种超越的力量来自理论,来自学习。之后,他的阅读范围扩大了,开始读宗教、哲学、文学、美学,读"老三论新三论"的书,读人物传记,读红学,读周易占卜、奇门遁甲……王老师还坚持做读书笔记,将一些精彩文段逐一手抄,抄了厚厚七大本。他还听大量的课,每年不少于200节,有记录有反思。王老师听课爱琢磨,爱钻牛角尖,听名师的课也不跟风,尊重内心感受,无论多么稚嫩都记下来。慢慢地,他开始对课堂教学进行微格研究,研究包括导入、点拨、表达、训练、结课等。经过那个阶段的沉潜,王老师

> 优秀教师总能在实践中反思，在研究中精进。

肚子里装了上百本书、上千堂课，慢慢发酵，融入每一个细胞。

吴正宪始终记得那场令她茅塞顿开的心理学讲座。一个风雪交加的下午，她聆听了中国科学院心理研究所张梅玲教授关于儿童心理学的报告。那是她第一次听到"心理健康""心理体验""新型师生关系""人文精神"这些名词，她被张教授娓娓道来的极富人情味的演讲感动着，不知不觉融入其中——报告中那些教学实例不就发生在身边吗，怎么就没想到孩子们的喜怒哀乐会与学习数学连在一起呢？于是她开始反思，教师为什么要读懂青少年心理这本书？青少年的心理状态对其一生有什么影响？带着这些疑问，她又听了一系列关于儿童心理学的讲座，每一次讲座都令她醍醐灌顶。她由此而认识到，课堂教学不是单纯的认知过程，学生也在体验着数学知识形成和发展的过程，与伙伴合作、实践和创造的过程。课堂教学中"认知、体验、实践"这三个层面互相渗透，整合成了一个充满生机的教学过程。

正如程介明教授所言，教师一方面要研究如何"教"，另一方面更要研究学生如何"学"，教学的重点要从"教"转到"学"，深入人心，但要在实践中做到恐怕还有一段颇长的路程。其中的关键，不只是研究如何教得好，而且要研究如何把学习还给学生。也就是说，一要增加学生学习的主动性，二要增加学生学习的可选择性，三要增加学生自觉学习、自选学习的空间。未来的学习模式，不可能全部变为线上学习，也不可能全部回到传统的面授，但自觉学习的分量一定越来越重。而自觉学习，也不限于线上。研究下来，一定会让我们看到很多新的可能性，看到我们从未看到过的学生新动力、教师新角色，也会让我们想象学校群体生活、学校与社会交接的未来新天地。[1]

1　程介明.教研：中国教育的宝藏［J］.华东师范大学学报（教育科学版），2021（5）：10.

> 教学现场是教学研究最好的土壤。

三、如何开展教学研究

（一）在教学现场进行非正式教学研究

教学现场是教学研究最好的土壤。其实，问题解决的过程本质上就是教学研究的过程，只不过这是一种临时性、碎片化的隐性研究。这种出于教师职业本能的最朴实的研究，恰恰是正式研究的根基。[1]

在研究过程中，要像《论语·子罕》所写的那样，"毋意，毋必，毋固，毋我"，不凭空猜测，不绝对肯定，不拘泥固执，不唯我独是。陶行知在《〈新教育评论〉之使命》中也强调，"我们沟通思想，交换经验的时候，因为种种关系，不免发生不同之见解，不得已而出于辩论。理愈辩而愈明，……所以讲理的人应当'毋意，毋必，毋固，毋我'"。

> 培养点浑厚的态度，减少些刻薄的风气，这是"研"的态度。

（二）在循证中开展正式教学研究

正式的教学研究，也往往是围绕着实际问题而展开的。课堂上出现的问题、困惑、发现等，通常就是教学研究的逻辑起点。浙江省象山县第二中学在20年前是一

---

1 吕增锋.行走在教育科研的田野[J].教育研究与评论，2023（9）：8.

所普通的农村学校,"数学写作"是吕增锋主动研究的第一个课题。在"先学后教"的课堂中,学生不敢讲、讲不来的问题始终得不到解决。吕老师就带领组内教师申报了第一个市级课题"高中数学写作教学的实践研究"。经历了艰难的"学中做,做中学"的摸索过程,课题成功结题并获奖。从此吕老师又申报并开展了第二个、第三个课题研究,几年后获得了省课题研究一等奖。他自己也从一名普通的一线教师成长为正高级教师、浙派名师培养对象、宁波市领军拔尖人才、甬城教育名家培养对象。[1]

从目前研究领域来看,中小学教师的教学研究可分为两类:一类是基于经验或反思的思辨型研究;另一类是采取一定研究设计和研究方法的实证性研究。前者需要研究者根据自己的经验或者实践提出一线教育教学中常常遇到的问题和挑战,然后提出自己的论点,利用论据进行严谨的逻辑推理论证最终形成解决相应问题的策略或方法。而实证性研究是指以研究问题为导向,通过定量、定性或者混合研究方法来实地收集以文字或者数字为代表的证据,最终形成不被个体主观愿望或偏见所左右的研究结果,并基于研究结果提出解决问题的建议。从现实来看两类研究各有所长,但是其方法路径都是指向证据或者基于循证理念的。[2]

顾泠沅对研究有六个字的企盼——扎根、践行、循证。扎根,为了学校教育科研的生存,必须把根深深地扎进学校教育的土壤。践行,学校教育改革空谈无益,研究的智慧源自目标清晰的行动。循证,根据教育目标、学生实际与其他条件,运用规准的证据、个人的专业智慧所开展的循环改进的研究历程,证据必须有解决具体问题的针对性,问题不可太空泛。[3]

胡军主持开展了"基于证据的数学高阶思维培养的行动研究",课题组综合国内外文献总结出"数学高阶思维"的四条特征。以这四条特征为标,使用扎根理论对50节数学课中的师生话语进行编码,提炼出符合我国课堂的"数学高阶思维"具体内涵。再邀请16名专家,通过两轮德尔菲法问卷,分析专家的权威度、专家对"数学高阶思维"具体内涵的评分、专家评分之间的一致性程度,修订形成"数学高阶

---

[1] 吕增锋.行走在教育科研的田野[J].教育研究与评论,2023(9):7.
[2] 杨新晓,陈殿兵.中小学教师可以这样做科研[J].现代中小学教育,2023(5):73.
[3] 顾泠沅.教育科研:我的回望与企盼[J].现代教学,2018,(Z3):14.

思维内涵框架"。在此基础上，参考国内外师生话语分析框架，形成"初中数学课堂师生话语编码表"。根据抽样方案，选取40节数学课，对课中师生话语的主体、类型、内容进行编码，使用Excel和SPSS对编码结果进行量化分析。综合量化分析和可视化分析的结果，得出结论。之后，又研制出《教学设计参照表》和《听评课参照表》。教师通过《教学设计参照表》，在备课阶段就明确要培养的数学高阶思维以及具体的教学策略。教师通过《听评课参照表》，聚焦课堂中数学高阶思维的培养效果对教学做出改进，形成迭代实践。经过一个阶段的实践，学生在课堂上提出的问题数量明显增加，质量明显提高，表现出了策略型思维、批判型思维和创造型思维。

教学研究能否取得预期结果，和研究方法大有关系。无论是思辨性研究还是实证性研究，解决问题的方法、路径和策略，都会在很大程度上影响研究的质量。

第三节 教育写作凝练"自己的句子"

一、何谓教育写作

（一）教育写作没有大小之分

有的老师在讲台上游刃有余，但一旦拿起笔，便感觉有千钧之重，常常苦恼于自己笔头笨拙，也会感叹写教学论文是大学老师的事儿，中小学老师站稳讲台才是王道。

老师们望而却步，是在相当程度上误解了教育写作，将教育写作窄化为撰写教学论文。教学论文确实是教育写作中非常重要的一种类型，但不等同于教育写作。教育随笔、教育札记、教育叙事、案例分析、课后反思、成长感悟、读后感、书评、教育博客、研究报告等，都属于教育写作，都是教师结合自身的教育教学实践而展开的带有研究性质的写作。

教师千万不能以学校和家庭的事务忙碌为借口而荒了笔耕。读完一本书，掩卷反思，写写读后感或书评；上完一堂课，复盘梳理，写写心得体会；观摩完同伴

> 教育写作没有大小之分，完全不必贪大嫌小，更不必无病呻吟。

的课堂，和同伴坦诚交流，写写思想交换后的收获；和学生聊聊天、交交心，写写做班主任或者学科育人的感悟；参加完一次教研活动，反观自身教学，写写所思所想。而这些看似不起眼的成果，往往会造就有分量的学术论文。

教育写作没有大小之分，完全不必贪大嫌小，更不必无病呻吟。

（二）教育写作是教育人生的转化与表达

不同类型的教育写作，或重在叙写真实的教育教学现场，或重在阐述自己的教育教学主张，或重在辨析值得探讨的教育话题，或重在学习已有的教育教学经验，或重在建构属于自己的教育教学思想。

窦桂梅、程红兵等老师都是记录教育人生的有心人，课堂的小小创新，学生的点滴变化，都会成为他们的写作素材。正是他们日复一日的教育实践和教育写作，使他们成为家喻户晓的教育改革者。

教育写作并非语文教师的专属。在江苏省苏州高新区实验初级中学的化学特级教师缪徐老师看来，教育写作就是一种最好的看路方式——看走过的路，看未来的路。从2011年至2019年，他发表了160多篇随笔短文和40多篇教学论文。他可以在两种写作方式之间来回切换，随笔短文的写作随性、短小，能养心怡情，还能提高文字表达的准确性和流畅性；教学论文的写作理性、严谨，能总结教学得失，养成反思习惯，助推专业成长。[1]

相信每一位站稳三尺讲台的教师，都能在笔墨之间记录下自己的教育教学生活，生成自己的教育教学感悟，书写自己的专业成长历程。一直从事教育科研的苏忱老师强调，写作是有层次进阶的，对于目标的追求，是从"为他人写"走到"为

---

[1] 宋鸽.教育实践如何转化为专业写作.中国教师报［N］.2022-10-26（8）.

> 教育写作就是一种最好的看路方式——看走过的路，看未来的路。

自己写"。当写作不再是强迫的表达，而是变成自由的表达，那么主动的行动很可能在较高层次上呈现。因此，把写作变成自己的修为，变成自己赋予的含义，变成自己用文字来表达、沟通，理解社会、解释社会的一种表征时，写作起来就会很轻松。

二、为何要进行教育写作

（一）教育写作是教育教学实践变革的推手

实践是教育写作的泉源。教育写作离不开教师自身的教育教学实践，教育教学实践通过教育写作得以升华，实践和写作之间是双向建构，互哺共进的关系。"欲流之远者必浚其泉源"，唯有在实践中敢于沉潜，乐于创新，写作之流方能滔滔汩汩，长流不息。教学越创新，课堂越精彩，写作灵感越会时时迸发，写作激情越会处处点燃。在课程教学改革面前，教师如果任凭风浪起，稳坐钓鱼船，年年岁岁"生"不同，岁岁年年"课"相似，这样安于现状、得过且过的教师，怎么可能去书写自己的教育人生，怎么可能享受到做教师的真正幸福？

教育写作助推教育教学实践变革。教育写作从实践出发，更从实践中的问题出发，促使教师不断思考。"我只有说，才能想"，哥伦比亚大学戴维教授的观点独到而深刻。教育写作能将日常实践经验和碎片化的思绪加以累积、凝合，最终形成有结构的思想体系，从而提升教师的实践智慧，改进教师的教育教学实践。

（二）教育写作让教师成为理性思考者

写作可以帮助教师把自身在教育情境中长期积淀的实践智慧梳理、表达出来，让教师的经验与思考形成可以"公开"与"交流"的成果，在专业范围内得到检验、评判与推广。正如斯滕豪斯认为的："私下的研究在我们看来简直称不上研究。部分原因在于未公开发表的研究得不到公众批评的滋养，部分原因在于我们将研究视为一种共同体活动，而未发表的研究对他人几乎没有用处。"而无论是何种形式的教育写作，都为教师提供了将隐性知识显性化的契机与途径，使教师的个体经验可以被认识、被理解、被实践、被推广，并且能在传递和讨论的过程中得到生长和改造，使其更加丰富和成熟，实现个体研究成果向教学生产力的转化。[1]

周如俊说自己教书前十几年，没有想到过写作，也没有认识到写作的重要性，慢慢地觉得自己走上"高原"了。于是，他开始阅读与写作，之后发表了第一篇文章《抓住集体就餐良机，培养学生文明行为》。现在回看这篇文章，也就是当时学生管理的一点感想而已，但他至今记得稿子发表之后难以抑制的喜悦和兴奋。那篇稿子的发表，成为了他专业成长之路上的重要里程碑，是他人生的一次重要拔节。

张康桥在回忆自己"儿童语文课堂"的探索和研究过程时发现，这个研究的开始竟然是源于"写文章"。有一次，校长请他写一篇关于学校主课题的理论性文章，并指导他从学生的角度思考。于是，他开始写作主题为"学生眼中的好课"一文，并为此进行了深入调查。调查时，学生为他打开了新的教育视野，后期的写作让他逐渐触摸、明晰、厘清了"以儿童为本的语文教学"的真谛。随着研究的深入，张康桥开始了他的"实践—写作—思考—再实践"的富于创造性的教育生活，他开始阅读哲学解释学，探究文本解读；关注儿童文学，探索儿童阅读；学习教育现象学，着力于生活体验研究……这让他感到每天都有许多新鲜的东西扑面而来。[2]

教育写作让教师走出简单和重复的工作，远离职业倦怠，也让教师从传统的知识搬运工变成知识的转化者和生产者，从感性实践者变为理性思考者。

（三）教育写作或可实现对教育理论的反哺

李政涛从一个崭新视角看待中小学教师教育写作的功能。他认为，繁盛的教育

---

1 颜莹.教师写作：为何与何为——对教师教育写作问题的再认识［J］.上海教育科研，2020（4）：74-77.
2 颜莹.教育写作：教师专业表达和专业发展的必由之路［J］.人民教育，2020（6）：68.

写作可能带来繁盛的教育理论与教育实践，教师基于教育经验的表达将成为催生新理论与新实践的源泉之一。[1]

孙双金在2003年首次提出"情智语文"的教学主张。2009年入选江苏省教育厅"人民教育家培养工程"。杨九俊先生鼓励其他培养对象"寻找属于自己的句子"，肯定孙双金的"情智语文"就是属于自己的句子，是一种个性化的教学主张。

教育理论是有别于哲学、社会学、心理学这些基础学科理论的一种实践性很强的理论。这门学科理论的创造主体不应只是理论工作者，教师也理所应当是教育理论的创生者。教师长期浸润、置身在理论与实践高度融合的教育场域中，对教育学有最真切的感受、最直接的反映、最准确的观察，是天然的研究者，带有天然的研究优势。他们深入教育实践，直面教育实践的真实问题，并在解决教育实践的真实问题的过程中，发现并深挖实践中的教育真谛，提炼出"属于自己的句子"。由此开启的"术语革命"可以实现教育实践对教育理论的反哺，为中国教育学话语体系的创新提供新的可能与契机。[2]

三、如何开展教育写作

（一）教育写作首在选取写作主题

教育写作的类型丰富多样，大部分类型的教育写作"文无定式"，除非是申报课题，通常得按格式来写。当然，教育写作作为一种专业表达，也存有不少共性。

教育写作首在选取写作主题。基础教育课程改革的新航船已经向我们驶来，那如何将知识的学习与运用和真实的生活场景建立起关联？如何加强课程内容和儿童经验、社会生活的整合？如何有机融入现代技术？如何让学生在解决任务的过程中自主建构知识？如何在学科教学逻辑和学生心理逻辑之间寻求统一？如何变革教学

---

1 李政涛.教育经验的写作方式——探寻一种复调式的教育写作［J］.北京大学教育评论，2013（7）：159.
2 颜莹.教师写作：为何与何为——对教师教育写作问题的再认识［J］.上海教育科研，2020（4）：76.

方式和学习方式？很多问题亟待教师在实践中破解，并通过各种类型的教育写作将认识和行为加以沉淀推广。

不善写作的教师，可能会选择热点话题，而且切口很大，最终导致文章流于浅表，空泛无味。殊不知，小切口才有深开掘。因此，教师应从自己感触最深、最有心得并且与课程改革理念相契合的话题中去遴选写作主题。

（二）将散在经验结构化是教育写作的关键

"天下事在局外呐喊议论，总是无益，必须躬自入局，挺膺负责，乃有成事之可冀。"教育写作何尝不是如此。

郭跃辉之所以能成为教育写作的高手，很重要的是他首先善于遴选经验，将有价值的经验从经验仓库中选出来；其次是将有价值的经验分块归类，给每一块加一个概括性的标题；再次是有针对性地寻找理论依据，用理论支撑自己的经验。他写文章，总是先"建构框架"，形成"写作路线图"。因为教育教学中的问题很多，解决问题的思路也很多，所以需要"思维聚焦"。[1]

（三）提炼出规律是教育写作的要义

擅长于写作的教师，往往会从过往经历中洞察、聚焦自己或他人教育教学现场中发生的相关问题，通过描述问题、分析问题、解决问题的内隐逻辑，以及自己的理性思考，去发现亮点、梳理经验、提炼规律，甚至上升为理论。

李吉林在40年间发表文章350余篇，出版专著和相关书籍28部，她感叹道，"我懂得相似的集合就是规律，如此写成一篇篇心得文章。我将情境教育创新的收获变成文字，表达了自己的所思、所想，阐述了自己所感、所悟，让老师的操作不至于停留在经验层面的仿效，而可以按规律去进行再创造，运用到实践中，获得教

---

[1] 宋鸽.教育实践如何转化为专业写作.中国教师报［N］.2022-10-26（8）.

育的高效能，最终让众多的儿童获益，这就实现了我的初衷"。[1]

（四）让文字表达不断进阶也是教育写作的追求

教育写作是专业表达，教育写作的过程是一种复杂而高级的思想活动过程。它融合了理论学习、规律发现、实践改进等多种专业活动，涉及信息搜集加工能力、教育洞察和理解能力、理论学习与转化能力、语言提炼和概括能力等多种专业能力。

"学术文章的法宝就是逻辑与修辞，而修辞不是修饰或装饰文字，而是以正确的方式讲述正确合理的思想。语言的形式不是学术思想的外衣，而是身体本身，语言使得思想有血有肉，使得思想存在。"[2] "一支唯利是图的笔下产生不出任何刚劲伟大的作品。"[3] 教育写作虽然不都是写学术文章，但如果能以学术文章的高标为要求的话，一定能呈现出良好气象。孔子云，"巧言令色，鲜仁矣"。花言巧语，大话空话，在教育写作中是不足取的。文字晦涩、欧式表达、轻率随意、言不及义等，是需要力避的。

在郭跃辉看来，写作的要义在于坚持，偶发式、应景式、心血来潮式的写作都不能真正促进教师专业成长。他每年坚持写30万字的教育随笔，坚持写20篇专业论文，坚持读50本专业著作，历时10年才感觉自己在专业上有所提升。写作遇到的最大困境只有一个：难以坚持，突破困境的方法没有别的，只有让坚持成为习惯，做一个"笨拙的长期主义者"。[4]

总之，教育写作并不可怕，但写作能力的提升，并非一日之功。他者的思想是我们思想的肩膀。我们都在阅读、判断、思考中接受教育，也在学习中进行思想。[5]

---

[1] 颜莹.教育写作：教师专业表达和专业发展的必由之路［J］.人民教育，2020（6）：67.
[2] 金生鈜.教育研究的逻辑［M］.北京：教育科学出版社，2015：269.
[3] 金生鈜.教育研究的逻辑［M］.北京：教育科学出版社，2015：272.
[4] 宋鸽.教育实践如何转化为专业写作［N］.中国教师报.2022-10-26（8）.
[5] 金生鈜.教育研究的逻辑［M］.北京：教育科学出版社，2015：137.

第十章 现代技术运用能力

> 教师数字素养差异成为影响未来教育效能和深度变革的关键因素。

这是一个技术的时代。大到国家发展、社会进步，小到个人衣食住行、人际交往，都离不开技术。有了技术，购物越来越便捷，出行越来越方便，就医看病效率越来越高。复杂性科学重要奠基人、曾荣获"熊彼特"奖的美国著名经济学家布莱恩·阿瑟在《技术的本质》一书中，给"技术"下的最基础的定义是：技术是"实现人的目的的一种手段。"[1] 在教育领域中，教育技术就是实现教育目的的一种手段。置身于现代社会的教师，只有掌握一定的现代技术使用能力，让技术为我所用，才能适应有技术支持的教学环境，不断提高教学效率和效果，为未来社会培养出合格的公民。

■ 第一节 ■ 跨越现代技术的鸿沟

教育技术是关于学习过程与学习资源的设计、开发、利用、管理和评价的理论与实践，它包括硬件和软件两个方面。当前，我国地区之间、学校之间教育技术硬件普及的传统鸿沟正在迅速缩小，而因教师数字素养差异导致的软性鸿沟却逐步在拉大，并成为影响未来基础教育效能与深度变革的关键性因素。

一、教育技术的时代变迁：从"三一课堂"到"智慧课堂"

20世纪七八十年代，一支粉笔、一块黑板、一本教材，是教师上课的"三大法

---

[1]（美）布莱恩·阿瑟.技术的本质[M].曹东溟，王健，译.杭州：浙江人民出版社，2014：32.

宝",这样的课堂也被老师们戏称是"三一课堂"。每次上完课,黑板上写着满满的板书,不仅教师两只手沾满了粉笔灰,连坐在第一排的学生都不知不觉"花白"了头发。这样的课堂场景,相信是不少人共同的记忆。

到了20世纪90年代,幻灯片、投影仪进了课堂。投影仪将很多鲜活的内容打到大屏幕上,既丰富了课堂,还在一定程度上减少了教师的重复劳动。上《春天来了》一课,春风吹,吹绿了柳树,唰,一个片子,柳树出来了,唰,一个片子,燕子飞来了。小朋友们的眼睛睁得大大的,盯着大屏幕看,觉得这样的课堂太有趣了!而当录音机、影碟机走进课堂,教师利用音频、视频来创设情境,声光电刺激了学生的视觉和听觉,更让学生感受到了技术的无穷魅力。

进入21世纪,一种新式的、更为智能的"交互式电子白板"出现在教室里。与传统黑板和投影课件相比,电子白板没有粉笔灰、不用擦黑板、可以实时修改,甚至可以用笔和手指代替鼠标,直接在白板上写字、画画、打分。比如幼儿园的语言课,老师可以借助白板的强互动性,给孩子们带来更好的学习体验。

科技创新不仅带来教育技术、教学工具的变革,还给学生带来了更多智慧学习的可能。以中小学的"数字书法课堂"为例,学生既可以通过红外压感技术在数码电子屏幕上进行书写练习,也可以通过电磁感应与光学识别技术,将传统纸笔书写数字化并智能判定书写笔顺是否正确、书写是否美观,还可以利用3D打印机将书法作品打印下来。

当互联网、人工智能技术进入校园,课堂变得更有趣味,更为丰富多彩。信息技术赋能教育,让教育具有无限可能。在以往的课堂上,学生只能够感受到课本里文字所描述出来的一个世界。而通过虚拟现实与增强现实技术的结合,形成一个有异于三维物理空间的"数字空间",学生能够身临其境,去感受、去互动、去体验。很难想象,有一天孩子的绘画老师会是机器人,人工智能按我们人类的意图画出充满想象力的画来。人工智能走进校园,既是教育改革的新工具,也是课程教学的新内容。未来的教育将迎来一个人机共教的新时代,这是一个结合了人工智能技术的教育新时代,将为学生提供更丰富、更深入的学习体验。

从"一支粉笔两手灰"的黑板授课方式,到如今的智慧课堂、智慧校园,电脑、平板设备在教学中的普遍应用,教育技术的进步显而易见。这一变迁不仅见证了我国改革开放四十多年来教育的飞速发展，也预示着未来教育将更加智能化。随着教育信息化的深入推进，我们有理由相信，未来的课堂将会有更多智能化的设备进入教学之中，引领教育开启新的征程。

二、数字时代的教育技术：教育未来的指南针和望远镜

技术推动的教育变革，本质上是教育技术的变革。技术重塑教育，本质上是技术重塑了"正在变革的教育"[1]。可以这样说，是教育技术为教育的未来提供了望远镜和指南针，教育技术不仅帮我们拓宽了知识视野，更引领了教育方向。

从农耕时代、工业时代到信息时代，真正塑造教育形态和教育模式的技术并非农耕技术、蒸汽机技术、电气技术或信息技术，而是不同时代的教育技术。

农耕时代塑造教育形态的是通过口头语言进行的以演示、讲授、问答为核心的个别化指导教育技术。这种教育技术要求教师掌握因材施教、启发诱导、个体领悟等一系列以道德习俗和生存技能为导向的更微观层次的教育能力。个别化指导的教育技术塑造了以学徒模式为核心的私塾、书院等教育形态。

以蒸汽机的发明为标志的第一次工业革命和以电气技术为标志的第二次工业革命所推动的教育变革，也并非以蒸汽机技术或电气技术重塑了教育。蒸汽机技术和电气技术对于教育的重塑实质上是对教育技术的重塑，这些新技术对于教育的推动在于以古登堡印刷机为代表的新媒介技术形成了以班级集体讲授为核心技术的系统教育技术变革。这种教育技术要求教师掌握讲什么、讲多少以及什么时候讲授、什么时候让学生练习等一系列以教科书为导向的更微观层次的教育能力。班级集体授课技术取代农耕时代的以启发式对话为核心的个别化指导教育技术，从而塑造了以班级集体讲授模式为核心的现代学校规模化、标准化、体系化教育形态。

当今正在发生着的信息技术推动教育变革，根本上是信息技术在推动以学生学习模式变革为核心的教育技术的变革。大数据、人工智能、移动互联网、云计算等新一代信息技术对于教育的推动表现在它推动了包括智慧校园、在线学习、线

1　陈晓珊，戚万学."技术"何以重塑教育［J］.教育研究，2021（10）：45—61.

上教育等为代表的新教育技术的产生。这些新的教育技术使得教育第一次从学校的封闭物理空间拓展到网络空间和虚拟空间，塑造出一种不同于传统学校的信息技术加持的、多维教育空间并行的、学习场景之间自由切换的教育新形态。比如，美国教育技术发展计划2010（以下简称NETP2010）《变革美国教育：技术推动学习》（Transforming American Education：Learning Powered by Technology）提出了以"应用技术推动学生的学习"为起点，用信息技术推动教育技术的升级，"用技术重构教育系统的工作流程与体系结构"，从而达到重塑美国教育的目标。日本《以尖端技术支持新时代学习推进方略》提出，以信息通信技术和大数据驱动教育创新与学习变革。我国《国家中长期教育改革和发展规划纲要（2010—2020年）》明确提出"信息技术对教育发展具有革命性影响"，《中国教育现代化2035》则进一步提出"加快信息化时代教育变革"，"利用现代技术加快推动人才培养模式改革"。

三、教师数字素养：意识、能力与责任

信息时代，技术推动教育变革的核心影响因素是教师的数字素养。目前，提升数字素养已经纳入国家规划，成为教师专业发展的重要内容。

2021年10月，中央网信委印发的《提升全民数字素养与技能行动纲要》对提升全民数字素养与技能做出了全面系统的部署，并针对教育领域强调要"不断提高教师运用数字技术改进教育教学的意识和能力"。2022年，教育部正式启动教育数字化战略行动，要求提升教师数字素养。一方面，数字技术与教育的融合发展正逐步深入，教师必须适应数字技术的蓬勃发展及其在教育行业的快速渗透；另一方面，"双减"以及教育评价改革等重大政策的落地都对教师数字素养提出了更高要求。然而我国教师在数字化教学理念、数字化教学创新能力等方面还有诸多不足，教师数字素养亟待提升。因此，提升数字素养不仅是培养数字时代公民的基本需要，也是推进教育数字化的战略要求，有助于培养数字化卓越教师，增强推动教育数字转型的关键软实力，为构建高质量教育体系和培养高素质人才提供支撑。

2023年2月13日召开的首届世界数字教育大会上，教育部正式对外发布了《教师数字素养》行业标准，明确了教师数字素养的核心内涵和指标框架，为教育管理

部门、学校和教育机构在发展教师数字素养方面提供了指导，也为建设教师数字素养培训资源、开展监测评价提供了依据。教师数字素养是教师适当利用数字技术获取、加工、使用、管理和评价数字信息和资源，发现、分析和解决教育教学问题，优化、创新和变革教育教学活动而具有的意识、能力和责任。《教师数字素养》标准中进一步明确了教师数字素养框架，规定了数字化意识、数字技术知识与技能、数字化应用、数字社会责任，以及专业发展五个维度的要求。

首先，数字化意识是教师在数字时代有效开展教育教学和持续发展的前提条件。作为教育的第一资源，教师必须认识到数字技术的重要价值，理解应用数字技术资源开展教育教学实践、探索与创新是推进数字时代教育教学改革的迫切需要，愿意打破惯性、主动探索、积极应对、创新实践，为顺利开展数字教育迈出重要的第一步。

其次，数字技术知识与技能是教师实现数字技术与教育教学深度融合的基本要求。教师不仅需要了解常见数字技术内涵特征及其解决问题的程序和方法，还要能从自身课堂的应用需求出发熟练操作适切的数字化设备、软件、平台。例如，教师应熟练掌握国家智慧教育公共服务平台以及常用数字化教学系统的功能与应用，学科教师还应掌握专用学科软件以提升课堂质量。

数字化应用，既是教师数字素养的核心体现，也是教师实现数字化教育教学的核心要素。教师要以教育教学全过程的实际需要为出发点，充分发掘并利用优质数字教育资源，将数字技术资源融入教学设计、环境创设以及学业评价中，优化教学流程，提升课堂活力，实现学生自主、探究、协作学习。教师还应关注数字技术资源对学生数字素养与身心健康的影响，以数字化赋能德智体美劳"五育并举"。

数字社会责任是指教师在数字化活动中的道德修养和行为规范方面的责任。教师在使用数字技术的过程中应遵守法律和道德规范，加强数字安全管理，注重防范数字安全风险，同时关注数字时代下学生身心健康的保护及数字社会责任的培养。

专业发展是指教师利用数字技术资源促进自身及共同体专业发展的能力。数字技术资源为教师专业发展提供了丰富的资源与工具，也有利于打造虚实结合的沉浸式研修空间。教师可充分利用数字技术资源进行个人专业知识学习和教学实践反思，并注重教师共同体的建设，例如通过网络名师工作室、虚拟教研室等途径积极学习、广泛交流、扩大影响。

四、努力跨越数字鸿沟

1999年，经济合作与发展组织提出了"数字鸿沟"的概念，并为此开展了深入讨论。与会者认为，数字技术已经与人们的日常生活非常紧密地联系在一起。那些有能力获得信息与通信技术的人，成为"信息富人"，且越来越富。而那些缺少相关软硬件和对信息与通信技术缺乏基本了解的人，成为"信息穷人"，且越来越穷。由能否拥有技术的平等使用权而带来的挑战被称为"数字鸿沟"。他们提出了系列填补数字鸿沟的举措，其中就特别提到教师的数字素养问题，认为"实施健全的在职和职前师范教育与培训计划来配合学校的信息和通信技术举措势在必行"。[1]

以前，教师拿着纸质教案，带上粉笔、记号笔就可以上课了，对教育技术的学习和掌握并没有很强的自觉性和紧迫感。尤其对部分老教师而言，做课件就是件挺麻烦的事，能不用则不用，有意无意地疏远了多媒体教学。

在我国，全方位推行在线教育时，"数字鸿沟"现象成为不可忽视的教育问题。一方面，在区域、城乡、学校、家庭之间存在数字技术接入与硬件普及的"物理鸿沟"，这种硬件层面的差距作为第一道物质性数字鸿沟，直接影响着不同学生在线学习的环境和效果；另一方面，由教师数字技术应用能力和信息素养差异而产生的"技能鸿沟"愈加凸显，更深刻地影响着线上、线下教学实践的效能和质量。

在"停课不停学"的初期阶段，线上课堂状况频发，在网络卡顿的影响下，学生们不得不频繁切换设备，努力刷新网络，以期能够顺利进入课堂。然而，有时候即便学生挤进课堂，教师却因各种原因无法上线进入平台；有些教师精心准备了教学内容，却因忘记开麦克风而无法将声音传递给学生；还有的教师开始上课后才发现学生们无法登录课堂，为了确保学生能够观看回放，只能硬着头皮与学生进行尴尬的线上互动，独自一人把一节课上完。

线上直播教学要求教师提前设计好教学内容、互动环节以及调动学生积极性的

---

1 经济合作与发展组织.学会跨越数字鸿沟［M］.任仲伟，曲囡囡，译.北京：教育科学出版社，2009：1+24.

策略，并制作精美的课件。同时，教师还需时刻关注学生的动态，避免自说自话，确保教学质量。这无疑对教师的场面把控能力提出了更高的要求。线上教学模式的转变对教师提出了两大基本要求：一是充分发挥自身专业优势，结合线上优质教育资源，进行班本化教学；二是面对线上教育资源加剧班级内部分化的现状，灵活开展差异化教学。可以说，这种技术支持下的教学环境变革促使教师们在教学方式上进行了全方位的调整与优化。

不少教师在持续的线上教学过程中意识到这种改变的必然性：这是个数字时代，学生本身就是"数字原住民"，时代已变，学生已变，教师和课堂不变，行吗？！

第二节 整合现代技术与课程

信息化是当今世界经济和社会发展的大趋势，以多媒体和网络技术为核心的现代信息技术已成为拓展人类能力的创造性工具。为了适应这个发展趋势，我国已经确定在中小学普及信息技术教育，并特别强调要加强信息技术与其他课程的整合。"信息技术与课程整合"是我国基础教育改革的新视点，它继承了传统的学科教学的优势，同时又具有相对独立性。信息技术与课程有效整合对于发展学生主体性、创造性，培养学生创新精神和实践能力具有重要意义。

一、信息技术与课程整合的目标与方法

所谓信息技术与课程整合，是指在课程教学过程中把信息技术、信息资源、信息方法、人力资源和课程内容有机结合，以完成教学任务的一种新型教学方式。[1] 它有三个主要特点：

一是学与教的活动主要在多媒体和网络为基础的信息化环境中实施，包括在网上实施讲授、演示，学生自主学习、讨论学习、协商学习、虚拟实验、创作实践等诸多环节。

---

1 李克东.信息技术与课程整合的目标和方法［J］.中小学信息技术教育，2002（4）：9—10.

> 信息技术与课程的整合是实现学习方式变革的主要途径和方法，也是教师数字素养的具体体现。

二是学生的学习资源有丰富的来源。教师直接把课程与教学内容编制成电子文稿、多媒体课件、网络课程等，成为学生的学习资源；全球性、可共享的信息化资源，如视频资料、图像资料、文本资料等，也可成为学生的学习资源；将学习过程生成的共享的信息化资源，供学生评议、分析、讨论，同样成为学生的学习资源。

三是利用信息加工工具让学生实现知识重构。通过文字处理、图像处理、信息集成的数字化工具帮助学生学习知识，获得知识，并对知识进行重构和创造。

（一）信息技术与课程整合的目标

1. 学生具备终身学习的态度和能力

学习资源的全球共享，虚拟课堂、虚拟学校的出现，现代远程教育的兴起，使人们可以随时随地通过互联网进行学习，学习时空变得无界限了。教育信息化还为人们从接受一次性教育向终身学习转变提供了机遇和条件。终身学习就是要求学习者能根据社会和工作的需求，确定继续学习的目标，并有意识地自我计划、自我管理、自主努力，通过多种途径达成学习目标。要实现终身教育和终身学习，教育必须进行深刻的变革：使教学个性化、学习自主化、作业协同化，把培养学生学会学习，培养学生具有终身学习的态度和能力作为培养目标。

2. 学生具有良好的信息素养

教育信息化为终身学习带来了机遇，但只有学生具备良好的信息素养，才能够理解信息所带来的知识并形成自己的知识结构，信息技术与课程整合正是培养学生形成所有这些必备技能和素养的有效途径。信息素养应包含这三个基本的要点：

（1）信息技术的应用技能。这是指利用信息技术进行信息获取、加工处理、呈现交流的技能，需要通过对学习者进行信息技术操作技能与应用实践训练来培养。

（2）对信息内容的批判与理解能力。在信息收集、处理和利用的所有阶段，批判性地处理信息是信息素养的重要特征。对信息的检索策略，对所要利用的信息源、对所获得的信息内容都能进行逐一的评估。在接收信息之前，会认真思考信息的有效性、信息陈述的准确性，能够识别信息推理中的逻辑矛盾或谬误，识别信息中有根据或无根据的论断，确定论点的充分性。这些素养的形成不仅要通过计算机技术技能训练来培养，还要通过加强科学分析思维能力的训练来培养。

（3）运用信息并具有融入信息社会的态度和能力。这是指信息使用者要具有强烈的社会责任心，具有良好的与他人合作共事的精神，使信息技术的应用能推动社会进步，并为社会做出贡献。

这些素养不是通过计算机技术技能训练就能形成的，而是要通过加强思想情操教育来培养的。

3. 学生能熟练掌握信息时代的学习方式

在信息化学习环境中，人们的学习方式发生了重要的变化。学习者的学习不是只依赖教师的讲授与课本的学习，而是利用信息化平台和数字化资源，在师生之间开展协商讨论、合作学习，并通过对资源的收集利用，探究知识、发现知识、创造知识、展示知识的学习。

因此，为促进学生适应信息时代的学习环境，应通过信息技术与课程的深度整合，引导学生掌握以下学习方式：

（1）利用资源进行学习：鼓励学生积极利用各类信息资源，拓宽知识视野，增强学习效果。

（2）自主发现学习：在数字化情境中，培养学生自主探索、发现问题、解决问题的能力，提高学生的自主学习能力。

（3）协商交流学习：鼓励学生学会利用网络通信工具进行在线讨论，促进合作与交流，深化理解，拓宽思路。

（4）实践创造学习：鼓励学生利用信息加工工具和创作平台，开展实践操作和创新活动，培养创造力和实践能力。

（二）技术与课程整合的基本方式

信息技术与课程整合是一种信息化的学习方式，其根本宗旨是要培养学习者能够在信息化的环境中，利用信息技术达成课程学习的目标并学会终身学习的本领。

1. 信息技术与课程整合的基本要求

（1）学习是以学生为中心的，学习是个性化，能满足个体需要的；

（2）学习是以问题或主题为中心的；

（3）学习过程是进行通信交流的，学习者之间是协商的、合作的；

（4）学习是具有创造性和生产性的。

2. 信息技术与课程整合的基本策略

（1）利用信息化学习环境和资源创设情境（包括自然、社会、文化等各种问题情境以及虚拟实验环境），培养学生观察、思维能力；

（2）利用信息化学习环境和资源，借助其内容丰富、多媒体呈现、具有联想结构的特点，培养学生自主发现、探索学习能力；

（3）利用信息化学习环境和资源，借助人机交互技术和参数处理技术，建立虚拟学习环境，培养学生积极参与、不断探索的精神和掌握科学的研究方法；

（4）利用信息化学习环境和资源，组织协商活动，培养合作学习精神；

（5）利用信息化学习环境和资源，创造机会让学生运用语言、文字表达思想观点，形成个性化的知识结构；

（6）利用信息化学习环境和资源，借助信息工具平台，尝试创造性实践，培养学生信息加工处理和表达交流能力；

（7）利用信息化学习环境和资源，为学习者提供自我评价反馈的机会，通过形成性练习、作品评价方式获得学习反馈，调整学习的起点和路径。

3. 利用信息化学习环境和资源进行课程学习的三种基本方式

（1）将信息技术作为学习对象。

目前在中小学开设"信息技术"课程，在课程教学中引入其他学科课程知识，如在"信息技术"课程中，结合信息检索课程内容，把检索语文、数学资料作为学生练习就属于此类。

（2）将信息技术作为教师教学辅助的工具。

在这种方式中，最常用的模式是"情境—探究"模式。该模式中信息技术与课程内容教学的关系可以用图10-1来表示。

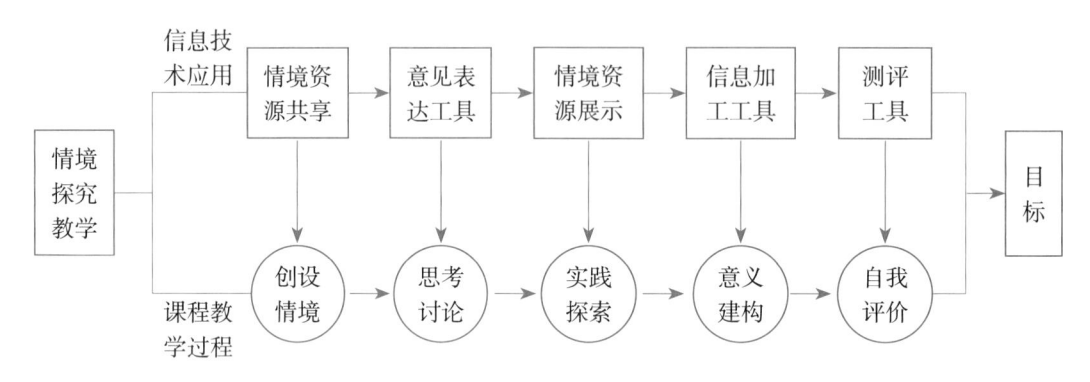

图10-1 "情境—探究"模式中信息技术与教学的关系

（3）将信息技术作为认知工具和资源获取工具。

目前这种方式最为普遍，信息技术作为情境探究和发现学习的工具，作为协商学习和交流讨论的通信工具，作为知识构建和创作实践的工具和作为自我评测和学习反馈的工具。

说到底，信息技术与课程深层次整合，就是通过将信息技术有效地融合于各学科的教学过程来营造一种信息化教学环境，体现一种既能充分发挥教师主导作用又能突出体现学生主体地位的以"自主、探究、合作"为特征的新型教与学方式，从而把学生的主动性、积极性、创造性较充分地发挥出来，促使课堂由传统的"以教师为中心"转变为"主导—主体相结合"，实现教学结构的根本性变革。

二、数字环境下的常见教学模式

现代技术的发展，对教育产生了巨大影响，这种影响涉及教和学的诸多方面。现代教育技术的应用，让教学模式也不断发生着变化，在长期的实践中，逐渐学形成了多媒体课堂教学模式、网络教学模式和混合式教学模式三种常见的教学模式。

（一）多媒体课堂教学模式

这种教学模式在教学过程中引入了以计算机为核心的现代教学媒体和教学工具，丰富了课堂教学内容的呈现方式和师生互动方式，体现了"以学生为中心"的教学思想，为学生提供多样化的刺激手段，有利于激发学生的学习积极性，提高课堂教学效率。

（二）网络教学模式

网络教学模式是指在一定教学思想和理论指导下，应用网络技术拓展现实课堂的教学时空，为师生提供多样化的教与学协作活动，促进学生知识的协作建构的教学模式。主要体现为在线互动教学、在线开放课程教学和专递课堂教学。

（1）在线互动教学是指借助互联网技术，师生可进行实时互动，通过视频、语音、文字等多种方式开展各类教学活动。

（2）在线开放课程教学是指利用互联网平台，向参与者提供特定课程的教学资源，并组织相应的教学活动，确保师生完成课程学习与评价的完整教学过程。

（3）专递课堂教学是教育部明确提出的网络教学模式，旨在解决农村薄弱学校和教学点师资不足问题，确保国家规定课程得到全面开设。专递课堂教学通过网上专门开课或同步授课方式，利用互联网推送适切优质教育资源，保障国家规定课程的正常开设，促进教育公平和均衡发展。

（三）混合式教学模式

混合式教学一般也称为"混合式学习"，是面对面课堂教学和网络教学两种方式的有机整合。混合式教学把传统教学方式的优势和网络化教学的优势结合起来，在学习过程中既重视教师引导、启发学生和监控教学过程的主导作用，又发挥学生的积极性、主体性和创造性。

随着数据技术与人工智能辅助的数据分析能力的提升，国家智慧教育公共服务平台已经逐步构建并完善了集教学资源库、数据处理平台、智慧教学平台为一体的大数据分析平台，使之与学生成长、学科建设、课堂教学等有机结合，助力教师创新智慧教学新模式。

大数据精准教学模式的基本流程逐渐成熟（如图10-2所示），已经实现了准确的学前调查、自动生成规范抽样单、先阅后扫或者先扫后阅、教研的多维度数据支持、课堂精准讲评、课后错题反馈、变式训练推送以及家校共育等功能。快捷高效的大数据平台助力教师针对性教学，有力突出教学重点并突破教学难点。

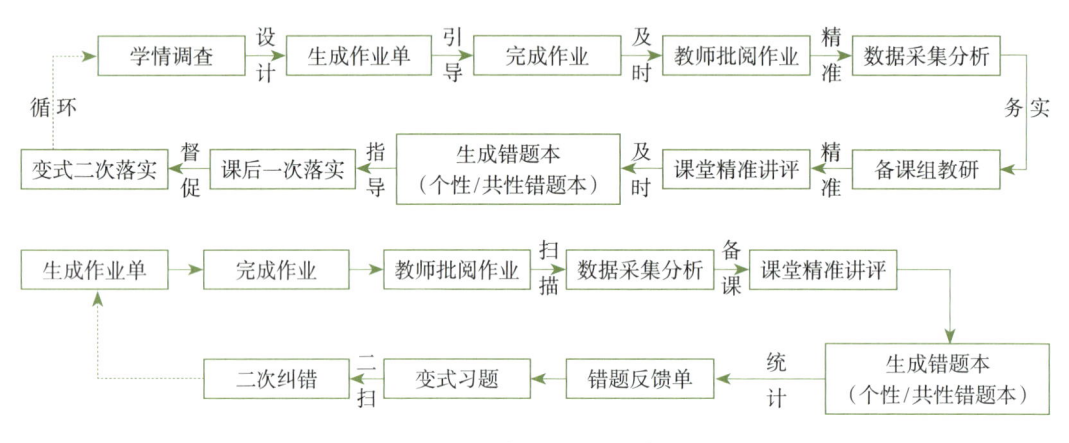

图10-2 大数据精准教学模式基本流程图

遵循教学和学生认知发展规律，借助大数据平台精准分析学情，集体研究教学策略。对于年级的共性问题，进行错误归因，探寻解决方案；对于个别班级的个性问题，优秀班级相互支招，最终形成更为科学、合理的课堂教学方案。

在开展精准教学的过程中，学校注重教师培训，大力普及平台新增功能；各学科组精准把脉学生问题，实时调整教学策略，因材施教；课后布置共性作业和个性作业，反馈整理，形成教学闭环。

三、教学实践中常见的技术运用

（一）课件的使用

课件，是目前教师最常用的多媒体技术。课件制作工具包括多媒体素材制作工具和课件制作工具，以下是一些常见的课件制作工具。

表 10-1　常见的课件制作工具

多媒体素材制作工具	
类型	主要工具软件
图形图像制作工具	Photoshop、CorelDraw、Fireworks
动画制作工具	Flash、3DS MAX、Audition
音频制作工具	Sound Forge、Cool Edit、Audition
视频制作工具	Premiere、After Effects、会声会影

课件制作工具	
类型	主要工具软件
演示文稿	PowerPoint、WPS演示
网页型课件制作工具	FrontPage、Dreamweaver
快速课件制作工具	Articulate Studio、Articulate Storyline、Le ctora、iSpring Pro
微课视频制作工具	Camtasia Studio
三分屏课件制作工具	Microshoft Producer、StreamAuther

课件具有强大的教学功能，它能更快更好地创设教学情境，更直观、更开放地呈现教材内容，还能增大课堂的教学容量。但现在，课堂上出现了教师指挥课件运作、学生死盯屏幕的现象。课堂由原来的被教师主导，变成现在的被多媒体课件控制。究其原因是教师太看重课件的作用。上课时，教师把指令输送到多媒体，然后让学生通过多媒体画面进行思考、学习，然后教师又通过多媒体画面来提供答案。课件制作和使用过程中都存在不少问题，需引起大家关注。

课件的英文是Power Point，真正的意思是"简洁就是力量"。它要通过简洁的文字富有表现力地展现演示主题内容及观点见解，可以给教学带来更简单、更直观的体验，有助于学生更加快速、轻松地获得所需的结果。在其排版的过程中要预留空白，留白的目的就是将不重要的、不必要的元素剔除，提高课件的视觉清晰度。

课件制作和使用中建议处理好以下三对关系：

1. 教师主导和学生主体的关系

课堂上教师要引导、启迪学生思维。在师生的平等对话交流中，教师往往是发起者和调控者，而不是受控于多媒体课件的多媒体操纵者，学生的主体地位发挥得是否充分，关键在于教师的引导是否有效。课件上要有主问题的设计，切忌平淡无味的问题罗列。对问题不应设定某一固定答案，要给学生留够充分的思考、讨论、表达见解的时间，让学生在思考交流中形成自己的理解。这样才能激发学生的思维，调动学生的主体意识。

如，教授《从百草园到三味书屋》一文时可设计以下问题：这篇文章表现了作者怎样的思想感情？围绕这一问题，不同学生有不同见解，大致有如下看法：（1）用百草园的自由快乐衬托三味书屋的枯燥无味，流露出对私塾教育的不满；（2）用百草园的自由快乐生活同三味书屋的枯燥无味的读书生活作对比，表现了儿童热爱大自然喜欢自由快乐生活的心理，同时也有对封建教育制度的不满；（3）通过对两处生活的回忆，表现了作者对儿时美好生活的向往，对自然的热爱，以及天真、幼稚、欢乐的心理。三种回答都有一定道理，孰是孰非，教师要引导学生辨析，而不应将"飞来的答案"呈现于屏幕上，给学生一个定论，阻塞学生思维、抑制主体性发挥。

2. 视听和思考的关系

语文课上，教师为了让学生形象直观地感受到课文内容，选取许多图形图像制作课件，但容易忽略这样一个问题：语文课教师的教学重点是引导学生在阅读理解、鉴赏评价语言文字中感受文章的思想情感以及由此带来的美的愉悦。也就是说，要让学生通过语言文字生动形象的描述来激发自身的形象思维，在大脑中呈现出相关的具体图景。教师用现成的图形图像给学生以形象直观感受的动机是正确的，但是要注意不能以自己或别人的想象替代学生的想象，忽视学生个体差异，制约甚至剥夺学生的想象空间。

因此在制作课件时，图形图像资料的应用要遵循应需而取、适可而止的原则。对于学生比较陌生或缺少相关生活经验但又与课文理解密切相关的内容，可以在课件中加以呈现，让图形图像为更好理解语言文字服务，激活学生的生活经验和语文学习经验。

3.教学内容与相关知识的关系

语文教材内容选材广泛。为了帮助学生理解课文内容，教师往往要补充相关资料，创设相关情境，特别是一些说明文和具有深远历史背景的文章。为了创设情境或介绍相关知识，语文老师在教学这些课文时，往往会利用多媒体课件展示有关素材，介绍说明对象，介绍有关历史背景，加深学生对它的认识和了解。这里就要注意把握尺度，因为语文课的主要任务是传授语文知识，提升语文素养，而非让学生掌握课文的说明对象。不能正确处理好相关知识和语文知识的关系，表现在课件内容上往往体现为语文知识弱化，其他学科知识突出。如上《苏州园林》一课，课件里收录大量的园林图片，学生对园林艺术是有了一个较为直观的了解，却忽略了在整体感知的基础上对重要信息的筛选和整合。园林图片的大量展示，不仅转移了学生的注意力，也把学习重点转移了，得不偿失。

（二）可视化思维工具的应用

提到可视化思维工具，大家首先想到的是思维导图（MindMap），东尼·博赞被公认为是思维导图的创始人。博赞在其《启动大脑》一书中首次提到了思维导图的概念，从此开启了思维导图风靡全球的热潮。

研究表明，人的大脑左右发展是不平衡的。博赞发明的"思维导图"的核心思想，就是把形象思维和抽象思维结合起来，让人的左右半脑在思维过程中同时运作。"思维导图"把所有的信息都组织在一个树状的结构图上，每一个分支上写着不同的关键词或短语，而图上又充满着色彩和图像，能够同时刺激人的两个半脑，让人在思考、记忆、分析、触发灵感的同时发挥潜能。

1.思维导图在课堂中的应用

阅读教学是语文教学的重要组成部分。在阅读中运用思维导图分析，能使困难、复杂的内容非常清晰、系统地凸显出来，进而能帮助学生更深刻地理解阅读材料内容，更容易地学习和记住所读材料。阅读教学中，教师将阅读材料中最重要的信息进行组织整理，并用自己的语言将它转换成系列图式的形式，使概念之间形成体系和层次，并能方便交互。这样，能帮助学生迅速把握整个文章的主要内容，理清文章的写作思路。

（1）课前绘制，可以用来整体感知。

预习作业中，我们可以通过制作思维导图来考查学生对单篇课文的整体把握能力（如图10-3所示）。面向整个单元学习时，还可通过制作思维导图考查其对单元内部课文之间的关系理解，这为学生对读整本书、一类书，甚至是几类书的整体把握奠定基础，思维导图能有助于这种目标的达成。

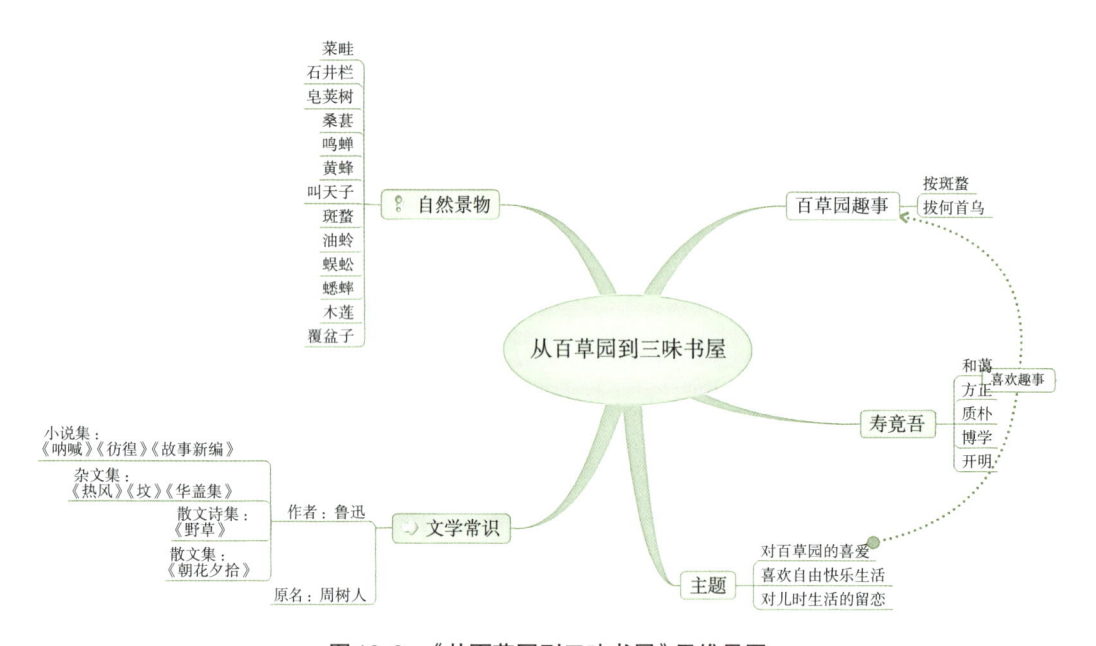

图10-3 《从百草园到三味书屋》思维导图

（2）课中绘制，可以用来突破难点。

课中绘图必须在学生预习的前提下进行，优点是对培养学生即兴发挥的思维大有好处，不足之处是课中绘图时间短，速度要求快，构图不够完整也不够美观。当然，课中的绘图应该为突出课文的重点，突破教学难点服务。

（3）课后绘制，可以用来巩固理解。

思维导图是构建知识框架的很好的工具，除辅助学生课堂学习外，还可以成为学生复习巩固课内所学的有效方法。当学习完某一单元或某一专题后，应该把相关知识组织成完整的系统框架，有系统的知识构架将有助于学生将学习到的知识点系统地储存，进而有助于后续快速的复习。思维导图能够通过节点和连线把由中心辐射出来的各个知识联系起来,把知识点连成知识块,把知识块连成知识网,避免知识在头脑中毫无头绪、杂乱无章地堆放(如图10-4)。思维导图有助于建构学生的知识结构,以简洁明了的方式呈现知识的主要内容框架,把新知识与已有知识进行整合。对学习的课程进行有效的资源整合,通过整理和绘制思维导图的过程,可以更好地帮助学生,加强对所学知识的理解并将所学内容进一步地加以结构化。

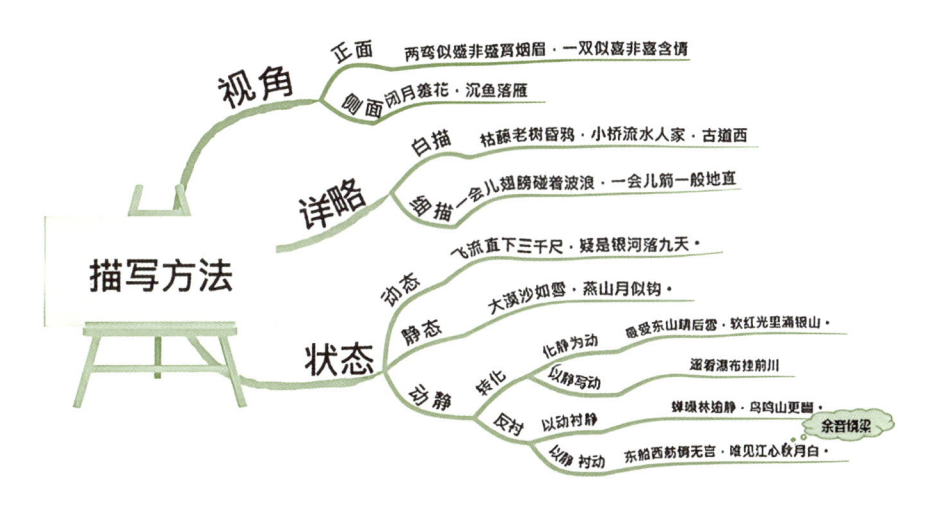

图10-4 描写方法的知识图

2.思维导图在学科教学中的使用

除了上文所提及的思维导图的课堂应用外,它在学科教学领域的应用还有很多:

(1)作为课件使用。教师可以在课前或在课上制作思维导图来展示教学内容。课前制作,教师有较充分的时间准备导图的制作与完善,也节约了课堂时间;课上制作虽然占用了一定的课堂时间,但可以让学生参与其中,在"头脑风暴"中形成更具创新性、实用性的思维导图,也使学生形成参与意识,实现课堂教学的双主体互动。

(2)作为复习材料使用。教师把思维导图作为复习工具,引导学生对一个阶段的学习内容进行复习,不仅可以提高记忆力,而且形成结构化知识,提高复习效率。

(3)作为课堂笔记。学生使用思维导图作为笔记,符合东尼·博赞创制思维导图的初衷。这有利于学生提高听课效率,形成筛选意识,将课堂内容通过提取关键词,形成结构化的课堂笔记。

（4）用于小组合作式的学习。几个同学组成一个学习小组，共同绘制一幅某一主题的思维导图。在绘制过程中，大家集思广益，形成"头脑风暴"式的操作模式，并在小组活动中锻炼合作的品质。

总之，思维导图作为一种学习的策略，在培养学生的学科阅读能力方面有一定优势。因为学生在绘制思维导图之前必须先通读课文，绘制的过程中又要通过读来把握要点，理清脉络，从而抓住了学习内容的关键。绘图的过程，既是学生学科阅读的过程，也是学科阅读能力提高的过程。思维导图就像一棵放射性的"知识树"，体现学科学习的整体性和序列性，有助于学生建立知识体系。合理利用思维导图，让思维导图开启学科学习的另一扇窗户，使孩子们养成运用思维导图进行知识整理的习惯，建立完整的知识体系，真正学会学习。

3. 互动白板在学科教学中的应用

（1）互动白板的基本功能。

随着远程教育和混合式学习模式的广泛采纳，教师和学生日益依赖于在线协作工具。在线白板软件，作为此类场景中的重要工具，愈发受到大家的青睐。Boardmix、氢图、小画桌等基于云文档的在线白板软件，因其出色的团队协作功能，成为老师们的优选。互动白板，其使用界面简洁明了，即一块空白画布，这也是其"白板"之名的由来。当然，由于其"在线"的特性，用户需在网络环境下才能享受其服务。所谓的"白板服务"，简而言之，即在这块"白板"上为用户提供

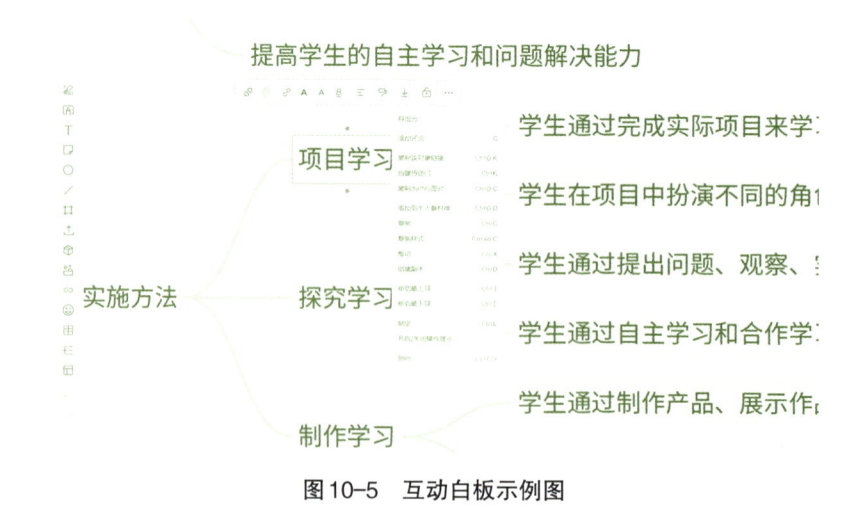

图10-5 互动白板示例图

多元化的内容支持，包括文档、视频、思维导图、绘图等各种形式。

互动白板有着可以称之为"海量"的优质模板，无论是头脑风暴时常用的思维导图、头脑书写、概念图，还是资讯分析用的鱼骨图、价值链分析、PEST分析，几乎涵盖了教学教育场景所需的效率工具图谱，大幅提升了师生开展小组学习、项目学习的效率。

（2）互动白板的应用场景。

创意绘图，智能排版。在线白板同样拥有无穷的画布创作空间，使用者可以任意缩放调整到与自己绘画习惯适配的空间。线上进行团队协作难以避免让人"表达不清""理解不了"的问题，图画比文字更加直观，让人一眼就能抓住重点。

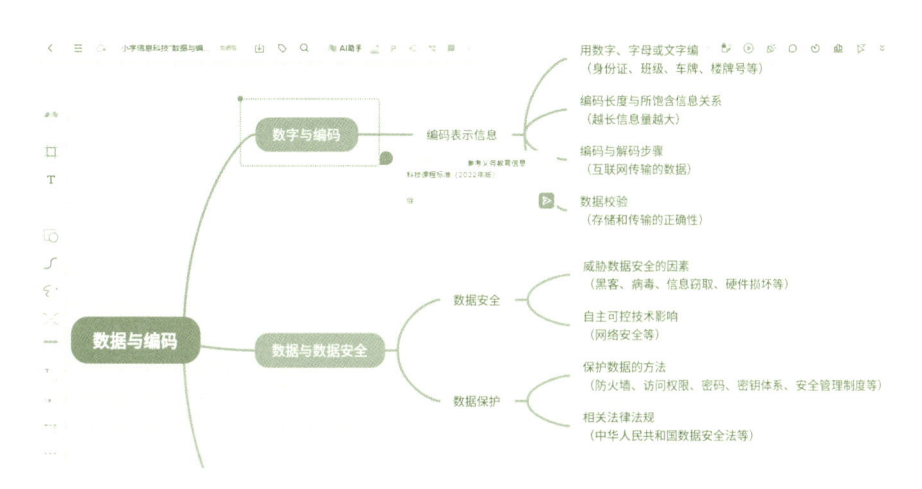

图10-6　互动白板的应用示例图

学生可以使用白板中丰富的图形文本框、连接线/箭头等样式进行绘图，也可以轻松更改图框颜色、尺寸、箭头方向等，利用其支持置入自定义图片、文档表格、超链接、公示便签等多种可视化表达工具来随意发挥创作灵感。同时，无须担心排版的问题，在线白板还提供分支自动对齐、标齐线自动显示、列表自动布局等智能化排版辅助，轻松解决排版繁琐的问题。

（3）轻松会议，在线协作。

利用互动白板进行在线演示、支持页面切换功能，结合视频语音功能一键开启线上会议，支持接入多种视频/音频会议软件，所有参会人员都可以通过主讲人的在线演示的光标紧跟会议节奏，轻松召开会议，实现"云展示"。

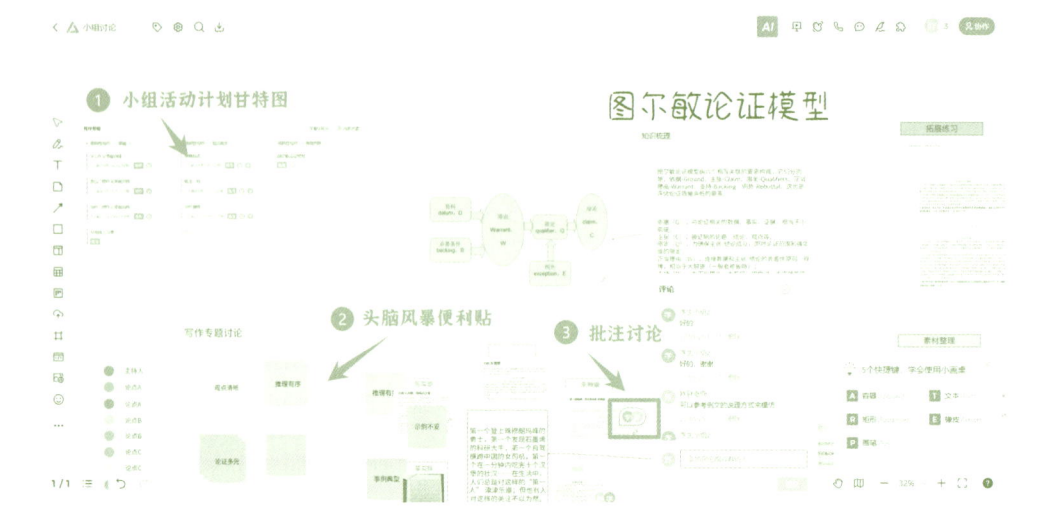

图10-7 互动白板的应用示例图

同时，所有参会人员可以通过使用聊天窗口实时互动，在评论列表中发送或删除消息、通知，亦可以在白板上添加便签，发表个人想法、建议、疑惑点等，共享解决方案和意见。这样有利于主讲人及其他成员直观地收到会议的实时反馈，以便及时调整会议进度、流程。

此外，还可以通过使用表情符号交流适当增加会议趣味性，共同营造氛围良好、稳定高效的会议环境。而且点击计时器可以即刻为会议计时，掌控会议时长。

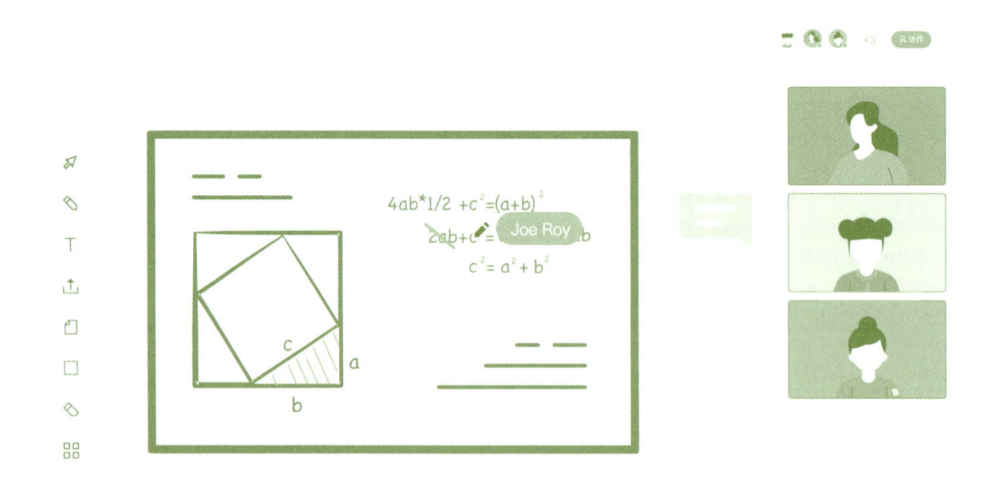

图10-8 互动白板会议示例图

（4）模板自由，随意切换。

互动白板为师生提供空白模板，允许他们在其上自由添加和创作内容。针对师生绘制图表的困扰，互动白板也提供了社区案例中的海量模板。这些模板适用于各种场景，包括会议流程图、思维导图、产品设计地图、项目管理、头脑风暴和SWOT等团队协作图表。师生只需选择适合的模板，一键点击即可免费使用。此外，师生还可以设置思维导图布局、主题样式，并自由切换各种图片和布局色调，为最终的图表增添色彩，使其主题更加鲜明。

图10-9　互动白板的海量模板

（5）多方兼容，实时保存。

在团队工作中经常会出现类似文件格式错误、文件转换失败这样麻烦的问题，因为每个人的办公习惯和审阅文件的习惯不同。而使用BoardMix白板能够很好地解决文件格式的问题，它支持PDF、Word、PPT等多种主流文件格式的导入和导出，也可自定义导出的图片分辨率、区域和背景。

4.学科可视化互动工具的使用

传统的教学方法中，教师通常采用画图形的方式来帮助学生理解函数、抛物线等数学知识。然而，画图过程会占用大量的课堂时间，影响教学进度。为了解决这一问题，几何画板、GeoGrabe等学科可视化工具应运而生。

几何画板、GeoGrabe都具有智能性和数据资源丰富的特点，能够展示函数和几何图形，甚至还具备一些实用的教学工具，如圆规、计算器和图形翻转功能等。这些工具的加入，不仅能够帮助学生更好地理解和掌握数学知识，同时也为教师提供了更加便利的教学手段。

为了更好地提升数学的教学质量和效率，让教师了解如何科学地运用几何画板是至关重要的。首先，教师需要熟练掌握几何画板的使用方法，了解其功能和特点。其次，教师需要根据教学内容和学生的实际情况，合理地运用几何画板来辅助教学。例如，在讲解函数时，教师可以利用几何画板来展示函数的图像和性质；在讲解几何图形时，可以利用几何画板的图形翻转功能来帮助学生更好地理解图形的结构和关系。

此外，教师还可以利用几何画板、GeoGrabe来引导学生进行自主探究和学习。让学生自己动手操作互动工具，探究数学规律和性质，可以培养学生的思维能力和实践能力。同时，教师还可以利用几何画板来开展互动式教学，让学生在课堂上更加积极地参与讨论和交流，提高学生的学习兴趣和主动性。

通过科学地运用几何画板，教师可以提高教学质量和效率，帮助学生更好地理解和掌握数学知识。在化学、物理学科的互动学习中，ChemDraw、Phyphox等可视化互动工具也得到了老师们的肯定。例如运用ChemDraw在化学结构绘制和分子模型构建方面具有显著的优势，教师可以利用其轻松地绘制出各种有机或无机化合物的结构，帮助学生更直观地理解分子结构。此外，学生还可以通过软件进行分子模型的搭建，更加深入地了解分子的三维结构，这对于理解化学反应的机理有着至关重要的作用。又如，物理老师将Phyphox工具引入"用单摆测量重力加速度"的实验中，不仅提高了实验的准确性和可靠性，还促进了学生对相关知识的理解和掌握，为学生提供了一个更加开放和创新的实验环境，有助于培养他们的科学素养和实践能力。

（三）课堂互动工具的使用

课堂互动工具，包括实物投影仪、跨终端的互动系统（如"希沃白板5"）、互动答题板等。这类工具旨在提升课堂师生互动的体验，营造师生共生的课堂环境。

1. 充分发挥课堂互动工具的优势

（1）优化教师讲解。

实物投影仪作为一种关键的视觉媒体展示工具，其呈现的内容具有直观、真实和可信的特点。使用实物投影仪既方便又快捷，有助于学生以具体形象思维为主要思维方式进行学习。此外，实物投影仪还具备放大功能，能够生动地展现一些微小的实物和文字。教师在讲解教学内容时，通过投影相关的实物、图片或文字，或是使用拍照投屏功能，能够使教学内容更加清晰明了，从而提高学生的关注度，帮助他们更快地掌握知识要点。

（2）及时反馈信息。

在复习课或习题讲评课中，通常包含三个关键环节。首先，我们需要系统地梳理答题技巧，确保学生掌握正确的解题方法。其次，课堂反馈环节至关重要，学生需要在课堂上进行实时练习，以便及时发现和纠正问题。最后，通过抽样批改学生答卷的方式，我们可以对学生的学习情况进行全面了解。通过实物投影仪和拍照投屏，教师可以展示学生答卷中的典型解答，以便分析其中存在的典型错误并进行订正。这种现场批改的方式不仅让学生更加认真对待作业，还为教师节约了课时和减少了工作量。以实物投影仪、"希沃白板"App等为代表的课堂互动工具在整个过程中起到了至关重要的作用。

这里我们展示一例以手机拍摄投屏与手机投屏传屏功能来实现可视化的六年级语文课堂实践。

第一，手机投屏拍摄

1. 手机端和电脑端都下载并且安装"希沃白板"软件。

2. 手机端和电脑端分别打开"希沃白板"软件。

3. 在手机端点击"工作台"。

4. 在手机端点击"手机投屏"，课堂需要展示学生的成果，就点击"拍摄"，把学生的作品拍下来，这样一体机（电脑端）就会展示手机照片。

第二，手机投屏传屏

有时候我们搜集到的教学资源无法下载到电脑端，我们可以使用投屏功能的"传屏"来解决问题：

首先，点击"工作台"，然后点击里面的"传屏"，电脑端就会出现手机界面，手机就会同步到电脑上，这样你就可以随心使用手机上的教学资源了。

1. 移动直播分享。在深入了解"希沃白板5"投屏中的传屏和摄像功能后，教师马上进入课堂的实践运用。教师在执教六年级上册第八单元语文园地分享学生写话环节时，可以使用摄像功能，直播式分享每个学生写的内容，大大节省了学生走上讲台，操作投影仪的时间，而且移动式的直播分享，操作起来更方便和高效，每个学生都能便捷地看到别人写得好的地方，互相学习与交流更顺畅。

2. 教学资源传屏。教师在执教六年级上册《只有一个地球》这一课时，把在网络上看到的学习资源视频直接传屏到电脑，学生直接观看学习，教师再也不用担心下载的问题，非常快捷。学生对这样生动、直观的视频非常感兴趣，大大提高了学习欲望，在资源学习中也拓宽了视野，加深了对课文的理解，提升了语文素养。对教师而言，这无疑为建设开放而灵活的语文课程资源的开发和应用，提供了很好的途径和方式。

2. 巧用云文档协作开展线上作文指导

线上教学期间，如何开展好线上作文教学批改指导是困扰不少老师的难题。采用线上作业平台作为作业反馈工具，由于平台限制，只能在学生作文图片上批注圈画，效率较低。而学生采用Word、PDF等文档格式提交的话，老师批改虽然方便些，但只限于师生点对点的指导，无法让更多学生在线上作文讲评活动中参与共同讨论，令人遗憾。

上述问题的症结在两个方面，一是如何高效批改学生习作，一是如何在线上作文讲评中吸引更多学生参与习作讨论。针对上述两个问题，我们可选择使用"腾讯文档"等云文档工具来破解。

首先，常用的线上作业平台支持文字链接提交作业的形式。教师可以让学生在书面完成作文之后，将作文通过语音输入的方式录入"腾讯文档"，复制文档链接粘贴在作业平台反馈给教师。教师只需要点击链接，登录自己的即时通信软件即可对学生的习作进行批改，批改之后文档会自动保存。教师只需在作业平台里将习作评分反馈给学生即可，学生打开自己的云文档就可以看到来自老师的评语。教师也可以对优秀作业进行标注，供其他同学课前观摩。

其次，在作文讲评课上，教师可以利用"腾讯文档"制作学习任务单，将学生习作的云文档链接导入其中，并对学生习作文档进行讨论任务点标注。教师在课前

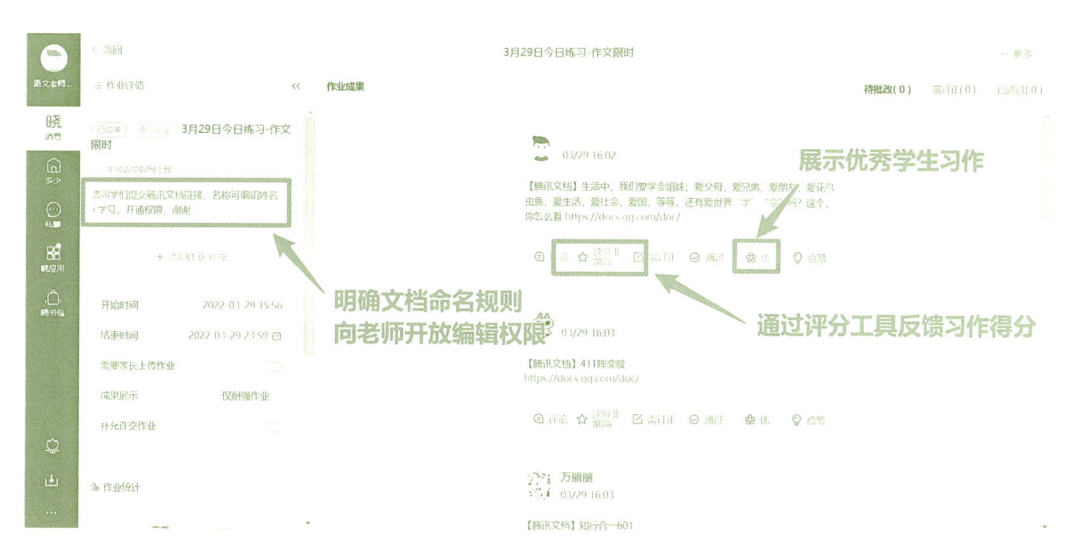

图 10-10　作业发布规则与评分工具使用

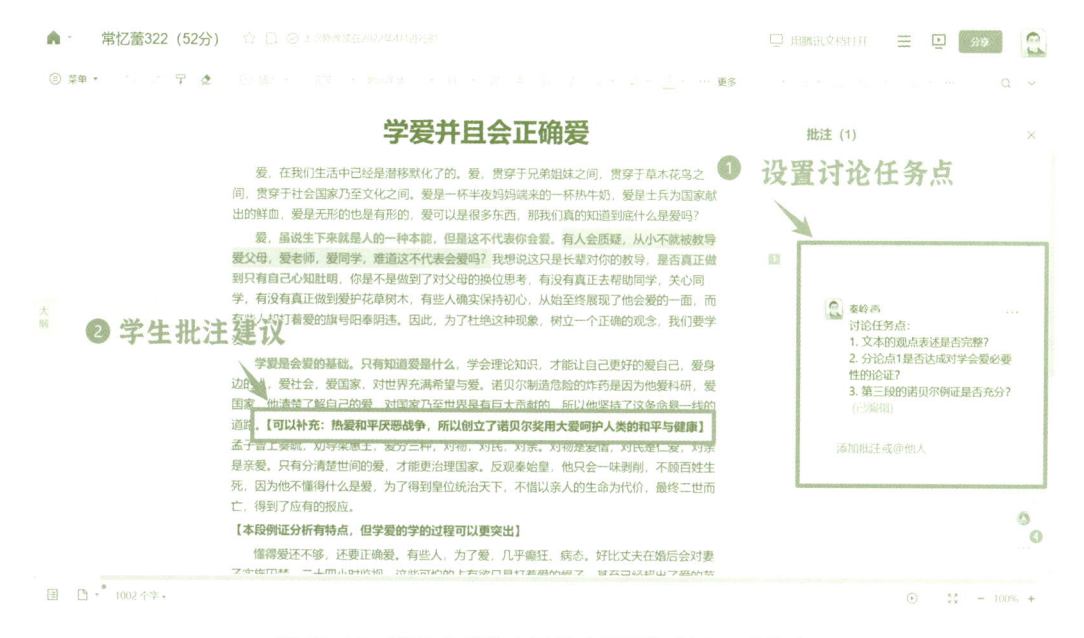

图 10-11　腾讯文档作文讨论点设置与师生互动批注

第十章　现代技术运用能力　277

将学习任务单的云文档链接分享给学生；授课中教师只需在"腾讯会议"中开启屏幕分享"腾讯文档"（操作要点：屏幕共享—腾讯文档）即可让学生利用协作批注等方式对文档中的任务点进行互动讨论，其间教师可以通过文档权限管控、小组讨论等方式管理线上交流过程；课后，教师可以将学习任务单、学生习作等云文档资料归档整理后，以云文件夹的方式共享给学生，沉淀教学成果。

图10-12 屏幕共享"腾讯文档"和权限管理

使用过程有如下建议：建议师生使用同一个即时通信软件账号登录"腾讯文档"和"腾讯会议"，确保数据一致；建议学生先在纸上完成作文，其后通过语音输入等方式录入"腾讯文档"，并可将作文原图附上；建议教师在web端登录作业平台批改学生习作，并使用官方推荐浏览器，确保良好的使用体验；建议教师将"腾讯会议"升级到最新版，确保稳定使用"腾讯文档"分享与分组讨论、抢答等互动功能。

第三节 用现代技术解决教学问题

很多时候，我们熟悉的"远程教育"，只是意味着报告厅和教室空间的扩张，

> 技术时代下教师角色的重构成为必然，教师成为课堂教学的设计者、指导者、导师或顾问。

学习者仍旧是观看屏幕。这种学习依旧属于面对面的学习。我们教师扮演的角色依旧是知识的掌握者，把这些知识传授给学生，然后进行考核评价。但现代技术正在悄然改变着这一切。随着网络和通信技术的发展，人工智能在教育领域的运用，课堂教学在学习的时间和空间，在学习方式，乃至学习机会方面都发生了根本性变革。

一、微课的开发

"微课堂"由美国新墨西哥州圣胡安学院的戴维·彭罗斯于2008年秋首创。在教学实践中，他发现可以采取五个环节来吸引学生学习的眼球，激发他们的兴趣点：其一，把最具核心的知识列出来，让学生知道课堂学习的重点；其二，撰写一份本次课程的简介及课堂教学要点，不超过1分钟；其三，用音视频设备，如麦克风或摄像机，录制包括以上内容的题材，并将其制作成适宜于多媒体教学播放的1—3分钟的音视频；其四，设置一些学生感兴趣的问题，便于学生课后进行相关研讨；其五，将录制的教学微视频和课后探讨的问题保存到教学信息管理系统中，便于师生互动。

因时间短，"微课堂"被称为"一分钟课堂"，而彭罗斯本人则被称为"一分钟教授"。之后，经过美国可汗学院孟加拉裔美国人萨尔曼·可汗的实践与推广，引发了一场全球性的"微课堂"热潮。[1]

现代技术的日益发展带来各种"微"事物，使得我们生活的方方面面都充满了

---

[1] 孙杰远，温雪.微课的原理与技术［M］.北京：中国轻工业出版社，2016：17.

"微"信息，进而步入一个新的时代——"微"时代。在微时代背景下，微课作为一种教学资源或教学活动，具有简短精练、目标明确且内容完整的特点，支持多种学习方式，导向创新型思维的形成和创新型人才的培育。微课应用实践与项目研究提升了我国中小学微课的设计制作与应用水平，但仍存在诸多问题，如重开发轻应用、重技术轻设计、微课体系缺失等。我们需要进一步优化微课建设与应用，提升微课的质量与应用效果。

（一）微课开发的基本原则

完整性：微课虽然时间短，但仍然要表达一个完整的内容，围绕一个主题，有引入、讲解和结论，注意主次分明。

有序性：微课的各个环节应该精心地设计梳理，做到思路清晰，结构紧凑，层层递进。

实用性：微课设计要以实用为原则，专注于实现一个目标，比如某个知识点的学习，或是某个问题的解决。

吸引性：在线学习难以对学生形成约束力，因此，录制微课时便要注意微课的易学性和趣味性。结合所要呈现的内容所需，适当加入背景音乐、视频、图片、动画等，使得呈现更有吸引力。

美观性：设计与开发微课，要求整体布局合理，导入课件的背景尽量素雅，主要颜色最好不超过三种，画面平衡协调。

简洁性：微课的课件和语言要简洁。课件只是核心内容的说明，语言也要做到言简意赅，开门见山，切忌堆砌图片或文字。

系统性：微课随着教学培训而产生，看似零散的知识点，其实可以串成一门学科完整的知识体系。

（二）微课开发的注意事项

1. 资源构成"非常4+1"

完整微课不等于微视频,也不同于课例片段,更不是浓缩课。它以微视频为核心载体,还包括与微课主题配套的辅助学习资源,如微课学习指南(任务单)、微教案、微课件、微练习(思考题)等,我们可以形象地称之为微课资源构成的"非常4+1"(如图10-13所示)。微课设计不仅要制作好微课教学视频,还要设计好教师开展微课教学的"微教案""微课件""微练习"等资源,以及学生利用微课进行高效学习的"微课学习指南"(任务单)。这五部分资源把微课的建设环节与应用环节

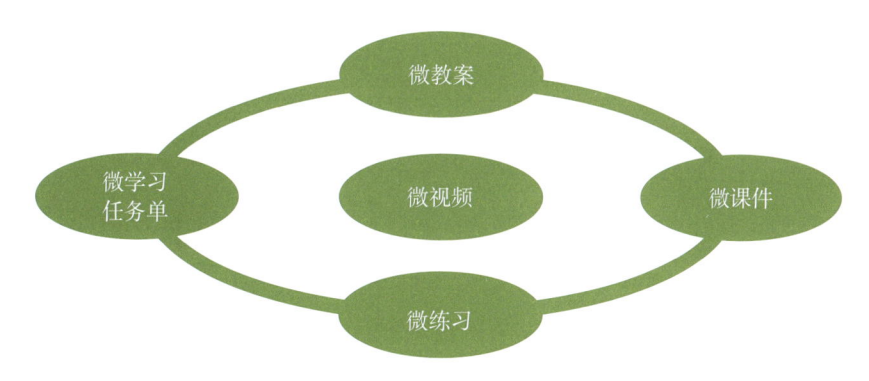

图10-13 微课"非常4+1"资源构成图

有机联系了起来,既提升了微课开发的品质,又促进了学生利用微课学习的效果。

2. 创设趣味情境

教学情境是有效提升微课可视化学习效果的主要手段。首先,微课营造的教学情境宜简短,一般就是几十秒,拖沓冗长会破坏微课的教学结构,使微课显得头重脚轻、主次不分;其次,情境要与微课主题紧密相关,要能说明问题,起到画龙点睛的作用;另外,情境类型尽量多样化,可以是故事、案例、问题、动画、科学、人文、活动等;同时,情境出现时机要灵活,要根据教学需要灵活创设,而不应拘泥于仅在开始或导入环节出现;最后,情境要有一定的新颖性与趣味性,让学生产生好奇心。

3. 营造学习生态

在线微课是趋势。我国当前的微课更多的是离散碎片化的"线下微课",制成的微课多放在电脑硬盘、U盘或网盘文件中,偶尔应用于课堂辅助教学或课前预习,微课的共享易用性体现不够。在移动互联时代,应该将这些"线下微课"资

源重新整合、优化设计、改造利用（如以一定的逻辑结构和组织方式发布在微课网络平台、移动App、微信版微课中），供学生在线访问、浏览、观看、练习、评论、反馈，营造一个完整的微课学习生态环境，形成应用面更广的"在线微课"。

二、教学评价工具的设计与运用

信息化学习中，教学形式是以学生为中心的，他们的角色由被动的接受者变为主动的知识建构者，并最终被培养成为具有信息处理能力的、独立的终身学习者。要实现这样的培养目标，必然要对学生成长的各个阶段，每个阶段的不同时期，每个时期的不同活动制定切实可行的评价标准，用以判断学生是否达到或正在达到符合最终目标价值判断的子目标，体现"以学生为中心"和"面向过程"特点的新型教学评价。其主要的评价工具有：量规、学习契约、范例展示、电子学档、概念图、评估表等。[1]这里重点介绍量规的设计与运用。

（一）量规及其作用

所谓量规，是以二维表格呈现出来的一种评价工具。量规专家海蒂·古德瑞奇将它定义为"为一项工作列出标准的评分工具"；我国教育技术专家祝智庭教授则将它定义为"一种结构化的定量评价工具"。其主要作用有：

（1）帮助学生和教师定义"什么是高质量的学习"。在评价学生的学习时，应用量规可以有效地降低评价的主观随意性，不但可以让教师评，而且可以让学生自评或同伴互评。

（2）当学生有规则地通过量规来评判他们的作业时，他们将开始对学习的结果充满责任心，减少了"我还要做什么"的问题。

（3）量规减少了教师为学生作业的评分时间，并且使教师更容易向学生解释，为什么他们得到这个等级和他们做什么可以获得提高。

---

1 闫寒冰.信息化教学评价——量规实用工具［M］.北京：教育科学出版社，2003：19.

（二）量规的设计

在传统的教学评价中，特别是在评价非客观性的试题或任务时，教师们已经广泛地应用了这种工具。例如，教师对学生作文的评价，往往会分别就内容、结构、卷面等方面所占的分数给予规定，以便更有效地进行评价。又如，教师在期末评价学生一学期的表现时，也往往会从学生的学业成绩、劳动与纪律、同学关系等多个方面进行综合考虑，给出优、良、中、差的等级评定。只是教师在使用量规的自觉性和规范性方面还远远不够。

设计量规时要注意以下几点：

1. 要根据学习目标和学生的水平来设计评价指标

学习目标不同，量规评价指标也应不同。例如，在评价学生的电子作品时，通常从作品的选题、内容、组织、技术、资源利用等方面考虑；而在评价学生的课堂参与性时，又会从学生的参与度、回答问题情况、作业完成情况、小组合作情况等方面考虑。

2. 根据学习目标的侧重点确定不同评价指标的权重

对量规中各评价指标进行合理的权重设置不但可以帮助学生有效地评价，还可以引导学生把握好努力的方向，起到目标导向的作用。评价指标的权重设计与学习目标的侧重点有直接的关系。还是以电子作品的评价为例，如果教师的主要目的是教会学生学习制作电子作品的有关技术，那么赋予技术、资源利用的指标权重应该高些；如果教师的主要目的是让学生通过电子作品展示自己的调查报告，那么赋予选题、内容、组织等指标权重则应高些。

3. 用具体的、可操作性的描述语言清楚地说明量规中的每一部分

在对量规的各评价指标进行解释时，应使用具体的、可操作性的描述语言，避免用抽象的概念性的语言。如在评价学生的信息收集能力时，"学生具有很好的信息收集能力"，不及"从多种电子和非电子的渠道收集信息，并正确地标明了出处"来得明确、具体，后者所具有的可操作性，正是好的量规最重要的特质之一。

表10-2是一张学生自主学习评价量规表。

表 10-2　学生自主学习评价量规表

姓名		班级		时间				
评价目标	评价标准				评分	得分		
						自评	组评	师评
课前	是否复习上一节课所讲内容				5			
	是否预习本节课内容				5			
	预习有什么收获				5			
	能否找到自己不会的内容				5			
课上	回答问题的声音洪亮				10			
	在预习中对于学习内容有不同理解				10			
	主动问询预习中不会的问题				10			
	有高于一般同学的看法和建议				10			
	上课时主动学习，能记录学习要点，会主动思考				10			
课后	本课的学习内容的掌握程度				5			
	能把所学的知识运用到实际生活中				5			
	课上没听懂的知识点课下是否主动问老师				5			
	老师留的课下作业是否完成				10			
	老师讲解过的习题是否能自我评阅或纠正				10			

（三）量规的运用

设计出一个好量规只成功了一半，更重要的还在于运用。运用量规开展评价时，要注意以下几点：

1. 在学习前先提供量规

在学习前提出预期要求是信息化教学评价的一个重要原则，唯有如此，才能更好地发挥量规对学习过程的关注作用。

2. 与其他评价工具配合使用

强调量规的优势，也不等于否定其他评价工具（特别是传统评价工具）的作用。每种评价工具都有它的适用范围，配合使用才会取得最佳的效果。比如，在要求学生以电子作品递交作业时，采用量规与范例（学生作品范例）相结合的评价方法就会非常有效。

3. 提醒学生注意量规的要求

关注过程的评价，特别强调评价要随时并频繁地进行。这在教学过程中，往往要求教师要对学生进行适当的提醒，使他们自觉不自觉地运用量规来衡量自己的学习成效。

4. 为自评和互评营造良好的氛围

自评和互评不但可以促进学生对于知识的学习，还可以提高学生的评价能力。因此作为教师，建议积极鼓励这类评价，比如学生互相浏览作品时，提醒其能根据量规来分析，并提出修改意见等。

随着广大教师对量规这种评价工具的了解和实践，我们相信它会成为教师们的得力助手，在各种过程性评价和终结性评价中发挥重要作用。

三、可视化师生"集体备课"

在一线教学实践中，教师们经常会要求学生做阅读笔记。但如何及时了解学生阅读的进度，直观呈现读书笔记的学习成果，是师生有效互动学习的难题。

有老师尝试过使用协作文档和文档批注方式开展互动，但主流的协作文档工具并不能提供学习成果汇总下载的功能，而且由于操作不当，原文档很容易在协作中出状况，这个也是不少老师不太愿意使用协作文档的原因。那么有没有简单有效的方法，帮助师生实现互动可视化、开展互动学习呢？"希沃信鸽"的"集体备课"，可能是个不错的解决方法。

"希沃信鸽"是基于发展性教学评价的数据服务平台，目前向全国中小幼学校免费开放。只要学校申请开通"希沃信鸽"之后，教师就可以在自己电脑的"希沃白板5"或是移动端"希沃白板"App中的"我的学校"中找到"集体备课"。

图10-14 "希沃白板"中的"集体备课"模块

"希沃白板"的"集体备课"原本是用于教师教研的工具，其功能强大，包括：支持课件、教案和微课（知识胶囊）共读评论；支持教案（相当于word）中划线添加批注和课件（相当于PPT）中任意位置打点添加批注；还可以在评论区发表图文评论，支持最多1 000字的单条评论，并能对他人的评论进行快捷回复和点赞。

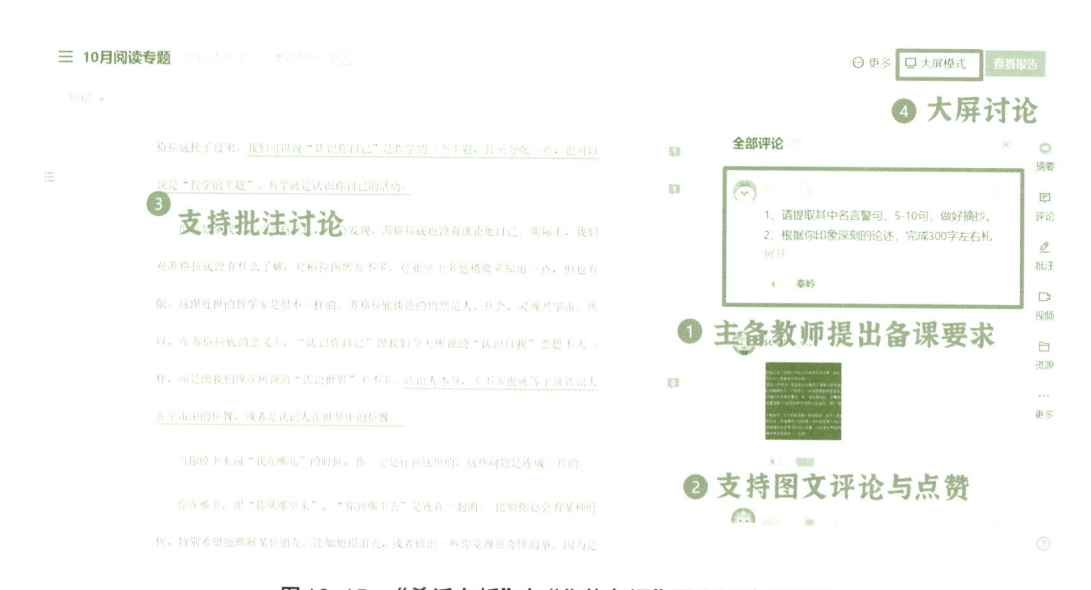

图10-15 "希沃白板"中"集体备课"图文评论示例图

286　基础教育教师学

这个"集体备课"可以让老师不用担心协作文档被修改，同时也能满足阅读批注和评论的需求。事实上，"集体备课"能做得比我们想得更好，只要在发起备课时，开放阅读和批注权限，教师将一个链接分享给学生，就可以邀请学生共同参与到可视化的互动学习之旅中来。

下面，我们来看一个语文学科"主题阅读混合式互动学习"的具体案例。

通过简单走访调研，老师发现高中生对于主题阅读抱怨最多的就是"写了这么多，老师也就打个钩，写几句无关痛痒的话，还不如多刷几道题"。这类抱怨的背后，我们看到的是学生对于传统阅读交流存在的反馈慢、交流少、缺乏互动的情况的质疑。要破解这类交流难题，我们尝试将"集体备课"引入混合式阅读作业设计。其操作要领有以下三点：

一是教师发起"集体备课"，明确学生参与阅读互动的要求，如摘抄变为划线批注，阅读札记变身图文评论，并开启相应权限，这样方便学生以游客的身份参与互动。

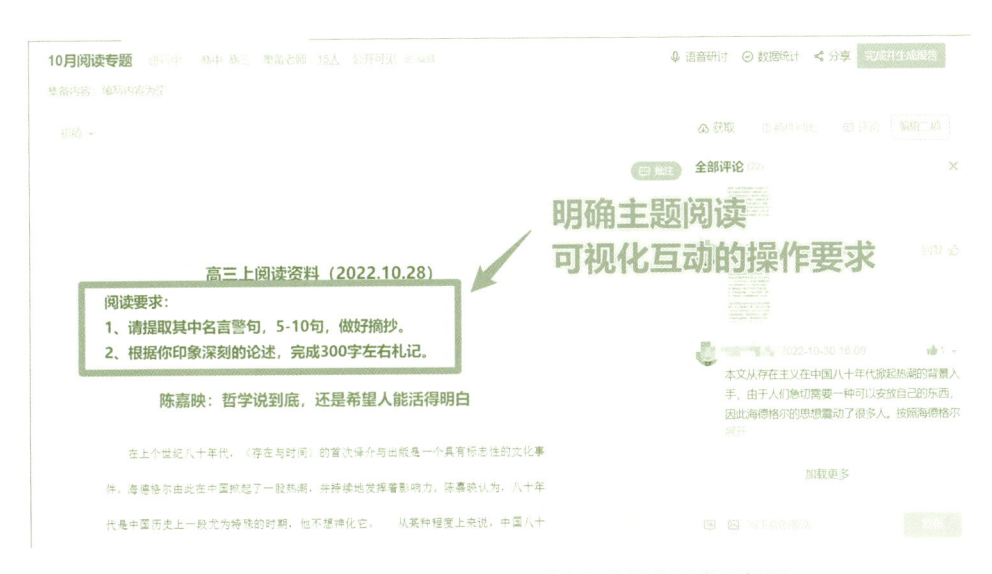

图 10-16 "希沃白板"中"集体备课"操作要求示例图

二是要求学生修改昵称参与互动，这有助于教师了解学生参与的情况。同时教师指导学生可以通过"回复""点赞"等操作来表明自己对同学不同观点的态度，运用快反馈提升参与混合式学习的热情。教师也可以在互动中及时解答学生困惑或是引导学生思维进阶。

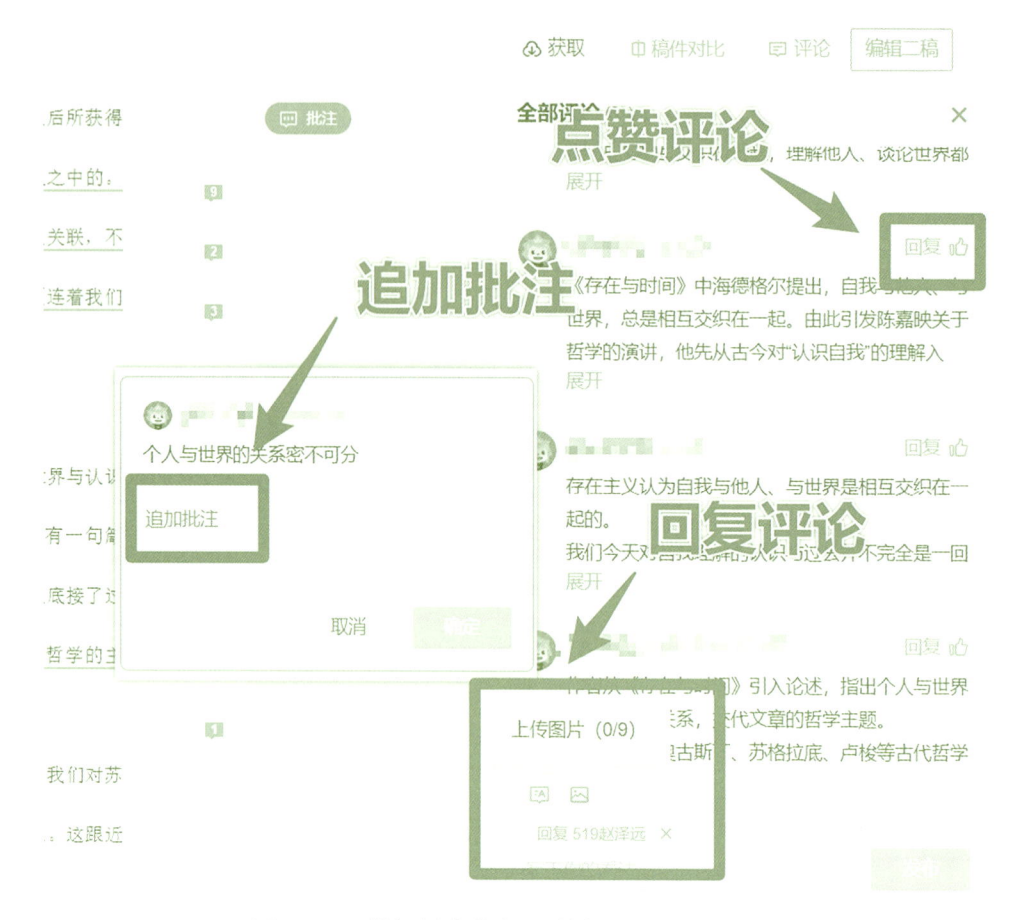

图10-17 "希沃白板"中"集体备课"教师互动示例图

三是教师设置互动时间节点，通过智能生成的词云、互动摘要了解学生参与情况，并在截止时间后导出完整的互动交流报告，量化评价学生参与的情况。

首先，"集体备课"到互动阅读的变身，只需要教师开放备课的阅读批注权限即可，学生可以通过web网页端或是微信小程序参与阅读交流，简单易学；其次，巧用"集体备课"这一教研工具，师生可以借用可视化互动、批注、评论的方式更好地呈现阅读思维的形成过程；此外，利用"集体备课"的统计分析，师生互动学习成果可以无痕化富集，配合NLP（自然语言处理）智能词云与摘要分析，能更好地帮助学习者获取更有价值的互动阅读学习成果；最后，数据驱动有效评价，通过分析学生参与互动阅读的数据，帮助教师分析学生的阅读交流行为，量化评价学生学习质量。

图10-18 "希沃白板"中"集体备课"客户端示意图

四、AI助学+AI自助评课

随着OpenAI发布了最新的GPT4.0-turbo,人工智能的话题再度被炒热,那么教师在教学中可以如何引入人工智能(AI)进行教学尝试呢?

(一)引入星火,让AI与学生同场竞争

这是一节高三作文讲评的家常课。如何让AI成为这节课的亮点,是我们教学设计中的重点,也是突破点。相较于传统的作文讲评课注重观点剖析与例文赏析,我们的学生似乎在观点的逻辑性与针对性表述方面有着更强烈的需求。有鉴于此,我们决定设计三个教学活动,引入讯飞星火认知大模型(教师也可根据个人习惯或需求,选择文心一言等其他模型),让人类学生与AI同场竞争。

活动一:人类与AI比拼观点是否明确;
活动二:人类与AI比拼理由是否多元且充分;
活动三:人类与AI比拼一轮表述是否有层次。

这里，我们注重利用星火的多模态生成功能，首先分析学生写作大纲中的审题环节，引入星火绘制的思维流程图，引发学生思考审题是否全面。

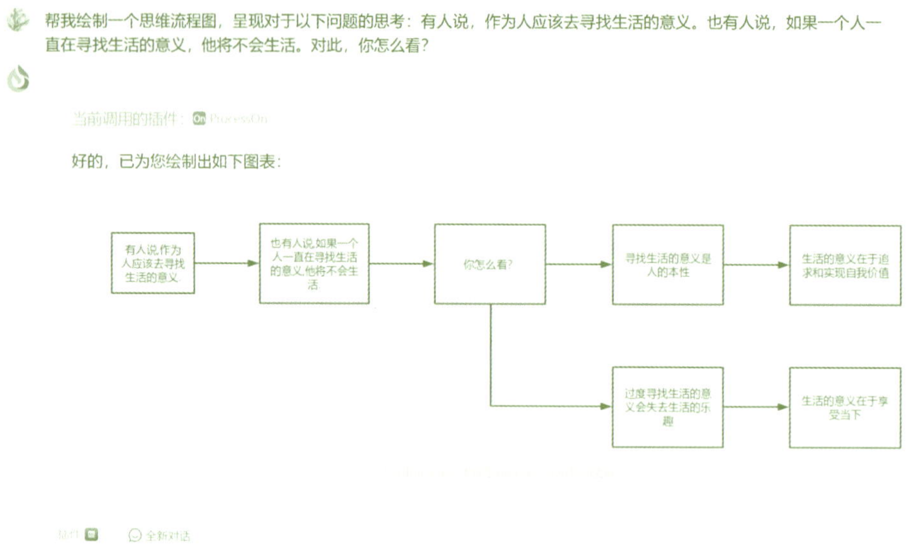

图10-19　星火绘制思维流程图示例图

其次，引入AI的观点与理由表述，指导学生对自身的写作理由表述进行反思。

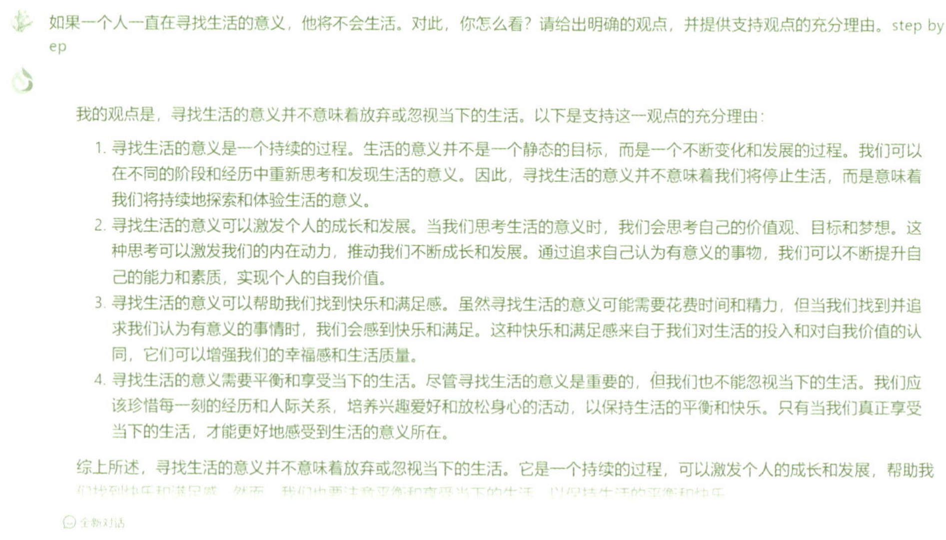

如果一个人一直在寻找生活的意义，他将不会生活。对此，你怎么看？请给出明确的观点，并提供支持观点的充分理由。step by step

我的观点是，寻找生活的意义并不意味着放弃或忽视当下的生活。以下是支持这一观点的充分理由：

1. 寻找生活的意义是一个持续的过程。生活的意义并不是一个静态的目标，而是一个不断变化和发展的过程。我们可以在不同的阶段和经历中重新思考和发现生活的意义。因此，寻找生活的意义并不意味着我们将停止生活，而是意味着我们将持续地探索和体验生活的意义。
2. 寻找生活的意义可以激发个人的成长和发展。当我们思考生活的意义时，我们会思考自己的价值观、目标和梦想。这种思考可以激发我们的内在动力，推动我们不断成长和发展。通过追求自己认为有意义的事物，我们可以不断提升自己的能力和素质，实现个人的自我价值。
3. 寻找生活的意义可以帮助我们找到快乐和满足感。虽然寻找生活的意义可能需要花费时间和精力，但当我们找到并追求我们认为有意义的事情时，我们会感到快乐和满足。这种快乐和满足感来自于我们对生活的投入和对自我价值的认同，它们可以增强我们的幸福感和生活质量。
4. 寻找生活的意义需要平衡和享受当下的生活。尽管寻找生活的意义是重要的，但我们也不能忽视当下的生活。我们应该珍惜每一刻的经历和人际关系，培养兴趣爱好和放松身心的活动，以保持生活的平衡和快乐。只有当我们真正享受当下的生活，才能更好地感受到生活的意义所在。

综上所述，寻找生活的意义并不意味着放弃或忽视当下的生活。它是一个持续的过程，可以激发个人的成长和发展，帮助我

全新对话

图10-20　引入AI观点与理由表述示例图

再次，引入AI对学生的习作进行论证思路分析，与学生阅读习作的思路梳理进行比较，提示学生关注到习作中的理由表述的内在逻辑性。

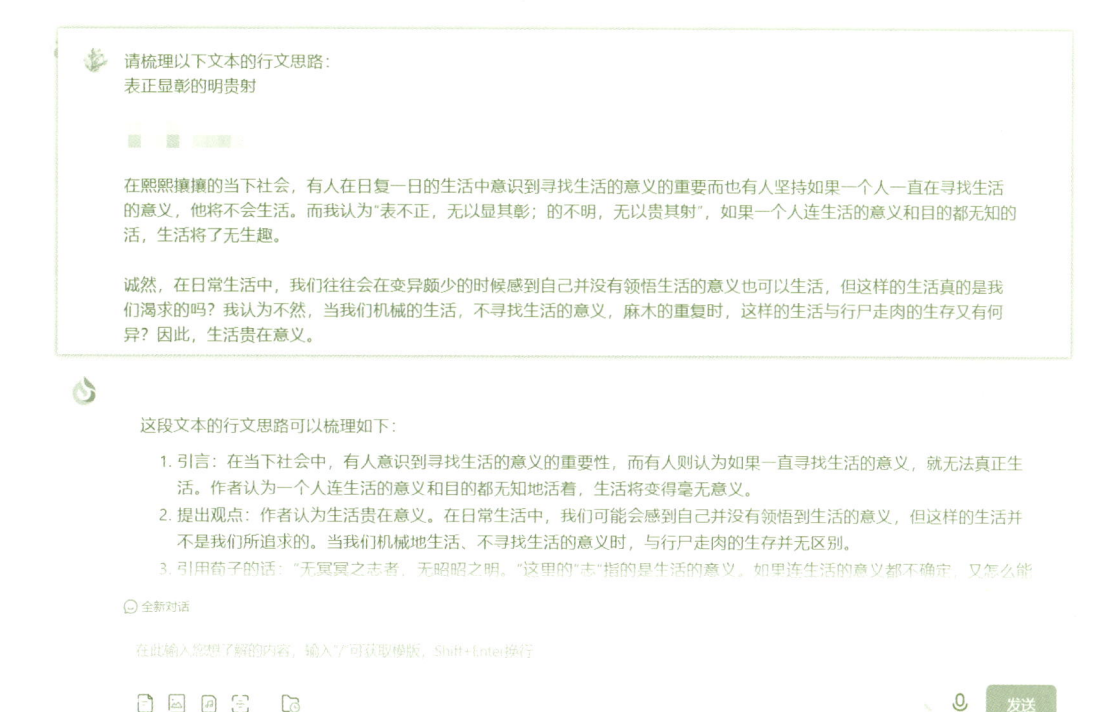

图10-21　引入AI对习作论证思路分析示例图

通过选用简洁明确的提示语，三个教学活动中AI输出的回答给予学生很大的启发，结合相关作文评价量表工具，学生可以对自身的写作理由表述进行更有针对性的反思。

（二）依托AI，助力教师自我反思

在教学中，我们还使用了来自希沃的AI课堂智能观察分析系统。相信不少学校都有基于希沃精品录播课的录播教室，实际上只需要简单的AI边缘算力升级就能成为智能课堂观察分析系统。

回到上面提到的高三作文讲评课，我们首先关注到的是，这节课的讲授时长大大缩减了，而师生互动的时间占比大大增加了。可见人与AI的智能比拼教学环节的确对高三学生参与作文讲评课的热情有着显而易见的积极影响。同时，数据显示的问答环节的细节也让我们反思，比如我们对学生回答的引导很多，但引导的针对性不够强，有待进一步提升。

在师生互动环节的数据分析上，借助弗兰德斯互动分析模型，我们也注意到引入AI竞争环节，在I/D（启发/指导比）、PSSR（学生稳态比）等数据上都有明显提升，这提示我们学生的思维得到了更多启发，其发言也更具条理和更有深度。

作为教师，我们也只是在教学设计中进行了有限的微调。不过从AI课堂观察的数据报告中，我们能够感受到师生都在AI的辅助下得到了诸多的启发。可以说，AI辅助学习的时代已然到来。当然，这里还有两个隐含前提需要注意：一是国内的生成式AI大模型即将进入付费时代，文心一言4.0已经开始收费，其他模型也将陆续跟进；二是课堂智能观察分析系统改造升级有一定的技术门槛和经费要求。如果能够解决上述两个问题，相信您也可以很快进入AI学习的时代。

五、开启未来教育世界大门的10把"金钥匙"

数字化是这个时代教育变革的推动力，数字化赋能教学变革蕴藏着无穷的可能性。教师作为终身学习的引领者与实践者，只有不断提高自身的数字素养方能顺应这个时代的大势。在《世界是开放的：网络技术如何改变教育》这部著作中，教师的这种数字素养被凝练成10把"金钥匙"，这10把"金钥匙"不仅是当前教育信息化进程中的10大关键技术，而且也是技术变革教育的10大趋势[1]：

① 电子图书世界中的网络搜索；
② 数字化学习与混合学习；
③ 开放源代码和自由软件的可用性；
④ 起杠杆作用的资源和开放式课件；

---

1 （美）柯蒂斯·J.邦克.世界是开放的：网络技术如何改变教育［M］.焦建利，主译.上海：华东师范大学出版社，2011：7.这10把金钥匙的英文首字母正好组成了三个单词，即We-All-Learn，翻译成中文，正好是"我们所有人学习"。

⑤ 学习对象库和门户网站；

⑥ 开放信息社群中学习者的参与；

⑦ 电子协作与交互；

⑧ 另类现实学习；

⑨ 移动学习和泛在学习；

⑩ 个性化学习网络。

这10把"金钥匙"或许能帮助我们开启未来教育世界的大门，引领我们进入全新的学习时代。

第十一章　自我成长能力

1996年联合国教科文组织与国际劳工组织合作召开的关于教师地位的政府间特别会议通过了《关于教师地位的建议书》，其中提到"应当把教学当作一项职业：教学是一种公共服务，它要求教师通过努力而持续的学习掌握专门知识和专业技能"。[1] 从此，"教师专业化"作为一个专有名词登上了世界教育的舞台。与之相匹配，中小学教师也实至名归地成为了专业工作者。

20世纪80年代开始，国家相继出台很多政策，推动教师专业化的进程。1993年10月中华人民共和国第八届全国人民代表大会常务委员会第四次会议通过了《中华人民共和国教师法》，并自1994年1月1日起施行。《中华人民共和国教师法》第三条明确规定："教师是履行教育教学职责的专业人员，承担教书育人，培养社会主义事业建设者和接班人、提高民族素质的使命。"之后，国家相继颁布了《教师资格条例》《〈教师资格条例〉实施办法》等行政法规和部门规章，并于2001年4月1日起实施了教师资格认定。1997年，作为专业学位的教育硕士学位试点。之后全国各大师范院校都启动了培养教育硕士的机制，为教师这个专门职业输送专门人才。

教师之所以被认定为专业工作者，是因为现代意义上的教师，不是简单的知识搬运工，而是负有特殊使命、从事特别工作的人。教师使命的特殊，就在于其工作对象不是机械、不是物品，而是活生生的人。尤其是中小学教育，学生在进入学校时基本上还是白纸一张，或者虽有几笔勾勒但离完成人生图画还有很大的空间。教师的责任就是帮学生打好人生底色，扣好人生的第一粒纽扣，确保他们在踏上人生

1　联合国教科文组织.世界教育报告（1998）：教师和变革世界中的教学工作［M］.罗进德，等译.北京：中国对外翻译出版公司，1998：23.

旅途时有正确的价值观、必备品格和关键能力。教育没有一个即时可见的结果，置身于教育这种面向未来的事业，教师的职业生涯也是开放的和不断发展变化的。教师的职业生涯不是一个简单的从生疏到熟练的过程，而是一棵有生命的树。

第一节　教师的职业生涯是一棵有生命的树

教师的专业化体现在他们对自己的专业成长始终保持理性自觉的基础上。

从整体上看，教师的职业生涯大致可以划分为四个阶段：

（一）培养：主要由师范院校的学历教育负责，包括本科教育和研究生教育。20世纪80年代原国家教委就规定"只有具备合格学历或有考核合格证书的，才能担任教师"。[1]经过数十年的努力，具备合格学历已成为教师这个职业的基本"入门线"。据调查，2010年，我国东部地区普通高中专任教师的学历合格率已达96.28%[2]，更多高学历的人才正源源不断地进入中小学教育领域。

（二）准入：即教师资格认定。1995年12月12日国务院第188号令颁布《教师资格条例》，为成为教师设定了"门槛"。2000年9月23日中华人民共和国教育部第10号令发布《〈教师资格条例〉实施办法》，规定了教师资格认定的操作流程。2001年4月1日起实施教师资格认定。至此，获取教师资格证成为站上中华人民共和国讲台的必要条件。这个举措意义重大，从制度上保证了教育作为专门职业的规范性和严肃性。

（三）培训：对教师实行继续教育，贯穿教师职业生涯的全部。利伯曼把"需要长期的专业训练"作为专门职业的本质特征之一。[3]国家政府部门和各地行政部门对此都有相关的标准和要求。比如，1998年12月教育部颁布的"面向21世纪教育振兴行动计划"，其中就包括加强教师职后培训的"跨世纪园丁工程"。另外还有

---

[1] 国家教育委员会师范教育司.师范教育文件选编（1980—1987）[M].长春：东北师范大学出版社，1989：7.
[2] 霍益萍，朱益明.中国高中阶段教育发展报告（2012）[M].上海：华东师范大学出版社，2013：28.
[3] 教育部师范教育司.教师专业化的理论与实践（修订版）[M].北京：人民教育出版社，2003：34.

教育部的"国培计划",各地的"省培计划",被称为"360"的上海中小学教师全员培训(即教师培训时间不得少于360学时),被称为"540"的上海高级教师培训(即高级教师必须完成540学时以上培训)等。很多地方还致力于职前职后培训的一体化研究,把教师教育从职前贯通到职后。

(四)考核:换证以及其他。早就有学者从"提升教师专业知能、增进学生学习效果、确保社会大众信心、符应教育发展需求、顺应国际发展潮流"的角度提出教师资格证换证的问题。[1]上海在2010年提出要试行教师资格证有效期制度,建立上海中小学教师资格再认证制度。[2]2011年9月6日教育部新闻发布会透露,将选择两个省份实施教师资格考试和定期注册制度,建立"国标、省考、县聘、校用"的教师准入和管理制度。所有教师都要接受5年一次的定期注册考核,考核并非要重新进行一次资格考试,而是对这5年内该教师的方方面面进行评审。考核内容包括师德考核、业务考核及教学工作量考核等。师德将作为首要条件,实行一票否决。[3]这也就意味着,教师资格证不是一劳永逸的通行证,作为教师,必须持续地接受有关部门的考核,以保证教师队伍的质量。

不难看出,教师的职业生涯是有阶段且不断发展的。是否胜任教师工作,将不断接受外部的考量。而更重要的是外部考量机制下教师的自我成长。就像学生的学习总会有终结性评价(具体落实为分数),但真正的学习成长却是发生在学生内心的变化。教师也是如此。"在某种意义上,我们每个人都是自己的教育者,我们从自己身上学到的东西比从任何人或任何机构学到的东西都多"。[4]

教师的职业生涯是一棵有生命的树,它可以长得根深叶茂,枝繁果丰,就如我们所看到的许多教育楷模以及数以万计的优秀教师那样。但如果我们不注意自我成长,也可能让职业生涯之树枯萎嶙峋,枝叶凋零,甚至倒伏夭折。因此,让自己健

---

[1] 吴青山.师资培育研究[M].台北:高等教育文化事业出版公司,2010:122—123.
[2] 上海市教育委员会.上海市中长期教育改革和发展规划纲要(2010—2020年)[EB/OL].(2010-09-10)[2024-03-13].https://edu.sh.gov.cn/xxgk2_zhzw_ghjh_01/20201015/v2-0015-gw_301122010002.html.
[3] 中华人民共和国教育部.教育部关于印发《中小学德育工作指南》的通知[EB/OL].(2017-08-22)[2024-03-13].http://www.moe.gov.cn/srcsite/A06/s3325/201709/t20170904_313128.html.
[4] (英)安东尼·赛尔登,等.第四次教育革命[M].吕晓志,译.北京:机械工业出版社,2019:18.

康地、快速地获得专业发展，是教师必备的能力之一。教师能否有良好的专业发展，在某种程度上决定着教师职业生涯的发展。

教师的成长和专业发展，主要有外在表现和内在表现两方面。

一、教师成长的外在表现

相关教育领导部门和单位有各种举措帮助职初教师尽快适应教学岗位。"在上海，一位新教师入职第一年的工作，一般是在老教师的密切监督指导下完成的。……通常，这些老教师会去听新教师的每节课，并给出他们的指导意见。反过来，新老师也要学习老教师上的许多堂课。"[1]随着工作年限的增加，职初教师（亦称"初任教师"）会成为成熟教师乃至资深教师。在这个过程中，教师必然还会经历大大小小的变化。国际著名的"教师专业生涯发展周期模型"，就为教师描绘了一条专业发展的曲线，包含职前期、职初期、能力建构期、热情成长期、职业挫折期、职业稳定期、职业消退期和离岗期。[2]也就是说，在成为成熟教师和资深教师的路上，教师的专业发展并不是一条直线，而是蜿蜒的曲线，尽管如此，如果排除个别案例和特殊因素，从大的趋势来说，我们还是可以把它看作是与工作年限相关的一条坐标线：

见习教师 → 职初教师 → 成熟教师 → 资深教师

图11-1　教师专业发展坐标线

也就是说，每一位教师随着工作年限的增加，都会从职初教师，走向成熟教师，最后成为资深教师。虽然目前的研究还不能为这些阶段标上明确的年份，但可以根据教龄大致判断出教师处在哪一个阶段。所以，我们把工作年限看作是教师专业发展的外在表现之一。

---

[1] （美）塔克.超越上海：美国应该如何建设世界顶尖的教育系统［M］.柯政，译.上海：华东师范大学出版社，2013：175.
[2] （美）古斯基.教师专业发展评价［M］.方乐，等译.北京：中国轻工业出版社，2005：Ⅵ.

> 教师的职业生涯是一棵有生命的树。

相比工作年限，职称晋升是教师专业成长标识度更鲜明的坐标。因为"尽管教师专业发展与时间有密切关系，专业发展阶段通常以时间来划分，专业发展的可能性会随从事专业活动的时间的延长而不断提高，但决定教师专业发展的并不单纯是时间"。[1]作为专业发展标志之一的职称晋升就是既和时间有关又不为时间所决定的。

我国在职称等级上，设置5个等级，依次为正高级教师、高级教师、一级教师、二级教师、三级教师，与高校和研究机构职称的正高、副高、中级、助理、员级相对应，并完善与之相配套的评价标准和办法。经国务院同意，2015年9月，人力资源和社会保障部、教育部联合印发《关于深化中小学教师职称制度改革的指导意见》，明确中小学教师职称制度改革在全国范围全面推开。全日制大中专毕业生在本专业或相近专业技术岗位上工作，见习期满，经考核符合任职条件，按有关规定，可直接聘任相应的专业技术职务。中专毕业，从事拟聘任专业技术工作满一年，可聘任员级专业技术职务。大专毕业，从事拟聘任专业技术工作满三年；大学本科毕业，从事拟聘任专业技术工作满一年；硕士、博士研究生毕业，从事拟聘任专业技术工作，可聘任助理级专业技术职务。教师进入职称评审系列后，经过一定的工作年限，就可以获得晋升职称的基本任职资历，比如在一级教师岗位上任教累计满五年，或具有博士学位并在一级教师岗位任教累计满2年，就具备了申请晋升高级教师职称的基本任职资历。

不难看出，职称晋升和任职年限有很大关系（任职资历不到的，可以申请破格，但要求会更高），但却并非到了一定年限就能晋升，这是它和第一条工作年限坐标线的最大差别。能够晋升职称（尤其是高等级的职称）和个人努力以及取得的

---

1 王少非.新课程背景下的教师专业发展[M].上海：华东师范大学出版社，2005：106.

成果有很大关系，因此也更能明显地表现出教师专业成长的印迹，成为教师专业成长的一条更为显性的坐标线：

三级教师 → 二级教师 → 一级教师 → 高级教师 → 正高级教师

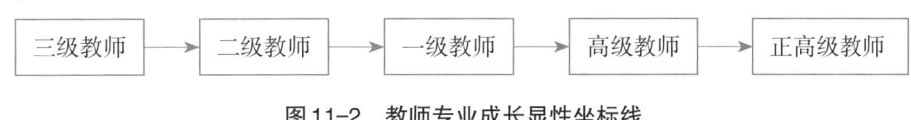

图 11-2 教师专业成长显性坐标线

除了职称晋升，各项荣誉称号也是教师专业发展的显性坐标。1978年12月，教育部、国家计委为了贯彻落实党中央关于提高人民教师的政治地位和社会地位，对于优秀的教育工作者，应当予以表扬和奖励，对于特别优秀的教师可以定为特级教师的指示，制定了《关于评选特级教师的暂行规定》。从此，特级教师就成了基础教育中最为醒目的荣誉称号。2023年，上海市教育委员会、上海市人力资源和社会保障局就评选表彰了120位上海市特级教师。其他荣誉称号还有各级园丁奖、教书育人楷模、教育功臣、教育系统先进工作者、教学名师等。

对于这些专业成长的外在表现，教师应该有足够的关注度。不应该把争取职称晋升、荣誉称号和追名逐利画等号。

二、教师成长的内在表现

与教师专业成长的外在表现相比，教师成长的内在表现是看不见的，是无法量化的，因而也是更容易被忽略的。我们大致可以从三个维度考量教师内在的专业成长。

（一）情绪

情绪是人从事活动时的心理状态，它看不见，摸不着，但确实存在，并影响着我们的工作。拥有良好的情绪，是教师专业发展的隐性指标之一。

卡茨根据初入职教师的情况，把情绪分成了四个阶段：第1—2年的教师，处在求生阶段，原来对教学的设想与实际有差距，关心自己在陌生环境中能否生存；第2—3年的教师进入了巩固阶段，有了处理教学事件的基本知识，开始巩固所获得的科学经验和关注个别学生；第3—4年的教师到了更新阶段，对教师重复、机械的工作感到厌倦，试图找新方法和技巧；第4—5年后，教师就进入成熟阶段，习惯于教师角色，能较深入地探讨一些教育问题。[1]

在实际生活中，教师情绪的变化可能并不这么整齐划一。从个体上说，每个教师都有自己的独特之处；从整体上说，由于研究者的视角不同，对教师专业发展阶段的划分也存在明显的差异。"但有一点是相同的，即教师专业发展是一个动态的过程，教师的生涯发展经过了多个阶段，教师在不同的阶段有不同的发展特征和不同的需求"。[2]还有一点也相同，就是教师确实存在情绪变化的曲线。职初教师在情绪上比较容易焦虑。高校所学的知识遇上基础教育的实际，会有距离，甚至是较大的落差。准教师们在接受高等教育时主要学习的就是学科知识，而基础教育各门课程则涉及如何在基础教育中教学这些学科知识。即便是学校学到的教育教学理论和方法，也未必能立竿见影地在实际教学中产生效用。于是职初教师情绪就容易急躁，对自己能否胜任教学工作感觉没把握。经过数个学期（按照卡茨的说法是2—3年）的磨炼，教学渐渐得心应手起来，焦虑就会渐渐消散，情绪趋向平稳。

之后，教师的专业发展就开始朝两个方向分岔：有些教师会在熟练的基础上总结经验教训，并把它作为新的起点，朝更好的方向探索，一旦探索有了成效，教师就会觉得自己的工作是有意义的，因此感到满意，心情开朗，情绪稳定。另一些教师，则可能由平稳而转向倦怠，觉得天天上课是"一种单调乏味的义务"，因而不再有昂扬向上的情绪，而是采取"躺平"的姿态，转向所谓的"佛系"。这个情绪分岔的地方，也就是教师专业发展的"瓶颈口"，冲不过去，教师的职业生涯之树就会枯萎；冲破这个关隘，教师的专业发展就会有一片灿烂的新天地。

（二）能力

与知识一样，能力也是教师专业结构中的一个重要组成部分。教师的能力，特

---

[1] 叶澜，等.教师角色与教师发展新探［M］.北京：教育科学出版社，2001：341.
[2] 王少非.新课程背景下的教师专业发展［M］.上海：华东师范大学出版社，2005：106.

别是专业能力对教师专业发展的重要性，似乎没有什么异议，然而对哪些能力更为重要，却是众说纷纭。[1]本书的第二篇主要将其归纳为教育教学能力、教研提升能力、现代技术使用能力和自我成长能力四项。

在教师专业发展的路途上，能力应该是逐渐提升、呈现向上态势的。尽管各国学者、管理人员和广大教师都很关心对教师专业发展的评价，包括对能力的评价，也做出了一些专业发展评价模型。还有人专门针对教师教学实施能力，建立了评价体系，通过三级指标，把教师的能力从比较抽象和笼统的描述逐步变为具体的、可测量的、可操作的、具有行为特征的指标。[2]但应该承认，到目前为止尚未开发出广泛认同的、简便高效的标准模式。也就是说，教师的能力还是属于很难测量并标识的因素，所以我们把它看作是教师专业发展的隐性坐标之一。

（三）境界

王国维说："古今之成大事业、大学问者，必经过三种之境界：'昨夜西风凋碧树。独上高楼，望尽天涯路。'此第一境也。'衣带渐宽终不悔，为伊消得人憔悴。'此第二境也。'众里寻他千百度，蓦然回首，那人却在灯火阑珊处。'此第三境也。"教师身负立德树人之重任，可说是"悠悠万事，唯此为大"，完全契合王国维说的"大事""大学问"。成就教师专业发展的"大事""大学问"，也会见此三重境界。

"昨夜西风凋碧树。独上高楼，望尽天涯路"描述的是敏感、迷惘，既满怀希望又感到前程风云莫测的状态。也就是说，教师首先要对教育工作有足够的关切，应该从心底里觉得它是自己生活中的重要内容。热爱自己的工作并希望有光明的前途，这是教师专业发展的第一重境界。

怀着找寻光明坦途的期待，教师进入了第二重境界：孜孜不倦追求更好的专业发展。基础教育教师的劳累辛苦，是有目共睹的，如何对待这种劳累辛苦，和教师的境界有关。无论理想目标能否顺利实现，优秀的教师对自己的付出从不感到后

---

[1] 叶澜，等.教师角色与教师发展新探［M］.北京：教育科学出版社，2001：237.
[2] 贺永旺，等.提升教师教学实施能力［M］.北京：教育科学出版社，2011：24.

悔。第二重境界的标准，不是目标能否实现，而是信念是否执着。不管工作多苦多累，不论遇到什么困难，教师要永远坚定执着，鞠躬尽瘁，无怨无悔。

第三重境界则是于无心处达成了追求的目标。"蓦然回首"，是惊喜，也是超脱。追求理想早已化为信念，化为自觉的行为，一切结果都只不过是水到渠成，是有心栽的花，更是无心插的柳。到了超然物外，宠辱不惊的地步，这便是第三重境界。

教师的境界是逐渐提升的、边界模糊的，并无显性的标记可言，所以这也是教师专业发展的内在表现，是无法量化的隐性指标之一。

综上，教师的专业发展，既有外在的显性标准，也有内在的隐形标准，教师要有内外兼修的自觉，"不仅能把握自己与外部世界的关系，而且把自身的发展当作自己认识的对象和自觉实践的对象"[1]，才能让自己的职业生涯朝气蓬勃，充满活力。

第二节　修炼内功：为自己储存养料

自我成长能力是教师内外兼修的自觉行为，首先需要的是自我完善，要敞开心扉，不断吸纳新的东西；要放出眼光，采撷人类文明的多样成果；要不断思考并保持思考问题的习惯；要不失"童心"，永远走在好奇和求知的路上。

一、呼吸时代的新鲜空气

面对经济体制深刻变革、社会结构深刻变动、利益格局深刻调整、思想观念深刻变化的大时代，今天的教育必须研究新问题，提出新措施，使得教育改革的实践与成果能遵循规律，继续深化下去。毫无疑问，教育是一项没有终点的公共服务事业。[2] 从内容到形式，教育一直随着时代的发展在发展。教育发展过程"既是一个经济发展与科技进步相互交织的过程，也是政治自由与个体人权不断发展的过程，还是人类理解能力不断提高的过程，以及人类对教学与学习所带来的社会效力、文

1　叶澜.教育概论［M］.北京：人民教育出版社，1991：217—218.
2　尹后庆.见证变革——站在上海基础教育转折点上［M］.上海：上海教育出版社，2013：364.

> "学富五车"固然是好事，但对于现代公民来说，运用知识解决问题的能力更重要。

化影响力和经济效益的鉴别能力逐步发展的过程"。[1]信息化和大数据技术已经改变了人类知识获取与生产的方式，改变了人们日常交流的方式，也改变了商业运营的方式。信息化和大数据几乎改变了人们的物质生活和精神生活的各个方面。[2]新形势必然会对国民素质提出新的要求。曾几何时，我们用"学富五车"来赞誉掌握知识多的人，因为那时获取知识是一件非常困难的事。而互联网时代则把海量的知识推到了我们的面前，知识不再是一种难以拥有的信息，相反，很多人都在惊呼"信息超载"。大多数问题，只要动动手指，就会有成千上万条答案朝你涌来。可以说，在信息时代，知识最丰富的早已不是往日的某位或某些教师，而是网络。但海量信息同时也一定是鱼龙混杂、泥沙俱下的，所以有人指出，"我们的困境并不是'信息超载'，而是'过滤无能'"[3]。"过滤"，也就是甄别、遴选，真正在知识海洋中找到能为我们所用的东西。所以，"学富五车"固然是好事，但对于现代公民来说，需要的不仅是获取知识的能力，还需要或者说更需要的是运用知识解决问题的能力。

对国民素质有新的要求，人才培养目标必然也要随之发生新的变化。从21世纪以来教育部相继推出的各版课程方案和课程标准中，我们能清晰地看到这种变化的轨迹。尤其是2014年3月教育部研制印发《关于全面深化课程改革落实立德树人根本任务的意见》，首次在国家课程改革的重要文件中提出"核心素养"概念，清晰地指出了人才培养的新方向。新形势下的新理念、新方法、新目标，对教师来说，既是挑战也是机遇，我们必须大口呼吸时代的新鲜空气，才能精力充沛，跟上时代发展的步伐，成为时代感鲜明的优秀教育工作者。

---

1 （爱尔兰）弗兰克·M·弗拉纳根.最伟大的教育家［M］.卢立涛，安传达，译.上海：华东师范大学出版社，2009：1.
2 陈玉坤，等.慕课与翻转课堂导论［M］.上海：华东师范大学出版社，2014：1.
3 （美）艾伦·雅各布斯.如何再次拿起书［M］.魏瑞莉，译.北京：中信出版集团，2019：152.

更不能忽视的是，教师的工作对象"经常在变化，永远是新的。今天同昨天就不一样"[1]。尤其是当学生身处经济与科技高速发展的社会中，物质生活丰裕了，学习材料早已不再需要"手自笔录，计日以还"。相反，太多东西涌现在学生周边，将他们围裹，需要他们识别甚至抵御。卢梭早就发现，每个人的一生都是由三种教育培养的：或是受之于自然，或是受之于人，或是受之于事物。自然的教育完全不由我们决定；事物的教育只在有些方面由我们决定；只有人的教育才是我们能够加以控制的。[2] 随着信息化时代的到来，学校作为"人为的教育"的一个部分，在整个教育中占比越来越小。课堂早已不再是学生接受信息的唯一来源，教师必须"长期不断地深入人的复杂的精神世界。在人的身上经常能发现新的东西，对新的东西感到惊奇，能看到形成过程中的人"[3]。作为教育工作者，必须不断更新自己，努力适应社会的变化。如果教育也是一场战争，是人才培养的攻坚战，那么也同样需要"知己知彼（学生）"，才能"百战不殆"。

教师身上要有时代的年轮。这个"年轮"喻示着三点：过往、发展和未来。教师能够从过往中收获经验和教训，但教师不能在这过往中故步自封，而是要勇敢地跨出去，跟随着时代奋力前进，不断更新教育观念，推动自身的持续发展。当我们站在时代前沿思考问题、发展自我并以精神成长创造使命精彩的时候，展示的就是辉煌的未来。

所以，无论是面向教育、面向学生，还是面向教师专业发展本身，呼吸时代的新鲜空气都是我们应该做且必须做的。

二、涵泳书海，积聚能量

庄子曾提出："已而为知者，殆而已矣。"这是要我们警惕，千万不要自以为已经穷尽了未知世界。庄子数千年前的告诫，在今日看来，仍然熠熠生辉。当我们知道自己面对的是一个无法穷尽的世界，正确的方法不是放弃探求，而是学会在"无

1　（苏）苏霍姆林斯基.给教师的建议［M］.武汉：长江文艺出版社，2014：4.
2　（法）卢梭.爱弥尔［M］.北京：北京出版社，2008：4.
3　（苏）苏霍姆林斯基.给教师的建议［M］.武汉：长江文艺出版社，2014：4.

> 面对无法穷尽的世界，正确的方法不是放弃探求，而是学会如何在"无涯"的学海中撷取对自己有用的东西。

涯"的书海中游泳，学会如何在"无涯"的学海中撷取对自己有用的东西。

先哲给我们留下了丰富的文化遗产，就《四库全书》而言，文津阁本共收录古籍36 304册。今日世界，更是每天有多种图书刊印出版。这样浩瀚的书海我们没有穷尽的可能，那就只有选择。教师应该选择什么书来读呢？要开出一张满足全体教师的书单是困难的。早在70多年前，叶圣陶先生就说："我们以为举出一些具体的书来回答，是不很妥当的。第一，这中间或许会掺杂着我们的偏见；第二，不一定适合读者诸君的口味；第三，举出的书，读者诸君未必就弄得到手。因此我们只能提出几个项目，给读者诸君作为选书的参考。"他把需要阅读的书分为各科的参考书、有关当前种种问题的书、关于修养的书、文学的书四类。[1]苏霍姆林斯基也曾用这种方法给中小学教师的阅读提过建议。

这种大类归纳的荐书方法，可能比一张整齐划一的书单更适合广大的中小学教师。教师的书单可以从这样几个方面来选择：

（一）政策性文件和重要理论文献

政策性文件是指党和国家相关领导部门颁布的文本，包括意见（如教育部、国家发展改革委、财政部《关于实施新时代基础教育扩优提质行动计划的意见》）、通知（如教育部《关于开展国家基础教育教师队伍建设改革试点的通知》），还有课程方案、课程标准等。对教师来说，这些文件引导着教育的基本方向。认真学习这些文件，能使教师视野更宽，站位更高，教学实践也能取得更好的效果。

重要理论文献是指在治国大略中起着重要作用的文本，马克思主义唯物辩证法的

---

[1] 叶圣陶.阅读与讲解[M].北京：生活·读书·新知三联书店，2012：20—22.

相关著作、党和国家领导人的重要著述，如《共产党宣言》《实践论》《矛盾论》等。

（二）本体知识

本体知识也就是有关本学科的专有知识。2022年版义务教育各科的课程标准都在"课程性质"部分的第一自然段清晰地表述了本课程所属的学科。比如，"历史学是在一定的历史观指导下叙述和阐释人类历史进程的学科。马克思主义指导下的历史学，以探寻历史真相、总结历史经验、认识历史规律、认清历史发展趋势为其重要功能"，"地理学是研究地理环境以及人类活动与地理环境关系的科学"。这里面所包含的学科知识，也就是各门课程的本体知识。本体知识并非一成不变，而是在不断地被再认识、被赋予新的内涵。不仅自然科学领域的知识和认识在不断更新，人文社会科学领域也是如此。比如，中国语言文字研究中的汉字构型理论、接受美学理论等，都进入了语文教育领域，和语文教育教学发生着密切的关联。教师对本体知识的学习，不应停留在接受学历教育时，更不能随着时间的流逝让头脑中的学科知识逐渐固化，甚至退化，而应该始终关注本体知识研究的新动向，不断更新、完善自己的知识体系。

（三）相关知识

相关知识也被称为"通识性知识"，相应的自然科学和人文社会科学知识、中国教育的基本情况、相应的艺术欣赏与表现知识、具有适应教育内容、教学手段和方法现代化的信息技术知识，都是教师应该关注的。值得注意的是，不能把"相应的"简单理解为相邻的、相近的。比如与文学相近的历史知识，与历史相邻的地理知识，这些固然需要关注，但相对的学科知识，也需要关注。学科是人类文明发展过程中为了研究和教学的方便而划分的门类，而生活是不分学科的，在生活中需要解决的问题也往往不局限于一门学科。本次课程改革对综合性学习、跨学科学习的强调，就是出于这样的原因。教师不可能是"万宝全书"，但教师可以努力成为"杂家"，关心各个知识领域的新成果，把必要的相关知识不断纳入自己的阅读范畴。

（四）学科教学知识

每个学科都有自己的学科教学知识，包括本体论、教学论、教材论等。事实告诉我们，光有本体知识和相关知识并不一定就能成为好老师。有研究表明，学历学位、知识水平和教学效果之间并不是必然的正相关关系。如果说，在学历学位、知识水平和教学效果之间要架设一道桥梁的话，它就是学科教学知识。学科教学知识是一种在真实教学中使用的、有别于纯粹的一般的教学知识的独特的知识，是教师在某一学科中整合了学科知识及教育学、心理学等知识的教学知识，是对教学经验的总结提升，是教学实践的归纳、提炼和学理化、系统化。比如，在《论语·先进》中，孔子有很多精彩的教学行为：他对学生的耐心启发，他对学生发言的含蓄评价和宽容态度，他和曾皙水到渠成的对话所包含着的对全体学生表现的深度剖析，这些精彩的教学行为在后世的学科教学知识中都可以找到已概括为教育理念的表述，比如"以吾一日长乎尔，毋吾以也。居则曰：'不吾知也！'如或知尔，则何以哉？"与启发式教学，"吾与点也""亦各言其志也"与生本主义，还有过程性评价、因材施教等。在这方面，我们不能迷信"腹有诗书气自华"。"腹有诗书"或许真的能改变一个人的气质，但若要将"腹有诗书"转化为出色的教学行为，学科教学知识就是绝佳的抓手，值得我们好好学习。

综上，教师在阅读的时候，可以有方向性地选择书目，通过学习让自己的长处更长，发展为特长。除了"增长"，阅读也可以"补短"，即根据自己的不足选择相关书目，通过阅读弥补自己的不足，获得较为全面的发展。

有明确目标指向地选择书目来读，是涵泳书海的方法之一。这时候，我们方向明确，目标清晰。同时，涵泳书海也可以有另一种状态，那就是优哉游哉地闲庭信步。就好比我们散步，有时并没有需要直接抵达的目的地，而只是为了强身健体。

而实际上，纯粹为兴趣的阅读对养成阅读习惯、丰富精神生活也很重要。毛姆认为，读书是一种最完美、最持久的理性的享受和愉悦，但前提是读"既不能帮你获得学位，也不能帮你谋生；既不会教你怎么样驾船，也不会教你怎样修机器"的书。[1]曾国藩把读书的趣味看作是从容不迫地悠游于书籍之中，如鱼之在水，如鸟之在林，左右逢源，探始求终，从而有所心得，这是一种自得其乐的愉悦，是一种恬静的境界。相反，如果有了"好名好胜之见参与其间"，则一切快乐愉悦都会丧失。[2]这不是说有实用性指向的书不能读，而是说我们应该对书籍本身抱有爱好的心情。

人的精神生活是需要书籍来滋养的，如果我们的空余时间里永远有阅读的一席之地，这才是真正养成了阅读兴趣、阅读习惯，有了真正的阅读自觉。

三、再忙也要做"思想者"

思维是人类特有的一种精神活动，是在表象、概念的基础上进行分析、综合、判断、推理等认识活动的过程。它存在于一切学习活动中。教师要获得专业成长，思考是必要的，也是必须的。

教师的思考大致可以从以下三个方面进行：

（一）认知

认知就是通过思维活动去了解、认识身边的一切。我们每天面对着纷繁复杂的现象，大部分人或许会熟视无睹，但有人却通过思考有了不一样的收获。有关牛顿发现万有引力的传说，正说明了这样一个道理。每个现象总有它背后的原因、总有其特殊的规律、总有其共性和个性，我们没有可能去认识所有的一切，但我们应该保持思考的习惯。比如《辩日》中两小儿提出的问题：太阳是"始出时去人近，而日中时远"，还是"日初出远，而日中时近"？如何解释"远者小而近者大"以及"近者热而远者凉"的原理在这个问题上的谬误？"孔子不能决"的问题，我们老

---

1 （英）毛姆.小说要有故事［M］.北京：人民文学出版社，2021：1.
2 商友敬.坚守讲台［M］.上海：华东师范大学出版社，2006：12.

师能"决"吗?这样一篇出现在语文教材中的课文,语文老师或许可以囫囵过去,但也可以从天文学、生物学、物理学的角度把问题认识清楚。要想自己在专业成长的道路上不断前行,成为一名优秀的老师,就要有不断认识问题、思考问题、研判问题的习惯。因为一次认知就是一次进步。

(二)元认知

元认知能力是对自己思维的反省,即对认知活动的自我意识和自我调节。也就是说,元认知是对认知的反思,就是读懂自己的精神状态,然后评价这种状态将如何影响自己现在和将来的行为。[1]有团队在研究教师思维方式的改善时,注意到了让教师学会"面向事实,基于证据、关注细节的原点思考"和"程序性、结构性、系统性的焦点思考",其中就蕴含着元认知的因素。比如,关于原点思考,就是让教师在面对一堂课的时候,不再以"我以为这堂课如何"作为课堂观察和评价的逻辑起点,而是以"我从这堂课看到了什么"作为课堂观察和评价的逻辑起点。它把教师的思考带回到课堂事实,以课堂里发生的一连串事件,作为自己理解课堂思考课堂评价课堂的原点。[2]这种对认知的逻辑起点的再认识和做积极性的调整,便是元认知的表现。老师们经常在做的教学反思,也是一种元认知行为,因为教学设计和教学实施都是认知行为的结果,教学反思就是对认知的认知。教师要保持元认知的活跃,不断检验自己的思维活动:认知对象有无问题?认知过程是否合理?认知结论能否成立?以此保持思维的活跃,增强自我检测能力。

(三)思想操

教师还需要不断进行思考。人的思维品质可以从思考问题时的敏捷性、灵活

---

[1] (美)伊兰·K·麦克伊万.培养造就优秀教师——高效能教师的十大特征[M].胡荣堃,等译.北京:北京师范大学出版社,2007:108.
[2] 张少波,李海林.事实和证据视野中的课堂教学诊断——基于数字化视频课例的课堂教学实践研究[M].上海:上海教育出版社,2015:299.

性、深刻性、独创性和批判性中看出。思维品质的提升，和强身健体一样，需要长时间、不间断的锻炼。就和读书不能完全出于功利目的一样，思想也同样如此。在教师培训时，经常会有老师质疑培训内容"是否有用"，甚至出现只要所呈现的内容缺少立竿见影的效果就不感兴趣的现象。其实思维，尤其是抽象思维，包括对概念的辨析、对推论的探究，都是极其必要的。这不仅是人类文明获取进步的重要因素之一，也是教师提升思维品质的必经之路。教师要经常让自己做做思考题，想一些貌似在实际生活中毫无用处的问题，以此来养成思考习惯，保证思想的活跃度，提升思维的敏捷性、灵活性、深刻性、独创性和批判性。

四、再累也要做探索者

在上海杨浦高级中学的校园里，放着一尊《思想者》的雕塑。这是法国雕塑家奥古斯特·罗丹的作品，作品中人弯着腰，屈着膝，右手托着下颌，在静静地思考着人类整体发展的艰难和所经历的各种苦难。它不但是人类个体的代表，也是人类总体的代表。人类总是在探索中不断前行，教师也是如此。在教育教学中，总是有各种问题需要我们去破解。有位资深老师曾经感慨："我现在都不需要备课了，从办公室走到教室这段路，就足够让我想好怎么教学了。"这或许充分显示出这位教师对教学的熟稔，但也明显地表示出他对教学的保守。只要是有新的内容或是新的形式在等待他去尝试，那么从办公室到教室的这段路都不会是平静的，也是不足以担当"备课"这一重任的。随着教育改革的深入，不时会有一些新的理念、新的方法出现在教师面前。其实，没有一次创新是和之前的教育实践完全脱节的，只是"人类的知识基础在持续地成长和变化，课程必须与时俱进，适时进行修订与更新，以适应时代的变化"[1]，这个过程并不意味着对之前的一切推倒重来，而是对优点的延续、对缺点的扬弃和对问题的解决。做一名有追求的老师，一定要适应时代的变化，既守正，又创新。尤其是，不能让"创新"变

---

1 钟启泉.推进学校落实高中新课程方案和标准［N］.中国教育报.2018-03-28（5）.

成不得不完成的任务，而应该是教师的自觉行为，主动根据教育教学难题的破解之需，积极开展某些改革小试验，提升认识，积累经验，积极拥抱新的教育变革。

第三节　借助外力：让自己拔节成长

教师的职业成长，就其途径和方式而言，包括两个大的方面：一是外在的影响。指对教师进行有计划有组织的培训和提高，它源于社会进步和教育发展对教师角色与行为改善的规范、要求和期望。二是教师内在因素的影响。指教师的自我完善，它源于教师自我角色的愿望、需要以及实践和追求。[1]这两个方面相互影响，有计划有组织的培训需要教师的积极参与，教师的自我完善也需要借助外在的平台。下面就是借助外力的几条途径：

一、在研修中获得提高

职后培训是教师教育的重要环节，是加强教师队伍建设的重要途径。教师教育应该是涵盖了职前、职后在内的一体化的教育，单靠职前的一次性终结型的师范教育是不够的。教师的专业发展是贯穿于职前培养和职后进修的全过程的，一体化是教师专业发展的必然要求。[2]《中（小）学教师专业标准（试行）》（征求意见稿）的基本理念中明确提出了"终身学习"的要求。2022年版的课程标准都在"课程实施"板块专门给"教学研究与教师培训"留了一席之地。从中央到地方，不断有相关政策文件出台，如教育部《关于大力加强中小学教师培训工作的意见》（教师〔2011〕1号）等，均对教师培训做出了重要部署。根据这一基本理念，全国各地每年都有数以百万计的教师在接受各级各类的职后培训。根据调查[3]，教师们都在接受定期或不定期的培训，大部分教师每学期都在接受培训，其他教师至少也是每年一次培训，两

1　吕洪波.教师反思的方法［M］.北京：教育科学出版社，2006：25.
2　教育部师范教育司.教师专业化的理论与实践［M］.北京：人民教育出版社，2003：53.
3　参见：王意如.语文教师职后培训模式与效能研究［M］.上海：文汇出版社，2017：6—15.

年一次培训的已经不多，三年一次培训的更加少见（约占调查人数的2.8%）。教师参加培训是持久且高频次的，充分说明职后培训在教师的职业生涯中占据了非常重要的地位。调查结果显示，教师们对参与培训大多处于积极状态，"能参加就参加"的比例基本保持在90%左右，有的地区甚至高达98%。由此可见，尽管老师们每学期或每年都在参加教师培训，但并未感到厌倦，他们对培训整体上的满意度还是比较高的。在参与培训的方式上，老师们最希望的是自己申请（22%），再次是"轮流"（20%）。最不受老师欢迎的是"被推选"（16%）和"被派出"（18%）的方法，在各种选拔方法中居于末位。职后培训是教师专业发展的必选项目，也是教师作为专业工作者的专业标志之一，应该而且必须参加。从加入态度上说，要变"要我参加"为"我要参加"，积极参与各种各类培训活动。从学习效果来说，要最大限度地发挥主观能动性。我们无法保证每一次的培训都是高质量的，但却可以从每一次培训中得到收获。即便是一次不能尽如人意的培训，也能促使我们思考：为什么我会觉得主题报告冗长无味？为什么大家讨论的问题我加入不进去？是我已有了解决问题的方案？还是我远离了大家所讨论的问题？如果需要我来做报告，哪些地方是可以改进的……教师应该积极主动地参与进去，在聆听、思考、互动、探究中让优势更优，强势更强，让弱项不弱，短板不短。借助培训所提供的平台不断攀登为师、为学、为人的新境界。

二、在展示中得到淬炼

基础教育教研有多种形式，其中最为常见的，就是公开课，有时也叫展示课。如果课堂质量较高，有时也会被称为"示范课"。只是随着教育改革的推进，教育理念的变化，示范课在渐渐隐退。因为课堂是鲜活的，每位老师都是独特的，每个班的学生也是独特的，没有固定的模式可以因袭。公开教学在很大程度上就是一种呈现，教师通过自己的教学行为，呈现他的教育理念或教学方法；而观摩公开教学的老师则是通过这位老师的教学行为，去感受其背后的教育理念或教学方法，并思考如何把这种教育理念或教学方法（如果赞同的话）根据自己所面对的学生、用自己的教学行为表现出来，大致是这样的情形：

图11-3　教师教学行为转换过程

如果忽略了这样的转换过程，过分强调"示范"，想简单地通过"示范"让老师依葫芦画瓢，是无法取得良好效果的。

有识见的领导对教师参加这一类的活动会非常支持，因为通过听课进行相互学习，是促进教师们成长的一个非常重要的途径。有的学校在日常教研活动中，不仅让校内教师间相互听课，"还想办法创造一切机会，让教师走出学校到更广阔的舞台上去交流和学习。一大批优秀的教师就是通过在县、区、市及平台上的听课和交流中逐渐成长起来的"[1]。

对教师而言，不仅要利用这样的机会学习，而且要争取登台亮相公开执教。毫无疑问，诸如此类的展示对执教老师是有压力的。公开教学是教师把自己的所思所想所作所为呈现出来，作为研讨的样本。这个样本会被放大，纤毫毕现，瑕瑜互见。英国教师培训中，有人设计了"自我揭示"环节，所谓的"自我揭示战略"，就是"要求实践者探索、解释自己作为学习者的弱点"。[2]公开执教也会起到"自我揭示"的作用，会把自己的弱点甚至缺点暴露出来。这就导致有些老师会有意无意地躲避这种压力，其实，这正是淬炼自己的好机会。好的公开执教往往会以"准备—研讨—改进"的三部曲式进行：第一阶段是对自己教育理念和教学行为的梳理整合，并思考如何在一堂课上表现。第二阶段是对成果的检讨和反思，借助大家的力量为自己的研究号脉、诊断。第三阶段便是进一步改进和提高。这正是自我成长的绝好路径。有没有积极参与的态度，能不能有效地完成公开教学的三部曲，是衡量教师自我成长能力的重要标尺。

1　何学峰，等.研修与成长：提升教师课程领导力［M］.北京：教育科学出版社，2013：21.
2　（英）罗博·麦克布莱德.教师教育政策：来自研究和实践的反思［M］.洪成文，等译.北京：北京师范大学出版社，2009：199.

> 不同阶段的教师都应该有明确的奋斗目标，相互衔接，形成系列，创造各阶段拔节成长的佳绩。

第四节 自我成长：永远在路上

任何教师，都有从青涩到成熟的过程。不同阶段的教师，职初、成熟甚至资深教师，都应该有明确的奋斗目标，相互衔接，形成系列，创造各阶段拔节成长的佳绩。

一、拒绝"游离悠闲"

关于教师职业生涯的分期，国内外学者多有讨论，角度不同，结论也各不相同。休伯曼等人把教师的职业生涯分为七个阶段，前面的四个阶段"入职期""稳定期""实验和歧变期""重新估价期"和卡茨的分期基本相同，后三个阶段则指向了40岁以上的教师，分别为"平静和关系疏远期""保守和抱怨期"和"退休期"。[1] 他认为40岁以后的教师在经历了怀疑和危机之后开始平静下来，能够较为轻松地完成课堂教学，也更有自信心。之后随着职业预期目标的逐渐实现，志向水平开始下降，对专业投入也减少了。教师在经历了瓶颈期后，变得较为保守，在职业生涯接近尾声的时候，教师的专业发展可能不是积极向上的，而是速度平缓甚至停滞不前了。但是，并不等于所有教师都会循着这个路标走，更不等于一定要接受这里面所包括的种种负面情绪。正相反，当我们已经知晓会出现的趋势、看清了可能出现的问题，就应该主动挑战，获得跨越式提升，这也是教师具有自我成长能力的重要标志。

---

1 叶澜，等.教师角色与教师发展新探［M］.北京：教育科学出版社，2001：344—345.

随着时间的流逝，教师的职业生涯也会渐渐走向尽头。但即便在最后阶段，有自我成长能力的教师也应该是有积极追求的。而有自我成长能力的教师，即便到了最后阶段，只要在岗一天，就要拒绝"游离悠闲"，保持积极心态，在教师职业生涯的最后创造出"微霞尚满天"的辉煌。

二、化作春泥还护花

教师的自我成长不能满足于个人的修为和取得的成绩，而是要用"一棵树摇动另一棵树，一朵云推动另一朵云，一个灵魂唤醒另一个灵魂"[1]。自我成长能力在前期，主要是以自身成长为主的线性发展，到了中后期，应转化为"兼济天下"的横向扩展。这种扩展，最典型的就是教师在"师徒带教"模式中的身份转型——从"徒"到"师"。全国各地都有一大批优秀教师，在带动更大的一批优秀教师。用个人自我成长的经历去推动更多教师的自我成长，朝向"花要一树一树开"的愿景，这是自我成长进入到成熟阶段的教师的责任和使命。

孔子以降，"师徒带教"一直是中国教育的重要模式，也是教师自我成长的一条通途。随着教育的发展和扩容，教师教育中的"师徒带教"，以更新、更完善的形式出现了。例如，上海市普教系统名校长名师培养工程简称"双名工程"。在经过领导和专家审核后，成立了若干"上海市普教系统名师培养基地"和"上海市普教系统名校长培养基地"，行政上由"双名工程"管理办公室管理，业务上则由市级专家指导团负责。在市名师培养基地的引领下，各区也都有特级教师工作室、学科带头人工作室等。这种形式，把原先比较松散的"师徒带教"变成了有组织、有计划的"师徒带教式"教师职后培训。其他省市也都有各种形式的"师徒带教"，包括各类工作室、实训基地，等等。教师积极参与培训，是自我成长的一条路径，在适当的时候教师转型做各种各类培训的主持，也是自我成长的途径。上海某区的师训部明确指出：学科工作坊的目的不是主持人去浇灌学员这朵"花"，而是主持人和学员一起来浇灌教师专业成长这朵"花"。主持人同样需要在过程中获得成长。

---

1 李政涛.真正的教育是人的灵魂的教育［J］.方法，1998（12）：44.

《礼记·学记》:"学然后知不足,教然后知困。知不足然后能自反也,知困然后能自强也。故曰:'教学相长'也。"人在学习的时候,会发现自己学识的不足,然后更自觉地去学习;而在教导别人的同时,也会发现还有困惑不解的地方,然后更自觉地要求自己去求知。如果我们把参与培训看作是"学",那么主持培训就是"教",教学相长的道理在这里是完全一样的。即便是比较成熟的教师,仍不能放弃自我成长,要带着自己的实践智慧,抓住带教年轻老师的机会,继续提升自我修为,获得成长。

总之,自我成长能力就是教师对专业发展进行自我设计、自我监控,并具有自我发展的意愿和动力的能力。教师的专业发展有赖于教师以自身的经验和智慧为专业资源,在日常的专业实践中学习、探究,形成自己的实践智慧。没有教师的主动参与和自主发展,就没有教师专业发展[1],这也就是我们把自我成长能力作为教师专业能力之一的原因。

---

[1] 王少非.新课程背景下的教师专业发展[M].上海:华东师范大学出版社,2005:94.

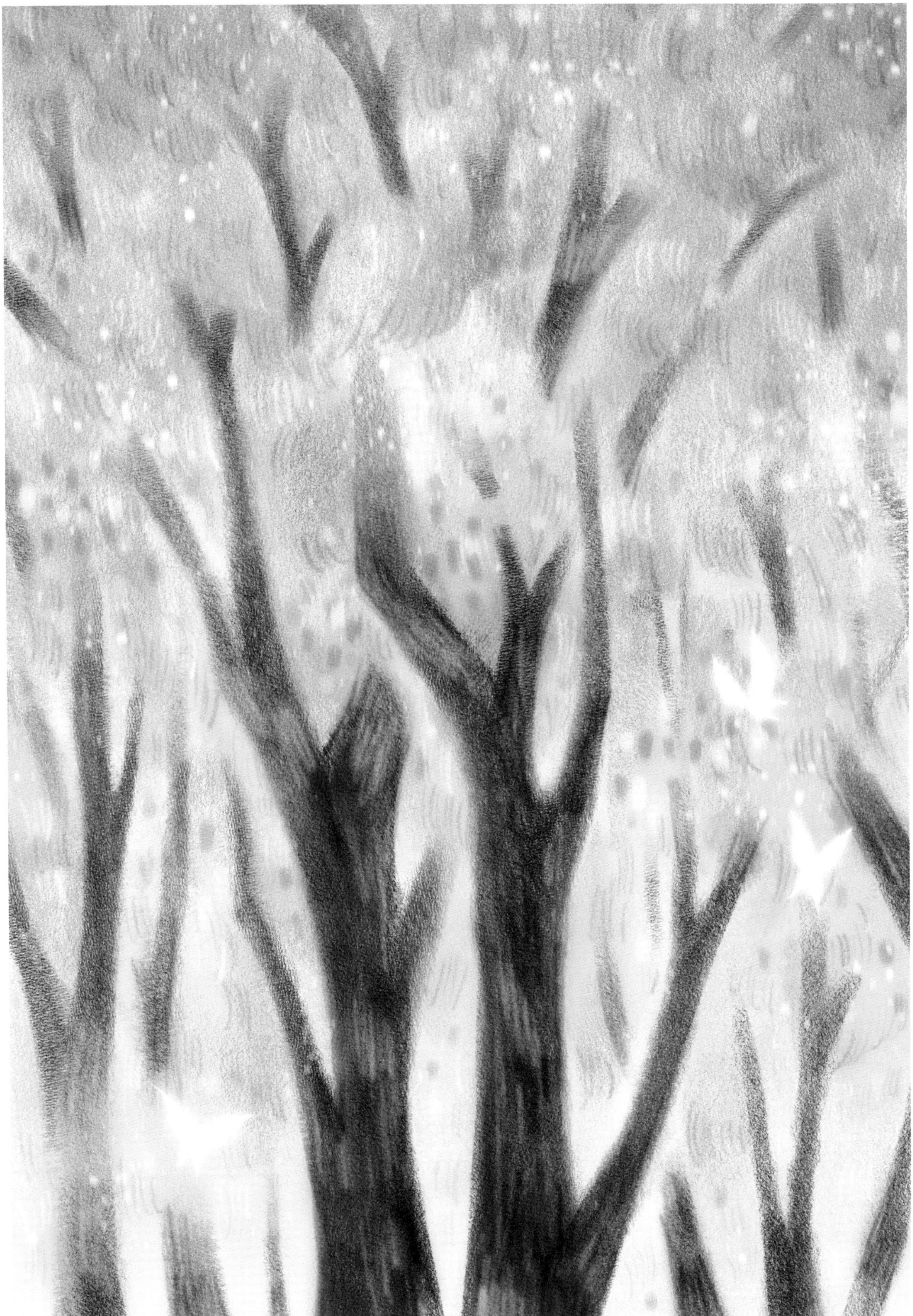

第四篇　　基础教育教师成长现状与追求

第十二章　当代教师群体的现状与期盼[1]

> 新中国教师以党和人民的利益为根本，书写了感人的职业形象。

教师是一个特定的群体，新中国成立以来，中国教师群体为社会主义事业培养和输送了一代又一代建设者和接班人，他们以党和人民的利益为根本，恪尽职守，教书育人，奉献事业，书写了感人的职业形象。2021年，于漪教育教学思想研究中心组织了以"新中国教师成长的内在动因和外在条件"为主题的大样本问卷调查及随后的研究，广泛地搜集了当代教师的心声，每一项发自他们内心的回答不仅生

---

[1] 本章内容以《新时代教师队伍现状调研报告》（于漪教育教学思想研究中心2022年，未出版）为基础研究而成。2021年，于漪老师提出要认真研究新中国教师成长的内在动因和外在条件，这样的研究不是在书斋里坐而论道，而应该深入全面了解新时代教师的现状，分析研究他们成长的特点和规律，总结他们成功的经验和存在的不足。课题组在于漪老师的亲自指导下，汇集了数十位教育理论工作者、资深教研员、优秀校长和教师以及量化研究专业人员的意见，经过前期的资料收集和访谈，研究从教师内部的从教动机、教育认知、发展意识、能力修养、性格品质和外部环境中教师社会地位、教师教育体系、学校类型、学校管理、学校文化等维度架构问卷研制框架，同时参照国际上PISA和TALIS的大型测试、学术研究中有关教师专业发展的成熟量表及北师大研发的面向全国的教师专业发展质量状况测评量表，编制本研究调研量表。问卷设计过程严格依据量表编制要求，确保每个观测变量下有3个及以上的测量题项。经过二十余次的研讨，编制完成了具有中国本土教师教育特点的、包含基本信息及研究观测变量在内的问卷共计100个题项，采用李克特五级量表进行评定，将每个题项的评定划分为"完全不认同""比较不认同""一般""比较认同""非常认同"五个等级，其认同程度越高，相应的赋值分数越高。通过对全国范围内的千余名教师进行试测，不断完善问卷的信效度。课题组在我国东部、中部、西部、北部、南部共19个样本省份中（东部抽取山东、江苏、安徽、浙江和上海5个省份；中部抽取河南、湖北和湖南3个省份；西部抽取陕西、甘肃和新疆3个省份；北部抽取北京、天津和辽宁3个省份；南部抽取广东、四川、云南、重庆和福建5个省份），抽取了43个地级城市和57个县级城市，包括了一线到三线城市，共200所样点学校，其中城镇学校120所，农村学校80所，发放了5 000份问卷，收回有效问卷4 620份，回收率92.4%。同时，课题组通过社交媒体，推送电子问卷，回收了共36 703份有效问卷，调研数量、规模和代表性都是近年来少见的，衍生了超大规模的分析数据，课题组随即对相关数据进行了为期两年的分析和研究。本调查使用IBM公司研发的SPSS26.0软件和IBM SPSS AMOS26.0软件对数据进行统计分析，主要采用了描述性分析、独立样本T检验、单因素方法分析、线性回归分析、多元线性回归和结构方程模型等统计方法。为了深入解释统计结果，课题组还对部分教师进行了访谈，从多个视角充分挖掘数据信息，客观、真实、有力地回应新中国教师队伍建设现状。

动汇聚成了当代教师的职业形象，更使我们对新中国教师成长的内在动因和外在条件的研究获得了扎实的基础，本章将据此展开论述。

> 新中国基础教育教师的群像特征：在世界观上，具有鲜明的家国情怀，维护新中国社会主义核心价值观；在事业观上，积极上进，渴望成为一个有专业能力的好老师；在行为表现上，力求在专业上做到尽善尽美，不断反思进步；从文化心理上，对组织的依赖性和归属感强。

第一节　中国教师的群像特征

现时代的教师传承了新中国成立以来教师的一些重要精神品质，他们在世界观上，具有鲜明的家国情怀，维护新中国社会主义核心价值观；在事业观上，积极上进，渴望成为一个有专业能力的好老师；在行为表现上，力求在专业上做到尽善尽美，不断反思进步；从文化心理上，对组织的依赖性和归属感强。

一、崇尚家国情怀的职业使命感

我国广大中小幼教师多表现出强烈的家国情怀、历史意识和责任担当。

当代教师普遍对国家、对人民持有诚挚、深沉的热爱之情，以对得起国家、对得起学生为朴素的信条对待自己的教育教学工作。"时代楷模"张桂梅老师作为在教育沃土上辛苦耕耘的杰出代表，她不仅用心、用爱温暖滋养着自己的学生，也激励和感动着在教师岗位上默默付出的同行者，用平凡的躯体完成不平凡的育人杰作。绝大多数的教师认同党和国家提倡的主流价值观，认同社会主义核心价值观以及以人为本、生命至上、举国同心、乐于奉献、尊重科学、命运与共的精神，并且能够身体力行，以身作则。

不论是城市还是农村，绝大多数中小学教师注重把中华优秀传统文化融入学科教学中，并借助中华优秀传统文化的传授，培养具有中国心和中国魂的新一代青年，能够在自己的教学中融入爱国主义事迹和民族英雄故事，并且这些特征随着教师教育教学实践经验的积累、专业能力的提升、阅历的加深，更趋明显。从总体表现来看，我国教师注重通过课程向学生潜移默化地传递国家主流社会价值，引导学生树立正确的价值取向，为社会培养有德、有智、有情、有爱、有用的建设者。多数教师淡于名利，愿意为了学生的发展而不断努力，他们把肩负国家和民族兴旺的使命落实在为了学生发展的每一次努力上。

二、默默进取的职业追求

比起形式上的荣誉，我国广大教师内心更期待得到"好教师"的认同。研究显示，普通教师对于好教师的解读呈现多样化形态，好教师的标准在每一个教师心中不尽相同。大部分教师对好教师的理解并非指认那些头衔，而是把能够通过传递社会价值标准的知识去影响、引导学生的老师，当作心目中的追求，这样的认识质朴无华却抵近教师的本义。普通教师需要保持清醒和平常心，秉持教书育人、为人师表的职业本色，全身心地投入工作。

中小幼学校，包括中等职业学校的教师，工作很辛苦，他们工作的对象多是未成年人，他们无论是心智还是身体都尚未得到充分的发展，教师不仅要照看他们的生活，还要通过知识引导他们去认识世界，并逐渐建立起正确的看待世界的方法。教师的工作任务之一是帮助学生从一个自然人成为一个社会人。这项工作意义非凡，困难和挑战也是巨大的，许多教师早出晚归，精心备课，专心授课，悉心指导，耐心育人，在工作中无私奉献。总体上说，他们做到了把各种关于好教师的认知都落实在日复一日对教书、对育人的点滴行动里和对"好"的不断自我追问里。

这种认同集中在如下一些方面：（1）期望被学生喜欢。教师们对学生负有管理、指导的责任，并常常会对学生提出严格要求，批评甚至严厉批评并不少见，但是从他们内心出发，都希望成为学生的良师益友，这一朴素的认识其实映射了教学相长的师生关系。（2）期望被家长信赖。教师的工作，表面上看是和学生之间的互动，实际上每个学生的背后都有家庭的影子。尤其是在今天，社会飞速发展使得一劳永逸地获取知识、从一而终地入职从业、一成不变地安居家庭等难以实现，从而使得学习化与内卷化、进取心与焦虑感不断冲击原有的家庭文化，在这样的背景中，教师对于教育所能未必胜于家庭，家庭对于教育所知未必合乎时代，因此教师要想取得预期的教育理想，很大程度上依赖于家庭教育的协调配合，离开家庭教育的支持难言学校教育之功，明乎此理才理解教师为什么如此在意家长的认同和信赖。（3）期望被同行认可。教师个体作为学校教育的一员是在教师群体中发挥作用的，这是制度化教育带来的重大突破。一个普遍的事实是，一名教师从他入职的第一天起就是学着前人的授课方式步入讲台，看着前辈的教导姿态进出教室，离开了群体他既难以获得进步，也无法实现育人的功效，在职场期望得到同伴的认同是教师专业成长的必由途径。（4）期望被学校组织和专家认同。作为组织的一员，教师们期望自己的专业表现能够得到学校领导的赏识，得到资深专家的赞赏，其中包括各种形式化的评比和职业晋升，也包括一些非正式的赞许或组织安排，它们构成了普通教师职业自信必要的心理依据，对从教者而言这意味着自己的知识、能力以及人格因素得到了认同，为此他们不断要求自己，展现出良好的职业状态。

正是基于如上一些职业心理，我国教师注重个体的职业表现，但同时独创精神与独立主见等职业个性相对表现不明显，总体上表现出不事张扬的个性。我国大部分教师默默无闻，却踏踏实实地对待教学工作，认认真真地教导学生，对自己的工作敬业负责、不懈努力。

三、效能良好的职业素养

教师自我效能感指的是对于自己是否有能力顺利完成教育教学工作的内在感知。已有研究表明，教师自我效能感与职业表现呈良性互动影响：只有当教师感知自己有能力顺利完成教育教学工作时，才会提高其工作投入；反之，如果教师自我效能感低，会产生沮丧的消极心理，影响其专业投入。

研究显示，我国教师的职业素养与职业态度水平较高，这与教师们普遍持有较高的职业自我认同相一致。回顾新中国建设所走过的路程，尤其是改革开放四十多年所取得的成功，离不开千千万万社会主义劳动者和建设者作出的贡献，其中人力资本的提升、有知识有文化的劳动生产者源源不断的输送，离不开凝聚了无数教育工作者心血的教育，历史验证了我国教师的职业效能水平。

我国教师的自我效能感水平较高，他们坚持内心的追求和专业上的进步，使自己能够克服各种困难。普通教师在群体中都具有较高的职业素养，致力于教好学生，享受讲台上的成功。

广大教师在教育教学工作与生活中，经常最大限度地挖掘自己的潜力，不遗余力地追求完美，并且在这一过程中表现得乐观和向上，可以用"行走在能力极限的边缘"来描述。他们中的大多数经常以积极饱满的状态投入到工作中，认同教育事业是人民的事业，无论在什么环境下都努力工作，表现出高度负责的职业态度。

他们坚持以学生为本的教育理念，在学科育人中"术""道"结合，融知识传授、能力培养、智力发展和思想情操陶冶于一体，注重追求全面育人观，努力深入学生成长的生活世界、知识世界和心灵世界，在助力学生成长的同时，也对自己的专业发展提出了更严格的要求。大多数教师善于反思，勤于自省和勇于实践，在教育教学过程中注重和同伴交流，及时梳理和总结工作中存在的问题，不断内化反省，改进教学。

四、奋斗在能力限域的边缘

我国教师心怀祖国，忠诚于党和人民的教育事业，这积极影响了他们从教的状态，使他们坚持内心的追求和专业上的进步，关爱学生健康成长，竭尽所能克服各种困难和挑战，用自己的言行书写着自己的教育认知。

绝大部分的教师能以积极饱满的状态投入到自己的工作中。许多教师刚入职的时候多持有"希望自己工作成绩比别人好"的愿望，即所谓的"不想成为将军的士兵不是好士兵"。但随着从教年龄的增加，这样的想法渐渐淡化，教师从外在比较，转变为更加专注于自身发展，不断挖掘自我潜能等内在驱动以促进自己发展。此时的教师更关注内在的自我充实和成长，不再过分注重外部的功利性物质和名利刺激，他们成就了我国教育事业中一大批默默奉献、专业过硬的人民教师形象。随着从教年龄的增加，更多的教师认识到教育事业是人民的事业，教师对工作的投入状态越好，工作就越努力，越认真。可以说我国教师的成长多是在外部驱动下起步，在内部驱动下成长、成熟的。

我国教师的进取心突出地反映在面对挑战时竭尽所能的职业表现。为了上好一节展示课、为了进行一次交流汇报、为了迎接一项检查，甚至是为了制作一个PPT，教师们常常会倾尽全力投入工作，直至把工作做到自认为完美。我们可以用"行走在能力的极限与边缘"来描述这样一种职业表现。毫无疑问，这样的表现助推了我国教师的敬业精神和专业成长。相应的代价则是给教师埋下了工作疲倦、身心脆弱的隐忧，值得引起关注。

大多数教师都对自己的专业发展有严格的要求。无论教师身处哪种境遇，他们总能通过不断的努力，用心、用力地备好每一堂课，站稳三尺讲台。研究表明，在站稳讲台的维度上，教师对教育教学具有一定的自我要求，同时也表现出较高的职业责任感。教师在保质保量完成教育教学工作的同时也妥当处理非教育教学工作的事务性工作，这既体现了教师工作的稳定性，同时还充分体现出难以把控的不确定变化，凸显了我国教师身上的责任感和使命感。

一段时期以来，育德意识和育德能力渐成我国教师职业表现中的短板，其原因较为复杂，既有社会因素，也有教育因素；既有专业问题，也有认识问题。但归结起来反映在教师的专业能力当中，表现为育德方式多为说教，缺乏情感和信念投入，对所教学科研究不够深入，不能找到知识传承与思想情感熏陶的结合点等。这些问题和不足反映了当前教师面临的共同困惑和难点，即教师难以找到或设计出一个可操作的、切实可行的育德路径。此外，学科如何育德也是当前教师在教学中的痛点，值得深入研究与思考。

▪ 第二节 ▪ 教师成长的经验与内外因素

新中国教师的成长是在社会主义教育事业发展的进程中实现的。总体来看，我们从解放区人民子弟教育经验的基础上，学习吸收了苏联教育的有效成果，培育了人民教师的成长路径，又经改革开放的探索，吸收了西方教师专业化的有益经验，逐渐形成了我国教师成长的基本经验。

> 新中国教师的成长是在社会主义教育事业发展的进程中实现的,有别于西方教师的发展模式,也不同于民国时期的历史经验。

一、教研训一体的职业发展模式

所谓教研训一体是指教学、研究、培训三项工作统一到教师职业进程中,它们既是相对独立的工作内容,又是有机联系的专业进程。自教育现象出现以来,教与学问题始终是困扰世界各个国家的问题。这是因为,它的一端是人类的经验,另一端是尚未觉悟的大脑;一方带着明确的目的和意图,另一方则几乎没有经验和准备。不唯学得如何,教也难有成效,教与学问题由此而来。如何解决,各国各民族在漫长的历史实践中多少积累了一些有益的经验,遂有一些教育原则流传于后世。新中国成立以来,我们国家从自身的历史实践中发现,教出成效需要一定的经验积累,只是这些经验作为个体的符号,难以发挥更大的价值,因此,我们国家从20世纪50年代开始,便借鉴苏联教育的经验建立了教研制度,随之出现了教研员,这一制度的实施使得个体教师的优秀教学经验得到了高效的传播,包括经验介绍、公开课教学等形式,客观上这样的传播发挥了示范、培训的基本功能,教研训一体的雏形便出现了。20世纪90年代后期,随着学历培训任务的基本完成,目标任务明确的专业化培训被推上了历史舞台,尤其是进入21世纪后,伴随着课程改革的实施,教研训一体化的实施成为一种基本常态。教研训一体的体制结构加速了我国教师的成长,它不仅可以较好地保障教育质量和教育公平,也有效地推动了面广量大的普通教师的成熟和专业成长。

根据我国的实践经验,首先我们在学校内部设立了教研组,教研组作为学校内部最贴近教师的组织,是教师相互间沟通、分享、交流、反思的重要平台。教研组上承接学校教学管理机构指定的教学任务,下负责完成具体的授课活动,中间层面既有有形的教学研究和讨论,也有无形的经验交流与互动,它构成了教师教学经验向教学机智转变的重要组织环境。一个好的教研组善于通过主题明确的教研活动,包括教材分析与研讨、学情认识与交流、教学观摩与指导等，以及文化氛围融洽的伙伴关系的营建，使教师及时发现和解决个人教学问题，帮助普通教师从不成熟走向成熟，从成熟走向优秀，它是教研训一体体制中重要的组织环节。

常见的教研训一体化表现还有，由各级教研员组织区域内学科教师，通过明确课程教学目标和任务、教学展示与说课评课等活动，发现教学问题、研究问题症结、提示改进策略、总结成熟经验，从而不断提高教学质量。

近年来，传统的教育培训组织或机构也在不断改革，从原本相对单一的培训向教研训一体的目标转型。从教研组到教研机构，再到教育培训机构的转型，所有这些都有效地推动着我国教师的职业发展。

二、在组织中共同发展

大部分中国教师有比较强的组织观念，这与新中国确立的社会主义制度以及集体主义教育的传统有密切关系。在组织中的教师会比较在意所在学校的看法，也多能够站在学校的立场上做出行为价值选择，多会把个人的发展和学校的发展结合在一起，也多愿意为学校的发展而配合工作。这是我国教师职业表现中很突出的特点，也是他们取得进步的重要经验，它有助于形成个人与集体良性互动的局面，个人得以凝聚成集体、包容了个体的集体彰显了活力，中国教师尊奉集体的品质值得尊重。

我国教师从进入学校的第一天开始，就会根据组织的安排接受教学任务，相应地学校组织会对他们做出职业规划并进行专业指导，包括备课、授课、学业指导、活动组织等，并以"师徒带教"的形式安排富有经验的教师对青年教师进行指导。当学校领受了教育教学交流展示任务以后，会组成开放式的项目团队，不仅团聚校内相关层面教师共同研讨、磨课，还会邀请区域内教育教学专家进行临床指导，及时进行教学反思。我们教师的课堂常常是开放的，学校的专业领导人员和资深同行可以随机进入教学现场了解真实的情况，并在第一时间和任课教师交换意见。此外，学校组织会不定期地开展特定主题的培训和研讨，帮助教师了解教育改革和发展的前沿动态、重点要点等。这些构成了我国学校组织教学管理的常态，它们对提示、指导教师的专业成长起到了基础性保障的作用。值得一提的是，职称评审和职务晋级，在我国教师专业发展过程中占有重要的地位，它是一项组织化程度很高的工作，既涉及政策制度的设置、专业评审队伍的组建，也涉及学校组织的遴选与聘任。

事实上，由于组织与组织有别，学校与学校不同，在不同学校任教的教师，会因为上述管理、文化与环境等的差别，在专业成长道路上表现出差异性。一所领导管理有方、文化积淀深厚的名校，常常会出现名师荟萃的局面；而一所不思进取、困难重重的学校，即使走出一名好教师，也会很快被别的学校"挖"走。我国教师对学校组织正是基于这样的认同与归属，他们在职业追求上愿意不断努力、在集体利益面前选择让渡个人利益，并调节自己的职业行为。

与组织意识相对应的是，共同发展成为我国教师专业成长的重要经验。所谓共同发展，是指教师的专业成长以互助互学的形式在团队中实现，常见的形式有集体教研、名师工作坊、师徒带教等。在这些专业研修过程中，一般由一些资深教育教学行家领衔，以一定的目标或任务为前提，组成相对稳定的学习型专业共同体，成员们在共同的学习、研究与完成任务过程中，传递、修正、发展教育教学经验，通过互助互学促进共同成长。

共同发展的专业发展模式，使教育教学经验以集约的方式得到有效传播，它对于以班级授课制为主的教学组织形式具有明显的优势。

三、不懈努力的内在动因

我国教师总体展现了积极向上的职业素养，具有良好的专业能力，尤其是在职业认同和专业效能方面表现较为突出。这些素养和能力的形成，既有教育体制机制、历史文化等外在原因，也有教师自身认知、追求等内在动因。我国教师职业表现的内在动因集中在如下方面：

第一，有较强的使命感和内在驱动力。研究显示，半数左右的教师从教的原因是热爱教育教学工作、喜欢与学生在一起，这是我国教师选择职业的动因之一，且没有显著的城乡差异。其次是因为教师职业比较稳定。值得注意的是，"教师工作关系国家和学生的未来"是仅次于职业稳定的因素，并且在各年龄段差异不太显著，尤以60岁以上群体为最高，其中既有从教年龄增长所带来的教育情怀因素，也一定程度上反映了新中国教师的特点。教师长期从事教育工作，具有积极的职业归属感。多数教师并不是为了向声誉好的学校流动和受到领导赞赏而工作，相反超过半数的教师认为，激励自己进取的主要是对学生未来发展富有责任感和得到任教学生的喜欢，其次是更好地帮助学生提高学习成绩。这就可以理解，为什么各地的教师，无论来自城市还是乡村，大多觉得"时代楷模"张桂梅老师"她执着的精神和对学生的爱极大地鼓舞了我"，并且希望自己也能像张老师一样，做更多有益于学生和国家的事。

第二，对教师工作有较高的职业认同。教师工作看似简单，其实大有学问。研究和调查显示，认识到教育事业是人民的事业，无论在什么环境下自己都会努力工作，以及专注于自身的发展，不断挖掘自我潜能，让自己更优秀，是我国教师们普遍认同的从教状态。有超过半数的教师认识到好教师不是强调个人的意志，而是看自己的言行如何体现社会的价值。有相当部分的教师认识到自己的工作关系国家和学生的未来，觉得教师工作很神圣，自己承担的是教书育人的职责，很有成就感。因此，无论发达地区还是欠发达地区，无论城市还是乡镇，绝大多数教师自觉地在教育教学中融入中华优秀传统文化、融入爱国主义事迹和民族英雄故事，教育引导学生，并且这种情况随着教师从教年限的增加、职称的晋升而稳步递增。这也表明，绝大多数教师认同在工作中做一些有益于国家和民族的事，认识到通过教育改变学生的命运是自己工作的重要动力，这是我国教师能够坚持内心追求和专业上进步的重要动力。

第三，认真负责的职业态度。教师们常常以积极饱满的状态投入到工作中，本着对学生和教育事业负责的精神，能够认真工作，克服多种困难，迎接挑战，努力完成各项教育教学任务。同时注重结合学校、家长和社区的力量共同促进学生全面发展。他们常常为了弄懂教学中的一个知识点，会花大量时间研究；会在工作中积极通过不断学习，使教材烂熟于心；会在课堂上关注学生的反应，注重挖掘学科教学中的德育、美育等因素，把握学生的言语和表情、神态等非言语信息，并能够在第一时间做出相应的判断和引导，纠正学生学习中的误解。此外，我国教师也会经常通过磨课，不断提高教学质量，在教学过程中有意识地学习同行的长处，以弥补自己的不足。这些特点，随着教师任职年限的积累、职务的晋升，表现得更为成熟和明显，这些是我国教师站稳讲台的重要因素。

第四，关注学生的发展。整体上看，我们的教师认同以学生发展为本的认知，秉持以学生为本的教育理念，注重学生多方面素养的培养。随着从教年龄的增加、专业职称的晋升，教师会更多地关注每一个学生，他们普遍重视帮助学生在生活中辨别是非好坏，树立积极的人生观、世界观和价值观，学生们也愿意把自己生活和学习中的烦恼向教师倾诉。他们会深入了解学生行为背后的原因，而不是轻易对学生下定论，注重开阔自己的视野，丰富自己的兴趣，以不断提高自己的教学效果。研究显示，在"我课后花大量的时间去和学生沟通交流，以真正了解学生"一项上，存在明显的任职年限和职称曲线，即从任职3年以内以及未定级教师开始，用于跟学生沟通的比例随相关因素呈逐台阶下降的趋势，任职时间越长、职称级别越晋升，所费时间越少。表明随着专业能力的提升，教师与学生沟通的效能得到加强，且该现象与是否获得各级荣誉没有显著差异，说明教师任职经验起了主导作用。许多老师会为了了解学生积极去接受现代流行的事物，尤其是专家型教师在这方面的表现更为突出，表明善于学习是优秀教师的必备品质。

第五，注重德智融合的育人追求。无论城镇还是农村的教师多表现出较强的教育教学能力，他们注重知识传授与能力、情感、道德培养的结合，并具备一定的育德能力。超过半数的教师认识到，教师育德能力中存在的问题主要集中在，育德方式多为说教，缺乏情感和信念投入，对所教学科研究不够深入，不能找到知识传承与思想情感熏陶感染的结合点。而解决的路径在于加强学科研究，不断提升自身的专业能力。因此，绝大多数教师努力在学科教学中挖掘德育、美育等因素，在课堂教学中渗透人生观、价值观教育，注重五育并举。

第六，具有良好的自我效能感。教师对自身教书育人工作的自我效能感认同水平较高，在教学成效、师生关系、同伴互助、专业理解、组织评价等方面表现出良好的自我期许和自我认同。绝大多数教师通过努力工作，不断提升对教材的理解程度，注重总结和提炼自己的教学经验，重视教科研工作。他们常常通过与同行交流、做札记和记录等形式，对自己的教育教学进行反思，使自己认识到存在的不足和问题。在教学过程中，他们会有意识地学习同行的长处，比较自己的不足，尤其是优秀教师在这些方面的表现更为突出。不仅如此，优秀教师还注重进行系统思考以及撰写论文、开展行动研究，这是他们保持专业进步的重要原因，这表明教师的专业成长需要从理论到实践的不断修炼。

第七，具有较强的心理韧性。教师面对复杂环境和持续压力时，能保持乐观向上和积极努力的品质，不轻言放弃，不萎靡低沉，表现出良好的职业心理和应有的进取姿态。绝大多数教师即使在充满压力的工作环境中，或遇到困难与挫折，也能及时调整情绪，并能积极寻求解决办法。研究同时显示，教师心理韧性不仅与教师的专业能力呈正向互动联系，还与教师感知到的工作压力呈正向互动特点。也就是说，教师的工作环境需要有一定的压力，当教师适应了这种压力，克服了工作中的困难和挑战，他的专业能力就得到了提高，而职业的心理韧性也随之提升。这与我国教师成长的实践经验相吻合。

第八，积极营建个人的精神世界。我国教师在闲暇生活安排上虽存在一定的代际差异，但是总体上他们能坚持持续的知识输入和思考，以丰富的社会生活充实自己。半数左右的教师以旅游、观看影视作品为主要业余爱好，也比较注意发挥琴棋书画、吹拉弹唱等才艺特长。开阔的视野和丰富的兴趣有助于提升教师的专业能力。

上述特点总体上反映了我国教师职业状态和专业发展的内在动因，毋庸讳言，它们会随历史变迁、地域文化、学校传统、领导方式以及个体差异等因素表现出一定的差异。整体而言，我国教师较外部功利性物质的获取而言，更注重自我内在的认同和责任使命感的履行，这一特点在不同代际教师身上以相似的方式一代代延续与接力，诠释了中国教师身上的自我内在认同感与职业归属感。

不得不承认，相当长一段时间以来，我国教师职业发展中的突出问题是阅读的问题，这成为了我国教师成长的重要瓶颈。虽说教师们多有阅读计划，也能够保持随手翻阅的一些习惯，但总体来说多为碎片式的资讯浏览，绝大多数教师每学期阅读的数量在3—5本书范围内，引人注意的是，随着微信等社交平台的广泛运用，教师的阅读习惯正在发生改变，有相当部分的教师承认"刷微信的时间多了，静心阅读的习惯被改掉了"。

我国教师阅读习惯、阅读容量和质量，以及具有一定文化含量的学习考察观摩体验等活动欠丰富，间接甚至直接影响到了教师的专业发展。阅读素养是教师职业极为重要的品质，尤其是进入知识更新日新月异的今天，阅读的习惯和状态已成为教师职业发展和专业提升不可或缺的动因。事实上，凡职业认同程度高、专业成长顺遂的教师，多能够做到有空就会阅读，使自己保持阅读状态，这正是优秀教师的关键品质。不同书籍阅读数量对教师专业的影响存在着显著差异，教师的成长只有保持阅读状态，才能在职业专业发展上一往无前，丰盈的精神世界是教师成长发展的基石。在当下信息化碎片时代，各种软件平台的文章推送，在某种程度上阻碍了教师深度阅读习惯的保持，使得大部分教师的阅读仅停留在文字表面，加之短文、视频多样化呈现，正在削减教师阅读的耐性，改变这些唯靠作为当事者教师自己的觉醒和智慧。

四、助推成长的外在条件

教师的成长离不开内在的追求，同样少不了外在的条件，是内在动因、外在条件良性互动的结果。在教师成长的某一个时期，外在条件主导的成分更多；在另一个阶段，教师自身的内在动因发挥了关键的作用。从教师成长的外在条件来看，有如下一些重要的表现：

第一，尊师重教的制度文化。我国教师的成长首先得益于国家尊师重教的政策制度与氛围创造，新中国成立以来，尤其是随着改革开放和国家综合实力的发展，我国教师的政治地位、经济地位与社会地位不断提升，人民教师作为国家公职人员，享有受人尊敬的地位。同时，国家从师范生的选拔和培养、教师资格准入制度、教育经费与教师收入待遇的保障、教师的培训与管理、教师专业职称的晋升，以及整个社会尊师重教文化氛围的营造等多方面，创设并不断完善各项条件，使数以千万计的中小幼、职业学校教师得以安心从教、勇于进取、乐于奉献，为党育人，为国育才，为社会主义事业培养了一代又一代建设者和接班人。正是在这样的环境中，教师们不断追求、不断进取、不断成长，每个时代都涌现了一批优秀卓越的教师，他们身上所展现的精神品质激励着一代又一代优秀教师健康成长。

第二，教师职业的稳定性。教师择业动机分析显示，稳定且有保障是鼓励自己从教的重要因素。

第三，重要"他人"的影响。教师的专业成长离不开重要他人的支持和帮助，这是我国教师成长过程中的一个重要的外在因素。经验丰富同事的专业支持，教学名师或教研员的指导和引领，校长的领导风格和对教师的重视等都是他们成长重要的驱动力。半数以上教师回忆，对自己专业成长帮助最大的人是"威信高，经验丰富的学校同事"，其次分别是带教师傅、教学名师、教研员以及校长，他们构成了我国教师成长中的重要"他人"。这清晰地表明，我国教师的成长是在岗位上完成的，比起职前教师的培养以及教师资格的准入制度，岗位培养更为重要。事实上，许多学校从新教师入职第一天起就为他们制定职业生涯发展规划，指定有经验的老教师对他们加强教育教学规范指导，使青年教师减少了盲目行动的风险，降低了试错成本。有些地区还设置了新教师规范化培训制度，通过区域教育资源和学校教育资源的结合，为青年教师快速成长创造了条件。在我国，新入职的教师一般通过3—5年的时间，便可以完成职业定型功能，基本实现站住讲台。在教师发展的各个重要阶段，我们都可以看到重要"他人"的身影。可以说，重要"他人"的示范、榜样的引导既是我国教师成长的秘籍，也是我国教师教育的一条重要经验。不难发现，我国教师的成长更多的是来自关系近且经验丰富的同伴，它与前述教师专业发展中的"共同发展"经验一脉相承，也表明我国教师的经验主要是一种以实践为核心的经验。

第四，关键事件的作用。职业生涯中的关键事件对我国教师成长中的影响日益受到关注，如公开课、教学挫折、课题研究等往往蕴含着深刻的教育意义。因为这些关键事件往往会促使教师对自己的教学理念和行为进行反思和调整，进而不断发现进步的要领，成为教师成长的阶段性标志，进而促进教师专业成长。对教师发展状况的大数据研究表明，教师成长中的关键事件第一为遇到名师指点，第二为一次成功的教学展示，表明与教学活动密切相关的经验才是教师成长的主要因素。研究显示，教师对于失败和委屈的体验多不构成影响自己成长的重要因素，负面体验对教师专业成长意义有限，教师的成长需要强化以课堂教学为核心的正面成功经验。

第五，评审晋级制度的引导。在我国，教师的管理与评审和专业晋级制度相联系，这一制度对教师的健康成长和专业发展总体上发挥了积极引导的作用。为了不断激励教师们进取，我国推出了分等级的专业职务制度，通过个人申报和组织评审的方式认定教师的专业职务，引导教师从初级职称向中、高级职称晋升，从而激发出持续的专业进取动力。研究显示，我国的职称评审工作得到了大多数教师的认可，整体较为公平、公正、合理，教师们在为个人申报和努力的过程中，不仅向前辈们学习，事实上传承了优秀的教育教学经验，客观上带动了学校的发展以及教师群体的进步。多方面的研究表明，我国优秀教师在职业认知、职业状态、专业效能、职业归属等方面都具有良好的职业表现。

第六，职业培训的影响。新中国教育的发展与教师的培训几乎是同步开始的，从早期的集体教研和优秀经验报告会，到后来的学历补偿教育，再到如今的分层研修、现场教研，等等。可以说系统化、组织化的培训是我国教师成长中不可或缺的重要因素。今天，随着教育改革的不断发展、时代和科技的进步，教师的培训方式丰富多彩。其中，即学即用的现场学习成为当下大多数教师喜欢的培训方式，这在一定程度上说明，教师不愿仅停留在理解了、听懂了的层面，更渴望看到可实践操练的培训。随着科技的发展，在线培训日益成为教师培训的一种常态，值得进一步关注，并不断完善其形态和功能。

第三节 在职业追求中觉醒

教师职业以教书育人为根本使命。其中的"书"，简单如一个字，却蕴含了人类的知识与智慧。而所育之人是国家和民族的未来。教师要用人类的知识武装学生的大脑和灵魂，使国家和民族兴旺昌盛。更重要的是教师要在自己的实践中觉醒，这种觉醒不仅仅是认识到职业的重要性，提升对教师职业的归属感，更重要的是找到所教之书的"钥匙"，不断领悟帮助学生在身体、精神、思维、道德等多方面完善的要义。

一、为国家和民族的昌盛而教

教育是一项有目的、有计划、有系统地传递人类文明、促进受教育者身心发展的社会活动。同样地，社会也不是通过实施一个改革计划就能改进的，而是通过组成社会的每一个个体的改善而得到改进的。一个民族，一个国家之所以得以自立于

> 重要的是找到所教之书的"钥匙",不断领悟帮助学生在身体、精神、思维、道德等多方面完善的要义。

世界,是因为它维系和保护着民众的利益;反过来,民众的创造才智又促进并提升着民族国家的力量。

通过教育能够帮助人们更加客观全面地看待世界,引导人们确立更正确的世界观、更积极的人生观,这就意味着个体的理性、道德和精神等力量可以得到更充分的发展。教育对人的影响集中在如下几方面:第一,增进知识,拓宽认识视野,使人不断进步;第二,改善思维,让人通过反省不断认识自我、认识世界、认识他人;第三,培养兴趣,健全人格,塑造性格,促进人的全面发展,提升国民素养;第四,滋润心灵,形成积极向上的人生观和道德信念;第五,培育社会意识,通过参与社会生活增进社会理解,增进对国家民族的认同感和归属感。

现代社会,教育受到各国普遍的重视。通过教育,国家民族的观念得以强化,使人们认识到个人的命运与国家、民族的命运休戚与共,有助于民族国家的稳定发展;教育能够帮助人们建立规则意识,有利于社会公共秩序的建立和稳定,从而减少犯罪行为的发生,教育的普及和提高有助于培养更多、更优秀的人才为经济建设和社会发展服务,为科技创新进步做出贡献;教育的意义还在于为人们树立道德规范,通过教育能够正确地做出价值选择,在努力和奉献中实现自身的价值,在个人与社会的统一中发挥自己的价值。

教育作为人类的事业,在人类漫长的进化过程中扮演了极为重要的角色,是促进国家兴旺昌盛的重要力量。纵观当今世界各国的发展,教育不仅仅关乎个人的前途和家庭的明天,更是关乎着国家进步和人类命运的事业。

二、在科学、艺术与事业中不断追求

老教育家吕型伟曾经说过,教育是事业,其意义在于奉献;教育是科学,其价值在于求真；教育是艺术，其生命在于创新。这一认识，完整地概括了现代教育的属性。作为事业，教育是社会进步、民族昌盛和国家强大的重要基础，如前所述，要建设一个理想的社会和一个强盛的国家，需要发挥教育体系性的支持作用，不仅党和政府对教育事业发展做出了基础性的投入和付出，我们每个人也都会面临是不是、要不要以及如何做出自己应有奉献的问题。关爱每一个学生的奉献、课后服务的奉献、精益求精上好每一堂课的奉献、不放弃一个学生的奉献，诸如此类，不都是教师在职业活动中难免的却是理所应当的奉献吗？事实上，即便付出了许多仍可能未必见成效。教师的工作常常就是这样，"但问耕耘，不问收获"。我们看到一些特殊教育学校的教师，为了帮助学生力所能及地完成一些社会上的工作，不断帮助他们形成技能记忆，为了提升他们的自信，用三四个星期帮助他们排练一个演出的节目，其间辛苦难以言表，这些都是教师对事业的奉献表现。

  教育还是科学，那是因为知识属于科学范畴，教育在传递知识的过程中便需要求真。科学知识之所以有价值，是因为它反映了事情本来的样子，并且按事情本来的样子总结出解决社会生活和生产劳动中问题的方法，使后来的人可以少走弯路，更好地进步。显然，教育的使命不仅是为了传递这些凝固的知识，而更在于揭示前人发现问题、解决问题的真相。因此教育的价值就是要求真，就是要看清真相、掌握真知、获得真能，这便是教育所追求的教养境界。教育的科学含义还不仅于此，从人类获取的知识转到学生理解的知识，这是认识过程中的一次飞跃，它考验着教师传授知识的能力。教育家顾明远对教师授课经验有如下四种总结：有的老师浅入浅出；有的老师浅入深出；有的老师深入深出；个别老师可以做到深入浅出。毫无疑问，我们都需要深入浅出的老师。深入，就是掌握知识本来的内涵；浅出，就是找到了学生得以领悟的认知思维。前者是知识的本真，后者是思维的本真，唯有贯通了这两种真，教育才算是科学的。

  要达成这样的境界需要教师创造性地探索，这是一种对生命艺术化的追求。所谓大体则有定体则无，大体是目标、是愿望，就是帮助学生获得人类的经验，发展自己的智慧；但由于对象状态千差万别，在某地成功了，在另一地全然无效。这就表明，教育过程和手段难见"定体"，这也决定了教育不会成为实证意义上的经验科学。

其实，作为事业的教育，和作为科学的教育以及作为艺术的教育，虽可以按照上述认识做出大体如此的论述，而其真正的挑战并非分而认之、分而行之，三者实际上统一于教育与教学活动的全过程中，所以对于教师来说，修炼和追求永无止境。

三、生命丰盈的终身学习者

进入21世纪，学习化社会正在加速到来。近年来人工智能的飞速发展，教师需要不断学习，成为学习化社会中生命丰盈的一名终身学习者。

学习化社会，是指现代社会的组织形态和功能随着智讯科技的迅速发展日益表现出示范、引领的特征，使其成员普遍处于不断学习的状态中，使其组织持续发挥教育影响人的功能，从而营造出"学习社会化——社会学习化"的状态，不断推动社会迭代更新发展。学习化社会的出现是因为现代社会信息与知识的急剧增长，知识更新的周期缩短，创新的频率加快，对人的素质的要求提高，人力资源的重要性增加，学习就成为个人、组织以及社会的迫切需要。如果要对学习化社会做一个形象的描述，可以用"人人在学习""时时在学习""处处在学习""灵活地学习"来概括。在学习化社会里，每个人从出生到终生，可以持续不断地得到便捷的学习机会，让学习处于一种"泛在"状态之中。

应该认识到，学习化社会是人类社会文明高度发展的必然结果，每个人都应树立终身学习的理念。随着经济的发展、产业结构的战略性调整和产品更新换代的加快，社会成员工作岗位的转换和变动日益频繁，越来越多的人在一生中不可能只从事一种职业。我国国家教育发展研究中心2000年对8个行业企业职工的问卷调查显示，参加工作后岗位有过变动的人占被调查总人数的58%，变换过一两次岗位的人占总人数的33.1%，变换过三四次岗位的人占总人数的18.7%，岗位变换过5次以上的人占总人数的6.1%，并且这种趋势还在进一步增强。所以学习化社会需要活到老，学到老，终身学习，时时学习，处处学习。

学习化社会命题的提出经历了一个历史发展的过程，从原来"经常性教育"到"伴随生命的学习"再到"学习化社会"。从中可以发现，引发教育形态变化的直接因素是社会的变革和发展；而引发社会变化的根本原因则在于知识、技术的进步与产业形态的变化。"经常性教育"是对"一次性教育"的补充，表明"储蓄式教育"不能适应时代的变化，需要"经常""时时"接受教育；"伴随生命的学习"则从"教育"转到"学习"，从"他者"转向"主体"，从"时常"转到"终身"，反映出"唯有变是不变的"这样一种时代特点；"学习化社会"进一步凸显了这种转变的整体性、全域性，表明了"学习社会化"和"社会学习化"的趋势。这就意味着，传统社会通过向受教育者提供一些知识、技能可以使其成员一劳永逸地生存，这样的时代一去不复返了，取而代之的是社会成员有责任、有义务主动学习、终身学习，才能学会生存，其背后的逻辑则是变动不居的社会每时每刻、随处随地以自己的方式展示着影响其成员的功能。学习化社会并不是一种理想，而是人类知识的普及、技术的进步、产业的发展所引发的社会变革的内在动力，由此带来了人自身的深刻觉醒与共鸣。

联合国教科文组织在关于面向21世纪教育的报告中提出：基础教育是必不可少的"走向生活的通行证"，这是因为现代社会生活及其生产方式浓缩了人类文明千百年的精髓，倘若没有经过持续集中的学习和练习，个体难以适应社会交往，也无法胜任社会生产。可以说，学校教育尤其是基础教育，为每个社会成员进入社会创造了一条便捷的通道。《回答未来的挑战——罗马俱乐部的研究报告〈学无止境〉》中指出，学习有两种类型：一种是继承性学习，它的功能在于获得已有的知识和经验；另一种是创新性学习，它的功能在于通过学习，提高吸收、发现新的信息和提出新问题的能力，以应对未来社会日新月异的变化。为更好地应对学习化社会，帮助学习者应对不断转变的工作方式、工作内容、工作地点所带来的机遇与挑战，学校教育需要更加注意为学习者提供高质量的教育，使他们不仅有扎实的文化科学知识的基础和训练，而且有比较全面的择业观，有较强的对就业选择的能力以及知识迁移与岗位转换能力，努力帮助学习者实现个人的理想，并为社会提供和创造更多的就业机会。

学习化社会的建立是一个复杂的社会系统工程，不可能一蹴而就，需要积跬步而成。而作为以教书育人为使命的教师，更是不能不紧跟时代的步伐，以终身学习为职业的基本追求。对教师而言，终身学习的品质既是他们在学习化社会的示范表现，也是他们丰盈自己人生的智慧。

第十三章　创建精彩教育人生

> 基础教育教师可以大有作为，在奋斗中留下闪光的印迹，在奉献中实现人生的精彩。

中国有数以千万计的教师，教师既是一份职业，把时间精力投入教学研究管理等事务，取得劳动报酬，收获个人的发展；教师更是一份事业，带着情怀和担当投身教书育人，为国家和社会培养高素质人才，托举起一个个家庭的希望。身为教师是光荣的、神圣的，实现这份职业精彩需要教师奋发有为，在榜样教师引领下自我塑造、自我砥砺。成为卓越教师，同样需要教育行政部门和学校管理者为教师发展创造有利条件，给予政策和资源支持。此外，每位教师都面临着坚定教育自信的时代重托，扎根中国大地办教育，在创造精彩中国教育的伟大事业中，创建个人的精彩教育人生。

■ 第一节 ■ 在榜样引领下自塑卓越教师

教师成为卓越教师，根本路径是在榜样引领下，持续自我塑造和提高，向楷模教师不断靠近。

一代代教师推动教育事业发展变化，投身于民族复兴的伟大进程，涌现出一批楷模教师，他们的辛勤付出、奉献求索凝聚成中国特有的教育家精神，彰显了新时代中国教师的精神风貌。教育家精神与"四有"好老师、"四个引路人"、"经师"与"人师"相统一的"大先生"等论述相延续，是指引教育工作者修身立业、求索前行的灯塔。

教师要实现自我成长，拥有精彩教育人生，就要做教育家精神的践行者和传承者，坚定心有大我、至诚报国的理想信念，陶冶言为士则、行为世范的道德情操，涵养启智润心、因材施教的育人智慧，秉持勤学笃行、求是创新的躬耕态度，勤修乐教爱生、甘于奉献的仁爱之心，树立胸怀天下、以文化人的弘道追求，以楷模教师为榜样，强化自我教育，不断开拓教育人生的新境界。

一、坚定心有大我、至诚报国的理想信念

正确的理想信念是教书育人、播种未来的指路明灯。楷模教师将国家的使命当作自己的使命，把小我融入大我之中，牢筑立身从教的信仰之基，忠于党和人民的教育事业，潜心培根铸魂，持续为国家培养德智体美劳全面发展的社会主义建设者和接班人。先天下之忧而忧，后天下之乐而乐。他们扎根深山、海岛，克服教育教学中的重重困难，以身许国，为学生点亮生命的灯火，造就可堪大用、能担重任的栋梁之材。坚定心有大我、至诚报国的理想信念，抓住了"为谁培养人"的问题，是楷模教师展现的家国担当，也是教师理当具备的政治素养。

事业的辉煌首先需要心灵的辉煌，有了理想信念，就有用不完的力量。"时代楷模"、云南丽江华坪女子高级中学党支部书记、校长张桂梅把大山里的校园当作事业的舞台，用教育阻断贫困代际传递，为学生点燃生命的明灯。她东奔西走，突破种种阻力，建成全国第一所全免费女子高中，帮助两千多名贫困山区女生圆梦大学，心中牢牢守护着为党育人、为国育才的神圣使命。张桂梅拖着羸弱的身体走村串户家访，十数年访问上千户贫困家庭，十多万公里的行程中承载着她坚守初心、爱生如子的深沉情怀。她住在学生宿舍，每天陪伴在学生身边，公而忘私。她省吃俭用，把工资奖金和社会捐款投入到贫困山区教育，做到了心有大我。"只要我还有一口气，就要站在讲台上"，铮铮誓言道出一位人民教师奉献教育、以身许国的赤胆忠心，如寒梅傲雪，向人间散发着悠悠芬芳。

理想信念是人成长前行的主心骨，楷模教师怀着为国为民的理想，让自己的付

> 教师要实现自我成长，拥有精彩教育人生，就要做教育家精神的践行者和传承者。

出惠及千家万户莘莘学子，让别人活得更加美好。他们把心扑在育人事业上，敢于攻坚克难，淡泊名利，建立不朽的教育功业，成就人生的至高境界。最美乡村教师、河南省郸城县秋渠乡一中原校长张伟扎根农村教育一线，心里装着学生。他把家搬到学校，带领师生美化校园，不断提升教育质量，让一所濒临关门的薄弱学校成为当地名校。他谢绝民办高中的高薪聘请，心里念着"干教育是个良心活儿"，扎根基层，让老百姓享受到优质教育。尽管检查出高血压，张伟依然不放松工作，因过度劳累突发脑干出血，猝死在办公室，年仅42岁。他用生命践行焦裕禄精神，铸就教育信仰，其功绩和品行耸立成一座高大的丰碑。

二、陶冶言为士则、行为世范的道德情操

行胜于言，身教胜过言教。教师借助一定的资源与中介对学生开展教育，影响学生的因素固然有主讲者的言说内容和被传授的知识，更重要的是教师本身的行动示范与人格力量，以模范行为影响和带动学生，使学生养成正确的价值观。高尚的道德情操是立身之本，教师发展以师德为先。如《论语·子路》所说："其身正，不令而行；其身不正，虽令不从。"教育的生命力在于教师自身成长，唤醒内心深度觉醒，激起经久不衰的内驱力。楷模教师注重强化自身道德情操和文化素养，堂堂正正，向学生和周围世界呈现嘉言懿行，做"经师"和"人师"相统一的"大先生"，风姿高迈，垂范世人。身为一名教育工作者，要向楷模教师学习，以德修身、以德立学、以德施教，涵养高尚的人格，做学生为学、为事、为人的示范者。

楷模教师一面为学生传道、受业、解惑，一面严以自律，勤于修炼，知行合一，熔铸成高尚的精神品格，得到同行乃至全社会的敬仰和尊重，成为效法的榜样。最美奋斗者、青海省称多县第二民族中学党支部书记王宏身残志坚，扎根高原藏区，以心换心，以爱育爱，倾心民族教育。他以校为家，用自己的人格魅力、学识魅力教育感染学生。他克服身体困难，去牧区边远村级学校开展送教支教，用汗水浇铸师魂，在雪域高原创造教育的奇迹。全国教书育人楷模、上海宋庆龄学校校长封莉容践行爱的教育，每天清晨鞠躬迎学生，一坚持就是四五十年，亲切的身影展示着她对同学们的亲和力和诚意。封莉容和学校教师利用假期到西藏、新疆、四

川、内蒙古等省区支教，以国家教育发展为己任，用行动写就对教育事业的担当。

教师锤炼道德情操，遵守法律法规是底线要求。国家和地方出台了一系列教育法律法规文件，需要教师在从教中不折不扣地遵从。2023年出台的《校外培训行政处罚暂行办法》明确，当事人属于中小学在职教师且培训内容为学科类校外培训的，应当依法从重处罚。如果对法律法规失去敬畏，阳奉阴违，那不仅有亏师德，而且可能受到处罚，为自律正派的教师所不取。此外，教师在研究工作中应当遵守学术规范，形成独立的学术判断，遵循研究伦理，像爱惜自己的眼睛一样爱惜学术的纯正性，自觉远离抄袭、找人代写等学术不端行为。

三、涵养启智润心、因材施教的育人智慧

教育是一门学问，也是一门艺术，需要教师具备一定的能力和智慧。学生的成长环境、智力水平、性格习惯等各不相同，在学习中会出现快悟与慢悟、先进与后进之别。客观存在的基础差别呼唤教师关注学生的不同状况，结合其个性特点与多元需求，分层分类设计教学目标，差异化施以教育，进行思想引领和价值塑造，培养他们适应终身发展和社会需要的必备品格与关键能力。楷模教师勤于学习，广泛阅读，钻研教学规律，不断提升专业素养。他们深入把握学情，抓住日常教学中的薄弱环节，改进教学方法，让每个学生都有人生出彩的机会。作为教师有必要以楷模为师，加强自我修炼，涵养启智润心、因材施教的育人智慧。

楷模教师善于结合周边资源与学生特点，摸索出适合学生的教育教学方法，培养他们的思想道德素质和科学文化素质，带动学生实现德智体美劳全面发展。全国教书育人楷模、浙江省台州市玉环市坎门海都小学教师叶海辉身在海岛而眼界开阔，搜集制作4 000多件体育器材，创造总结出近2 000种体育游戏，让体育课成为学生强健体魄、启迪心灵的精品课。看似简单的"石头剪刀布"可以有30多种玩法，沙包、海洋球……发挥着各种活动用途，兼具趣味性与竞技性，在锻炼身体的同时提升学生集体的协作能力和凝聚力。运用之妙，存乎一心，尽管体育不是中高考科目，却因为教师的主动作为而赢得学生喜爱，没上盼着上，上了很难忘，发挥了其他科目难以替代的育人效能。

对育人方式的追求没有止境，时代在发展变化，新的教学思路方法不断涌现出来，每位教师都可能为革新教学提供新的探索经验积累。全国教书育人楷模、北京市丰台区第二幼儿园园长游向红注重学习，开展科研探索，打造优质学前教育。她带领幼儿园形成"浸润爱、延展趣、陶冶美"的教育特色和"五领域课程+社团活动+社会实践活动"园本活动课程体系，促进幼儿自主发展和健康快乐成长。全国教书育人楷模、重庆巴蜀小学教师丁小彦推动教学方法与时俱进，采用个性化激励性评价唤醒学生主体自觉意识，给予学生自我成长的力量。家长、教师、学生三方签订"合约"，引导学生明确目标，主动追寻，增强内驱力。楷模教师在学习与探索中，提高育人能力，扩展教育方法，取得育人实效。

四、秉持勤学笃行、求是创新的躬耕态度

教师是教育工作的中坚力量，要做教师先要做学生。教师面对着日新月异的知识和不断变化成长的学生，需要保持学习的状态，让自己的知识储备和精神境界变得越来越丰富，去应对新的时代环境、新的受教育需求对陈旧知识与教法的挑战。受到党和国家表彰的楷模教师们广泛阅读，不断学习新知识、新技术、新理论，并将理论知识应用到实际教学中，勤于反思，大胆钻研，以坚韧与热忱对待教育事业。身为教师需要让学习成为一种习惯，秉持勤学笃行、求是创新的躬耕态度，在从教道路上不断前行。

楷模教师往往是自律学习、敢于创新的榜样，敢为人先，直面问题挑战，养成勤学敢闯的从教品格和治学态度，进而成为学生的引路人。全国教书育人楷模、江苏省天一中学校长沈茂德将"工作、学习和写作"当作生活常态，自我加压保持进步。他常常积累资料，与省内外优秀教师和校长交流，不断修正和完善对教育的认知。他笔耕不辍，写下读书笔记逾200万字，出版《播种者的期盼与困惑》等著作，形成对教育教学的系统化思考。全国最美教师、上海市静安区教育学院附属学校校长张人利带领老师们革新教学方法，从以授课教师认为的学科体系为线索进行讲解变成遵循教育规律，在教师的帮助下让学生自己进行建构，形成了后"茶馆式"教学法。面对老师们的不理解不配合，他沉到一线，一次次开会，一次次磨

课，终于逐步达成共识，帮助学校实现跨越式发展，开创了轻负担高质量的教育教学新面貌。

教学反思是增强教学本领的有益手段，也是教师专业发展的可靠路径。在教学工作中，阶段性地回顾，总结经验与不足，加以记录，展开行动研究与思辨升华，乃至形成研究成果，借此实现教学能力与境界的不断跃升。勤于反思、善于反思、主动写作，将实践经验理论化，楷模教师在专业发展上留下了宝贵的示范。全国教书育人楷模、清华大学附属小学校长窦桂梅一直注重探究教学规律。在成为特级教师之前，她听了1 000多节特级教师的课，从朋辈中的优秀者身上学习。面对常态教学，她写多遍教案，第一遍在寒暑假提前备课，第二遍在集体教研备课中加以丰富，第三遍在上课前完成，充分准备，让每堂课都上出高质量。她累计写了30多万字的课堂反思，成为专业素养的珍贵积累。在持续反思中把握教育教学规律、跃上育人事业新台阶，是每位教师都可以借鉴的成长之路。

五、勤修乐教爱生、甘于奉献的仁爱之心

教育事业是爱的事业，没有爱就没有教育。教师只有内心充满爱，才能进入学生内心深处。这份仁爱之心既是出于对社会进步的深厚责任感，也是出于让学生实现全面发展、让家庭得到幸福的真挚情怀。楷模教师在课堂内外向学生撒播爱，珍视他们的生命成长甚于自我，潜心教书育人事业，尊重学生的创造性，奉献才华和心血，赢得人才的养成，以爱育爱，用博大无私的爱创造教育的奇迹。乐教爱生、甘于奉献的仁爱之心承载着党和国家对人民教师的殷切期望，也是教师通向精彩教育人生的内在要求，值得勤奋修习，踏实践行。

深厚的仁爱之心是师道传承的精神内核，也是楷模教师的情感底色。生命之爱、事业之爱、家国之爱汇为无私大爱，流向学生心田，充溢天地，让学生亲其师而信其道，带来育人的绵延力量。全国教书育人楷模、黑龙江省佳木斯市第十九中学教师张丽莉面对生死考验舍身救人，用大爱诠释师魂的真谛。作为人民教师，张丽莉爱生如子，爱岗敬业。学生作文不理想主动求助，她给学生每周布置题目，单批单改，直到学生作文追上来，付出心力取得学生的点滴成长。2012年5月8日，

一辆客车失控撞到停在路边的另一辆客车，冲向正要过马路的学生。张丽莉本可以躲开危险，却奋不顾身地去救学生，自己被卷入车轮下，造成双腿粉碎性骨折，虽然保住了性命，但不得不高位截肢。无私纯粹的爱在危难时迸发出来，书写了感天动地的师爱赞歌。全国最美教师候选人、已故安徽省怀远一中教师宋文武克服自身家庭困难，资助30多名农村学生，丹心育桃李，仁爱铸丰碑。他无偿捐献全血36次，累计13 200毫升，用汩汩热血救死扶伤，把浓情大爱洒向人间。

楷模教师善于创新教育教学方法，为学生奉献高品质教育，尊重他们的创造精神，让他们获得心灵的滋养和人格的完善。全国教书育人楷模、广西北海市机关幼儿园（北海市涠洲岛幼儿园）园长范徽丽把孩子捧在手掌，暖在心间。她带领教师坚守海岛任教，为海岛幼儿量身定制"海丫丫365成长行动"，把芭蕉林、大榕树、海滩等整个海岛变成生动的教育场所，培养幼儿热爱家乡、保护海岛的家园情怀，为他们的人生奠基。教师可以用仁爱之心撑起教育的蓝天，在奉献爱心中领略育人奥秘，享受这份职业的崇高与幸福。

六、树立胸怀天下、以文化人的弘道追求

大道之行，天下为公。教育是一项面对未来的事业，同样是一项扎根传统、立足现实的事业。古往今来，中国涌现出孔子、朱熹、王阳明等优秀教育家，他们教化世人，推动了社会的进步，如群星在文明的夜空闪耀。近现代以至当代，蔡元培、陶行知、陈鹤琴、段力佩、斯霞、吕型伟、霍懋征、于漪、李吉林、顾泠沅等教育家躬耕教育，用教育改变社会的面貌，带来闪光的教育思想。夸美纽斯、杜威、蒙台梭利、苏霍姆林斯基等教育家都对推进人类教育进程作出非凡贡献。身为教师需要树立胸怀天下、以文化人的弘道追求，从古今中外的教育家以及世界各国的文明成果中汲取营养，推进教育事业，关注人类命运，弘扬和平、发展、公平、正义、民主、自由的全人类共同价值，进而激发学生以天下为己任的责任感。

虔诚的弘道追求是教师应当具备的生命自觉。中国教育前辈的求索历程和功绩贡献构成当今教师自我发展的一面面镜子，从他们身上可以感受到博大的教育智慧和崇高的人格魅力。陶行知在苦难深重的旧中国倾力办教育，怀抱"捧着一颗心

来，不带半根草去"的赤诚，把求真和育人当作至高的目标，"千教万教教人求真，千学万学学做真人"。他注重培养学生的创造精神，高举生活教育的大旗，为中国教育探寻新路，去世后被誉为伟大的人民教育家。陈鹤琴创建南京鼓楼幼稚园，瞄准"做人，做中国人，做现代中国人"的办学目标，主张中国儿童教育的发展要适合国情，符合儿童身心发展规律，倡导"活教育"，走中国化、科学化、大众化幼教之路，堪称"中国幼教之父"。霍懋征提出"数量要多，速度要快，质量要高，负担要轻"的十六字教育改革原则，向课堂要质量，笃信没有教育不好的学生，用"激励、赏识、参与、期待"的育人方法，使每个学生都成才，为基础教育探出新路，足为"国宝"教育家。

国外教育家的实践与理论成果可以为当代中国教师借鉴，吸取他们的先进做法与成功经验，汲取他们身上的精神力量，发展中国的教育，成就自己的事业。意大利幼儿教育家蒙台梭利尊重孩子、尊重生命，主张在宽松、愉快的环境中发展孩子独立、自信、专注、创造等能力，为孩子将来成长打下基础。苏联教育实践家和教育理论家苏霍姆林斯基长期从教，着眼培养"真正的人"，循循善诱，挽救困难学生，形成教育的艺术。这些教育家的思想智慧跨越了国界，都可成为中国教师推动改进教学和自我发展的学习资源。

应当看到，教育家精神包含的理想信念、道德情操、育人智慧、躬耕态度、仁爱之心与弘道追求六方面内涵并非相互分割，而共同构成一个有机圆融的整体，彰显了教书与育人、传统与现代、中国与世界的内在统一性。教育家精神既是一代代中国教师凝练的优秀品格，也是当今广大教师发展进步的方向指引。心中有信仰，脚下有力量，相信在教育家精神的灯塔照耀下，基础教育教师可以有所作为，不断成长，在从教历程中开辟属于自己的精彩教育天地。

■ 第二节 ■ 为教师发展营造良好环境

教师是立教之本、兴教之源，是教育发展的第一资源，强教必先强师。教师在教育岗位过得充实幸福，既需要教师本人增强内驱力，在信念和使命指引下主动求索，也需要学校、教育行政部门、家长以至全社会形成合力，为教师发展创造有利条件，营造良好环境。新中国成立以来，特别是改革开放后，党和国家重视教育，教师素质不断提升，政治地位、经济地位、社会地位持续提高，教师队伍建设取得历史性成就。同时应看到，局部地区和领域存在一些阻碍和束缚教师发展的消极因素，迫切需要采取有力措施加以应对和改变。有关方面需要减轻教师不必要的负担，通过防范治理污名化、保障待遇等途径增强教师的职业获得感，并对教师开展适切的培训，从而解除教师心头的烦恼，进一步强化尊师重教的社会氛围，让教师成为受社会尊重和令人羡慕的职业。

一、减轻教师不必要的负担

教师的根本任务是教书育人。对一线教师来说，上课、备课、听课、批改作业、教学研讨等都是本职工作。然而在现实中，许多中小学教师在完成教学工作之外，还需应对评比检查、各种进校园活动等非教学任务，这使得教师和校长时间精力被挤压，不得已被动应付，身心疲累。教师适当承担部分行政工作有利于锻炼能力，推进学校办学；过多的杂务压在教师身上，则会对教师开展教学工作造成冲击和干扰。因此应力戒形式主义作风，减轻教师不必要的负担，确保教师把最宝贵的精力投入到育人的事业中。

大量非教学任务安排到学校，责任边界泛化，教师负担加重，往往会带来诸多危害，甚至造成不良后果。此类现象的出现有着复杂的原因。一些学校由于行政人员不足，需要让教师完成撰写发布微信号、会议服务等工作。从外部来看，学校教师具有组织性强、能力素质高、群体基数大、覆盖面广的特征，这本是教育工作者的优点。但也应认识到，教师群体调动社会资源的能力，在一定程度上处于弱势地位。

教育既是教育行政部门和学校的事，更是全社会的事，为教师减负需要校内校外双管齐下，协调联动。明确岗位责任，规范教师工作时间和责任边界。校长是教师减负的关键点，引领学校发展过程中需要按照教育规律办事，维护教师权益。校长需要将心比心，把教师当宝贝，为他们遮风挡雨，建立关心教师困难、聆听教师心声的可靠机制和路径，及时回应教师关切，为教师减负和排忧解难。

2019年，中共中央办公厅、国务院办公厅印发《关于减轻中小学教师负担进一步营造教育教学良好环境的若干意见》，进一步提高认识，统筹规范督查检查评比考核事项，统筹规范社会事务进校园，统筹规范精简相关报表填写工作，统筹规范抽调借用中小学教师事宜等，为基础教育教师带来福音。2021年，教育部教师工作司印发《关于做好2021年减轻中小学教师负担有关工作的通知》，建立减负事项任务台账。2022年，国务院教育督导委员会办公室发布《关于禁止向学校摊派与教育教学无关的"涨粉""评比""推销"等指令性任务的通知》，其中明确要杜绝将行政任务向校园转嫁的做法。一些地方也出台配套文件，细化工作举措，为中小学教师减负松绑。

随着新情况新问题不断出现，为教师减负的政策需要进一步细化，增强可操作性，可适时出台社会事务进校园的正面名单或负面名单制度。好政策还需要落实到位。这既有赖于各级政府各部门的自觉依法依规行政，细化执行，也有赖于包括教师、家长、媒体等在内的社会各界监督，及时发现和辨别加重教师负担的非教学任务，以法律法规为准绳和武器，加以制止。运用法治思维，依法治校，依法办学，让法律成为抵御非教学事务的可靠武器。对于缺乏法律依据的做法，校长和教师可以说"不"。

制度配套完善，政府主动作为，社会监督等形成合力，让学校安静办学，让教师安心教书，为教师发展营造宽松宁静的外部环境。

二、增强教师的职业获得感

要实现每位教师都拥有精彩教育人生，需要引导全社会尊师重教，增强教师的职业获得感。影响教师获得感的因素包括薪资福利、劳动强度、工作环境、职业声望等，而减少教师的非教学事务负担是一个重要因素。与此同时，政府部门和社会各界需要采取积极措施，保障教师收入待遇，防范教师的污名化，表彰奖励优秀教师，让教师成为受人尊敬的职业。

经济基础决定上层建筑，收入水平在一定程度上体现了该职业在社会分工中劳动价值的高低地位。《中华人民共和国义务教育法》明确，各级人民政府保障教师工资福利和社会保险待遇，改善教师工作和生活条件，完善农村教师工资经费保障机制，教师的平均工资水平应当不低于当地公务员的平均工资水平。同时还规定，国务院和地方各级人民政府用于实施义务教育财政拨款的增长比例应当高于财政经常性收入的增长比例，保证按照在校学生人数平均的义务教育费用逐步增长，保证教职工工资和学生人均公用经费逐步增长。这里用法律的形式明确了保障教师收入待遇的要求，具有强制性。此外，各级政府要创新对教师的激励机制，优待坚守教书育人工作岗位、业绩突出的教师，增强教师的从业幸福感。

影响教师职业获得感的另一个因素是个别人对教师的污名化。随着经济持续发展，人们生活水平不断提高，社会发生转型，家校关系也在悄然变化。中国素有尊师重教的传统，在很长时间里，家长和学生对教师怀有崇仰敬畏之心，通常较少发生质疑、责怪乃至反对教师的现象。经过改革开放几十年来的发展，中国民众的受教育程度普遍提高，有些家长出于爱护自家孩子、争取更多机会等初衷，过深地介入到校园事务，在推动学校工作的同时，也可能造成一定干扰。出现有的家长随意举报教师，夸大事实，制造有利于己方的假象，乃至通过自媒体对事件进行扭曲演绎，给教师和学校声誉造成伤害，对教师污名化即以这种歪曲事实投诉丑化教师、贬损教师个体或群体声誉的现象。

应该说，家长关心孩子成长、参与校园事务的热情值得保护。学校需要与家庭形成合力，共同对学生给予有针对性的指导，使其走在正道上，不断进步。同时应当看到，尽管教育是看起来很容易懂、人人可以议论几句的行业，但却有其专业规律性，学校、教育行政部门和各界需要建立边界意识，保护教师出于教育教学规律的各种活动不受干扰，维护教学的严肃性。布置作业、管理班级、表扬惩戒等事务属于教师履行工作职责，具有专业性，需要得到充分的尊重。对于恶意投诉或曝光教师正当作为的人员，需要根据事件性质和造成的后果，给予批评教育、行政处罚、责令道歉等应对，并为受到委屈、社会声望遭到贬损的教师恢复名誉。

在现实中，有的教育系统主事者抱着"大事化小、小事化了"的态度应对家长投诉，满足其超过常规常理的愿望，以求尽快息事宁人，追求所谓"零举报"和"不出事"。殊不知，有举报不等于有问题，如此做法会纵容个别家长的不当行为，并引起其他家长效仿，后续会给办学造成更大的困扰。"和稀泥"式的处理也会让教师寒心，产生挫败感，失去对工作的热情，态度由主动作为变成"差不多就行"的应付，同时也会影响更多教师的职业获得感。是教师错了，当然需要主动认错，加以改正；如果教师没错，那就用明确的态度回应家长的不合理诉求，刹住扩大化举报教师的歪风。教育行政部门接到投诉举报，不能搞"有罪推定"，简单地要求教师自证清白，给当事人造成精神负担，而应认清原则是非，在调查事实的基础上，维护教师应有的权利。

荣誉表彰是增强教师职业获得感的重要路径。党和国家已经形成规模宏大的荣誉表彰体系，包括全国教书育人楷模、全国优秀教师、全国最美教师以及地方各级相应的评选表彰等。面向全社会的表彰往往有教师位列其中，包括"七一勋章"、"人民教育家"国家荣誉称号、改革先锋、"时代楷模"、全国优秀共产党员、全国五一劳动奖章等。部分地区设立了有特色的表彰，如上海市政府表彰"上海市教育功臣"。各级各类表彰弘扬高尚师德，宣传优秀典型，营造出尊师重教的风气，让教师由衷感到骄傲。学校和教育行政部门要善于发挥荣誉表彰的作用，把师德好、能力强的教师推到聚光灯下，示范引领，讲好优秀教师故事，带动更多教师乐教爱教，在平凡岗位上创造不平凡的业绩，享受职业的幸福。

三、对教师开展适切的培训

国将兴，必贵师而重傅。"四有"好老师目标和教育家精神为教师指明了职业发展方向，要达到这样的境界，既要靠教师个人的主动修行锤炼，也要靠学校、教育系统以及全社会的外部助力。

新中国教育历经七十多年发展，形成了注重师资队伍建设、开展教师培训的传统，不仅在职前夯实本领，更重视职后培训，接受培训从教师的义务责任变为自我实现的手段，这些积淀成为推动教育事业发展的良好经验。通过各种培训，打通理论与实践，让教师从职业变为专业，由教师发展实现教育内涵的提升。要想教师拥有精彩教育人生，需健全培训机制，深化综合管理，对教师开展适切的培训，帮助和促使他们坚定理想信念、陶冶道德情操、涵养扎实学识、勤修仁爱之心，增强他们教书育人的信念和本领，让教师体验到个人成长的获得感。这一方面需要培训的多样化，满足不同基础教师在不同阶段的发展需求，为教师参加培训创造积极条件，还要注意适可而止，避免让培训成为负担，真正做到适合贴切。

校内培训具有灵活便利的特点，校本研修构成教师职后培训的基石。以新老帮带为特征的青蓝工程在资深教师与青年教师间建立牢固的纽带，把乐教信念、教学经验、爱生情怀等传递给从教时间不太长的教师，帮助他们建立对教学规律的深刻认知，快速成长。这个过程对资深教师也是一种促进，教学相长，不断探索未知，增强提携后辈的责任感。教研组、备课组活动具有常态化的特征，教师们一起磨课、听课、评课，同行朋辈相互砥砺，组长对其他教师的发展付出更多的关照。在一所学校里，校长是教师教育的第一责任人，也是全校课程领导力的第一责任人，带领全校教师探索教学规律，尽最大可能发挥课程的育人功能，对教师成长发展起到引领作用。学校可建立专门的中心组或委员会，统筹教师发展，构建"中心组—教研组—教师"三级立体培训网络，形成持续开放的学习共同体，把不同学科、不同年龄的教师都纳入培养关注对象。

在培训方式方面，随着信息资源越来越丰富，单纯"你讲我听"式的培训已经远远不能满足教师的学习需求。在开展校内培训的过程中，项目引领、任务驱动是一种行之有效的学习方式，通过教师个人或群体完成一定的教学实践研究项目，产出一定成果，学用结合，让教师在具体的行动中得到实在的成长。

打造高素质教师队伍需要校内外培训联动推进，校外研修学习是教师培训的重要组成部分。这些研修活动通常由各级教育学院、高校、行业协会等组织，包括学术研讨会、组织机构年会、专题培训、骨干研修班等，有时伴随观摩公开课、举办工作坊、参观考察活动，内容丰富，形式多样。这些培训让教师从重复而劳累的事务性工作中解脱出来，去感受业界名家、优秀同行等的熏陶，得到智慧启发，明确个人专业发展方向。教师在职进修学位可看作更高层次的培训，到高校接受系统化训练，全面提升教学研究能力。

通常来说，教师会乐于走出校园参加培训，开眼界长见识。教育行政部门要善于组织时间长度适中、内容贴合教师需求的培训，创新组织形式，提高培训质量，让参加培训的教师学有所获，更好地胜任教育教学工作，增加职业幸福感。要健全教师全员培训制度和体系，支撑全体教师的专业发展和终身学习，人人皆有收获。培训主题的设置、导师的选择、时间安排等需要精心规划，安排听讲任务与教师自主选学相结合，打造按需培训的闭环链条，体现科学性，防范学用脱节，避免管理粗放、追求门面的状况。对学校而言，在日常教学管理中，需要避免科层制的组织方式给教师过多束缚，尽可能释放教师的工作自主权。为教师外出培训创造时间条件，给予必要经费支持，确保教师走得出、没有后顾之忧。

教学比赛是推动教师发展的一种特殊形式。教师在得奖目标指引下，积极筹备比赛，深入钻研知识内容、探索教学方法，增加对教学的规律性认识。胜出则带来荣誉的鼓舞，快速建立自己的专业声誉，失利则留下宝贵的经验，这些都可能成为激励教师前行的力量。应善于利用教学比赛的擂台评比与强化训练功能，适当组织比赛，把合适的教师推举到更高平台去参赛，发挥赛事的积极效应。

为教师发展营造良好环境是一个系统工程，不仅需要减轻不必要的负担、提高收入、防范污名化、增强荣誉感，还需要在获取编制、提升职称和职务、考核评价等方面发力，开展综合改革，畅通教师发展通道，激发全体教师的干事创业热情，让每位教师都处在才能充分发挥、心情舒畅的环境中，拥有精彩教育人生。

第三节　在中国大地坚定教育自信

中华文明有着五千多年光辉历史，是世界上唯一没有中断的古文明，源远流长，生生不息。中国独特的国情和文化，决定了中国必须坚定文化自信，走自己的发展道路，教育同样如此，必须立足国情发展自己的教育。文化是一个国家、一个民族的灵魂，文化自信表达的是一个国家、一个民族对自身文化理想、文化价值的高度认同，以及对自身文化生命力、创造力和发展前景的坚定信心。

教育自信是文化自信的重要组成部分，中国的教育必须按照中国的特点和中国的实际来办。坚定教育自信需要增强实践自觉，坚决抵制民族虚无主义、全盘西化等各种教育不自信行为，并不断拓展理论边界，构建中国本土的教育学。每位教师都要用笃定的信心去面对中国教育的历史与现实，用饱满的热情去创造教育的新辉煌，在奉献教育的壮阔历程中实现自身教育人生的精彩。

一、坚定教育自信，增强实践自觉

改革开放以来，中国特色社会主义教育事业不断向前推进，成就令世人瞩目。从教育总体规模和水平看，中国建成了世界上规模最大的教育体系，教育现代化发展总体水平跨入世界中上国家行列，基础教育个别领域甚至达到世界一流水平。这是一项前无古人的壮举，鼓舞和激励广大教师坚定教育自信，增强实践自觉，为中国教育事业去创造新的功绩。自觉的实践意味着辛勤的付出和扎实的劳动，而不是做空头理论家。教师在一点一滴的实干中，为中国教育发展留下属于自己的贡献和印记。

国际学生评估项目（The Program for International Student Assessment，简称PISA）的结果表明，中国教育在一些领域达到世界领先水平，正在向全球各个国家贡献着当代教育智慧。PISA由经济合作与发展组织（OECD）推出，是一项面向15岁学生开展阅读、数学、科学能力评价的研究项目。上海是中国内地第一个正式参加该项目的地区。2009年的测试结果显示，在65个国家和地区中，上海在阅读、数学和科学三项指标得分中均名列首位。在2012年的测试中，上海再次三项指标名列榜首。2018年的测试有79个国家和地区参加，北京、上海、江苏、浙江四省市学生在阅读、数学、科学三项关键素养上的表现均排名第一。事实证明，中国基础教育有自己的特点和优势，并不比外国差。

中国教育发生着日新月异的变化，不仅规模数量变大，而且内涵质量提升，从西方教育的跟跑者逐渐变为并跑者、领跑者，引起各国关注。英国等国家与中国展开密切交流，学习借鉴中国的教育经验。2014年起英国政府与上海开展中英数学教师交流项目，每年派近百位数学教师到上海学习，邀请同样数量的上海数学教师赴英国示范教学。英国为此拨款超过8 000万英镑，承担双方人员所需资金，成为具有高度创新性的基础教育国际合作交流项目。截至2021年，双方有800多位数学教师互访，英国15 000多位数学教师听过上海教师上课，在上海教师的指导下开展教研组活动。与此同时，上海数学教材被翻译成英语，以《真正上海数学》之名在英国出版，供中小学选用。中国的基础教育教学经验成为全球民众的共同智慧财富。中国教师习以为常的注重教师培训研修、开展教研组活动等做法，也受到国际教育界的普遍关注。

国际STEM教育研究所落户中国，进一步彰显了中国基础教育的国际影响力。"STEM"是科学、技术、工程和数学四个词英文首字母缩写的组合，强调开展学科融合教育，采取整合式理念，培养具有综合能力的人才。2023年，联合国教科文组织第42届大会通过决议，在中国上海设立国际STEM教育研究所。这是中国首次成为联合国教科文组织一类中心东道国，是联合国教科文组织在全球设立的第十个一类中心，也是其在欧美之外首个全球性一类中心，意义非比寻常。这个安排折射出国际社会对中国教育的充分认可与热切期待。富有成效的教育为快速推进的现代化进程提供了有力支撑，中国的教育经验可以为世界各国所共享。未来全球发展面临消除贫困、良好健康、清洁能源、应对气候变化等诸多挑战，STEM教育在中国与世界的实践有望提供积极有效的解决方案，撬动全球可持续发展。中国也将因此而增加一个与世界对话的窗口，扩大教育国际合作和交流。

基础教育教师做的是为学生未来奠基、为国家发展和社会进步奠基的工作，无上光荣。中国教师支撑起世界规模最大的教育，创造出让全世界尊重和认可的成就。实干胜于空谈，信心赛过黄金。在中国特色社会主义旗帜指引下，每名教师都可以挺起胸膛，立足中国大地，在各自岗位上深化育人实践，尽己所能举办更高质量的教育，继续书写教育事业的新篇章，奋力建设教育强国。

二、自觉抵制各种教育不自信行为

文化自信从悠久灿烂的历史中来，从蒸蒸日上的发展变化中来，教育自信是教师从事教书育人事业的应有态度。然而，现实社会或多或少存在一些不自信的现象和行为，以民族虚无主义和盲目崇洋媚外为代表，这种现象和行为在侵蚀着教育，给教育事业带来戕害。教师要善于识别这些教育不自信行为，并自觉抵制，不断锤炼从教的信念，陶冶感情，做个心中亮堂的明白人，在正确的道路上推进育人事业。

> 文化自信从悠久灿烂的历史中来，从蒸蒸日上的发展变化中来，教育自信是教师从事教书育人事业的应有态度。

民族虚无主义与盲目崇洋媚外两种现象如同一枚硬币的两面，往往相伴相随。晚清民国时期，国人"师夷长技以制夷"，倡导"德先生"和"赛先生"，打开视野学习西方，加快了社会的转型变革。在学习西方的时代浪潮中，传统文化在一定程度上受到了冲击。改革开放后，西方的技术和文化进入中国并推动中国发展的同时，也让一部分人产生"外国的月亮比中国圆"的心态，对中国的历史与现实存在自卑情绪。具体到教育领域，需要警惕"西方的教育都比中国好"的偏见，反对盲目崇洋媚外的错误倾向，在借鉴世界各国先进的教育教学经验的同时，着眼中国实际，坚定走自己的教育道路。

盲目崇洋媚外主要表现为把西方的教育历史、经验和理论奉为神明，把中国的教育实践降低为西方理论的论据材料，用西方的视角来打量和裁剪中国的教育，缺乏对中国本土教育智慧的充分认知，自我矮化，实不足取。中国的教育发展有自身的基础、成就和经验，需要去挖掘和呈现其特性规律，以我为主，而不是简单地当作西方教育学的跟班与翻版。

教育研究中常见西方本位现象，课题或论文围绕国外的某种教育理论展开研究，把中国教育的做法当作论据，论证国外理论的正确性、先进性。如此做法颠倒主次，丧失了立足中国教育发展的基本立场，步入歧途。"言必称希腊"成为一种时髦，张嘴闭嘴是国外的教育名词，禁锢在西方的知识体系和话语范式中。这种现象从研究领域蔓延到研讨、培训、教学等领域，为害甚深。标准化试题和量化管理无限制扩展，大面积推行用外国人命名的教学法，以国际化的名义先教外语再教中文……看似司空见惯，实则关乎教育自信。

教师既是各种教育理论的学习者、接受者，有时也是研究者。在总结教育经验、探究教育规律的过程中，有必要自觉抵制各种教育不自信行为，远离他信主义，在坦荡自信的心态中开拓进取，推动中国教育事业稳步前行。

三、着力构建中国本土的教育学

实践是理论的沃土，理论是实践的先导。中国具有悠久的历史文化传统，正在进行着世界瞩目的现代化建设，现在已经成为世界第二大经济体，有着坚定文化自信的充足底气，这也是每位教育工作者干事创业应有的精神状态。在当今中国教育界，一定程度上还存在理论落后于实践的状况，西方理论在中国跑马圈地，中国教育话语权被打压，既限制了文化自信的广度与深度，也不能体现中国在国际交往中的应有地位。基础教育教师要以崇高的使命感和责任感，扎根中国大地办教育，从传承中华优秀传统文化、总结提炼当代教育经验、学习借鉴国外智慧等方面开展有效工作，着力构建中国本土的教育学和话语体系，坚定自信地走向世界舞台。

中华优秀传统文化是中华文明的智慧结晶和精华所在，是中华民族的根和魂。在五千年悠久文明进程中，历代先贤留下了大量宝贵的教育遗产。从孔子到蔡元培，从私学到公学，从修齐治平到先忧后乐，从因材施教到切己体察……这些人物和做法理念历经时光淘洗而散发着耀眼的光芒，对当今开展教育教学体制改革、明确育人目标、改进教学方法等具有积极的参考意义。中国本土的教育学需要植根于传统，吸纳借用历代探索积淀的话语表达，获得牢固的根基，彰显中国特色、中国风格、中国气派。当代教育改革的核心理念"为了每一个学生的终身发展"，与孔子提出的"有教无类"思想一脉相承，古老的智慧在两千多年后焕发新的光彩，具有鲜明的时代特色。

新中国成立七十多年来，教育事业取得非凡成就，这段艰苦创业的历程凝聚成具有鲜明中国特色的经验做法。新中国教育探索实践经验构成中国本土教育学的本体内容。在教育经费有限的情况下，一代代教育人白手起家，克服重重困难，培育国家和社会所需的人才，精神光芒映照天地。教师对教育事业的坚定信仰、对学生的至诚至爱、对教育教学方法的积极探求，值得去挖掘整理和系统呈现。中国基础教育涌现出人民教育家于漪，以及张桂梅等"七一勋章"获得者、"时代楷模"、教书育人楷模、最美教师等，他们的奉献事迹、求索精神、仁爱情怀、教学方法等值得去总结发扬。十四亿人的智慧聚合在一起，是了不起的大智慧。对于教育中的弊

> 壮阔的时代成就壮阔的事业,每位教师都可以在奋斗中留下闪光的印迹,在奉献中实现人生的精彩。

端、短板、障碍,去仔细识别,加以克服和清除。如果不能认识新中国教育探索的巨大价值,而只是用西方的视角进行挑剔,就会陷入思想矮子的困境,无法挺直脊梁。依托七十多年教育实践构建中国本土的教育学,既是未来教育发展的迫切需要,也是一项光荣的使命。

世界的发展离不开中国,中国的发展也离不开世界。经济全球化把不同国家连接为一个紧密的整体,科技文化交流合作增进了各国民众的感情。在全球化大潮中,构建中国本土的教育学需要敞开胸怀,大胆吸收世界各国优秀的智慧经验,为我所用,从国外获得推动教育改革发展的资源助力。学习借鉴时需以我为主,善于辨别他国做法的优劣,取其精华,弃其糟粕,守牢发展本国教育的立场,特别是要防范极端个人主义、金钱至上等资本主义思想的侵蚀,确保教育安全。同时需要积极开展与各国的教育往来合作,向世界讲好中国教育故事,在未来教育发展中赢得主动。作为一名当代教师,应当树立胸怀天下的格局,在世界文明的视野中做好教书育人工作,以天下为己任,筑牢文化自信的精神基石。

当今时代是全面建设社会主义现代化国家的时代,是激情澎湃的时代,是每个人都可以大有作为的时代。基础教育教师亲历这个创造伟业的进程,承担着历史赋予的重任,也书写着个人事业的璀璨篇章。教育自信昭示着自信的教育,现代化的美好图景正一步步成为现实。壮阔的时代成就壮阔的事业,每位教师都可以在奋斗中留下闪光的印迹,在奉献中实现人生的精彩。

附 录　"基础教育对劳动模范青少年成长时期的影响"调研报告

基础教育是教育理论与实践研究中的一个重要概念。关于基础教育，从广义上讲，是指各级各类教育中的基础阶段的教育，既包括普通中小学教育，又包括职业技术教育、高等教育和成人教育中的普通文化科学知识教育。[1]从狭义上讲，"基础教育亦称国民基础教育"，是"对国民实施基本的普通文化知识的教育，是培养公民基本素质的教育。也为继续升学或就业培训打好基础的教育。一般指小学教育，有的包括初中教育。学业年限为5年、6年至9年。它经常同普及义务教育相联系"。[2]一般来说，关于基础教育的研究都涵盖幼儿教育、初等教育和中等教育三个方面。根据需要，本调研将基础教育的内涵限定在学前教育、小学教育、初中教育、普通高中教育和中等职业教育。基础教育被认为是个体职业发展的基石，基础教育作为塑造人的世界观、人生观、价值观的关键时期，对培育和塑造劳模精神具有重要影响。

《周易》有云："举而错之天下之民，谓之事业。"多少年来，许多优秀的基础教育工作者把教育作为事业体现了他们对教育价值的内在追求、对教育工作的奉献精神及对教育责任的担当境界。在教育改革的浪潮涌动中，促进基础教育教师多一些定力和执着，多一分坚持与坚守，有必要探寻中国本土教师教书育人的实践特色、思维方式、文化逻辑，关注教师形象、使命、魅力、品格、心性、素养及修为等"人学"内涵，彰显当代基础教育教师的价值与尊严。希望通过科学的、一定样本的调研，全面、真实、与时俱进地了解"基础教育对劳动模范青少年成长时期的影响"，努力揭示基础教育教师成长发展的内在规律。

1　王维娅，王维，李桂华.基础教育的理论与实践［M］.济南：山东教育出版社，1999：1.
2　教育大辞典编纂委员会.教育大辞典（第1卷）［M］.上海：上海教育出版社，1990：71.

一、调研概述

2023年7月，受于漪教育教学思想研究中心与上海市教师学研究会委托，上海市总工会宣传部、当代基础教育教师学项目组以"基础教育对劳动模范青少年成长时期的影响"为主题，开展对当代基础教育教师成长的期望调研。本次调研采取网上匿名在线调研方式，共获得373份有效问卷。接受调查的劳动模范群体特点如表1所示。

表1 被调查劳模群体背景信息概况一览表

变量	分类	占比	变量	分类	占比
答题者性别	男	45.58%	答题者所处行业	农、林、牧、渔业	1.61%
	女	54.42%		制造业	18.77%
答题者年龄	16—25岁	0		建筑业	4.02%
	26—45岁	9.91%		信息传输、软件和信息技术服务业	3.22%
	46—60岁	32.98%			
	61—74岁	49.33%		批发和零售业	10.19%
	75—89岁	7.51%		住宿和餐饮业	3.22%
	90岁及以上	0.27%		金融业	2.41%
答题者政治面貌	中共党员	90.88%		科学研究和技术服务业	4.56%
	共青团员	0.27%			
	民主党派	3.75%		教育	4.02%
	群众	5.10%		卫生和社会工作	9.65%
答题者最高学历	博士研究生	1.62%		文化体育和娱乐业	2.14%
	硕士研究生	9.38%		政府公共管理、社会保障	17.96%
	本科	40.21%			
	大专及以下	48.79%		其他	18.23%
答题者是否在国内接受完整的基础教育	是	98.93%	答题者所在单位性质	企业	62.73%
				事业单位	20.91%
				国家行政机关	8.04%
	否	1.07%		政府	3.75%
				其他	4.56%

续 表

变量	分 类	占比	变量	分 类	占比
答题者所在单位的身份	国家机关、党群组织、企业、事业单位负责人	28.15%	答题者被授予的称号（多选题）	全国劳动模范	23.59%
	专业技术人员	28.15%		上海市劳动模范	71.31%
	办事人员和有关人员	17.16%		全国五一劳动奖章获得者	18.5%
	商业、服务业人员	12.06%			
	农、林、牧、渔、水利业生产人员	0		上海市五一劳动奖章获得者	6.43%
	生产、运输设备操作人员和有关人员	5.36%		大国工匠	0.27%
	军人	0.27%		其他	9.38%
	其他	8.85%			

在数据分析上，对于定量数据，借助SPSS25.0进行数据处理。对于开放题的质性材料，采取词频分析方法，提取与"青少年成长""基础教育"等相关的关键词，统计出现频率，反映基础教育影响劳模成长的相关方面的关注程度。在分析中，将量化和质性数据相互印证，形成调查结果和建议。

二、结果与分析

（一）劳模对"基础教育"期望的基本轮廓

本调研设置了两道开放题："请您谈一谈在您接受基础教育的过程中，对您成为劳模最关键的影响因素是什么？请列举并说明原因。""您认为基础教育如何进一步发挥对劳模培养的作用？请提出您的意见。"对劳模作答结果，通过关键词词频统计，特别是对高频词（出现频率达到30以上的关键词）做了梳理，将这些关键词进行组合，初步勾画出基础教育对劳模成长的关键影响因素。

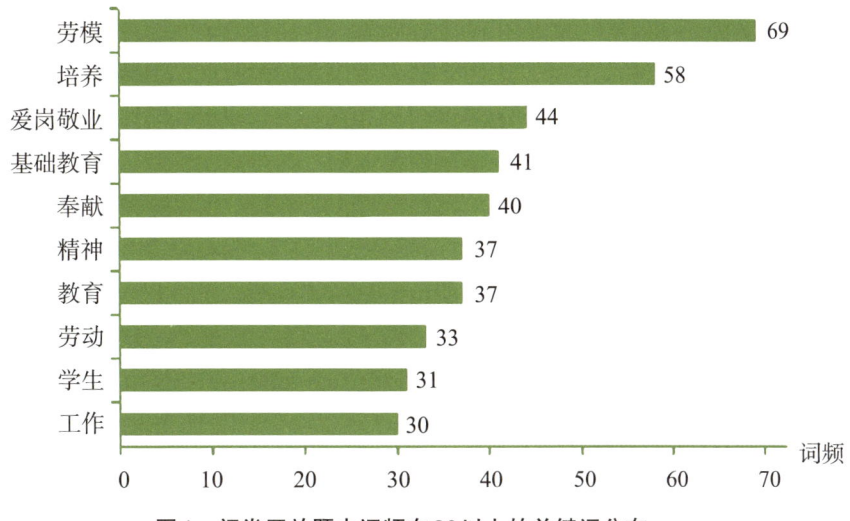

图1　问卷开放题中词频在30以上的关键词分布

图2　问卷开放题中关键词词云图

从图1、图2中可以发现以下几个特点：

一是基础教育对劳模青少年时期的影响最关键的是"奉献"精神。无私奉献意味着有觉悟地为别人或者组织不求回报地付出。具有爱国主义情怀的人会将家国情怀转化为具体的无私奉献的精神和行动。值得注意的是，劳模在开放题中的反映，体现了劳模对于基础教育应加强新时代爱国奉献精神教育的强烈愿望。

二是"爱岗敬业"精神也是高频词。"爱岗敬业"的劳模精神是劳动模范为实现社会主义现代化而艰苦奋斗、忘我工作的写照，是新时代爱国主义精神和艰苦奋斗精神的生动展现，反映出劳模在基础教育阶段受到的这方面的影响，成为激励他们献身祖国事业、创造美好未来的不竭动力。

三是"工作""劳动"等高频词，反映出劳模的重要诉求，希望基础教育能够注重劳动教育。当下的劳动教育一再缺位和异化，教育的多元性和可塑性受到了严重的挑战。劳动是国家发展的有力根基，是社会进步的动力之源，是实现个人价值的基本方式。加强劳动教育，能够让青少年从劳动中感受到自己有创造美好生活的能力，懂得幸福生活是基于辛勤劳动之上。须树立正确的劳动育人观念，即把劳动教育纳入人才培养全过程，贯通大中小各学段，融入家庭、学校、社会等各个领域。

（二）基础教育阶段的"德智体美劳"等方面的教育，对劳模未来的成长有促进影响

本调研分别对"学校德育影响您成为劳模""学校智育影响您成为劳模""学校体育影响您成为劳模""学校美育影响您成为劳模""学校劳育影响您成为劳模"等进行了解，选择"同意"以上所占百分比均大于50%，其中，"学校德育影响您成为劳模"的同意程度最高，达"77.8%"，说明基础教育阶段的"德智体美劳"等方面的教育，对于青少年成年后成为劳模有促进影响。（见表2）

表2 对"五育与成为劳模"影响程度描述统计表

	分 组	频 率	百 分 比
您对"学校德育影响您成为劳模"的同意程度	很不同意	5	1.3%
	不同意	10	2.7%
	一般	68	18.2%
	同意	198	53.1%
	很同意	92	24.7%
您对"学校智育影响您成为劳模"的同意程度	很不同意	1	0.3%

续表

	分 组	频 率	百 分 比
您对"学校智育影响您成为劳模"的同意程度	不同意	8	2.1%
	一般	99	26.5%
	同意	199	53.4%
	很同意	66	17.7%
您对"学校体育影响您成为劳模"的同意程度	很不同意	3	0.8%
	不同意	32	8.6%
	一般	146	39.1%
	同意	148	39.7%
	很同意	44	11.8%
您对"学校美育影响您成为劳模"的同意程度	很不同意	1	0.3%
	不同意	25	6.7%
	一般	134	35.9%
	同意	178	47.7%
	很同意	35	9.4%
您对"学校劳育影响您成为劳模"的同意程度	很不同意	2	0.5%
	不同意	11	2.9%
	一般	107	28.7%
	同意	199	53.4%
	很同意	54	14.5%

本调研还使用独立样本t检验对"您是否在国内接受了完整的基础教育"与"您被授予劳动模范称号"进行差异分析。根据表3可以看出,"您是否在国内接受了完整的基础教育"与"您被授予劳动模范称号"差异显著性$P=0.000<0.05$,表示"您是否在国内接受了完整的基础教育"和"您被授予劳动模范称号"差异显著。"在国内接受完整的基础教育"的平均值为0.24,高于"没有在国内接受完整的基础教育"的平均值0,说明从数据上分析,在国内接受完整的基础教育有助于被授予"劳动模范"称号。(见表3)

表3　劳模是否在国内接受了完整的基础教育差异表

	您是否在国内接受了完整的基础教育	个案数	平均值	标准差	t	P
	是	369	0.24	0.427	10.735	0.000
	否	4	0	0		

本调研还使用单因素方差分析对"不同学历"与"被授予劳动模范称号"进行差异分析。根据表4可以看出，不同学历之间与被授予劳动模范称号差异显著性P=0.000＜0.05，说明有统计学意义，表示不同学历之间被授予劳动模范称号存在显著差异。从平均值上可以看出，教育在塑造劳模的过程中起到重要作用。（见表4）

表4　劳模最高学历差异表

	学　历	个案数	平均值	标准差	F	P
您被授予劳动模范称号	博士研究生	6	0.50	0.548	6.862	0.000
	硕士研究生	35	0.40	0.497		
	本科	150	0.30	0.460		
	大专及以下	182	0.14	0.351		

（三）劳模对其青少年时期"德智体美劳"等教育的基本感知

基础教育阶段"德智体美劳"等教育对劳模的影响巨大而深远，这是劳模对其青少年时期"德智体美劳"等教育的基本感知。本次调研综合了当前关于德智体美劳教育体系的相关研究，列举了劳模成长中在德智体美劳等方面需要关注的重要素养，由劳模根据自身情况进行选择。

1.学校德育对劳模青少年时期成长的影响

从图3可以看出，在道德规范和正确价值观影响的关键程度上，94.37%的劳模选择了基础教育阶段的影响大于高等教育阶段的影响，说明基础教育阶段对劳模正确价值观的培育至关重要。

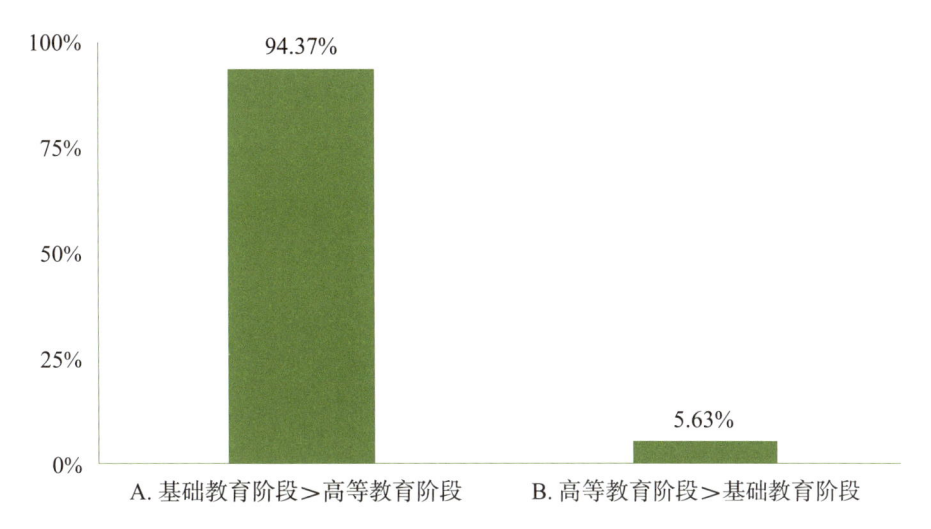

图3 道德规范和正确价值观影响的关键程度

从图4可以看出,学校德育对劳模成长的影响程度由深到浅的调研结果。其中,"培养爱党、爱祖国、爱生活、爱劳动的思想感情","培养爱生活、爱劳动的美德","培养积极主动参与劳动的习惯"这三者综合得分靠前。通过对劳模在开放题的留言,就补充的关键词进行归类和词频分析,相关数据也与图4有较为深度的吻合。从图5可以看出,对"学校德育影响成为劳模"的同意程度,77.74%的劳模选择"同意"或"很同意",反映出在劳模的心目中学校德育的重要地位。

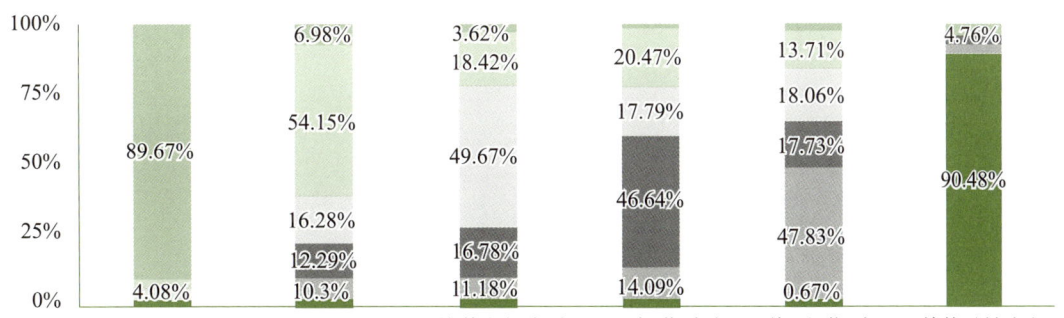

图4 学校德育对劳模成长的影响程度

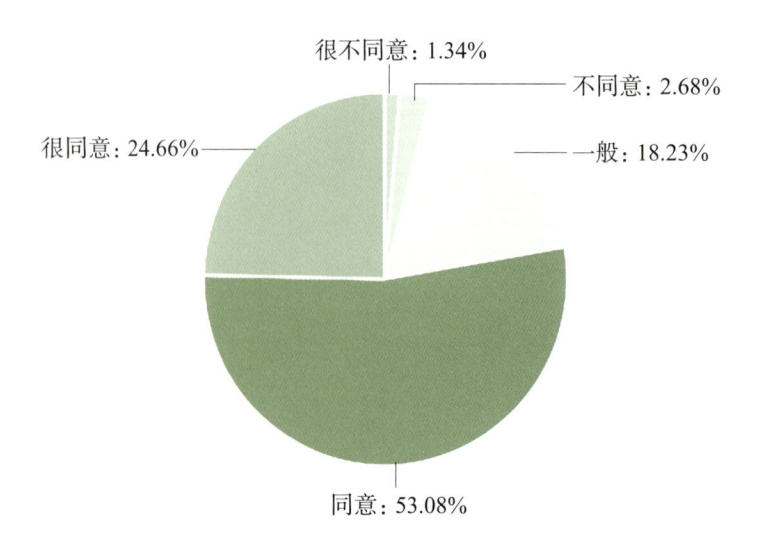

很不同意：1.34%
不同意：2.68%
一般：18.23%
很同意：24.66%
同意：53.08%

图5 对"学校德育影响成为劳模"的同意程度

2. 学校智育对劳模青少年时期成长的影响

在劳模看来，学校的智育活动能帮助他们培养职业所需的知识和技能。本次调研也列举了学校开设的各类课程，劳模通过排序来反映他们对"智育"的理解和期待。结果如图6所示。

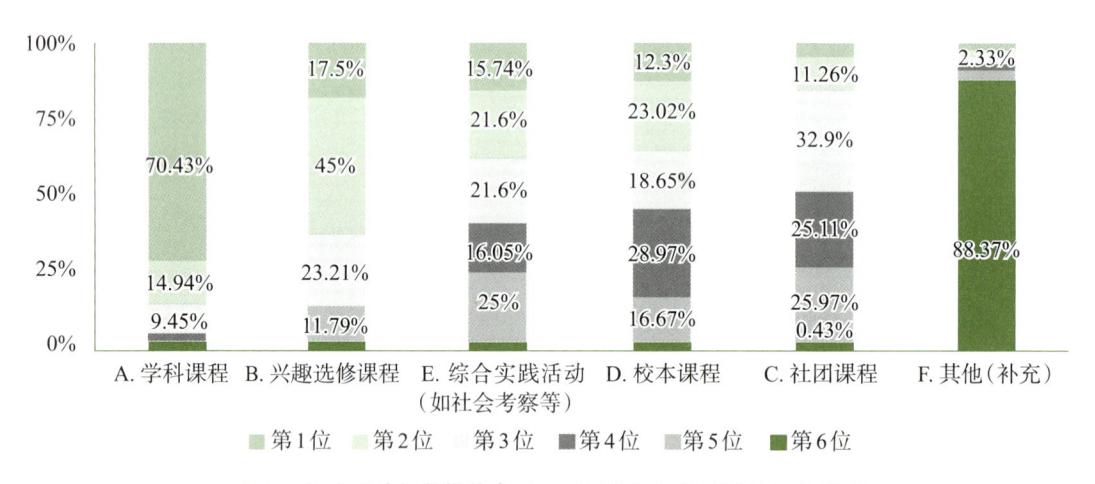

图6 智育活动与劳模从事职业所需的知识和技能的相关程度

从图6可以看到，"学科课程""兴趣选修课程""社团课程"位居前三。课程是学校办学思想的载体。以国家课程为主体、地方课程和校本课程为重要拓展和有益补充的基础教育课程体系，通过不断增强课程的适应性，实现课程全面育人、高质量育人，这是劳模对当前及未来学校课程建设的期待。但学校是否能够拥有高标准、高质量的师资队伍，是否能够做到因材施教，让每个孩子都能得到充分的发展，尚有待努力。从图7中可以看出，对"学校智育对劳模争创一流的品行、勇于创新的精神的影响程度"，80.16%的劳模选择"影响较大"或"影响极大"，反映出在劳模的心中学校智育的重要地位。

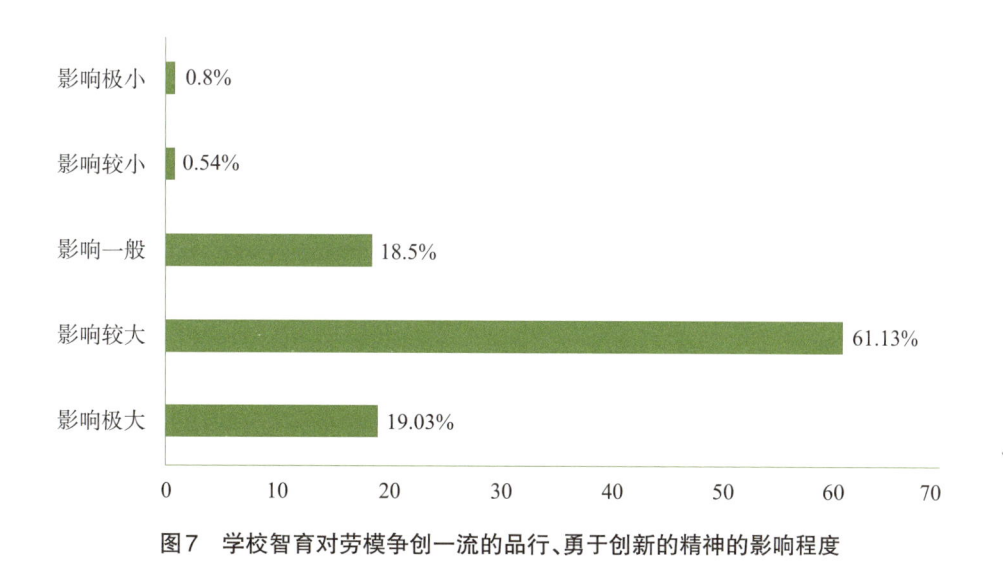

影响程度	百分比
影响极小	0.8%
影响较小	0.54%
影响一般	18.5%
影响较大	61.13%
影响极大	19.03%

图7 学校智育对劳模争创一流的品行、勇于创新的精神的影响程度

3. 学校体育对劳模青少年时期成长的影响

问卷列举了学校体育的重要表现维度，请劳模进行选择和排序。结果如图8所示，根据加权计算，在劳模心中，"校园体育竞赛（运动会等）""体育教学""早操和课间操"三项综合得分位居前三，有助于培养劳模的团队合作、竞争意识及艰苦奋斗的精神。从图9可以看出，对"学校体育影响您成为劳模"的同意程度，51.48%的劳模选择"同意"或"很同意"。这与之前反映出的"德育""智育"的高影响度构建了相互印证的关系。在新时代背景下，"双减"等政策着眼于学生德智体美劳全面发展，正在将学生从繁重的作业负担和课外培训中解放出来，如何把握当下发展机遇，形成学校体育发展优势，如何落实《关于全面加强和改进新时代学校体育工作的意见》，帮助学生在体育锻炼中享受乐趣、增强体质、健全人格、锤炼意志，这些问题都亟须深入探讨。

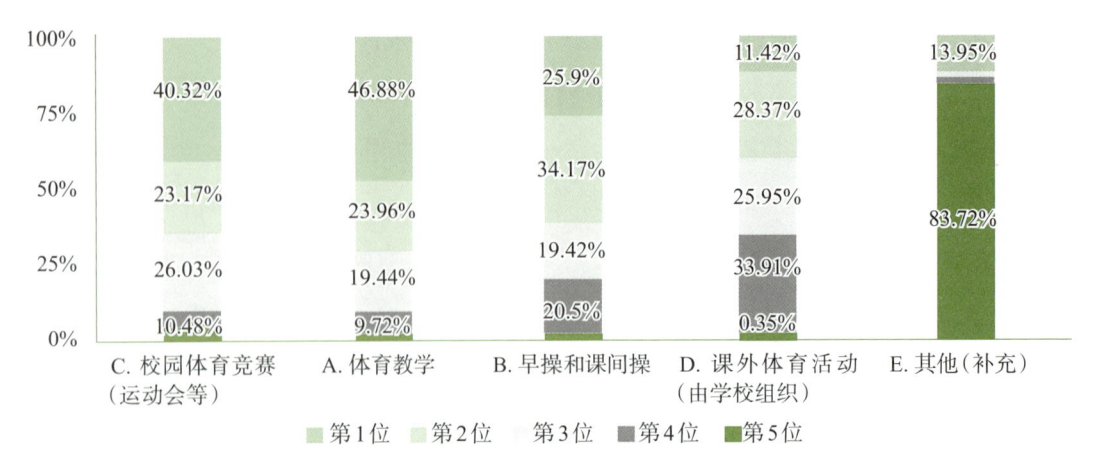

图8 学校体育活动与培养劳模合作、竞争意识及艰苦奋斗的精神的相关程度

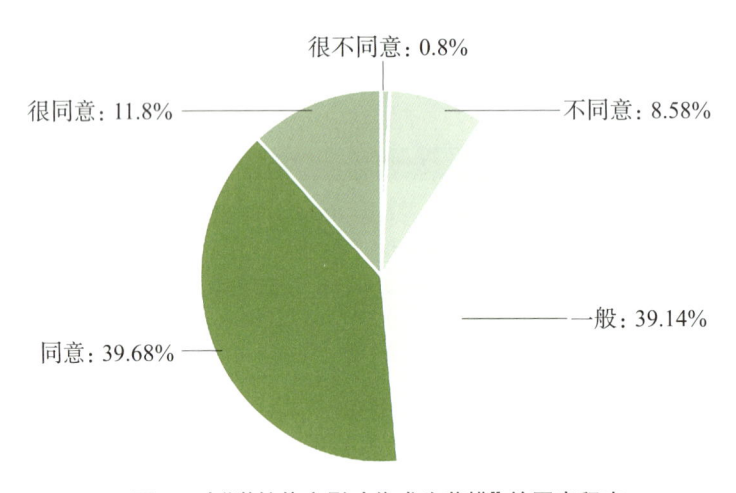

图9 对"学校体育影响您成为劳模"的同意程度

4. 学校美育对劳模青少年时期成长的影响

问卷列举了学校美育的重要作用维度,请劳模进行选择和排序。结果如图10所示,根据加权计算,在劳模的心中,"提升创造力和审美能力""陶冶情操""多样化的表达和交流"三项综合得分位居前三。也有劳模在开放题反映,"那个时代,美学教育薄弱,收获极少,主要是政治导向和师德表率"。从图11可以看出,对"学校美育活动帮助劳模培养职业所需的正确审美观"的排序选择,课堂教学是培养正确审美观的主阵地。在新时代背景下,如何以美育助力拔尖创新人才培养,如何提升教师的美育意识与审美素养,让学生在具有审美创造性的教育教学活动中感受学习乐趣,产生丰富

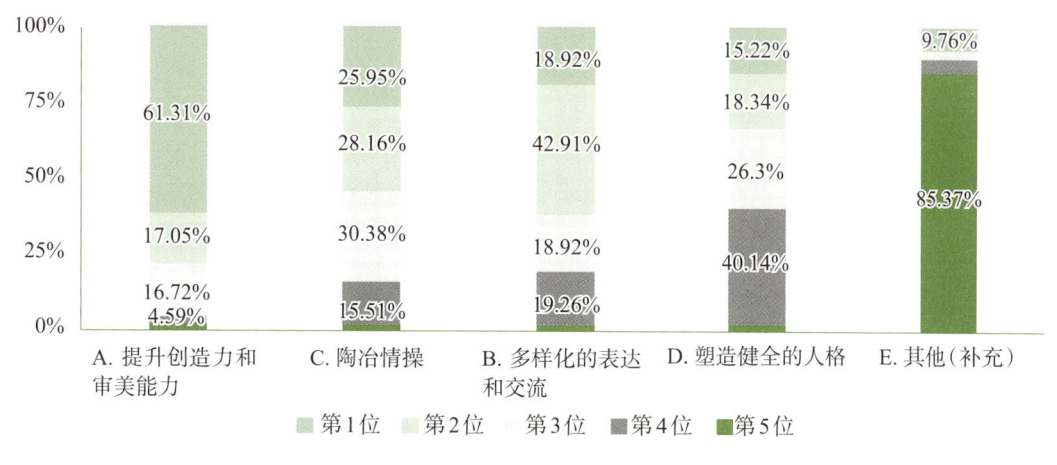

图10 学校美育对劳模的帮助程度

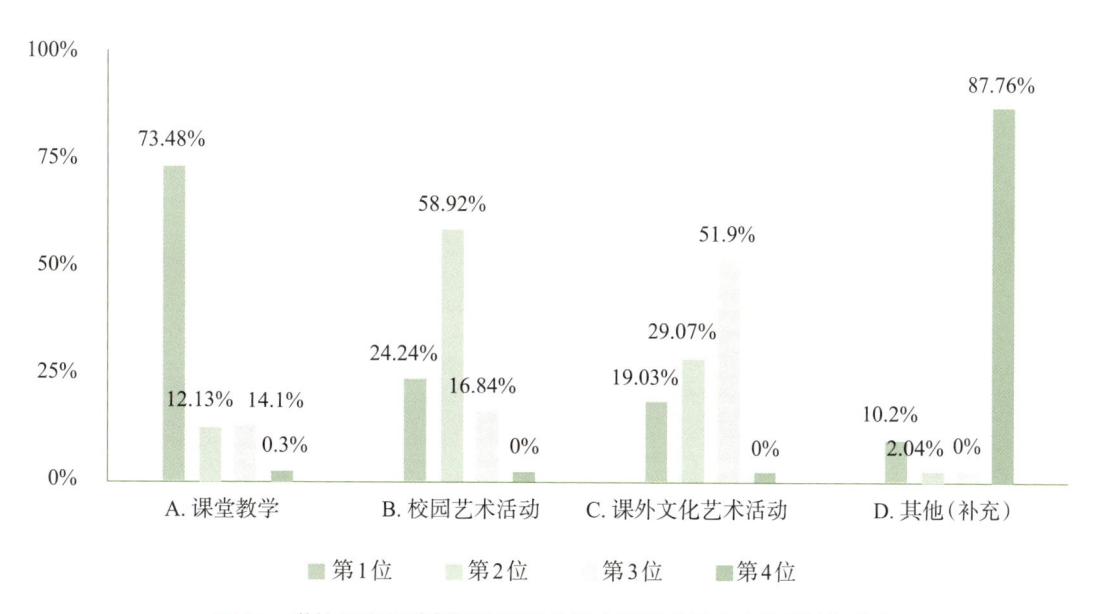

图11 学校美育活动帮助劳模培养职业所需的正确审美观的相关度

的审美体验，在常态化教学中增强学生的创新思维与创新精神，这些对当下的基础教育提出了挑战。

5.学校劳育对劳模青少年时期成长的影响

问卷列举了学校劳育的重要作用维度，请劳模进行选择和排序。结果如图12所示，根据加权计算，在劳模心中，"培养自理、自立、自强的独立生活能力""掌握一定的劳动知识与技能""培养勤快、主动的工作态度"三项综合得分位居前三。

从图13可以看出，对"学校劳动教育活动帮助劳模培养职业所需的职业素养"的排序选择，劳动课程排首位。也有劳模在开放题表示，"首先是家庭劳动，父母是孩子第一教育者"。劳动教育是全面发展教育的重要组成部分，是教育者向受教育者实施的以劳动习惯、劳动态度、劳动技能、生产技术知识为主要内容的教育活动，具有综合育人价值。2020年3月20日，中共中央、国务院正式印发了《关于全面加强新时代大中小学劳动教育的意见》，为新时代劳动教育进行了整体设计，从劳动教育的基本内涵、总体目标、课程设立、基本内容、评价制度、实施途径等方面做出了具体规定。如何使劳动教育更贴合学生需求，实现社会、家庭和学校共同实施劳动教育，仍处于不断探索中。

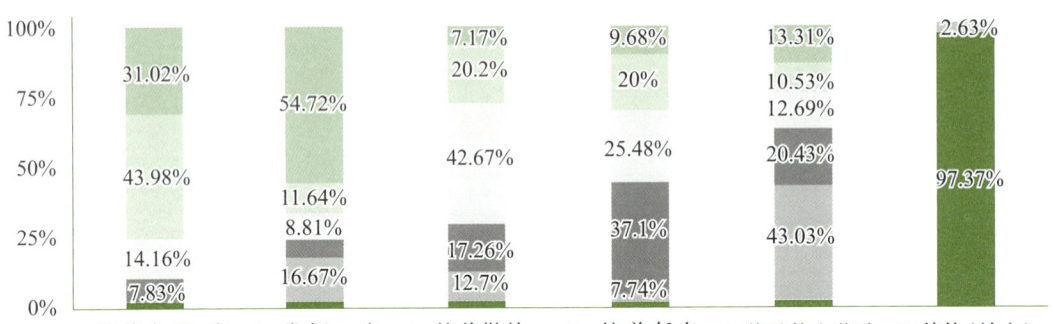

图12　学校劳动教育活动对劳模的帮助程度

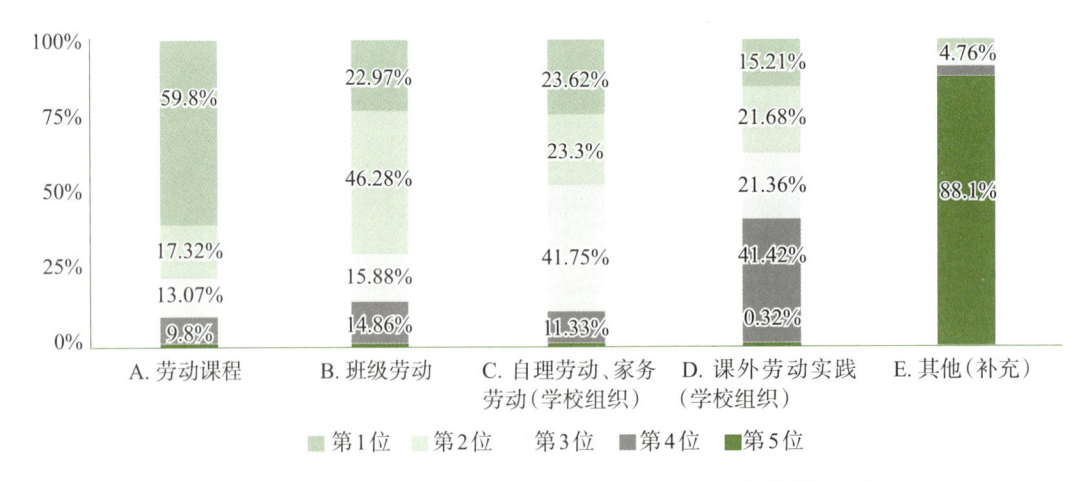

图13　学校劳育活动帮助劳模培养职业所需的职业素养的相关度

总之，德智体美劳全面素质的培养使劳模在青少年时期就具备良好的道德品质、智力能力、健康体魄、审美观念和职业技能，从而更容易在职场中脱颖而出，为社会做出积极贡献。同时，培养德智体美劳全面发展的社会主义建设者和接班人，加快建设高质量基础教育体系，关键在教师。大力培养造就一支师德高尚、业务精湛、结构合理、充满活力的高素质专业化教师队伍，势在必行。

（四）基础教育奠定劳模成长之路，有助于塑造劳模精神

本次调研列举了影响劳模全面发展的多个取向，请劳模进行多项选择（见图14）。其中，"个人选择与努力""工作岗位职责要求""环境"这三项占比分别为72.65%、65.95%、61.93%。也有劳模在开放题表示，"机会""报效祖国，服务人民的价值观""职业工作平台的资源局限性和社会大平台的多元性矛盾"及"家庭教育"也影响到自身的全面发展。值得注意的是，以上劳模们的选项是他们众多选项中的主要方面，他们最大的优势是都善于而且正确处理内外因关系，以内因为主。将内因与外因紧密结合，这是劳模成长的主要规律。

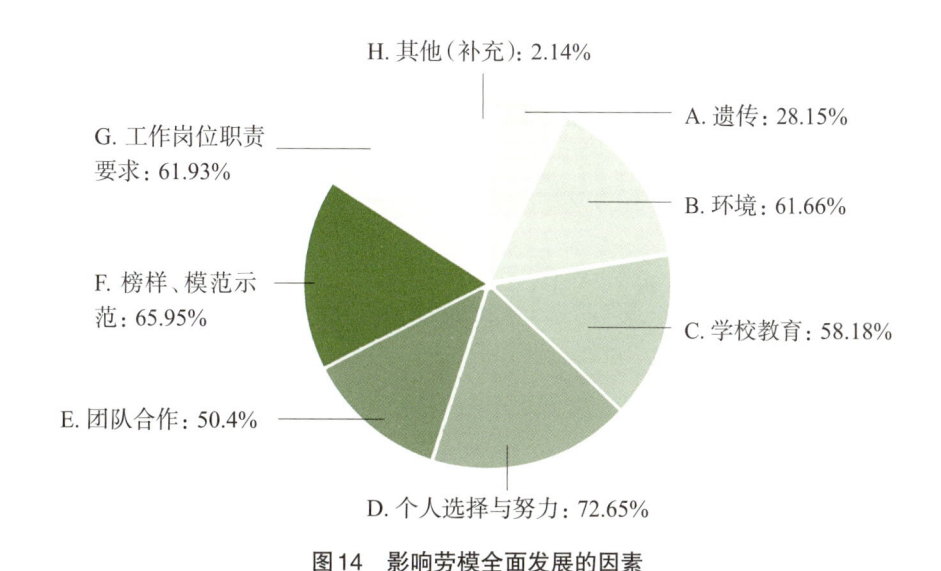

H. 其他（补充）：2.14%
G. 工作岗位职责要求：61.93%
F. 榜样、模范示范：65.95%
E. 团队合作：50.4%
D. 个人选择与努力：72.65%
C. 学校教育：58.18%
B. 环境：61.66%
A. 遗传：28.15%

图14　影响劳模全面发展的因素

本次调研还列出了对劳模个人发展意义重大的思想观念，要求劳模限选四项（见图15）。其中，"责任担当观念""实干观念"和"精益求精观念"位居前三。这与

之前反映出的"爱岗敬业"精神的高影响度构建了相互印证的关系。

劳模精神，是指"爱岗敬业、争创一流、艰苦奋斗、勇于创新、淡泊名利、甘于奉献"的劳动模范精神。当前，中国特色社会主义进入了新时代，新时代仍然是一个奋斗的时代，仍然需要劳模精神的力量、作用和激励。本次调研还对有助于培养劳模精神的阶段做了了解，主要分为"基础教育阶段"和"大学教育阶段"，结果显示，"基础教育阶段"影响较大。针对劳模精神的六个选项，依次为83.65%、83.91%、88.2%、70.24%、68.1%、79.89%，说明在劳模们看来，基础教育有助于塑造"劳模精神"。值得注意的是，选择"淡泊名利"和"勇于创新"这两个选项的比例相对偏低，分别为"68.1%"和"70.24%"，也与当下基础教育阶段存在的弊病一致，即急于求成的心态，较少真正的创新，更少颠覆性创新、革命性创新等。

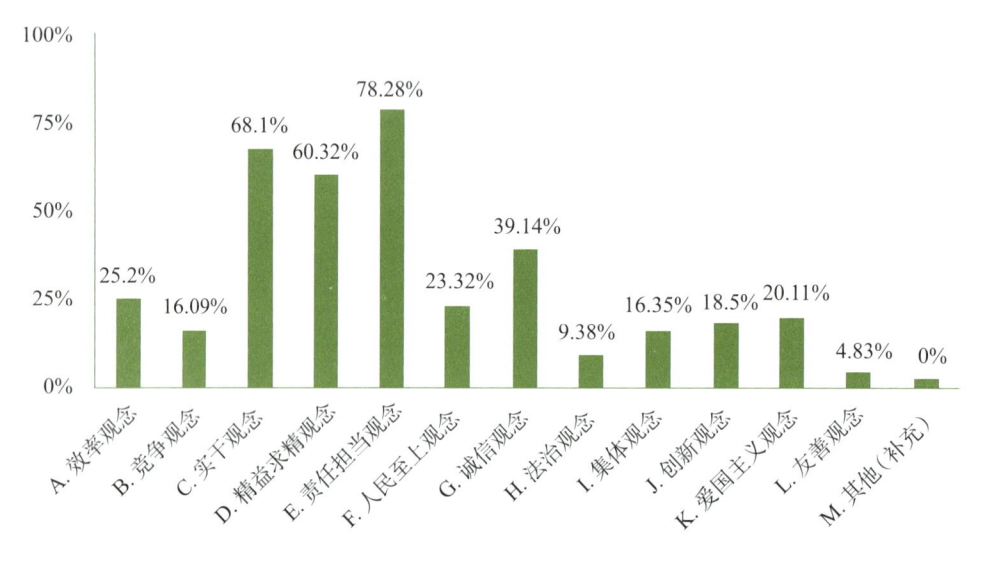

图15 影响劳模个人发展意义重大的思想观念

三、结论与建议

（一）主要结论

本研究以上海市超过373位劳动模范的问卷为样本，通过对数据的挖掘和互证，可以发现基础教育对劳动模范青少年成长时期的影响，存在以下特征：

1. 基础教育阶段教师的核心素养和专业能力对劳动模范青少年时期的影响显著

基础教育阶段教师的核心素养主要包括德行修炼、学识砥砺、仁爱情怀及和谐共处等。从本次调研可以发现，教师言传身教、身体力行，学生耳濡目染，从其向善。教师应善于教育和引导学生心中有国家和民族、意识到肩负的责任，牢固树立为祖国服务、为人民服务的意识，立志成为党和人民需要的人才。

基础教育阶段教师的专业能力具体指教育教学能力、教研提升能力、现代技术使用能力及自我成长能力。基础教育重在育人，根本目的是"点亮"学生、激发其成长的内生动力。教师具备先进的育人理念，精湛的教学艺术，才能倾听学生内心想法，重视学生自主意识，指导、帮助学生学会看待问题、分析问题、解决问题，而不仅仅是告诉学生一个"要考的知识点"。

2. 基础教育奠定劳模成长之路，对塑造劳模精神起重要的奠基作用

建设教育强国，"基点"在基础教育。基础教育要为"完整的人"夯实素质基础。从本次调研可以发现，很多劳模在青少年时期都是德智体美劳全面发展的，即全面发展的"完整的人"。我们需要让教育回归到人的发展，真正关注人的全面发展。

作为"基点"，奠基还须稳固扎实，不牢固就无法支撑。基础教育不仅是高等教育与职业教育的基础，也是终身教育和可持续教育的前提。因此，须重视培育学生从小具备责任担当意识、实干精神及精益求精的态度。

3. 劳模评选的要求变化与基础教育的培养理念、培养目标的变化密切相关

在劳模评选过程中，从一开始单纯地考虑劳动成绩和社会贡献，逐渐发展成为以评选者的劳动成果为基础，综合考虑评选者的工作作风、政治品行、群众基础以及能不能带动和推动本部门、本单位成为模范集体等因素，这反映出劳模评选的要求变化与基础教育的培养理念、培养目标的变化密切相关。

（二）主要建议

1. 基础教育必须放在基础性、战略性的位置上

基础教育是提高国民素质的奠基工程，在整个国民教育体系中处于基础性、先导

性的地位。基础教育牵涉到每一个家庭每一个孩子,是极具战略意义的,直接影响到国家未来的全民素质。我国是基础教育大国,但还不是基础教育强国,与人民美好生活的愿望仍有一定的距离。党的二十大对教育的布局,在党的十八大、党的十九大的基础上又提升了一个层次,专门把教育、科技、人才统一起来,这三者是建设中国式现代化社会主义国家的基础性和战略性支撑。我们要站在这样的高度上来理解基础教育,那就是办人民满意的基础教育,这项事业是对中华民族伟大复兴具有决定性意义的事业。

2. 建设教育强国,是基础教育教师的使命担当

教师是立教之本,兴教之源,是教育发展的第一资源。教师队伍建设是实现基础教育现代化的最有力的保障,必须从战略和全局高度认识基础教育教师工作的重要性。2018年中共中央、国务院印发《关于全面深化新时代教师队伍建设改革的意见》,提出要培养造就高质量、专业化、创新型教师。目前我国有1682.58万名基础教育的教师,从学历要求来看,基本已达标,但是从教书育人的能力来讲,仍有很大的提升空间。培养高素质专业化创新型的教师,是一个系统性和长期性的工作。基础教育阶段的教师要牢记"为党育人、为国育才"的初心使命,突出育人目标的价值引领,坚决摒弃"重智育,轻德育、体育、美育和劳动教育"的错误观念。引导基础教育阶段的教师树立正确的历史观、民族观、国家观,深刻把握弘扬和践行教育家精神的内在逻辑。开展服务于建设教育强国、指向五育并举的各项教育活动,为青少年提供生动活泼、主动发展的良好教育生态,真正成为"有理想信念、有道德情操、有扎实学识、有仁爱之心"的好教师。

3. 新时代基础教育的路径选择,需要坚持核心素养导向

作为学校教育的永恒主题,高质量课程教学的内涵与特质具有鲜明的时代性。素养导向的课程教学改革指向促进每一个学生的高质量成长。需要加强学习方式变革,降低教师讲授为主学生被动接受的学习比重,增加互动学习、探究学习、合作学习、自主学习和跨学科学习比重,丰富学生在学习中的优质体验。在核心素养时代,教师应创生适应每一个学生发展需要的人性化和个性化课程,最大限度地促进学生核心素养和关键能力的发展,让学生具备能够应对现实世界和复杂情境的广泛适应力。

参考文献

一、专著

[1]（古希腊）柏拉图.理想国［M］.郭斌和,张竹明,译.北京：商务印书馆，1986.

[2] 鲍传友.做研究型教师［M］.北京：教育科学出版社，2009.

[3]（美）博特金,埃尔曼杰拉.回答未来的挑战——罗马俱乐部的研究报告《学无止境》［M］.林均,译.上海：上海人民出版社，1984.

[4] 卜健,吴国平.于漪教育实践百问选编［M］.上海：上海教育出版社，2024.

[5] 查建华,于海洪.基础教育本质新论［M］.成都：西南交通大学出版社，2017.

[6] 陈大伟.教师职业道德（第2版）［M］.北京：高等教育出版社，2022.

[7] 陈建华.基础教育哲学（第二版）［M］.北京：北京大学出版社，2016.

[8] 陈玲,刘禹.跨越式实现高效课堂——信息技术与课程整合高效教学方案评析［M］.南京：江苏教育出版社，2011.

[9] 陈学恂.中国近代教育文选［M］.北京：人民教育出版社，1993.

[10]［宋］程颢,［宋］程颐.二程集［M］.王孝鱼,点校.北京：中华书局，2004.

[11] 董少校.红烛于漪［M］.上海：上海交通大学出版社，2020.

[12]［明］方以智.物理小识［M］.敖堃,整理.黄山：黄山书社，2019.

[13] 高尚举,等.孔子家语校注［M］.北京：中华书局，2021.

[14] 顾明远.顾明远文集［M］.北京：北京师范大学出版社，2018.

[15] 国家教育发展研究中心.发达国家教育改革的动向和发展趋势（第五集）——美国、日本、英国、联邦德国、俄罗斯教育改革文件和报告选编［M］.北京：人民教育出版社，1994.

［16］国家教育行政学院.基础教育新视点［M］.北京：教育科学出版社，2003.

［17］何克抗.信息技术与课程深层次整合理论——有效实现信息技术与学科教学深度融合（第2版）［M］.北京：北京师范大学出版社，2019.

［18］贺永旺，等.提升教师教学实施能力［M］.北京：教育科学出版社，2011.

［19］（德）黑格尔.历史哲学［M］.王造时，译.上海：上海书店出版社，2006.

［20］胡军.成就学生未来的数学课堂——高阶思维培养的研究与实践［M］.上海：华东师范大学出版社，2023.

［21］（英）怀特海.教育的目的［M］.庄莲平，王立中，译.上海：文汇出版社，2012.

［22］黄书光，王伦信，袁文辉.中国基础教育改革的文化使命［M］.北京：教育科学出版社，2002.

［23］黄思记，荆怀福.中小学教师职业道德［M］.南京：南京大学出版社，2021.

［24］黄音.于漪教育教学絮语集［M］.上海：上海教育出版社，2022.

［25］黄忠敬.基础教育发展的中国之路［M］.上海：华东师范大学出版社，2016.

［26］［清］黄宗羲.宋元学案［M］.陈金生，梁运华，点校.北京：中华书局，1986.

［27］江堤.中国书院小史［M］.北京：中国长安出版社，2015.

［28］［清］焦循.孟子正义［M］.沈文倬，点校.北京：中华书局，1987.

［29］（英）克拉夫特.创造力和教育的未来——数字时代的学习［M］.张恒升，译.上海：华东师范大学出版社，2013.

［30］（美）朗格朗.终身教育引论［M］.周南照，陈树清，译.北京：中国对外翻译出版公司，1985.

［31］［宋］黎靖德.朱子语类［M］.王星贤，点校.北京：中华书局，1986.

［32］［清］黎翔凤.管子校注［M］.梁运华，整理.北京：中华书局，2004.

［33］李广，柳海民，梁红梅，等.中国教师发展报告2020—2021：中小学教师职业幸福感发展态势、面临挑战与提升举措［M］.北京：科学出版社，2022.

［34］［梁］刘勰.文心雕龙今译［M］.周振甫，译.北京：中华书局，2013.

［35］［清］刘源渌.近思续录［M］.黄珅，点校.上海：华东师范大学出版社，

2015.

［36］龙宝新.当代国际教师教育研究［M］.北京：科学出版社，2016.

［37］［秦］吕不韦.吕氏春秋集释［M］.许维遹，集释.梁运华，整理.北京：中华书局，2009.

［38］［宋］吕惠卿.庄子义集校［M］.汤君，集校.北京：中华书局，2009.

［39］［明］吕坤.呻吟语［M］.王国轩，王秀梅，译注.北京：中华书局，2018.

［40］吕型伟.为了未来——我的教育观［M］.上海：上海教育出版社，1994.

［41］（英）麦克布莱德.教师教育政策：来自研究和实践的反思［M］.洪成文，等译.北京：北京师范大学出版社，2009.

［42］彭泽平，姚琳，等.新中国基础教育改革与发展：历史·经验·展望［M］.北京：人民出版社，2018.

［43］钱穆.中国文化史导论［M］.北京：商务印书馆，1994.

［44］钱源伟.基础教育改革研究［M］.上海：上海科技教育出版社，2001.

［45］（美）乔纳森，等.学会用技术解决问题——一个解构主义者的视角（第2版）［M］.任友群，等译.北京：教育科学出版社，2007.

［46］冉亚飞.中国基础教育基本理论与逻辑体系研究［M］.南昌：江西人民出版社，2018.

［47］宋乃庆，赵鑫，张辉蓉.基础教育学［M］.重庆：西南大学出版社，2023.

［48］［清］孙星衍.尚书今古文注疏［M］.陈抗，盛冬铃，点校.北京：中华书局，2004.

［49］［清］孙诒让.周礼正义［M］.王文锦，陈玉霞，点校.北京：中华书局，2013.

［50］檀传宝.教师职业道德（第2版）［M］.北京：北京师范大学出版社，2023.

［51］陶行知.陶行知全集［M］.成都：四川教育出版社，2005.

［52］［魏］王弼.周礼注［M］.楼宇烈，校释.北京：中华书局，2011.

［53］［汉］王充.论语校释［M］.黄晖，点校.北京：中华书局，1990.

［54］王定华.中国基础教育：观察与研究［M］.北京：人民教育出版社，2021.

［55］［明］王夫之.船山遗书［M］.北京：中华书局，1975.

[56] [明]王夫之.四书训义[M].长沙：岳麓书社，2011.

[57] 王荣华，王平.于漪教育教学思想概要[M].上海：上海教育出版社，2021.

[58] [明]王守仁.王文成公全书[M].王晓昕，赵平略，点校.北京：中华书局，2015.

[59] [清]王先谦.荀子集解[M].沈啸寰，王星贤，点校.北京：中华书局，1988.

[60] [清]王先慎.韩非子集解[M].钟哲，点校.北京：中华书局，1998.

[61] 王笑寒.基础教育与教学发展研究[M].长春：吉林出版集团股份有限公司，2023.

[62] 王正平.人民教师的道德修养[M].北京：人民教育出版社，1993.

[63] 吴国平.师者于漪[M].上海：上海教育出版社，2023.

[64] 习近平.习近平谈治国理政[M].北京：外文出版社，2014.

[65] 新时代教师队伍现状调研报告[M].于漪教育教学思想研究中心，2022.

[66] 徐虹，傅金兰.基础教育学[M].北京：北京师范大学出版社，2015.

[67] 许倬云.中国文化的精神[M].北京：九州出版社，2018.

[68] [汉]扬雄.法言义疏[M].汪荣宝，注疏.陈仲夫，点校.北京：中华书局，1987.

[69] 杨伯峻.春秋左传注[M].北京：中华书局，1981.

[70] 杨伯峻.列子集释[M].北京：中华书局，1979.

[71] 杨九俊.语文教学艺术论[M].上海：华东师范大学出版社，2020.

[72] 杨贤江.杨贤江教育文集[M].北京：教育科学出版社，1982.

[73] 于漪.语文：教文育人的沃土[M].上海：上海教育出版社，2017.

[74] 于漪.《岁月如歌》手稿珍藏本[M].上海：上海教育出版社，2015.

[75] 于漪.岁月如歌[M].上海：上海教育出版社，2007.

[76] 于漪.于漪全集（修订本）[M].上海：上海教育出版社，2023.

[77] 张纯一.晏子春秋校注[M].梁运华，点校.北京：中华书局，2014.

[78] 张凌洋，谢欧.新时代教师职业道德概论[M].北京：科学出版社，2021.

[79] [宋]张载.张载集[M].章锡琛，点校.北京：中华书局，1978.

[80] [汉]郑玄.礼记注[M].王锷,点校.北京:中华书局,2021.

[81] 中国教育报刊社人民教育家研究院.王君与青春语文[M].北京:北京师范大学出版社,2017.

[82] 中国教育科学院.中国共产党百年教育大事记(1921—2021)[M].北京:教育科学出版社,2022.

[83] 中华人民共和国教育部师范教育司.于漪与教育教学求索[M].北京:北京师范大学出版社,2006.

[84] 周予同.中国现代教育史[M].福州:福建教育出版社,2007.

[85] 周仲飞.基础教育近观[M].杭州:浙江大学出版社,2016.

[86] 朱谦之.老子校释[M].北京:中华书局,1984.

[87] [宋]朱熹.四书章句集注[M].北京:中华书局,1983.

[88] 朱晓民.语文教师教学知识发展研究[M]北京:教育科学出版社,2010.

[89] 朱永新.中国著名特级教师教学思想录[M].上海:华东师范大学出版社,2016.

[90] 祝智庭,等.实用教育技术——面向信息化教育[M].北京:教育科学出版社,2008.

二、学位论文

[1] 郭念龙.当代中学教师职业信仰问题研究[D].长春:东北师范大学,2011.

三、期刊文章

[1] 陈滔娜.引志育智:教师职业信仰的时代内涵[J].江苏第二师范学院学报,2022,38(6):26—30.

[2] 方菲菲,卢正芝.教师的教育信仰刍议[J].现代教育论丛,2008(1):8,85—87.

[3] 高娟,杨超.义务教育阶段教师的职业信仰现状研究——以Y省2012年度

"国培计划"教师为例[J].黑龙江生态工程职业学院学报,2013,26(6):51—52.

[4] 胡弼成,王祖霖.教师职业特征再认识[J].高教探索,2015(9):101—106.

[5] 兰保民.当代名师成长的"于漪元素"[J].上海教师,2023(1):21—27.

[6] 李政涛.于漪:创建"活的教育学"的人民教育家——评《于漪教育教学思想简明读本》[J].人民教育,2021(19):77—78.

[7] 王鉴,姜纪垒.中国共产党立德树人教育思想的百年历程与基本经验[J].教育研究,2021(7):16—26.

[8] 习近平.思政课是落实立德树人根本任务的关键课程[J].求是,2020(17).

[9] 杨程.中国共产党教育方针的百年探索[J].教育研究,2021(8):14—22.

四、报纸

[1] 12位著名特级教师的"顿悟时刻"[N].中国教师报,2023-12-18(8).

[2] 罗容海.敬教劝学,建国之大本[N].光明日报,2020-09-10(15).

[3] 习近平.做党和人民满意的好老师——同北京师范大学师生代表座谈时的讲话[N].光明日报,2014-09-10(2).

[4] 习近平在全国教育大会上强调坚持中国特色社会主义教育发展道路培养德智体美劳全面发展的社会主义建设者和接班人[N].光明日报,2018-09-11(1).

[5] 习近平致全国优秀教师代表的信[N].光明日报,2023-09-10(1).

后 记

当全部书稿均告完成的时候,所有参与本书研究与写作的同仁既有"春日载阳"的舒畅愉悦,又有"陟彼高冈"的百感交集。

今年5月,在初夏的暖阳里,本项目研究与编写组主要成员召开了第一次工作会议。在会上,本书主编于漪老师直视当下,坦陈初心,揭示价值,寄语希望,以鲐背高龄就本书研究与写作事宜畅谈纵论,一讲就是两三个小时,并拟写了全书的结构框架、指导思想,以及每一章的研究与写作要点与重点,发到所有成员手中,作为全书编写的指南。此后在每次编写工作推进会上,于漪老师或亲临现场,或书面讲话,或以视频直播的方式,就编写过程中遇到的问题进行系统而又具体的、有针对性的指导。过程中不仅几次通读了所有书稿的提纲、草稿、初稿、修改稿,提出具体修改和完善意见,而且多次与每位编者电话沟通。大家也都感到重任在肩,当以临深履薄的心志投入到这项工作中,不敢稍有轻忽。因此一年来,梳理文献、组织调研、开会研讨便成为项目组的重要工作内容,所有成员在本已繁重的工作之上,又加上这样一副担子,这种工作状态,用"砥砺奋进,负重前行"来描述恐怕也不算过分。然而奇怪的是,如今书稿业已在案,却竟没有谁会有如释重负之感。此种心胸为之开阔,而又四顾一片茫茫的登高临远心境,当此之际,唯有会心之人可与言之。

在于漪老师的统筹引领之下,参与《基础教育教师学》研究与写作的人员主要有(以章次为序):于漪(前言)、兰保民(第一章)、董少校(第二章、第十三章)、陈军(第三章)、孙宗良(第四章)、李政涛、李栋(第五章)、黄音(第六章)、李重(第七章)、黄荣华、张翔(第八章)、谭轶斌(第九章)、胡根林、秦岭(第十章)、王意如(第十一章)、吴国平(第十二章)、景洪春(附录)。这支编写队伍由三类人员构成:一是有丰富的基础教育一线教学实践经验的高级教师、正高级教师、特级校长,二是对基础教育和教师培养有深入研究的高校教授、副教授、博士,三是上海市区两级教育学院从事教学研究和教师教育工作的专业人员。

由于时间仓促，水平有限，虽然在研究过程中几经斟酌，在编写过程中屡易其稿，然而不足之处定然还有许多，我们真诚地希望这一抛砖引玉之作，既能够得到匡扶指正，又能够充分激发广大基础教育教师扎根实践、奉献教育、把基础教育教师学书写在新时代中国大地上的热情，同时希望更多的高校学者、教育专家和教育行政领导更多地关心基础教育教师的工作、生活和教师学建设工作。

本项目研究和本书写作得到了教育部教师工作司、中国教育科学研究院、中共上海市教卫工作党委、上海市教育委员会、上海市教育发展基金会、上海市教师教育学院、杨浦区教育局和教育学院相关领导的关心与支持，特别是上海市政府副秘书长王平，中国教育科学研究院党委书记、院长李永智的指导，"基础教育对劳动模范青少年成长时期的影响"调研工作的开展，得到了上海市总工会的悉心指导和大力支持，在此特致以衷心的感谢。

路漫漫其修远兮，吾将上下而求索。基础教育教师学建设工作已经起步，它正在前行的路上，就在广大基础教育教师的脚下，同时也在新时代中国特色社会主义现代化教育事业的期望中。

本书编写组

2023 年 12 月 31 日